本書出版得到國家古籍整理出版專項經費資助

中國佛教典籍選刊

釋氏要覽校注

〔宋〕釋道誠 撰
富世平 校注

中華書局

圖書在版編目(CIP)數據

釋氏要覽校注/(宋)釋道誠撰;富世平校注. —北京:中華書局,2014.9(2025.4 重印)
(中國佛教典籍選刊)
ISBN 978-7-101-10069-3

Ⅰ.釋… Ⅱ.①釋…②富… Ⅲ.佛教-基本知識 Ⅳ.B94

中國版本圖書館 CIP 數據核字(2014)第 061753 號

封面題簽: 富廷維
責任編輯: 鄒　旭
封面設計: 周　玉
責任印製: 陳麗娜

中國佛教典籍選刊
釋氏要覽校注
〔宋〕釋道誠 撰
富世平 校注
*
中華書局出版發行
(北京市豐臺區太平橋西里 38 號　100073)
http://www.zhbc.com.cn
E-mail:zhbc@zhbc.com.cn
河北博文科技印務有限公司印刷
*
850×1168 毫米 1/32 · 20⅜印張 · 2 插頁 · 372 千字
2014 年 9 月第 1 版　2025 年 4 月第 4 次印刷
印數:4401-4900 册　定價:82.00 元

ISBN 978-7-101-10069-3

中國佛教典籍選刊編輯緣起

佛教是世界三大宗教之一，約自東漢明帝時開始傳入中國，但在當時並沒有産生多大影響。到魏晋南北朝時期，佛教和玄學結合起來，有了廣泛而深入的傳播。隋唐時期，中國佛教走上了獨立發展的道路，形成了衆多的宗派，在社會、政治、文化等許多方面特别是哲學思想領域産生了深刻的影響。這時佛教已經中國化，完全具備了中國自己的特點。而且，隨着印度佛教的衰落，中國成了當時世界佛教的中心。宋以後，隨着理學的興起，佛教被宣布爲異端而逐漸走向衰微。但是，佛教的部分理論同時也被理學所吸收，構成了理學思想體系中的有機組成部分。直到近代，佛教的思想影響還在某些著名思想家的身上時有表現。總之，研究中國歷史和哲學史，特别是魏晋南北朝隋唐時期的哲學史，佛教是一項重要内容。佛學作爲一種宗教哲學，在人類的理論思維的歷史上留下了豐富的經驗教訓。因此，應當重視佛學的研究。

佛教典籍有其獨特的術語概念以及細密繁瑣的思辨邏輯，研讀時要克服一些特殊的困難，不少人視爲畏途。解放以後，由於國家出版社基本上没有開展佛教典籍的整理出版工作，因此，對於系統地開展佛學研究來説，急需解決基本資料缺乏的問題。目前對佛學有較深研究的專家、學者，不少人年事已高，如果不抓緊組織他們整理和注釋佛教典籍，將來再開展這項工作就會遇到更多困難，也不利於中青年研究工作者的成長。爲此，我們在廣泛徵求各方面意見的基礎上，初步擬訂了中國佛教典籍選刊的整理出版計劃。其中，有重要的佛教史籍，有中國佛教幾個主要宗派（天台宗、三論宗、唯識宗、華嚴宗、禪宗）的代表性著作，也有少數與中國佛學淵源關係較深的佛教譯籍。所有項目都要選擇較好的版本作爲底本，經過校勘和標點，整理出一個便於研讀的定本。對於其中的佛教哲學著作，還要在此基礎上，充分吸取現有研究成果，寫出深入淺出、簡明扼要的注釋來。

由於整理注釋中國佛教典籍困難較多，我們又缺乏經驗，因此，懇切希望能够得到各方面的大力支持和協助，使這項工作得以順利完成。

中華書局編輯部

一九八二年六月

目録

後序

附録一　歷代主要著録

附録二　各版本序跋

前言

釋氏要覽是宋釋道誠編集的一部重要的佛教典籍。其編集此書的本來目的，是爲初入法門者提供閲讀佛經的方便，但對於我們今天的普通讀者來説，也無疑提供了一部重要的瞭解和學習佛教知識的入門書。全書二十七篇，六百七十九個條目，引經據典地介紹了佛教中的基本問題，「皆有關日用，抉擇精審，詁訓詳明。初心誦習，可免望洋之憂。宿學披尋，足爲守約之助。果能熟覽强記，則進讀群經，自不爲名相所縛，而聽講參學，亦不至如聾如啞矣。」〔一〕

一

釋氏要覽的作者道誠，宋初錢塘僧人。關於他的生平，文獻記載非常有限。宋潛説友咸淳臨安志卷七〇人物一一曰：「道誠，慧悟大師，錢塘人，居月輪山。天禧中，撰釋氏要覽三卷，又注王勃所撰釋迦成道記。」明田汝成西湖遊覽志餘卷一四方外玄蹤亦曰：「道誠者，錢唐人，居月輪山，號慧悟大師。天禧中，撰釋氏要覽三卷，又注王勃所撰釋迦成道記。丞相王隨知杭州日，亦友之。」可知道誠的著作，除了釋氏要覽，還注疏了王勃的釋迦如來成道記。此外，他還著有尼蒙求一卷等〔二〕，但没有保存下來。西湖遊覽志餘所云王隨，字子正，宋史卷三一一有傳。其人素仰佛法，和當時很多高僧都有往來。天禧、天聖年間，出鎮錢塘。和道誠的交往，當在這一時期。釋氏要覽的卷末，亦有天聖甲子歲（一〇二四）王隨的序言。

根據釋氏要覽自序及釋迦如來成道記注的題署可知，道誠早年曾爲京寺講經論賜紫沙門。後棄講歸鄉，先後住龍華寺、月輪山寺，「中間十年，寂絶外事，唯讀藏經」，「或見出家人須知之事，隨便抄録之。」〔三〕天禧三年（一〇一九）秋，宋真宗「覃昭曠之恩，普度我天下童行」〔四〕，僧尼人數大增〔五〕，道誠爲了初入法門者的方便，編撰整理先前抄録的經文，成釋氏要覽。其在京城爲講經論賜紫沙門，最晚當在景德（一〇〇四—一〇〇七）年間至大中祥符（一〇〇八—一〇一六）初年。

宋吴自牧夢粱録卷一七云：「道誠慧悟大師，余弼題上方寺詩曰：孤峰牢落幾何年，臺殿于今插半天。已是精藍誇絶徼，更將寶塔在危巔。烟霞色任陰晴變，鐘磬聲隨上下傳。珍重老僧無幻境，一生幽趣只山川。」〔六〕按：余弼，會稽人，治平二年乙巳（一〇六五）彭汝礪榜進士〔七〕。通過此詩，可見道誠「一生幽趣只山川」的性情；通過此詩作者之生平，還大略可見道誠生活之年代〔八〕。

二

釋氏要覽的版本，主要有兩個系統：一爲兩卷本，一爲三卷本。兩卷本現在可見者，爲明代刻本。明宣德八年（一四三三），釋寶成率同志顧道珍繕寫並捐資，洎信官姜普成等命工刊板，印造流通。書後附刻唐道宣教誡新學比丘行護律儀二十三章。是書後亦殘損。嘉靖八年（一五二九），由慧照寺住山沙門周榮與其座元洪音捐資，據宣德殘本重刊〔九〕。前有釋宗林的序，後有跋，對重刊的緣起有具體説明。宗林，字大章〔一〇〕，號朽庵，浙江杭州人。弘治中，徵至京師，命登壇授戒。正德初，賜紫衣玉帶，號「大宗師」。後於大香山寺立宗師府居之〔一一〕。這是現在可見最早的釋氏要覽版本。清徐乾學傳是樓書目著録「釋氏要覽二卷」，當屬一個系統。傳世的兩卷本甚少。二〇〇三年，商務印書館和廣西師範大學出版社影印出版美國哈佛大學哈佛燕京圖書館藏中文善本，爲美國哈佛大學哈佛燕京圖書館藏中文善本彙刊叢書，明嘉靖八年刻兩卷本釋氏要覽收入叢書第三十三册，我們才有幸得以窺明刻兩卷本之面貌。

三卷本的著録，最早見於晁公武郡齋讀書志卷一六：「釋氏要覽三卷。右皇朝僧道誠集。雜録釋典，旁求書傳，分門編次，成二十類。天禧三年書成。」〔三〕後潛説友咸淳臨安志和志磐的佛祖統紀、元馬端臨文獻通考卷二二七經籍考五四、宋史卷二〇五藝文志第一五八等，都有著録。現在可見最早的三卷本，爲日本寬永十年（明崇禎六年，一六三三）刻本。此外，現存的日本刻本，還有明治八年（一八七五）永田文昌堂刻本、明治十八年（一八八五）擁萬閣本、明治二十二年（一八八九）出雲寺文次郎本以及江户刊本。江户刊本没有題記，不明刊年。民國八年（一九一九），虞山應慈法師覓得三卷本「舊本」，「以佛學普被含識，非釋氏所得而私」，更名佛學備要，由虞山興福禪寺華嚴大學印行。此本文字清晰，校勘精審。其所據之「舊本」，未説明具體出處，但檢核其文字，和日本寬永十年本基本相同。民國二十五年（一九三六），世界書局根據弘一法師寄自日本的寬永十年本，由其弟子蔡冠洛復加校定後，收入佛學叢刊刊行。日本大正新修大藏經卷五四所收，亦爲三卷本。以上諸本卷帙相同，文字差異不大，都應屬於同一個版本系統。其中，寬永十年本、擁萬閣本、出雲寺文次郎本、江户刊本、大正藏本，在卷三的卷後都有「習法堂同比丘行妙謹書」的題記，顯然有着相同的母本。

兩卷本和三卷本雖卷數不同，但均爲二十七篇（類）〔一三〕。需要注意的是，兩者之間各篇的次序有較大出入。兩卷本的各篇依次爲：上卷，姓氏、三寶、稱謂、住處、出家、師資、剃髮、法衣、戒法、禮數、道具、制聽；下卷，恩孝、界趣、中食、志學、聽説、擇友、畏慎、勤懈、躁静、忍諍、入衆、住持、雜記、瞻病、送終。三卷本則依次爲：卷上，姓氏、稱謂、居處、出家、師資、剃髮、法衣、戒法、中食；卷中，禮數、道具、制聽、畏慎、勤懈、三寶、恩孝、界趣、志學；卷下，説聽、躁静、諍忍、入衆、擇友、住持、雜紀、瞻病、送終。從各篇的次序來看，三卷本比兩卷本似乎更爲合理〔一四〕，或許三卷本就是在兩卷本的基礎之上重新編訂而成〔一五〕。當然，三卷本主要是對兩卷本的篇章次序做了調整，文字上的變動並不大。

三

釋氏要覽在編撰體例上，以類相從，具有類書的性質。但其徵引佛經，簡明扼要，以準確説明相應條目的内涵爲旨歸，不做重複繁瑣的資料堆砌，和一般的類書不同，甚便於初學者。具體條目所及，既有佛教的歷史、基本概念，也有佛教儀則制度、日常的注意事項。可以説，它既是一部以類書的形式編撰的解釋佛教重要辭彙的辭書，也是佛教徒修行入門的指導書。對於我們普通讀者學習佛教文化知識，也自然具有重要的意義。這是我們整理校注此書的主要原因。

校注以寬永十年本爲底本，所用各校本及簡稱如下：明刻二卷本，簡稱明刻本；永田文昌堂本；擁萬閣本；出雲寺文次郎本，簡稱出雲寺本；江户刊本；民國八年虞山興福禪寺華嚴大學印行之佛學備要本，簡稱備要本；日本大正新修大藏經本，簡稱大正藏本；世界書局刊行本，簡稱世界書局本。底本中的明顯訛誤，直接作相應校改，在校注中予以説明。底本中疑爲訛誤者，不逕改，但在校注中予以説明。釋氏要覽中所引諸經，祇有經名。在校注的過程中，凡能考見出處者，注明經文名稱、卷數。文字差異較大者，録引原文，一則助讀者理解，一則省翻檢之勞。但爲避繁瑣，經文太長者不録。校注以考見引文出處、解釋佛教術語爲主。一般性的詞語，不做注釋。書後附條目索引，以便讀者查閲。

由於學力有限，訛誤不當之處，定有不少，敬請方家不吝指正。

富世平　二〇一三年三月

【校注】

〔一〕見刊行佛學備要贅言，出虞山興福禪寺華嚴大學印行佛學備要。參見本書附録。

〔二〕鄭樵通志卷六七藝文略第五："「尼蒙求一卷，釋道誠撰。」明焦竑國史經籍志卷四子類："「尼蒙求一卷，釋道誠。」又：根據宋史卷二〇五藝文志第一五八："「僧道誠釋氏須知三卷，僧道誠釋氏要覽三卷。」釋氏須知三卷，不見它書著録。按，佛祖統紀卷四四法運通塞志一七之一一曰："「錢唐月輪山沙門道誠，以朝廷覃恩普度，撰釋氏要覽三卷，爲出家者衆法之須知，行於世。」釋氏須知，或即釋氏要覽之異名，宋史之編者不察而重複著録耳。

〔三〕釋道誠釋氏要覽自序。

〔四〕釋道誠釋氏要覽自序。

〔五〕佛祖統紀卷四四法運通塞志一七之一一："（天禧）「三年八月，恭謝聖祖大赦天下。」「是歲度僧二十三萬百二十七人，尼萬五千六百四十三人。」

〔六〕據清學津討原本引。

〔七〕見雍正浙江通志卷一二三，清文淵閣四庫全書本。

〔八〕按：此詩所云「慧悟」者，尚不能確定爲釋道誠。咸淳臨安志卷七〇人物一一在前引文後云："「丞相王隨知杭州日，有贈慧悟詩。余弼題慧悟禪師上方詩云……」亦引此詩。均認爲「慧悟」者，道誠無疑。然清陳鱣簡莊文鈔續編卷二紫微山石刻跋中有云："「西山廣福院之巔有五顯祠，今改爲文昌殿。前爲魁星閣，閣下石碣三。」「其一留題慧悟親師上方詩正書，款云『會稽余弼』，後題『治平四年四月望日，住持紫微山辨親立』。」「凡此三碣，皆慧悟禪師辨親所刻。宋詩紀事余弼詩題下注云：禪師天祐中，居錢唐月輪山。邑志云：嘉祐中召見，賜紫金衣，賜號慧悟禪師。惠力寺扁額，其手書也。」則慧悟者，爲辨親矣。辨親於嘉祐年間賜紫，號慧悟禪師。然此説中，亦有明顯不確者。「禪師天祐中」者，或已與南唐沖照相混矣（「南唐僧沖照，亦號慧悟禪師。」見廬山記卷二）；「居錢唐月輪山」者，或已與道誠相混矣。又明貝瓊清江文集卷一〇清隱堂記曰：「紫微爲海昌第一峰，而廣福寺者，寔據紫微之勝，宋慶曆間，慧悟大師之所建也，距今四百年矣。慧悟之徒因公度地寺之東北，剪茅築室，題之曰『宧軒』。」紫微山，在今浙江海寧硤石之西。此慧悟，亦當爲辨親。在參寥子詩集卷四，有送慧悟大師還闕下詩一首，詩曰：「道人本丘壑，浪爲京華居。一往二十年，歲月驚須臾。禪餘挾妙術，出入卿大夫。飛揚動天子，聲問傾九衢。紛彼户外屨，泛如水中鳧。高懷勦酬應，逸賞思江湖。春風卷衣裓，千古隨舳艫。中泠湧樓觀，圓嶠連方壺。杖策步鼇頭，直上窮崎嶇。超然萬象外，所得良有餘。興盡乘白雲，飄飄還帝都。」參寥子詩集的作者釋道潛，錢塘高僧，「以詩見知於蘇文忠公軾，公號其爲參寥子。凡詩詞迭唱更和，形於翰墨，必曰參寥。」他生於一〇四三年，卒於一一〇六年。此詩的作時，最早當在宋仁宗嘉祐（一〇五六—一〇六三）年間，道潛二十歲左右的時候。此慧悟大師，或爲辨親，或爲道誠，不能妄斷孰是。如果是道誠，從中可見其晚年聲問頗大，且又出入於京華矣。此時之道誠，年壽或已八十有餘。

〔九〕參明刻本序、跋。見本書附録。

〔一〇〕按：補續高僧傳卷二五宗林傳曰：「宗林，字大風，朽菴其號。」然此書目録中作「大章宗林」，明吴之鯨武林梵志卷二「普寧寺」條曰：「僧宗林，字大章，號朽庵。」清紀蔭宗統編年卷二九云「林，字大章」，明刻本宗林重刊釋氏要覽前序，亦自署曰「宗林大章」。據此，當作「大章」是。

〔一一〕詳參補續高僧傳卷二五、武林梵志卷二。

〔一二〕按：此據衢本郡齋讀書志，袁本卷三下云：「釋氏要覽十卷。」參見孫猛郡齋讀書志校證。當以衢本爲是。首先，衢本系統是晁氏對初稿的補正本；其次，十卷之説，僅見於此。馬端臨文獻通考卷二二七經籍考五四：「釋氏要覽三卷，鼂氏曰：皇朝僧道成集。雜録釋典，旁求書傳，分門編次，成二十類，天禧三年書成。」可知其所見者，亦爲三卷本。其所見之郡齋讀書志，亦著録爲三卷本。

〔一三〕按：袁本晁公武郡齋讀書志卷三下：「分門編次，成二十類。」文獻通考亦引此説（見前注），不同於今所見之諸本。

〔一四〕如三卷本三寶篇、中食篇的次序，明顯比兩卷本合理。

〔一五〕崔育林釋氏要覽序曰：「昭灼品例，卷上下以勻之。」可見其天禧四年作序時之釋氏要覽，即爲上下二卷。然郡齋讀書志已著録爲三卷，則析爲三卷亦當在書成後百年之内。

參考文獻

説明：（一）按書名首字筆畫數排列。

（二）校注中所引内典，凡未列入此「參考文獻」者，皆據大正藏、卍續藏本。

大乘起信論校釋，梁真諦譯，高振農校釋，中華書局，一九九二年。

大唐西域求法高僧傳校注，唐義浄撰，王邦維校注，中華書局，二〇〇〇年。

大唐西域記校注，唐玄奘、辯機撰，季羨林等校注，中華書局，一九八五年。

大慈恩寺三藏法師傳，唐慧立、彦悰著，孫毓棠、謝方點校，中華書局，二〇〇〇年。

山谷别集，宋黄庭堅撰，清文淵閣四庫全書本，臺灣商務印書館影印，一九八六年。

山海經，晉郭璞注，上海古籍出版社諸子百家叢書本，一九八九年。

中華古今注，五代馬縞撰，李成甲校點，遼寧教育出版社新世紀萬有文庫本，一九九八年。

中國佛教史籍概論，陳垣撰，上海書店出版社，二〇〇五年。
中論，漢徐幹撰，四部叢刊本，上海商務印書館，一九一九年。
天工開物，明宋應星撰，中華書局影印本，一九五九年。
太平御覽，宋李昉等編，中華書局，一九六〇年。
太平廣記，宋李昉等編，中華書局，一九六一年。
文子疏義，王利器撰，中華書局，二〇〇〇年。
文選，梁蕭統編，唐李善注，上海古籍出版社，一九八六年。
文獻通考，元馬端臨撰，中華書局，二〇一一年。
日本訪書志，清楊守敬撰，張雷校點，遼寧教育出版社新世紀萬有文庫本，二〇〇三年。
日知録集釋，清顧炎武撰，黄汝成集釋，欒保群、吕宗力點校，上海古籍出版社，二〇〇六年。
比丘尼傳校注，梁寶唱撰，王孺童校注，中華書局，二〇〇六年。
出三藏記集，梁僧祐撰，蘇晉仁、蕭錬子點校，中華書局，一九九五年。
白氏六帖事類集，唐白居易編，文物出版社，一九八七年。

白虎通疏證，清陳立撰，吳則虞點校，中華書局，一九九四年。
呂氏春秋集釋，許維遹撰，中華書局，二〇〇九年。
成唯識論校釋，唐玄奘譯，韓廷傑校釋，中華書局，一九九八年。
老子校釋，朱謙之校釋，中華書局，一九八四年。
西京雜記，晉葛洪撰，中華書局古小説叢刊本，一九八五年。
西湖遊覽志餘，明田汝成撰，上海古籍出版社，一九八〇年。
初學記，唐徐堅等編，中華書局，一九六二年。
宋史，元脱脱等撰，中華書局點校本，一九七七年。
宋書，梁沈約撰，中華書局點校本，一九七四年。
宋高僧傳，宋贊寧撰，范祥雍點校，中華書局，一九八七年。
宋會要輯稿，清徐松輯，中華書局，一九五七年。
武林梵志，明吳之鯨撰，魏得良標點，顧志興審訂，杭州出版社，二〇〇六年。
事物紀原，宋高承撰，明李果訂，金圓、許沛藻點校，中華書局，一九八九年。
周禮，中華書局十三經注疏本，一九八〇年。
佩文齋書畫譜，清孫岳頒等纂輯，清文淵閣四庫全書本，臺灣商務印書館影印，一九八六年。

法苑珠林校注，唐道世編，周叔迦、蘇晉仁校注，中華書局，二〇〇三年。

南海寄歸内法傳校注，唐義浄撰，王邦維校注，中華書局，一九九五年。

南齊書，梁蕭子顯撰，中華書局點校本，一九七二年。

咸淳臨安志，宋潛説友撰，清文淵閣四庫全書本，臺灣商務印書館影印，一九八六年。

後漢書，劉宋范曄撰，中華書局點校本，一九六五年。

春秋左傳正義，中華書局十三經注疏本，一九八〇年。

祖堂集，南唐静、筠二禪師編撰，孫昌武、衣川賢次、西口芳男點校，中華書局，二〇〇七年。

荊楚歲時記，梁宗懔撰，宋金龍校注，山西人民出版社，一九八七年。

郡齋讀書志校證，宋晁公武撰，孫猛校證，上海古籍出版社，一九九〇年。

唐國史補，唐李肇撰，上海古籍出版社，一九八三年。

唐會要，宋王溥撰，中華書局，一九五五年。

晉書，唐房玄齡等撰，中華書局點校本，一九七四年。

書斷，唐張懷瓘撰，清文淵閣四庫全書本，臺灣商務印書館影印，一九八六年。

校正兩京新記，唐韋述撰，西京籌備委員會出版，一九三六年。
莊子集釋，清郭慶藩撰，王孝魚點校，中華書局，一九六一年。
通志二十略，宋鄭樵撰，王樹民點校，中華書局，一九九五年。
通典，唐杜佑撰，王文錦等點校，中華書局，一九八八年。
高僧傳，梁慧皎撰，湯用彤校注，中華書局，一九九二年。
參寥子詩集，宋道潛撰，四部叢刊三編影宋本，上海商務印書館，一九三六年。
清江貝先生文集，明貝瓊撰，四部叢刊本，上海商務印書館，一九一九年。
隋書，唐魏徵等撰，中華書局點校本，一九七三年。
傳是樓書目，清徐乾學編，清道光八年味經書屋鈔本。
夢粱録，宋吴自牧撰，清學津討原本。
新校正夢溪筆談，宋沈括撰，胡道静校注，中華書局，一九五七年。
新唐書，宋歐陽修等撰，中華書局點校本，一九七五年。
雍正浙江通志，清嵇曾筠撰，清文淵閣四庫全書本，臺灣商務印書館影印，一九八六年。
嘉靖仁和縣志，明沈朝宣撰，齊魯書社四庫全書存目叢書本，一九九六年。

廣川書跋，宋董逌撰，明津逮秘書本。
廣雅疏證，清王念孫疏證，中華書局，一九八三年。
漢魏兩晉南北朝佛教史，湯用彤撰，北京大學出版社，二〇一一年。
爾雅，中華書局十三經注疏本，一九八〇年。
説文解字，漢許慎撰，中華書局，一九六三年。
説苑，漢劉向撰，上海古籍出版社諸子百家叢書本，一九九〇年。
説郛，明陶宗儀纂，中國書店據涵芬樓一九二七年十一月版影印，一九八六年。
齊民要術，北魏賈思勰撰，四部叢刊本，上海商務印書館，一九一九年。
論語，中華書局十三經注疏本，一九八〇年。
論衡校釋（附劉盼遂集解），黄暉撰，中華書局，一九九〇年。
錦繡萬花谷，清文淵閣四庫全書本，臺灣商務印書館影印，一九八六年。
禮記，中華書局十三經注疏本，一九八〇年。
舊唐書，後晉劉昫等撰，中華書局點校本，一九七五年。
藏外佛教文獻第四輯，方廣錩編，宗教文化出版社，一九九八年。
韓非子集解，清王先慎撰，鍾哲點校，中華書局，一九九八年。

藝文類聚，唐歐陽詢等編，中華書局，一九六五年。

寶林傳，唐智炬撰，見宋藏遺珍，國家圖書館古籍文獻叢刊本，全國圖書館文獻縮微複製中心，二〇〇二年。

釋名，漢劉熙撰，中華書局叢書集成初編本，一九八五年。

釋氏要覽序

功德主仙林住山壇主愚極宣德郎守尚書屯田員外郎上輕車都尉崔育林〔一〕撰

昔我佛妙正〔二〕三身〔三〕，圓成四智〔四〕，不泥洹〔五〕而自證，運漚和〔六〕以度人。敷顯萬法，指真實際。導誨群性，了根本空。設三昧〔七〕之門，嚴具足之相，盡有爲之執，歸無生之忍〔八〕。宗會覺海，實蕃浄徒。迨乎寂滅示往，結集垂言，經論以祖述，教法以標闡。其爲大也，至極含受，而不可限量；其爲小也，細而不遺，視之弗見。窮無央之劫不可壞，終内有之識不能稱。錯綜端緒，雖惟逮而莫周；恢博開解，非超越而不至。將不由徑，儔爲所依，則今要覽可由而致之也。靡涉西流，知五竺〔九〕之本末；不游法藏，明萬行〔一〇〕之節制。動息隨用而立軌，修習知趣〔一一〕而不迷。包括微著，詮乘諦以證之；昭灼品例，卷上下以匀之。覽之者，猶若太陽升而萬境廓然矣。謂曰真如，非在句義。且夫一切之法，無礙相中，非學非知，應學應知，去聖彌遠，毛角差別，雖學雖知，然後不足罔有，行去聲。向未臻，而遠離於學可也。因地〔一二〕果位〔一三〕，繫之在功。今誠公大師博富於有聞，法施而留志，承佛威力，載集斯要，曰智曰慧，孰謂不敏？時皇宋天禧四載季秋〔一四〕既望，序而引之。

【校注】

〔一〕按：明刻本、備要本、世界書局本無「功德主仙林住山壇主思極」。又：明（嘉靖）仁和縣志卷九：「崔育林，仁和人。才識高邁，文思淵博，官至職方員外郎。」仁和，今屬杭州。

〔二〕正：備要本作「證」。

〔三〕三身：又作三身佛、三佛身等，指法身、報身、應身。天親造、元魏菩提流支譯十地經論初歡喜地卷三：「一切佛者有三種佛：一、應身佛，二、報身佛，三、法身佛。」詳參本書「三身」條。

〔四〕四智：佛的四種智慧，是轉有漏的第八識、第七識、第六識及前五識而所得的相應智慧：大圓鏡智、平等性智、妙觀察智和成所作智。

〔五〕泥洹：「涅槃」的舊譯，意譯「滅度」、「圓寂」等，是佛教修習所要達到的最高理想。阿毗達磨大毗婆沙論卷三二：「槃名爲趣，涅名爲出。永出諸趣，故名涅槃。復次，槃名爲臭，涅名爲無。永無臭穢諸煩惱業，故名涅槃。復次，槃名稠林，涅名永離。永離一切三火三相諸蘊稠林，故名涅槃。復次，槃名爲織，涅名爲不。此中永無煩惱業縷，不織生死異熟果絹，故名涅槃。」

〔六〕漚和：「漚和俱舍羅」之略，意譯「善巧方便」等，指爲了利益衆生而靈活運用的各種方法、手段。吉藏法華義疏卷三：「外國稱傴和拘舍羅，傴和稱爲方便，拘舍羅名爲勝智，謂方便勝智也。」

〔七〕三昧：又譯「三摩地」，意譯「正定」，謂屏除雜念，心不散亂，專注一境，是佛教的修行方法之一。大智度論卷七：「何等爲三昧？善心一處住不動，是名三昧。」廣弘明集卷三〇慧遠念佛三昧詩集序：「夫稱三昧者何？專思、寂想之謂也。」

〔八〕無生：不生不滅，無生無滅。無生之忍即無生忍、無生法忍，指通達無生無滅的智慧而不動心。

〔九〕五竺：即全印度。古代印度稱天竺，分爲東西南北中五區，合稱五天竺。

〔一〇〕萬行：一切行爲、修行。金剛頂瑜伽中發阿耨多羅三藐三菩提心論曰：「復經三阿僧祇劫，修六度萬行，皆悉具足，然證佛果。」

〔一一〕趣：意譯「道」，謂衆生因善惡業不同而死後趨向不同地方。俱舍論卷八：「趣，謂所往。」大乘義章卷八末曰：「趣者蓋乃對因以名果也，因能向果，果爲因趣，故名爲趣。」

〔一二〕因地：指成佛之前過去多生修道之位。大佛頂萬行首楞嚴經卷五：「我本因地，以念佛心，入無生忍。」

〔一三〕果位：指修習佛法所達到的境界。佛、菩薩和阿羅漢是大乘佛教的三個果位。

〔一四〕按：明刻本「季秋」後有「九月」兩字。

釋氏要覽卷上

建康天禧講下聚公講主助緣
錢塘月輪山居講經論賜紫沙門釋道誠集〔一〕

道誠自委講京寺，東歸維桑〔二〕，始寓龍華禪府，後住月輪蘭若〔三〕，中間十年，寂絶外事，唯讀藏經，日爲常課，酬昔志也。然則臨文昧義，猶渴夫飲河，但能滿腹，不知其深廣焉。或見出家人須知之事，隨便抄録之。洎天禧三年秋，皇上覃昭曠之恩，普度我天下童行〔四〕，因是讎文，以類相從，兼益諸家傳記書疏節文，分爲二十七篇，析爲三〔五〕卷，題曰釋氏要覽焉。且恤創入法門者，皆所未知，苟或玩此典言，藏諸靈府〔六〕，則終身免竊服之誚矣。或通才碩〔七〕學，豈以誠之微，而廢聖人之言也云爾〔八〕。

【校注】

〔一〕按：「釋氏要覽卷上」，明刻本作「釋氏要覽序」。「集」，明刻本作「編集」。「建康天禧講下聚公講主助緣」明刻本、世界書局本無。

月輪：山名，位於西湖南畔。

〔二〕維桑：指故鄉。出詩小雅小弁：「維桑與梓，必恭敬止。」毛傳：「父之所樹，己尚不敢不恭敬。」

〔三〕蘭若：阿蘭若，原意森林，引申爲「寂静處」、「空閒處」、「遠離處」，後指佛寺。

〔四〕童行：指出家入寺但尚未取得度牒的少年。宋史食貨志上六：「遺棄小兒，雇人乳養，仍聽宫觀寺院，養爲童行。」

〔五〕三：明刻本作「二」。按：明刻本全書分上、下二卷。

〔六〕靈府：指心。莊子德充符：「故不足以滑和，不可入於靈府。」成玄英疏：「靈府者，精神之宅，所謂心也。」

〔七〕碩：備要本誤爲「硯」。

〔八〕按：明刻本此後另起行有「皇宋天禧四年孟秋佛解制日序」記。

篇目

準華嚴經云：菩薩有十種知，所謂知諸安立、知諸語言、知諸談議、知諸軌則、知諸稱謂、知諸制令、知其假名、知其無盡、知其寂滅、知一切空〔一〕。由是分爲二十七篇。然則大小乘經律論文句參同，皆十知所攝也。

姓氏　稱謂　居處　出家　師資　剃髮　法衣　戒法　中食〔二〕

【校注】

〔一〕大方廣佛華嚴經卷五三離世間品：「佛子，菩薩摩訶薩有十種知三世。何等爲十？所謂知諸安立、知諸語言、知諸談議、知諸軌則、知諸稱謂、知諸制令、知其假名、知其無盡、知其寂滅、知一切空，是爲十。菩薩以此，普知一切三世諸法。」

〔二〕按：這裏所列，僅爲上卷篇目。明刻本此處列全書篇目爲：「上卷：姓氏　三寶　稱謂　住處　出家　師資　剃髮　法衣　戒法　禮數　道具　制聽；下卷：恩孝　界趣　中食　志學　聽説　擇友　畏慎　勤懈　躁静　忍諍　入衆　住持　雜記　瞻病　送終。」

姓　氏〔一〕

西域記云：姓者，所以繫統百世，使不别也。氏者，所以别子孫之所出也〔二〕。釋迦氏譜云：夫姓氏之興，本欲召諸質也，故隨物類而命焉〔三〕。

【校注】

〔一〕按：明刻本作「姓氏篇第一」（其他各篇篇題，明刻本均如此例），前有「釋氏要覽卷上、錢塘月輪寺講經論賜紫沙門釋道誠編集」兩行。

〔二〕按：史記五帝本紀「棄爲周，姓姬氏」，裴駰集解引鄭玄駁許慎五經異議云：「姓者，所以統繫百世，使不別也。氏者，所以別子孫之所出。」不見大唐西域記。大唐西域記卷二印度總述：「若夫族姓殊者，有四流焉：一曰婆羅門，浄行也。守道居貞，潔白其操。二曰刹帝利，王種也。舊曰刹利，略也。奕世君臨，仁恕爲志。三曰吠奢，舊曰毗舍，訛也。商賈也。貿遷有無，逐利遠近。四曰戍陀羅，舊曰首陀，訛也。農人也。肆力疇壟，勤身稼穡。凡兹四姓，清濁殊流，婚娶通親，飛伏異路。内外宗枝，姻媾不雜。婦人一嫁，終無再醮。」佛祖統紀卷一：「夫姓者，所以繫統百世，使不別也。氏者，所以別子孫之所由出也。印度族姓，則有四流：一曰刹帝利者，王種也。二曰婆羅門者，浄行也。三曰吠奢者，商賈也。舊云毗舍。四曰戍陀羅者，衆人也。舊云首陀。凡兹四姓，前二是貴，後二是賤。此説出西域記。」又翻譯名義集卷一釋尊姓字：「西域記云：姓者，所以繫統百世，使不別也。氏者，所以別子孫之所出也。族姓殊者，有四流焉：一、婆羅門，浄行也。守道居貞，潔白其操。二、刹帝利，王種也。奕世君臨，仁恕爲志。三、吠奢，商賈也。貿遷有無，逐利遠近。四、戍陀羅，農人也。肆力疇壟，勤身稼穡。智度論云：隨時所尚，佛生其中。釋迦出剛强之世，托王種以振威。迦葉生善順之時，居浄行以標德。故佛諸文姓有六種：一瞿曇、二甘蔗、三日種、四釋迦、五舍夷、六刹利。」

〔三〕釋迦氏譜二序氏族根源：「夫姓氏之興，本欲召其質也，故隨物類而命其形名焉。」

天竺種姓有四　一者刹帝利，謂弈〔一〕世君王種。二者婆羅門，秦言外意，謂浄行志道。其種别有經書，世世相承。或在家，或〔二〕出家，苦行而多恃己術，自我慢人。三者毗舍，或云吠舍，謂商賈之種。四者首陁。或云戍達羅，謂田農之種。我佛釋迦牟尼世尊即刹帝利之種也。長阿含經云：賢劫初成，未有日月。是時光音天人下生，皆有身光，飛行自在。無有男女、尊卑、親疏之别。食自然地味。因食此物，乃身光滅，神通亡，貪心始萌。復生地餅、地膚、地脂之味，食乃諸惡湊集，男女始形。地生粇〔三〕米，朝刈暮生，亦無糠糩。時人貪心增長，皆預取厚藏，米遂不生，乃各占田土，學耨種業，自此姦盜滋彰，無决斷者。中有一人，容質瓌偉，世所欽信，衆議立爲民主，號摩訶三摩曷羅闍，此云大平等王〔四〕。各願輸賦供億，此租稅之始。故命氏刹帝利〔五〕。此云土田主。謂初分土田，各有諍訟，使主之。

【校注】

〔一〕弈：備要本作「奕」。按：「弈」同「奕」。

〔二〕或：原無，據明刻本補。

〔三〕粇：大正藏本、世界書局本作「粳」。

〔四〕王：底本、大正藏本等作「主」，據明刻本、世界書局本改。

〔五〕詳參佛説長阿含經卷六，文繁不録。又隋達摩笈多譯起世因本經卷一〇：「時彼衆生，悉皆歡喜，依誡奉行。彼刹帝利於衆事中，智慧巧妙。處彼衆内，光相最勝，是故稱名爲『曷囉闍』。『曷羅闍』者，隋言王也。大衆立爲大平等王，是故名爲摩訶三摩多。摩訶三摩多者，隋言大衆平等王也。」翻譯名義集卷三帝王第二五：「摩訶三摩曷羅闍，此云大平等王。劫初民主。」

别姓有五　我佛釋迦於三阿僧祇劫〔一〕，修六度〔二〕萬行因〔三〕，或實報、或示化，各隨物類，别名氏也。

【校注】

〔一〕阿僧祇：無量數。劫：極長的時間。三阿僧祇劫是菩薩成佛的時間。

〔二〕六度：六個從生死此岸到達涅槃彼岸的方法，即布施、持戒、忍辱、精進、禪定（止觀）、智慧。「度」，音譯「波羅蜜多」，即「到彼岸」之意，就是從煩惱的此岸渡到覺悟的彼岸。

〔三〕因：明刻本作「内」。如作「内」，當屬後。

一瞿曇氏　梵語正云瞿答摩，又云瞿曇彌，此云地最勝。謂除天外，在地人類中最勝故〔一〕。經云：昔佛於劫初作國王，禪位，師瞿曇僊修道，常於一園游止，爲賊所害。彼僊乃殯尸取血，泥爲兩團，用器盛之，置於左右。呪之滿十月，左化爲男，右化爲女，乃命氏，瞿曇始也〔二〕。

【校注】

〔一〕一切經音義卷二一：「瞿曇氏，具云瞿答摩。言瞿者，此云地也；答摩，最勝也；謂除天以外，在地人類此族最勝，故云地最勝也。或曰瞿曇彌，或曰憍曇彌，或曰瞿夷，皆女聲呼。」四分律行事鈔資持記下四：「瞿曇，此云地最勝，謂在地人中最勝故。此即如來因地之姓，人猶稱之。佛昔於劫初作國王，禪位，師瞿曇仙修道，因以爲姓。」

〔二〕詳見東晉迦留陀伽譯佛說十二遊經，文繁不録。

二甘蔗氏 經云〔一〕：昔有轉輪王，名大自在。子孫相承〔二〕，合有八萬四千王，最後王名大茅草，垂老無子，乃委政大臣，自剃髮出家，衆號王僊。極老，不能行履〔三〕，諸弟子輩時行乞食，遂以草籠盛王僊懸於樹，虞虎狼之害也。有獵人望見，謂是白鳥，乃射之死，血瀝於地。諸弟子歸，見師被害，即共殯尸。其血瀝之地，後時忽生甘蔗二本，日炙開剖，一生童子，一生童女。大臣聞，迎取歸宮，養育長成。以王種故，遂立爲王，命氏甘蔗始也〔四〕。或梵云喬答摩，或憍曇彌，二姓華言「最勝」。經音疏云：皆甘蔗王種也〔五〕。順正理論云：喬答摩種，生於日光〔六〕。

【校注】

〔一〕經云：明刻本作「按經云」。

〔二〕承：明刻本作「傳」。

〔三〕履：明刻本作「李」。

〔四〕出隋闍那崛多譯佛本行集經卷五，文繁不録。又楞伽阿跋多羅寶經註解卷一上：「問釋迦種族及甘蔗種，本行經云：大茅草王得成王仙，被獵師所射，滴血於地，生二甘蔗。日炙而開，出一男一女。男名善生，即甘蔗王，釋種乃其裔也。」

〔五〕一切經音義卷一二大寶積經音義卷三五：「喬答摩，梵語也，義譯云牛糞種，或名甘蔗種，或名泥土種。」同書卷二七妙法蓮花經音義卷四勸持品：「憍曇彌……故瞿曇者，此云甘蔗種，或云日炙種。」

〔六〕説一切有部順正理論卷二一：「喬答摩宗，因日光起。」

三曰種氏　經云：即甘蔗王不受胎藏〔一〕，因日炙開剖，故名日種。○大悲經云：姓日者，爲離諸暗而作光明故〔二〕。今詳二經，前就本緣，後約功德。

【校注】

〔一〕不受胎藏：謂不受胎生，即所生之處不處母胎。

〔二〕出高齊那連提耶舍譯大悲經卷四以諸譬喻付囑正法品。

四舍夷氏 即甘蔗王擯出四太子：一名炬面，二名金色，三名象衆，四名尼拘羅。隋言別成。四子初至雪山北，頓駕大樹枝條蓊鬱之下，是故名奢夷耆耶〔一〕。今言舍夷，必梵語訛略也〔二〕。五分律云：近雪山北舍夷林，築城營舍。又缾沙王始問佛生何國，佛言生舍夷國〔三〕。今詳，必因樹命國，從國稱氏。〇法苑云：舍夷者，西方之貴姓也〔四〕。

【校注】

〔一〕詳參隋闍那崛多譯佛本行集經卷五。

〔二〕也：明刻本作「耶」。

〔三〕五分律卷一五：「去後數年，父王思子，問群臣言：我四子者，今在何許？答言：在雪山北，近舍夷林，築城營邑，人民熾盛，地沃野豐，衣食無乏。王聞三歎：我子有能。如是三歎，從是遂號爲釋迦種也。」又瓶沙王「步上山，至菩薩所。菩薩言：善來，大王得無疲極？王即稽首禮足，卻坐一面，白菩薩言：本生何國？何姓出家？菩薩答曰：生雪山北舍夷國迦維羅衛城，父名淨飯，姓曰瞿曇。」　瓶沙王：又作頻婆娑羅等，佛在世時摩揭陀國王。一切經音義卷五九：「瓶沙王，此言訛也，正言頻婆娑羅，此云『形牢』，是摩伽陀國王也。」

〔四〕釋道世撰法苑珠林卷八千佛篇第五種姓部第三種姓部：「舍夷者，是西方貴姓之號也。」

五釋迦氏　即彼四太子以德歸人，不數年間，鬱爲强國。父王悔憶，遣使往詔。四子辭過不歸，父王乃三歎曰：我子釋迦〔一〕。華言能仁。長阿含經云：釋迦，秦言「能」。又譯爲「直」，謂直林故〔二〕。詳此二譯，初從人，後就處。今詳四太子俱命釋迦，惟第四尼拘羅是我佛祖也。按經云：尼拘羅有子名俱盧，俱盧有子名瞿俱盧，瞿俱盧有子名師子頰，師子頰有四子：一、淨飯，二、白飯，三、斛飯，四、甘露飯〔三〕。梵云首圖馱那，此云淨飯王，即佛父也。

【校注】

〔一〕參「四舍夷氏」條注三。

〔二〕翻譯名義集卷一通別三身第三：「長阿含云：昔有輪王姓甘蔗氏，聽次妃之譖，擯四太子。至雪山北自立城居，以德歸人，不數年間，鬱爲强國。父王悔憶，遣使往召。四子辭過不還，父王三歎：我子釋迦。因此命氏。又云：住直樹林，又號釋迦。既於林立國，即以林爲姓。此以釋迦翻爲直林。」後秦佛陀耶舍共竺佛念譯佛説長阿含經卷一三：「釋，秦言能。在直樹林，故名釋。釋，秦言亦言直。」

〔三〕隋闍那崛多譯佛本行集經卷五：「時甘蔗王三子没後，唯一子在，名尼拘羅，隋言別成。爲王，住在迦毗羅城，治化人民，受於福樂。其尼拘羅王生於一子，名曰拘盧，還在父王迦毗羅城，治化而住。其拘盧王復生一子，名瞿拘盧，亦在父城，爲王治化。其瞿拘盧王復生一子，名師子頰，還在父城，治化人民。師子頰王生於四子：第一名曰閱頭檀王，隋言浄飯。第二名爲輸拘盧檀那，隋言白飯。第三名爲途盧檀那，隋言斛飯。第四名爲阿彌都檀那。隋言甘露飯。」

出家人統姓

開元録云：秦晉已前，出家者多隨師姓，後彌天沙門道安云：凡剃髮染衣，紹釋迦種，即無殊姓，宜悉稱釋氏。時皆未然。洎譯出阿含經云：佛告比丘，四大河水入海，無復本名，同名爲海。四姓之子，於佛出家剃除鬚髮，著三法衣，無復本姓，但云沙門釋子〔一〕。○彌沙塞律云：汝等比丘，雜類出家，皆捨本姓，同稱釋子〔二〕。今稱沙門釋者，蓋天竺出家外道亦自稱沙門，今以釋字簡之，或單稱釋亦可。若彼此是僧，即不用稱，蓋同一釋家法兄弟故。

【校注】

〔一〕開元釋教録卷二：「秦晉已前，沙門多隨師稱姓，後因彌天道安，遂總稱釋氏。」按高僧傳卷五釋道安：「釋道安，姓衛氏，常山扶柳人也。……初魏晉沙門依師爲姓，故姓各不同。安以爲大師之本，莫遵釋迦，乃以釋命氏。後獲增一阿含，果稱四河入海，無復河名。四姓爲沙門，皆稱釋種。既懸與經符，遂爲永式。」增壹阿含經卷二一苦樂品：「聞如是：一時，佛在舍衛國祇樹給孤獨園。爾時，世尊告諸比丘：今有四大河水從阿耨達泉出，云何爲四？所謂恒伽、新頭、婆叉、私陀。彼恒伽水，牛頭口出，向東流。新頭南流，師子口出。私陀西流，象口中出。婆叉北流，從馬口中出。是時四大河水遶阿耨達泉已，恒伽入東海，新頭入南海，婆叉入西海，私陀入北海。爾時四大河入海已，無復本名字，但名爲海。此亦如是。有四姓，云何爲四？刹利、婆羅門、長者、居士種。於如來所，剃除鬚髮，著三法衣，出家學道，無復本姓，但言沙門釋迦子。所以然者，如來衆者，其猶大海，四諦其如四大河，除去結使，入於無畏涅槃城。是故諸比丘，諸有四姓，剃除鬚髮，以信堅固，出家學道者，彼當滅本名字，自稱釋迦弟子。所以然者，我今正是釋迦子，從釋種中出家學道。比丘當知，欲論生子之義者，當名沙門釋種子是。所以者何？生皆由我生，從法起，從法成。是故比丘，當求方便，得作釋種子。如是諸比丘，當作是學。爾時諸比丘聞佛所說，歡喜奉行。」

〔二〕五分律卷二八：「雜類出家，皆捨本姓，稱釋子沙門。」

稱謂

沙門　肇師云：出家之都名也。梵云「沙迦懣懣，門字上聲呼之。囊」，唐言「勤息」，謂此人勤修善品，息諸惡故。又秦譯云「勤行」，謂勤修善法，行趣涅槃也〔一〕。或云「沙門那」，或云「桑門」，皆譯人楚夏爾。○涅槃經云：沙門，此云「善覺」〔二〕。○大方廣寶篋經云：離諸纏聚，故名沙門〔三〕。○大莊嚴經云：超過染著名沙門〔四〕。○正法念處經云：心無所樂著，一切不希望，能脱一切貪，是名爲沙門〔五〕。○華首經云：如空無觸礙，煙塵無所污，我説沙門法，無染亦如是〔六〕。○寶積經云：沙門者，寂滅故，調伏故，受教故，戒身淨故，如實義故，得解脱故，離世八法〔七〕故，堅心不動如地故，護彼我意故，於諸形相無染著、如空中動手無所礙故，成就如是多法故，名沙門〔八〕。○長阿含經云：沙門者，捨離恩愛，出家修道。攝御諸根，不染外欲，慈心一切，無所傷害，逢苦不戚，遇樂不忻，能忍如地〔九〕。○瑜伽論云：有四沙門：一、勝道沙門，即佛等；二、説道沙門，謂説正法者；三、活道沙門，謂修諸善品者；四、污道沙門，謂諸邪行者〔一〇〕。道即八支聖道也。若有其道，自行邪行，非生道器，故名污道。五分律云：佛始成道，世皆稱爲大沙門〔一一〕。

【校注】

〔一〕後秦釋僧肇選注維摩詰經卷二：「雖爲白衣，奉持沙門清淨律行。肇曰：沙門，出家之都名也。秦言義訓勤行，勤行趣涅槃也。」

〔二〕曇無讖譯大般涅槃經卷二三光明遍照高貴德王菩薩品第十之三：「沙門之人，名覺善覺。」又卷三六迦葉菩薩品第一二之四：「『善男子，如汝所問，云何沙門、云何沙門果者。善男子，沙門那者，即八正道；沙門果者，從道畢竟永斷一切貪瞋癡等。是名沙門那、沙門果。』迦葉菩薩言：『世尊，何因緣故，八正道者名沙門那？』『善男子，世言沙門，名之爲乏。那者名道。如是道者，斷一切乏，斷一切道，以是義故，名八正道，爲沙門那。從是道中獲得果故，名沙門果。善男子，又沙門那者，如世間人有樂静者，亦名沙門。如是道者，亦復如是。能令行者離身口意惡邪命等，得樂寂静，是故名之爲沙門那。善男子，如世下人能作上人，是名沙門。如是道者，亦復如是，能令下人作上人故，是故得名爲沙門那。善男子，阿羅漢人修是道者得沙門果，是故得名到於彼岸。阿羅漢果者，即是無學。』」南本涅槃經卷二〇高貴德王菩薩品之二：「沙門之人，名學善覺。」

〔三〕求那跋陀羅譯大方廣寶篋經卷下：「離結聚故，名爲沙門。」

〔四〕唐地婆訶羅譯方廣大莊嚴經卷一一轉法輪品第二六之一：「超過染著，故名沙門。」

〔五〕出元魏般若流支譯正法念處經卷六一觀天品之四〇。

〔六〕出鳩摩羅什譯佛説華手經卷一序品第一。

〔七〕世八，明刻本誤爲「世入」、大正藏本誤爲「三十八」。按：世八法，又稱八風，指利（得可意事）、衰（失可意事）、毁（不現誹撥）、譽（不現讚美）、稱（現前讚美）、譏（現前誹撥）、苦（逼惱身心）、樂（適悦身心），參見本書躁静篇「八風」條。

〔八〕北涼釋道龔譯大寶積經卷一一三寶梁聚會第四四沙門品第一：「所謂沙門者，寂滅故，調伏故，受教故，戒身浄故，入禪定故，得智慧故，解如實義得解脱故，於三脱門無所疑故，安住聖人所行法故，善修四念處故，離一切不善法故，安住四正勤故，善修四如意足故，成就信根故，信佛法僧故，成就堅信於佛法僧故，不信餘道法故，勤行離一切煩惱故，善修七菩提分離一切不善、如實修一切善法故，善知正念正智方便故，專念一切諸善法故，善知定慧方便故，成就五力故，不爲一切煩惱之所亂故，善修七菩提分故，善知一切法中因緣方便故，善知聖道方便故，善知正見正定方便故，得四辯力不信外道故，依義不依語、依智不依識、依了義經不依不了義經、依法不依人故，離四魔故，善知五陰故，斷一切煩惱故，得最後身故，離生死道故，離一切愛故，勤行知苦斷集證滅修道故，善見四聖諦故，於佛法中不信餘道故，所作已辦故，斷一切漏故，修八背捨故，釋梵天干之所讚故，從本已來專心行道故，樂阿蘭若處故，安住聖法中故，樂佛法儀式故，心不傾動故，不親近出家在家衆故，心樂獨行如犀角故，畏於人衆多惱亂故，樂住獨處故，常怖畏三界故，得實沙門果故，離一切悕望故，離世八法故，所謂利衰毁譽稱譏苦樂、堅心不動如地故，護彼我意無所犯故，不濁故，正行故，心行成就如虚空故，於諸形相心無染著、如虚空中動手無所礙故，迦葉，若能成就如是行法，是名沙門。」

〔九〕出後秦佛陀耶舍共竺佛念譯佛説長阿含經卷一。

〔一〇〕瑜伽師地論卷二九：「第一沙門，復有四種。何等爲四？一、勝道沙門，二、説道沙門，三、活道沙門，四、壞道沙門。當知諸善逝，名勝道沙門。諸説正法者，名説道沙門。諸修善行者，名活道沙門。諸行邪行者，名壞道沙門。」

〔一一〕五分律卷二五：「時佛始成道，世皆稱之爲大沙門。」

比丘　梵語云比丘，秦言乞士，謂上於諸佛乞法，資益慧命；下於施主乞食，資益色身。○肇法師云：因果有三名：一名怖魔，即因出家時魔宫震動故，至果上名殺賊。有云出家者，具正信正因，發勇捍心，求佛果大菩提，誓度一切衆生，真實大心者，方能震動魔宫爾。二、因中名乞士，果上名應供。三、因中名破惡，即持戒名破惡。至果上名無生〔一〕。○涅槃經云：能破煩惱，故名比丘。破我等想，修戒定慧，度三有四流，安處無畏道，故名比丘〔二〕。○大莊嚴經云：破無明藏，故名比丘〔三〕。○瑜伽論云：比丘者，捨離家法，趣非家等，具足別解脱律儀，衆同分〔四〕是其自性，於其形色勤精進故，怖畏惡趣自防守故，攝無損故，名比丘〔五〕。

○毗婆沙論偈云：手足勿妄犯，節言順所行，常樂守定意，是名真比丘〔六〕。○雜阿含經偈云：所謂比丘者，非但以乞食，受持在家法，是何名比丘，於功德過惡，俱離修正行，其心無所畏，是則名比丘〔七〕。○大威德陀羅尼：有一長者名選擇，投佛出家，剃髮已，時有尊者婆難陀喚云：長者選擇。答曰：我今出家，剃髮爲比丘，非長者也。時婆難陀語曰：不但剃髮，名爲比丘。乃以偈説云：若斷欲希望，復斷諸漏盡，諸法無希望，不可説有法，隨順向涅槃，隨順趣厭離，入信到彼岸，此成爲比丘〔八〕。有四種比丘：一、畢竟到道比丘，謂阿羅漢。二、示道比丘，謂三果聖人。三、受道比丘，謂初果向。四、污道比丘，謂凡夫破戒者〔九〕。凡夫持戒比丘，隨信隨戒法故，必在受道下稱〔一〇〕也。問：污道比丘，堪爲福田否？答：大婆沙論云：污道比丘，雖破戒而不破見，雖破加行不破意樂，信有因果，如是正見意樂，九十六種外道所無〔一一〕。但施主於彼起正信〔一二〕，不生嫌惡，自生大福矣。

【校注】

〔一〕後秦釋僧肇選注維摩詰經卷一：「肇曰：比丘，秦言或名淨乞食，或名破煩惱，或名淨持戒，或名能怖魔。天竺一名，該此四義。秦言無一名以譯之，故存義名焉。」又釋智圓述佛説阿彌陀經疏：「比丘者，因果六義：因名乞士、怖魔、破惡，果號應供、殺賊、無生。乞士者，告求資身，永離四種邪食故；怖魔者，發心出家，魔王怖其出境故；破惡者，能破九十八使煩惡因故。而此所列同聞衆皆大羅漢。名雖在因，其實果人也。」

〔二〕按：引文見北涼釋道龔譯大寶積經卷一一三比丘品：「爾時佛告迦葉：所言比丘，比丘者能破煩惱，故名比丘。破我想、衆生想、人想、男想、女想，是謂比丘。復次迦葉，有修戒修慧，是名比丘。復次迦葉，離恐畏故，度三有四流故，見有及流諸過患故，離一切有及流故，安處無畏道故，是名比丘。」　三有：欲有（六道衆生）、色有（色界四禪諸天）、無色有（無色界四空諸天）。　四流：見流（見即三界之見惑。謂意根對於法塵，起分別見，因此見惑，流轉三界，不能出離，故名見流）、欲流（欲即欲界之思惑。謂五根貪愛五塵，因此思惑，流轉欲界，不能出離，故名欲流）、有流（有即因果不亡。謂色界、無色界思惑。因此思惑，流轉色界、無色界不能出離，故名有流）、無明流（由三界思惑中癡惑，流轉生死，不能出離，故名無明流）。

〔三〕唐地婆訶羅譯方廣大莊嚴經卷一一轉法輪品第二六之一：「破壞無明藏，故名比丘。」

〔四〕衆同分：使同類衆生獲得類似果報的因。阿毗達磨大毗婆沙論卷二七：「云何衆同分？謂有情同分。猶如命根，體是一物，遍與一切身分爲依，是不相應行藴所攝。唯無覆無記性，唯有漏，通三界。」玄奘譯大乘五藴論：「云何衆同分？謂諸有情自類相似爲性。」

〔五〕瑜伽師地論卷八二：「苾芻者，是沙門捨離家法，趣非家等名之差别，具足别解脱律儀，衆同分是其自性，於其形色勤精進故，怖畏惡趣自防守故，攝無損故，名爲苾芻。」

〔六〕見龍樹造、後秦鳩摩羅什譯十住毗婆沙論卷一〇。

〔七〕見求那跋陀羅譯雜阿含經卷四。

〔八〕闍那崛多譯大威德陀羅尼經卷九：「爾時衆中有一長者，名曰選擇。……時彼長者即成剃髮，身著袈裟，即持應鉢，彼即應時成就出家，得具足戒。爾時婆難陀釋種之子告彼長者言：來汝長者，今可取衣。彼即報言：尊者婆難陀，我非長者，我是比丘。彼復告言：不但剃髮，名爲比丘。彼即問言：云何名爲比丘也？尊者婆難陀即以偈告言：若斷欲悕望，復斷諸漏已，諸法無悕望，不可説有法，隨順向涅槃，隨順趣厭離，入信到彼岸，彼成爲比丘。」

〔九〕曇無讖譯大般涅槃經卷三四：「我於經中爲純陀説四種比丘：一者畢竟到道，二者示道，三者受道，四者污道。犯四重者，即是污道。」

〔一〇〕稱：明刻本作「攝」。

〔一一〕阿毗達磨大毗婆沙論卷六六：「唯我法内有四沙門，佛於衆中正師子吼。世尊豈説唯我法内，有毁犯戒而師子吼？答説亦無失。所以者何？污道沙門雖復破戒而不破見，雖破加行不破意樂。設有問言：汝犯戒惡爲善爲不善？彼言不善。爲應作爲不應作？彼言不應作。爲有異熟爲無異熟？彼言有異熟。爲得可愛果爲得不可愛果？彼言得不可愛果。爲惡趣受爲善趣受？彼言惡趣受。爲自身受爲他身受？彼言自身受。爲是師過爲是教過爲是自過？彼言非師過，亦非教過，是我之過。彼有如是有漏正見，信有因果，不愚因果，如是正見，九十六種外道所無，故佛衆中正師子吼。」

〔三〕信：出雲寺本作「心」。

附録：

翻譯名義集卷一：「比丘：大論云：比丘名乞士，清浄活命故。復次比名破，丘名煩惱，能破煩惱故。復次比名怖，丘名能，能怖魔王及魔人民。浄名疏云：或言有翻，或言無翻。言有翻者，翻云除饉。衆生薄福，在因無法自資得報，多所饉乏。出家戒行是良福田，能生物善，除因果之饉乏也。言無翻者，名含三義。智論云：一、破惡，二、怖魔，三、乞士。一破惡者，如初得戒，即言比丘。以三羯磨，發善律儀，破惡律儀，故言破惡。若通就行解，戒防形非，定除心亂，慧悟想虛，能破見思之惡，故名破惡。二怖魔者，既能破惡，魔羅念言，此人非但出我界域，或有傳燈，化我眷屬，空我宮殿，故生驚怖，通而言之，三魔亦怖。三名乞士者，乞是乞求之名，士是清雅之稱。出家之人，内修清雅之德，必須遠離四邪，浄命自居。福利衆生，破憍慢心，謙下自卑，告求資身，以成清雅之德，故名乞士。又云此具三義：一殺賊，從破惡以得名。二不生，從怖魔而受稱。三應供，因乞士以成德。涅槃說四種比丘：一者畢竟道，無學。二者示道，初二三果。三者受道，通内外凡。四者污道，犯四重者。善見論云：善來得戒，三衣及瓦鉢貫著左肩上，鉢色如青鬱鉢羅華，袈裟鮮明如赤蓮華，針、線、斧子、漉囊備具。」

苾芻 梵語也，是西天草名，具五德故，將喻出家人。古師云：苾芻所以不譯者，蓋含五義故：一者體性柔軟，喻出家人能折伏身語麤獷故；二、引蔓旁布，喻出家人傳法度人，連延不絶故；三〔一〕、馨香遠聞，喻出家人戒德芬馥，爲衆所聞；四、能療疼痛，喻出家人能斷煩惱毒害故；五、不背日光，喻出家人常向佛日故。○根本律百一羯磨本云：有苾芻年八十歲，滿六十夏，若於別解脱經未曾讀誦，不了其義，此名老小苾芻〔二〕。別解脱經，即戒本也。此舉隅爾。

【校注】

〔一〕三：擁萬閣本、出雲寺本誤作「五」。

〔二〕義浄譯根本説一切有部百一羯磨卷七：「『大德，若有苾芻受近圓已，生年八十，滿六十夏，於別解脱經，未曾讀誦，不了其義，此欲如何？』佛言：『雖滿六十夏，亦須依止。』『大德，當依何人？』佛言：『依止老者。如無老者，小者亦得。』『大德，若於師禮，此欲如何？』佛言：『唯除禮拜，餘悉應作。此人名爲老小苾芻。』」

附録：

翻譯名義集卷一：「苾芻：古師云含五義：一、體性柔軟，喻出家人能折伏身語麤獷故；二、引蔓旁布，喻出家人傳法度人，連延不絶故；三、馨香遠聞，喻出家人戒德芬馥，爲衆所聞；四、能療疼痛，喻出家人能斷煩惱毒害故；五、不背日光，喻出家人常向佛日故。智論云：出家多修智慧，智慧是解脱因緣。俗人多修福德，福德是樂因緣。僧祇云：供養舍利，造塔寺非我等事，彼國王居士，樂福之人，自當供養。比丘事者，所謂結集三藏，勿令佛法速滅。」

僧 梵語具云僧伽，唐言衆。今略稱僧也。○中阿含經云：何名衆？答：有若干姓，異名異族，剃除鬚髮，著袈裟衣，至信捨家，從佛學道，是名衆〔一〕。○善見律云：等戒、等見、等智、等衆，是爲僧〔二〕。○南山鈔云：四人已上，能御聖法，辦〔三〕得前事，名之爲僧〔四〕。僧以和合爲義。言和合者，有二種：一、理和，謂同證擇滅故；二、事和，此别有六義：一、戒和同修，二、見和同解，三、身和同住，四、利和同均，五、口和無諍，六、意和同悦〔五〕。僧史略云：凡四人已上名僧。今一人亦稱僧者，蓋從衆名之也。亦如萬有二〔六〕千五百人爲軍，一人亦稱軍也〔七〕。

【校注】

〔一〕僧伽提婆譯中阿含經卷六：「長者説衆，何名爲衆？時彼長者復答我曰：有若干姓，異名異族，剃除鬚髮，著袈裟衣，至信、捨家、無家，從佛學道，是名爲衆。」

〔二〕出僧伽跋陀羅譯善見律毗婆沙卷四。

〔三〕辦：備要本作「辨」。

〔四〕釋道宣撰四分律删繁補闕行事鈔卷上：「四人已上，能御聖法，辨得前事者，名之爲僧。」按：釋道宣，唐代律僧，一生大部分時間居終南山，故世稱南山律師、南山大師，撰四分律删繁補闕行事鈔，解釋戒律，簡稱南山鈔、行事鈔。

〔五〕此説多見，如鳩摩羅什譯、蕅益智旭解佛説阿彌陀經要解：「僧者，具云僧伽，此翻和合衆。理和則同證無爲解脱，事和則有六種：所謂身和同住，口和無諍，意和同悦，見和同解，戒和同修，利和同均也。」然不見南山鈔（四分律删繁補闕行事鈔）。

〔六〕二：摛萬閣本、出雲寺本作「三」。

〔七〕贊寧大宋僧史略卷下：「若單云僧，則四人以上方得稱之。今謂分稱爲僧，理亦無爽。如萬二千五百人爲軍，或單已一人亦稱軍也。僧亦同之。」

附録：

翻譯名義集卷一釋氏衆名第一三：「僧伽：大論：秦言衆。多比丘一處和合，是名僧伽。譬如大樹叢林，是名爲林。净名疏云：律名四人已上皆名衆。律鈔曰：此云和合衆。和合有二義：一、理和，謂同證擇滅故；二、事和，别有六義：戒和同修、見和同解、身和同住、利和同均、口和無諍、意和同悦。什師云：欲令衆和，要由六法：一、以慈心起身業；二、以慈心起口業；三、以慈心起意業；四、若得食時減鉢中飯，供養上座一人，下座一人；五、持戒清净；六、漏盡智慧。肇曰：非真心無以具六法，非六法無以和群衆。如衆不和，非敬順之道也。又僧名良福田者，報恩經云：衆僧者出三界之福田。謂比丘具有戒體，戒爲萬善之根，是故世人歸信供養。種福如沃壞（校注者按：壞，當爲「壤」之誤）之田，能生嘉苗，故號良福田。大論云：是僧四種：一、有羞僧。持戒不破，身口清淨，能別好醜未得道；二、無羞僧。破戒，身口不淨，無惡不作；三、啞羊僧。雖不破戒，根鈍無慧，不別好醜，不知輕重，不知有罪無罪。若有僧事，二人共諍，不能斷决，默然無言，如白羊人殺，不能作聲；四、實僧。若學無學，住四果中，行四向道，是名實僧。唐太宗嘗問玄奘三藏：欲樹功德，何最饒益？法師對曰：衆生寢惑，非慧莫啓，慧芽抽植，法爲其資，弘法由人，即度僧爲最。」

除饉男　康僧會註法鏡經云：凡夫貪著六塵，猶餓夫貪食，不知厭足。今聖人斷除貪愛，除六情飢饉，故號除饉〔一〕。○分別功德論云：世人飢饉色欲，比丘除此愛饉之想故〔二〕。

【校注】

〔一〕按：康僧會注法鏡經，已佚，現存法鏡經序。此段文字，諸書多有徵引。釋迦譜卷二引云：「凡夫貪染六塵，猶餓夫飯不知厭足。聖人斷貪，除六情饉飢，故號出家爲除饉。」大宋僧史略卷下引曰：「凡夫於六情境，如餓夫夢食，出家人除去六情，名爲除饉也。」　六塵：色、聲、香、味、觸、法。與「六根」相接，便能染污淨心，導致煩惱。　六情：即六根，指眼、耳、鼻、舌、身、意。根者能生之義。

〔二〕分别功德論卷二：「沙門者，心得休息，息移有欲，寂然無著。亦名除饉，世人飢饉於色欲，比丘者除此愛饉之飢想。世尊説法，比丘能受，斷除生死，至涅槃門。」

導師 十住斷結經云：號導師者，令衆生類示其正道故〔一〕。○華首經云：能爲人説無生死道，故名導師〔二〕。○佛報恩經云：大導師者，以正路示涅槃經，使得無爲常樂故〔三〕。○大法炬陀羅尼經云：以能不退菩提道，不斷絶菩提道，故名導師〔四〕。○商主天子所問經云：何名導師？文殊答云：住是道已，能令衆生得成熟故，名導師〔五〕。

【校注】

〔一〕後秦竺佛念譯十住斷結經卷六碎身品：「號名導師，令衆生類示其正路故。」

〔二〕後秦鳩摩羅什譯佛説華手經卷八逆順品：「爲導師者，能爲人説無生死導師所。」

〔三〕大方便佛報恩經卷二對治品：「夫大導師者，導以正路示涅槃徑，使得無爲常得安樂。」

〔四〕隋闍那崛多等譯大法炬陀羅尼經卷七智成就品：「以能不退菩提道故，名爲導師。又不斷絶菩提道故，復名導師。」

〔五〕隋闍那崛多譯商主天子所問經：「又復問言：文殊師利，以何義故名爲導師？答言：天子，住是道已，能令無量阿僧祇衆生得成熟故，故名導師。」

祖師　寶林傳云：期城太守楊衒之問達磨云：西國相承，稱祖何義？達磨曰：明佛心宗，行解相應，名爲祖師〔一〕。此土自達磨西來，距曹溪能大師，六人得稱祖師〔二〕。

【校注】

〔一〕寶林傳卷八達摩行教游漢土章布六葉品：「時有期城太守楊衒之問大師曰：西國五天，師承爲祖，未曉此意，其義云何？師曰：明佛心宗，寸無差痞。行解相應，名之曰祖。又問：爲祇此一等，更有别耶？師曰：須明他心，知其今古，不厭有無，亦非取故，不賢不愚，無迷無悟。若能是解，亦名爲祖。」按：寶林傳，全稱雙峰山曹侯溪寶林傳，一〇卷（今存七卷，佚卷七、卷九、卷一〇）。一九三五年上海影印宋版藏經會和北平三時學會裒輯各殘本，編入宋藏遺珍。這裏引文，即據此書。

〔二〕六人者，菩提達摩、慧可、僧璨、道信、弘忍、惠能。

禪師　善住意天子所問經云：天子問文殊曰：何等比丘，得名禪師？文殊曰：於一切法，一行思量，所謂不生。若如是知，得名禪師。乃至無有少法可取。不取何法？所謂不取此世後世，不取三界，至一切法悉不取，謂一切法，悉無衆生。如是不取，得名禪師。無少取，非取不取，於一切法悉無所得，故無憶念。若不憶念，彼則不修。若不修者，彼則不證，故名禪師〔一〕。

【校注】

〔一〕元魏毗目智仙共般若流支譯聖善住意天子所問經卷下：「天子，何等比丘坐禪？禪師於一切法悉無所得，彼無憶念，若不憶念，彼則不修。若不修者，彼則不證。……天子問言：文殊師利，言禪師者，何等比丘，得言禪師？文殊師利答言：天子，此禪師者，於一切法，一行思量，所謂不生。若如是知，得言禪師。乃至無有少法可取，得言禪師。不取何法？所謂不取此世彼世，不取三界，至一切法，悉皆不取。謂一切法，悉無衆生。如是不取，得言禪師。天子，若彼禪師，無少法取，非取不取，以是義故，得言禪師。」

善知識　摩訶般若經云：能説空、無相、無作、無生、無滅法，及一切種智，令人心入歡喜信樂，是名善知識〔一〕。○華首經云：有四法是善知識：一、能令人入善法中，二、能障礙諸不善法，三、能令人住於正法，四、常能隨順教化〔二〕。○瑜伽論云：善知識具十功德：一、調伏，二、寂静，三、惑除，四、德增，五、有勇，六、經富，七、覺真，八、善説，九、悲深，十、離退。且初調伏者，謂與戒相應，由根調故。寂静者，定相應，由内攝故。惑除者，信念以慧相應，煩惱斷故。德增者，戒定慧具，不缺減故。有勇者，利益他時，不疲倦故。經富者，多聞故。覺真者，了實義故。善説者，不顛倒故。悲深者，絶希望故。離退者，於一切時恭敬故〔三〕。

【校注】

〔一〕後秦鳩摩羅什譯摩訶般若波羅蜜經卷二七常啼品：「善男子，汝於空、無相、無作之法，應生信心，以離相心，求般若波羅蜜，離我相乃至離知者見者相，當遠離惡知識，當親近供養善知識。何等是善知識？能説空、無相、無作、無生、無滅法及一切種智，令人心入歡喜信樂，是爲善知識。」

〔二〕後秦鳩摩羅什譯佛説華手經卷一〇法門品：「若有四法，當知是爲善知識也。何等爲四？一能令人入善法中，二能障礙諸不善法，三能令人住於正法，四常能隨順教化。有是四法，當知即是善知識也。」

〔三〕無著造、波羅頗蜜多羅譯大乘莊嚴經論卷九親近品：「若善知識具足十種功德者，應堪親近。何謂爲十？一者調伏，二者寂静，三者惑除，四者德增，五者有勇，六者經富，七者覺真，八者善説，九者悲深，十者離退。調伏者，與戒相應，由根調故。寂静者，與定相應，由内攝故。惑除者，信念與慧相應，煩惱斷故。德增者，戒定慧具，不缺减故。有勇者，利益他時，不疲倦故。經富者，得多聞故。覺真者，了實義故。善説者，不顛倒故。悲深者，絶希望故。離退者，於一切時恭敬説故。」

長老

長阿含經云：有三長老：謂耆年長老，年臘多者。法長老，了達法性，内有智德。作長老〔一〕。假號之者。○譬喻經偈云：所謂長老者，未必剃鬚髮，雖復年齒長，不免於惡行。若有見諦法，無害於群萌，捨諸穢惡行，此名爲長老。我今謂長老，未必先出家，修其善本業，分别於正行。設有年齒幼，諸根無漏缺，此謂名長老〔二〕。○肇法師云：内有智德可尊，故名長老〔三〕。○恩法師云：有長者老年之德名長老〔四〕。

【校注】

〔一〕後秦佛陀耶舍共竺佛念譯佛説長阿含經卷八：「復有三法，謂三長老：年耆長老、法長老、作長老。」

〔二〕此偈見東晉僧伽提婆譯增壹阿含經卷二二須陀品：「所謂長老者，未必剃髮鬚，雖復年齒長，不免於愚行。若有見諦法，無害於群萌，捨諸穢惡行，此名爲長老。我今謂長老，未必先出家，修其善本業，分別於正行。設有年幼少，諸根無漏缺，此謂名長老，分別正法行。」

〔三〕出處俟考。按：鳩摩羅什譯、蕅益智旭解佛説阿彌陀經要解：「德臘俱尊，故名長老。」

〔四〕唐知恩集金剛般若經依天親菩薩論贊略釋秦本義記：「言長老者，是尊之稱也，謂有長者老年之德。」

宗師　傳佛心宗〔一〕之師。又云：宗者，尊也。謂此人開空法〔二〕道，爲衆所尊故。

【校注】

〔一〕佛心宗：即禪宗，簡稱心宗。禪宗以不立文字、直指人心爲標的，故稱。

〔二〕空法：指佛法。佛教謂一切皆空，故稱。

法主　阿含經云：佛爲説法主〔一〕。今古皆以説法知法之僧爲法主，如僧叡謂僧導曰：若當爲萬人法主〔二〕。宋孝武敕道猷爲新安寺鎮寺法主〔三〕。

【校注】

〔一〕中阿含經卷一：「世尊爲法本，世尊爲法主。法由世尊，唯願説之。」法主：佛法之主，本謂佛。

〔二〕高僧傳卷七釋僧導傳：「叡曰：君方當爲萬人法主，豈肯對揚小師乎？」

〔三〕高僧傳卷七釋道猷傳：「及孝武升位，尤相歎重，乃敕住新安，爲鎮寺法主。」

大師 師，範也。大，簡小之言也。○佛稱三界大師者，瑜伽論云：能化導無量衆生，令苦寂滅。又云：摧滅邪穢外道，出現世間，故號大師。若凡夫比丘，蒙敕賜號者〔一〕。○僧史略云：肇自唐懿宗咸通十一年十一月十四日延慶節，内道場談論，左街雲顥賜三慧大師，右街僧徹賜淨光大師，可孚賜法智大師，重謙賜青蓮大師，此爲始也〔二〕。○瑜伽論云：略有大師五種功德：一、於諸戒行，終無誤失；二、善建立法；三、善制所學；四、於善立善制中，隨所疑惑等，皆能善斷；五、教授出離〔三〕。

【校注】

〔一〕成實論卷九：「佛爲世尊，一切智人，三界大師。」玄奘譯瑜伽師地論卷八二：「能善教誡聲聞弟子一切應作不應作事，故名大師。又能化導無量衆生，令苦寂滅，故名大師。又爲摧滅邪穢外道出現世間，故名大師。」

〔二〕贊寧撰大宋僧史略卷下賜師號：「師號謂賜某大師也。遠起梁武帝號婁約法師、次隋煬帝號智顗禪師，並爲『智者』，而無『大師』二字。唐中宗號萬迴爲『法雲公』，加公一字。玄宗開元中，有慧日法師，中宗朝得度師義浄，游西域迴，進真容梵夾，帝悦，賜號『慈敏』，亦未行大師之字。穆宗朝，天平軍節度使劉總奏乞出家賜紫衣，號『大覺師』。止師一字。至懿宗咸通十一年十一月十四日延慶節，因談論，左街雲顥賜三慧大師，右街僧徹賜浄光大師，可孚法智大師，重謙青蓮大師。賜師號，懿宗朝始也。分明言某大師，見五運圖。」

〔三〕玄奘譯瑜伽師地論卷七〇攝決擇分中聲聞地之四：「有五種大師功德，若有大師具成就者，便能映蔽外道沙門婆羅門師。何等爲五？一、於諸戒行終無誤失，二、善建立法，三、善制立所學，四、於善建立法、善制立所學中，隨所疑惑，皆能善斷，五、教授出離。」

法師

雜阿含經云：何名法師？佛言：若於色説是生厭、離欲、滅盡、寂静法者，名法師。若於受、想、行、識説是生厭、離欲、滅盡、寂静法者，名法師〔一〕。〇十住婆沙論云：應行四法，名法師：一、廣博多學，能持一切言辭章句。二、決定善知世間出世間諸法生滅相。三、得禪定智，於諸經法隨順無諍。四、不增不損，如所説行〔二〕。〇辯中邊論十種法師頌曰：謂書寫、供養、施他、聽、披讀、受持、正開演、説誦及思、修〔三〕。

【校注】

〔一〕求那跋陀羅譯雜阿含經卷一：「何名爲法師？佛告比丘：善哉善哉，汝今欲知如來所説法師義耶？比丘白佛：唯然，世尊。佛告比丘：諦聽善思，當爲汝説。佛告比丘：若於色説是生厭、離欲、滅盡、寂静法者，是名法師。若於受、想、行、識説是生厭、離欲、滅盡、寂静法者，是名法師。」

〔二〕鳩摩羅什譯十住毗婆沙論卷七分别法施品：「説法者應行四法。何等爲四？一者廣博多學，能持一切言辭章句。二者決定善知世間出世間諸法生滅相。三者得禪定慧，於諸經法隨順無諍。四者不增不損，如所説行。」

〔三〕玄奘譯辯中邊論卷下辯無上乘品：「何等名爲十種法行？頌曰：謂書寫供養，施他聽披讀，受持正開演，諷誦及思修。論曰：於此大乘，有十法行：一書寫、二供養、三施他、四若他誦讀專心諦聽、五自披讀、六受持、七正爲他開演文義、八諷誦、九思惟、十修習行。」

律師

律鈔解題云：佛言善解一字名律師。一字者，律字也〔一〕。○寶雲經云：具足十法名律師：一、善解毗尼所起，二、善解毗尼甚深處，三、善解毗尼微細事，四、善解毗尼此事得彼事不得，五、善解毗尼性重戒，六、善解毗尼制重戒，七、善解毗尼制起因緣，八、善解聲聞毗尼，九、善解辟支毗尼，十、善解菩薩毗尼〔二〕。○十誦律云：持律人有七功德：一、能持佛内藏，二、能善斷諍，三、持戒，四、外道頂住以律故，五、不咨問他，於衆説戒無畏故，六、能斷有疑故，七、能令正法久住故〔三〕。○善見律云：佛説持律人，即是功德根本，因根故，攝領諸法〔四〕。

【校注】

〔一〕大般涅槃經卷三金剛身品：「善學戒律，不近破戒，見有所行，隨順戒律，心生歡喜，如是能知佛法所作，善能解説，是名律師，善解一字，善持契經，亦復如是。」四分律删繁補闕行事鈔卷下導俗化方篇：「是名律師，善解一字。」四分律行事鈔資持記下三釋導俗篇：「一字即律字。以律訓法，總含大小，開遮重輕。故雖博通，指歸一字。」

〔二〕曼陀羅仙譯寶雲經卷五：「善男子，菩薩復有十法，名爲律師。何等爲十？善解毗尼所起因緣、善解毗尼甚深之處、善解毗尼微細之事、善解毗尼此事得彼事不得、善解毗尼性重戒、善解毗尼制重戒、善解毗尼制起因緣、善解聲聞毗尼、善解辟支佛毗尼、善解菩薩毗尼。善男子，具此十事，是名爲菩薩善持律師。」　毗尼：梵語音譯，又譯毗奈耶等，爲戒律的總名。

〔三〕十誦律卷五〇七法初：「持律有七德：能持佛内藏；能善斷諍；以持戒故，在外道頂上住；以持律故，無能詰者；以持律故，不諂問他，於衆中説戒無所畏；能斷有疑；能令正法久住。是名持律七德。」

〔四〕僧伽跋陀羅譯善見律毗婆沙卷四：「佛説持律人，即是功德根，因根故，攝領諸法。」

闍梨　寄歸傳云：梵語阿遮梨耶，唐言軌範。今稱闍梨，蓋梵音訛略也〔一〕。○菩提資糧論云：阿遮梨夜，隋言正行〔二〕。○南山鈔云：能糾正弟子行故〔三〕。

【校注】

〔一〕南海寄歸内法傳卷三師資之道：「（阿遮利耶）譯爲軌範師，是能教弟子法式之義。先云阿闍梨，訛也。」

〔二〕隋達磨笈多譯菩提資糧論卷五：「阿遮利夜，隋云正行。舊云阿闍梨者，亦訛。」

〔三〕釋道宣四分律删繁補闕行事鈔卷上之三師資相攝篇：「闍梨爲正行，能糾正弟子行。」

勝士　月燈三昧經云：能浄持戒名勝士〔一〕。

【校注】

〔一〕按：月燈三昧經有兩個譯本：一爲月燈三昧經，一〇卷，高齊那連提耶舍譯；一爲佛説月燈三昧經，一卷，劉宋沙門先公譯，均未見此引文。或出龍樹菩薩爲禪陀迦王説法要偈：「雖有色族及多聞，若無戒智猶禽獸，雖處醜賤少聞見，能修戒智名勝士。」然四分律删繁補闕行事鈔等徵引此偈，亦作「月燈三昧經云」，後二句作「雖處卑下少聞見，能浄持戒名勝士」，不知何據。

尊者　梵云阿梨夷，華言尊者。謂德行智具，可尊之者〔一〕。

【校注】

〔一〕按：翻譯名義集卷一七衆弟子篇：「梵云阿梨夷，此云尊者，或翻聖者，今言阿姨，略也。」宋元照四分律行事鈔資持記下三釋僧像篇：「尊者，謂臘高德重，爲人所尊。」

開士　經音疏云：開，達也，明也，解也。士則士夫也。經中多呼菩薩爲開士。前秦符堅賜沙門有德解者號開士〔一〕。

【校注】

〔一〕按：一切經音義卷一六唐玄應撰文殊師利佛土嚴浄經下卷「開士」：「梵語菩薩也，謂以法開道之士，故名開士也。」釋慧遠撰温室經義記：「開者名大，士謂士夫，人之別稱。故舊翻經，名菩薩以爲開士。」

大德　智度論云：梵語娑檀陀，秦言大德〔一〕。律中多呼佛爲大德。○毗奈耶律云：佛言：從今日後〔二〕，小下苾芻，於長宿處，應喚大德〔三〕。○此方比丘若宣補者，僧史略云：即唐代宗大曆六年四月五日，敕京城僧尼臨壇大德各置十人，以爲常式，此帶臨壇而有大德二字，此爲始也〔四〕。○增輝記云：行滿德高曰大德〔五〕。

【校注】

〔一〕鳩摩羅什譯大智度論卷二：「婆檀陀，秦言大德。」

〔二〕後：底本及餘三卷本作「從」，據明刻本改。

〔三〕義浄譯根本説一切有部毗奈耶雜事卷三八：「始從今日，小下苾芻，於長宿處，不應喚其氏族姓字，應喚大德。」

〔四〕大宋僧史略卷下賜師號（德號附）：「德號之興，其來遠矣。魏晉之世，翻譯律本羯磨文中，皆曰大德僧。經云：爲大德天生。論云：諸大德有神通者。及諸傳紀私呼僧中賢彦，多云大德，非國朝所補也。至唐代宗，内出香一合，送西明寺故上座大德道宣掌内，始見史傳。又代宗大曆二年，安國寺律大德乘如奏亡僧物色，乞依律斷輕重，宜依。觀此文，似敕補也。然或詔敕中云長老僧某，豈是補署邪？蓋一期之推飾耳。大德道宣、律大德乘如亦同此也。大曆六年辛亥歲四月五日，敕京城僧尼臨壇大德各置十人，以爲常式，有闕即填。此帶臨壇而有大德二字，乃官補德號之始也。」

〔五〕按：增輝記，全稱四分律行事鈔增輝記，二〇卷，唐末希覺撰，已佚。釋氏要覽録其十餘條，彌足珍貴。

上座　五分律云：齊幾名上座？佛言：上更無人名上座〔一〕。○毗尼母云：從無夏至九夏是下座，自十夏至十九夏是中座，自二十夏至四十夏是上座。五十夏已上，一切沙門之所尊敬，名耆宿〔二〕。準百一羯磨云，雖夏臘六十，應須是知律有戒行者，方名耆宿〔三〕。○毗婆沙論云：有三上座：一、生年上座，即尊長耆舊，具戒名真生故。二、世俗上座，即知法、富貴、大財、大位、大族、大力、大眷屬，雖年二十，皆應和合推爲上座。三、法性上座，即阿羅漢。頌曰：心掉多綺語，染意亂思惟，雖久住林園，而非真上座，具戒智正念，寂静心解脱，彼於法能觀，是名真上座〔四〕。○十誦律云：具十法名上座：謂有住處；言住處者，婆沙論云：謂道及果空三摩地，能引彼力殊勝，能令身心安住不動，故名上座住處矣〔五〕。無畏；無煩惱；多知識，多聞；辯言具足；義趣明了；聞者信受；善能安詳〔六〕入他家；能爲白衣説法，令他捨惡從善；自具四諦法樂，無有所乏，名上座〔七〕。○律中：僧坊上座，即律三綱〔八〕上座。僧上座，即壇上上座，或堂中首座。別房上座，即今禪居諸寮首座。住家上座。即計齊席上座〔九〕。○婆娑〔一〇〕論云：夫上座者，心安住故，不爲世違順傾動，是名上座〔一一〕。

【校注】

〔一〕彌沙塞羯磨本：「佛言：『上座説戒，若不説，突吉羅。』不知齊幾爲上座。佛言：『於上無人，皆名上座。』」

〔二〕毗尼母經卷六：「從無臘乃至九臘，是名下座。從十臘至十九臘，是名中座。從二十臘至四十九臘，是名上座。過五十臘已上，國王長者出家人所重，是名耆舊長宿。」

〔三〕按：義浄譯根本説一切有部百一羯磨卷七：「『大德，若有苾芻受近圓已，生年八十滿六十夏，於別解脱經，未曾讀誦，不了其義，此欲如何？』佛言：『雖滿六十夏，亦須依止。』『大德，當依何人？』佛言：『依止老者。如無老者，小者亦得。』『大德，若於師禮，此欲如何？』佛言：『唯除禮拜，餘悉應作。此人名爲老小苾芻。』」

〔四〕阿毗達磨集異門足論卷四：「三上座者，謂生年上座、世俗上座、法性上座。云何生年上座？答：諸有生年尊長耆舊，是謂生年上座。云何世俗上座？答：如有知法富貴長者共立制言，諸有知法大財、大位、大族、大力、大眷屬、大徒衆，勝我等者，我等皆應推爲上座，供養恭敬，尊重讚歎。由此因緣，雖年二十或二十五，若能知法得大財位、大族、大力，有大眷屬、大徒衆者，皆應和合推爲上座，供養恭敬，尊重讚歎。……云何法性上座？答：諸受具戒耆舊長宿，是謂法性上座。有説此亦是生年上座，所以者何？佛説出家受具足戒名真生故。若有苾芻，得阿羅漢，諸漏永盡，已作所作，已辦所辦，棄諸重擔，逮得己利。盡諸有結正智解脱，心善自在此中意説，如是名爲法性上座。如世尊説上座頌言：心掉多綺語，染意亂思惟，雖久隱園林，而非真上座，具戒智正念，寂静心解脱，彼於法能觀，是名真上座。」

〔五〕按：阿毗達磨大毗婆沙論卷一〇四：「上座功德法者，謂道及道果空三摩地，能引彼力殊勝非餘，是有身見近對治故。復次空三摩地，能令身心安住不動，故名上座住處。」三摩地：即三昧，謂排除一切雜念，住心於一境。是禪定的修行法門。

〔六〕詳：底本等誤作「痒」，備要本作「養」，據明刻本改。

〔七〕十誦律卷五〇：「有十法名上座：有所住處；無畏，無能遮者；有長老，息煩惱；多知識，有名聞，能令他生浄心；辯才具足，無能勝者；無有滯礙，義趣明了；聞者信受；善能安詳入他家；能爲白衣説深妙法，分別諸道，勸令行施齋戒，令他捨惡從善；自具四諦，現法安樂，無有所乏。」

〔八〕綱：底本及餘三卷本作「網」，據明刻本改。

〔九〕十誦律卷五七比尼誦行法之餘：「僧上座法者，上座法，若僧唱時，若打揵椎時，應疾到坐，坐已，看上、中、下座，莫令失次。教令相近坐，應示相。若不覺，應彈指向。若彈指不覺，應語比坐，應徐徐軟語。若飲食時，上座應教一切等與，應待唱僧跋，一切衆僧應隨順上座，是名僧上座法。僧坊上座法者，若僧坊破壞，是上座應自治。若使人治，若不見比丘，應推覓。若有病比丘，應看視問訊，若無看病人，應與看病人。若僧差看病人，是人不肯，應次第看。若是僧坊中僧應得利施，上座應一心勤作方便令不失。若得是利施物，應置隨所堪能比丘令分處。若僧坊中有所作事，上座應先自手作，是名僧坊上座法。別房上座法者，是别房若毁壞，上座應自治。若使人治，若不見房中比丘，應推覓。若有病比丘，應看視問訊，若無看病人，應與看病人。若看病人不肯，别房中應次第看。若是别房中僧應得利施，上座應一心勤作方便令不失。若得是利施物，應置隨所堪能比丘令分處。若别房中有所作事，上座應先自手作，是名别房上座法。……住家上座法者，住家上座，應好觀自徒衆，莫令諸根散亂調戲，常淨持威儀，起檀越善心，是名住家上座法。」

〔一〇〕娑：明刻本、江户刊本、大正藏本、備要本作「沙」。

〔一一〕阿毗達磨大毗婆沙論卷一〇四：「夫上座者，心安住故。……不爲世間違順傾動。」

座主

摭言曰：有司謂之座主〔一〕。今釋氏取學解優贍穎拔者名座主，謂一座之主。古高僧呼講者爲高座，或是高座之主。

【校注】

〔一〕按：唐李肇唐國史補卷下：「得第謂之前進士；互相推敬，謂之先輩；俱捷謂之同年；有司謂之座主。」五代王定保唐摭言慈恩寺題名遊賞賦詠雜記：（會昌三年十二月）「二十二日，中書覆奏：奉聖旨，不欲令及第進士呼有司爲座主，趨附其門……優以國家設文學之科，求貞正之士，所宜行敦風俗，義本君親，然後申於朝廷，必爲國器。豈可懷賞拔之私惠，忘教化之根源，自謂門生，遂成膠固！」清顧炎武日知録座主門生：「貢舉之士，以有司爲座主，而自稱門生，自中唐以後，遂有朋黨之禍……至於有明，則遂公然謂之座師，謂之門生，乃其朋黨之禍，亦不減於唐時矣。」

上士

瑜伽論云：無自利、利他行者，名下士。有自利、無利他者，名中士。有二利，名上士〔一〕。上士具二利，有大心大行，亦名大士。

【校注】

〔一〕瑜伽師地論卷六一：「無自利行、無利他行，名爲下士。有自利行、無利他行，有利他行、無自利行，名爲中士。有自利行、有利他行，名爲上士。」

上人

摩訶般若經云：何名上人？佛言：若菩薩一心行阿耨菩提，心不散亂，是名上人〔一〕。○增一經云：夫人處世，有過能自改者，名上人〔二〕。○十誦律云：有四種：一、麤人，二、濁人，三、中間人，四、上人〔三〕。○律缾沙王呼佛弟子爲上人〔四〕。○古師云：内有智德，外有勝行，在人之上，名上人。

【校注】

〔一〕鳩摩羅什譯摩訶般若波羅蜜經卷一七堅固品：「須菩提白佛言：世尊，云何爲上人？佛告須菩提：若菩薩摩訶薩一心行阿耨多羅三藐三菩提，心不散亂，是名上人。」

〔二〕增壹阿含經卷三九：「夫人處世，有過能自改者，斯名上人。」

〔三〕十誦律卷四九：「有四種人：一者麤人、二者濁人、三者中間人、四者上上人。如是僧中，有四種斷事人：有僧斷事人，無羞、不善義、不善文句；有僧斷事人，無羞、善義、善文句；有僧斷事人，有羞、不善義、不善文句；有僧斷事人，有羞、善義、善文句。若僧斷事人，無羞、不善義、不善文句者，是名麤人。若僧斷事人，無羞、善義、善文句者，是名濁人。若僧斷事人，有羞、不善義、不善文句者，是名中間人。若僧斷事人，有羞、善義、善文句者，是名上人。」

〔四〕「律缾沙王呼佛弟子爲上人」者，如十誦律卷一六：「佛在王舍城，爾時瓶沙王有三種池水，第一池中王及夫人洗，第二池中王子大臣洗，第三池中餘人民洗。是王得道，深心信佛，問諸大臣：上人洗不？答言亦洗。王言：上人應我池中洗。爾時諸比丘，常初夜、中夜、後夜數數洗。一時瓶沙王欲洗，語守池人：除人令净，我欲往洗。即時除卻餘人，但比丘在。知池人作是念：王敬比丘，若遣除者，王或當瞋。便白王言：已除諸人，但比丘在。王言：大善，令上人先洗。初夜、中夜、後夜比丘洗竟便去。」

道人　智度論云：得道者名爲道人。餘出家者未得道者，亦名道人〔一〕。道者亦同此說。

【校注】

〔一〕鳩摩羅什譯大智度論卷三六：「如得道者，名爲道人。餘出家未得道者，亦名爲道人。」

貧道

智度論云：貧有二種：一、財貧，二、功德法貧〔一〕。○瑜伽論云：出家品智貧，財貧〔二〕。○指歸云：道則通物之稱也。屬三乘聖人所證之道也，謂我寡少此道，故曰貧道〔三〕。僧史略云：漢魏兩晉沙門對君王，亦只稱貧道。如南齊時，帝問王儉曰：先輩沙門，對帝何稱？正殿還坐否？儉對曰：漢魏佛法未興，不見紀傳。自僞國稍盛，皆稱貧道，亦聞預坐〔四〕。

【校注】

〔一〕見大智度論卷九八。

〔二〕按：此引文節略過甚，語意不明。瑜伽師地論卷八九：「復次有九種事，能和合故，當知建立九結差別。云何九事？一、依在家品，可愛有情非有情數一切境界，貪愛纏事；二、即依此品，可惡有情非有情數一切境界，瞋恚纏事；三、依有情數，憍慢纏事；若四、五、六，依惡説法諸出家品，三種邪僻，勝解纏事，謂依聽聞不正法故，依不如理邪思惟故，依非方便所攝修故，如是差別，即爲三種；七、於善説法律無勝解纏事；八、依出家品，智貧窮事；九、依在家品，財貧窮事。由此九事，如其所應當知配屬愛等九結。此中由嫉變壞心故，於正法内，發起法慳。由此當來，智慧貧乏，餘隨所應，配屬應知。」

〔三〕指歸：當即音義指歸（然要覽五處引作「指歸」，一處引作「音義指歸」，似不相混，是否一書，頗可疑者），又稱釋藏音義指歸，清查慎行蘇詩補注之采輯書目，列有釋藏音義指歸，然大藏經中未見收入，著者恐即贊寧也。宋釋惟顯編律宗新學名句卷下載：「杭州贊寧律師音義指歸三卷。」高麗沙門義天録新編諸宗教藏總録卷二：「律鈔音義指歸三卷，贊寧述。」此書已佚。這裏引文，亦未見它書徵引。

〔四〕大宋僧史略卷下對王者稱謂：「若此方對王者，漢魏兩晉或稱名，或云我，或云貧道，故法曠上書於晉簡文，稱貧道。支遁上書乞歸剡，亦稱貧道。道安諫苻堅，自稱貧道，呼堅爲檀越，于時未爲定式。又跋陀對宋孝武云：從陛下乞順。此見呼陛下也。至南齊時，法獻、玄暢二人分爲僧正，對帝言論稱名而不坐，後因中興寺僧鐘啓答稱貧道，帝嫌之，問王儉曰：先輩沙門，與帝王共語，何稱？正殿還坐不？儉對曰：漢魏佛法未興，不見紀傳。自僞國稍盛，皆稱貧道，亦聞預坐。」

頭陀　梵語杜多，漢言抖擻，謂三毒如塵，能坌污真心，此人能振掉除去故，今訛稱頭陀。○善住意天子經云：杜多者，抖擻貪欲、嗔癡、三界、内外六入。若不取、不捨、不修、不著、非是不著，我説彼人，名爲杜多〔一〕。○頭陀十二功德：一、阿蘭若處，二、常乞食，

三、次第乞，四、一受食，五、節量食，六、中後無飲漿，七、弊衣，八、但三衣，九、塚間，十、樹下坐，十一、露地坐，十二、長坐不臥〔二〕。彼經〔三〕廣有説文。

【校注】

〔一〕元魏毗目智仙共般若流支譯聖善住意天子所問經卷下：「我説彼人，能説頭陀。何以故？天子，若比丘抖擻貪欲，抖擻瞋恚，抖擻愚癡，抖擻三界，抖擻内外六入，我説彼人，能説抖擻。如是抖擻，若不取不捨，不修不著，非是不著。我説彼人，能説頭陀。」

〔二〕求那跋陀羅譯佛説十二頭陀經：「阿蘭若比丘，遠離二著，形心清淨，行頭陀法。行此法者，有十二事：一者在阿蘭若處，二者常行乞食，三者次第乞食，四者受一食法，五者節量食，六者中後不得飲漿，七者著弊納衣，八者但三衣，九者塚間住，十者樹下止，十一者露地坐，十二者但坐不臥。」

〔三〕彼經：指佛説十二頭陀經。

支郎　古今儒雅，多呼僧爲支郎者，高僧傳云：魏有三高僧：曰支謙、支讖〔一〕、支亮。於中謙者，爲人細長黑瘦，眼多白而睛黄，復多智，時賢諺曰：支郎眼中黄，形軀雖小是智囊〔二〕。

【校注】

〔一〕識：底本誤作「織」，據明刻本改。

〔二〕高僧傳卷一康僧會傳：「時孫權已制江左，而佛教未行。先有優婆塞支謙，字恭明，一名越，本月支人，來遊漢境。初漢桓靈之世，有支讖譯出衆經，有支亮，字紀明，資學於讖，謙又受業於亮，博覽經籍，莫不精究，世間伎藝，多所綜習，遍學異書，通六國語。其爲人細長黑瘦，眼多白而睛黄，時人爲之語曰：支郎眼中黄，形軀雖細是智囊。」

緇流

此從衣色名之也。僧史略云：問：緇衣者，色何狀貌？答：紫而淺黑。考工記云：三入爲纁，五入爲緅，七入爲緇矣。固知緇本出絳雀頭色，即紫赤色也。故梁淨秀尼見聖衆衣，如桑熟椹，此乃淺赤深黑色也〔一〕。

【校注】

〔一〕大宋僧史略卷上服章法式：「問：緇衣者，色何狀貌？答：紫而淺黑，非止色也。考工記中：三入爲纁，五入爲緅，七入爲緇。以再染黑爲緅，緅是雀頭色，又再染乃成緇矣。知緇本出絳雀頭，紫赤色也。故淨秀尼見聖衆衣色，如桑熟椹，乃淺赤深黑也。」按：周禮考工記鍾氏：「染羽，以朱湛丹秫，三月而熾之，淳而漬之。三入爲纁，五入爲緅，七入爲緇。」又比丘尼傳卷四淨秀尼傳：「淨秀，本姓梁，安定烏氏人也。……從外國沙門普練諮受五戒，精勤奉持，不曾違犯。禮拜讀誦，晝夜不休。年十二，便求出家，父母禁之。及手能書，常自寫經。所有資財，唯充功德，不營俗好，不衣錦繡，不著粉黛。如此推遷，至十九，方得聽許，爲青園寺首尼弟子。……見二胡僧，舉手共語，一稱彌呿羅，一稱毗佉羅。所著袈裟，色如熟桑椹。秀即以泥染衣色，令如所見。」

龍象　中阿含經：佛告鄔陀夷，若沙門等，從人至天，不以身、口、意害，我説彼是龍象〔一〕。

【校注】

〔一〕中阿含經卷二九：「爾時，波斯匿王有龍象，名曰念，作一切妓樂，歷度東河。衆人見已，便作是説：是龍中龍，爲大龍王，爲是誰耶？尊者烏陀夷叉手向佛，白曰：世尊，象受大身，衆人見已，便作是説：是龍中龍，爲大龍王，爲是誰耶？世尊告曰：如是，烏陀夷。如是，烏陀夷。象受大身，衆人見已，便作是説：是龍中龍，爲大龍王，爲是誰耶？烏陀夷，馬、駱駝、牛、驢、胸行、人、樹，生大形，烏陀夷，衆人見已，便作是説：是龍中龍，爲大龍王，爲是誰耶？烏陀夷，若有世間，天及魔、梵、沙門、梵志，從人至天，不以身、口、意害者，我説彼是龍。烏陀夷，如來於世間，天及魔、梵、沙門、梵志，從人至天，不以身、口、意害，是故我名龍。」

空門子

智度論云：涅槃有三門：一、空門，二、無相門，三、無作門。何者空門？謂觀諸法無我、我所，諸法從因緣生，無作者、受者，是名空。今出家人，由此門入涅槃宅，故號空門子〔一〕。

【校注】

〔一〕大智度論卷二〇：「何等空涅槃門？答曰：觀諸法無我、我所空，諸法從因緣和合生，無有作者，無有受者，是名空門。……觀諸法空，是名空。於空中不可取相，是時空轉名無相，無相中不應有所作爲三界生，是時無相，轉名無作。譬如城有三門，一人身不得一時從三門入，若入則從一門。諸法實相，是涅槃城。城有三門：空、無相、無作。」

宗主

僧史略云：唐末，寺皆立受依止闍梨一員。今朝取秉律員位最高者，號宗主。蓋道俗之間，有諍不分曲直，告其〔一〕剖斷，令人息諍故也〔二〕。

【校注】

〔一〕其：底本及餘三卷本作「具」，據明刻本改。

〔二〕大宋僧史略卷中雜任職員：「又宋齊之世，曾立法主一員，故道猷敕爲新安寺鎮寺法主，法瑗爲湘宫寺法主。至唐末，多立受依止闍梨一員，亦稱法主。今朝秉律員位最高者號宗主，亦同也。依止闍梨，或當敕補者，蓋道俗之間，有争不分曲直，告其剖斷，令人息争，故號之也。」

僧録　僧史略云：唐文宗開成中，始立左右僧録，即端甫法師爲始也。法師德宗召入禁中，與儒道論議，賜紫方袍，令侍太子於東朝。順宗重之若兄弟，憲宗待之若賓友。掌内殿法儀，録左街僧事〔一〕。

【校注】

〔一〕大宋僧史略卷中左右街僧録：「至文宗開成中，始立左右街僧録，尋其人即端甫法師也，俗姓趙。德宗召入禁中，與儒道論議，賜紫方袍，令侍太子於東朝。順宗重之若兄弟，相與卧起，恩禮特深。憲宗數幸其院，待之若賓友。掌内殿法儀，録左街僧事。」

副僧録　即昭宗乾寧中改首座爲副僧録，即覺暉爲始也〔一〕。

【校注】

〔一〕大宋僧史略卷中僧主副員：「至唐元和長慶間，始立僧録，録左右街僧，亦無貳職，次有三教首座。昭宗乾寧中，改首座爲副僧録，得覺暉焉。副録自暉公始也。」

講經論首座 史云：首座之名，即上座也。居席之端，處僧之上故也。即唐宣宗署僧辯章爲三教首座，此爲始也。今則以經論學署〔一〕首座也〔二〕。

【校注】

〔一〕署：明刻本作「者」。

〔二〕大宋僧史略卷中講經論首座：「首座之名，即上座也。居席之端，處僧之上，故曰也。尋唐世敕辯章檢校修寺，宣宗賞其功，署三教首座。元和中，端甫止稱三教談論……次後經論之學，或置首座，三教首座，則辯章爲始也。朱梁洎周，或除或立，悉謂隨時。今大宋有講經講論首座，乃僧録之外別立耳。」

僧正 史云：正者，政也。自正正人，克敷政令故。蓋以比丘無法，若馬無轡勒，漸染俗風，將乖雅則，故擇有德望者，以法而繩之，令歸乎正，故云僧正。此以僞秦僧䂮爲始也。至梁普通六年，敕法雲爲大僧正〔一〕。此加「大」字。

【校注】

〔一〕大宋僧史略卷中立僧正：「所言僧正者何？正，政也。自正正人，克敷政令，故云也。蓋以比丘無法，如馬無轡勒，牛無貫繩，漸染俗風，將乖雅則，故設有德望者，以法而繩之，令歸于正，故曰僧正也。此僞秦僧䂮爲始也（或曰道䂮）。……普通六年，敕法雲爲大僧正，吏力備足，又慧令亦充此職焉。大字異耳。」

僧主

即南齊永明中，武帝敕法獻爲僧主始也〔一〕。所言主者，猶僧官也。

【校注】

〔一〕大宋僧史略卷中立僧正：「永明中，敕長干寺玄暢同法獻爲僧主，分任南北兩岸。」

國師

僧史略云：西域昔有尼犍子，學通三藏，兼達五明，舉國皈依，乃彰斯號。此土則北齊高僧法常演毗尼、涅槃，通禪法，齊主崇爲國師，此爲始也。唐神秀自則天召入，歷四朝，號國師。慧忠肅代二朝入内説禪，號國師。元和中，敕署知玄曰悟達國師。玄五歲便能吟詩。出家爲沙彌，年十四講涅槃經，時李商隱有詩贈云：十四沙彌解講經，似師年幾只攜餅。沙彌説法沙門聽，不在年高在性靈。若偏霸之國，則蜀後主賜僧録光業爲祐聖國師，吴越稱天台德韶爲國師，江南署文遂爲國大導師〔一〕。好廣知，請讀僧史略。

【校注】

〔一〕大宋僧史略卷中國師：「西域之法，推重其人，内外攸同，正邪俱有。昔尼犍子信婆羅門法，國王封爲國師。内則學通三藏，兼達五明，舉國歸依，乃彰斯號。聲教東漸，唯北齊有高僧法常，初演毗尼，有聲鄴下，後講涅槃，并受禪數，齊王崇爲國師。國師之號，自常公始也。殆陳隋之代，有天台知顗禪師，爲陳宣隋煬菩薩戒師，故時號國師。即無封署。至則天朝，神秀領徒荆州，召入京師，中、睿、玄四朝，皆號爲國師。後有禪門慧忠，肅、代之時，入宫禁中，説禪觀法，亦號國師。元和中，敕署知玄曰悟達國師。若偏霸之國，則蜀後主賜右街僧録光業爲祐聖國師，吴越稱德韶爲國師，江南唐國署文遂爲國大導師也。導師之名而含二義：若法華經中商人白導師，言此即引路指述也。若唱導之師，此即表白也。故宋衡陽王鎮江陵，因齋會無有導師，請曇光爲導。及明帝設會，見光唱導稱善，敕賜三衣瓶鉢焉。」

尼

梵音具云比丘尼，亦名除饉女。天竺以佛姨母摩訶波闍波提此云大愛道。爲始也。

鈔云：今呼尼爲阿姨師姨者，此效佛召愛道也。師姑未詳。尼有八敬法，去聖已遠，不復遵行，繁不録也〔一〕。

【校注】

〔一〕翻譯名義集卷一七衆弟子：「比丘尼：善見云：尼者，女也。文句云：通稱女爲尼。智論云：尼得無量律儀故，應次比丘。佛以儀法不便故，在沙門後。比丘尼稱阿姨師姨者，通慧指歸云：阿平聲，即無遏音，蓋阿音轉爲遏也。有人云：以愛道尼是佛姨故，傚唤阿姨。今詳：梵云阿梨夷，此云尊者，或翻聖者，今言阿姨，略也。僧祇云：阿梨耶，僧聽是也。事鈔尼衆篇云：善見佛初不度女人出家，爲滅正法五百年，後爲説八敬，聽出家，依教行故，還得千年。今時不行，隨處法滅。會正記云：佛成道後十四年，姨母求出家，佛不許度，阿難爲陳三請，佛令慶喜傳八敬向説，若能行者，聽汝出家，彼云頂戴持。言八敬者：一者，百歲比丘尼見初受戒比丘，當起迎逆，禮拜問訊，請令坐；二者，比丘尼不得罵謗比丘；三者，不得舉比丘罪，説其過失，比丘得説尼過；四者，式叉摩那已學於戒，應從衆僧求受大戒；五者，尼犯僧殘，應半月在二部僧中，行摩那埵；六者，尼半月内，當於僧中求教授人；七者，不應在無比丘處夏安居；八者，夏訖當詣僧中求自恣人。如此八法，應尊重恭敬讚歎，盡形不應違。今述頌曰：禮不罵謗不舉過，從僧受戒行摩那，半月僧中求教授，安居近僧請自恣。」

式叉摩那　此云學法女，似今尼之長髮也。四分律云：十八歲童女，應二歲學戒〔一〕，謂二歲練身，以六法練心。文多不載〔二〕。

【校注】

〔一〕戒：諸本無，據文意及四分律等補。

〔二〕參四分律卷二七等。

附録：

翻譯名義集卷一七衆弟子：「式叉摩那：此云學法女。四分：十八童女，應二歲學戒。又云：小年曾嫁，年十歲者，與六法。十誦中，六法練心也。能持六法，方與受具。二年者，練身也，可知有胎無胎。事鈔云：式叉尼具學三法：一、學根本，謂四重是；二、學六法，即羯磨，所謂染心相觸，盜人四錢，斷畜生命，小妄語，非時食，飲酒也；三、學行法，謂一切大尼戒行，並須學之。若學法中犯者，更與二年羯磨。僧祇云：在大尼下沙彌尼上坐。今述頌曰：染心相觸盜四錢，斷畜生命小妄語，戒非時食及飲酒，是名式叉學六法。」

優婆塞 秦言善宿男，謂離破戒宿故。又梵云鄔波索迦，唐言近事男，謂親近承事諸佛法故。天竺受五、八戒，俗人稱之，亦云清信士〔一〕。○瑜伽論云：具足三德：一、意樂淨，謂於三寶遠離疑惑，圓滿戒法，求出世故；二、能作三寶事；三、能引發同法〔二〕。○

阿含經云：圓滿八支：謂信、戒、施〔三〕、聽法、受持、解義、如説修行〔四〕。

【校注】

〔一〕唐法藏述花嚴經探玄記卷一八：「優婆塞者，古翻名善宿男，今譯名近事男，謂親近比丘而承事故。」又慧琳撰一切經音義卷一三：「鄔波索迦，梵語也，古譯云優波婆迦，或云優婆塞，皆訛略也。唐云近善男，有部律近事男，亦云近宿男，爲近三寶而住宿承事也。或言清信士、善宿男者，義譯也。」

〔二〕瑜伽師地論卷七〇：「鄔波索迦有三種德：一、清淨，二、能造作，三、能引發。清淨者，謂意樂清淨，戒行清淨，證清淨。意樂清淨者，謂於佛寶等遠離疑惑，不悕世事謂作吉祥；戒行清淨者，謂能圓滿所有學處；證清淨者，謂能證得世出世清淨故。能作三寶所作事故，名能造作。能引發同法不同法者智故，名能引發。」

〔三〕按：此處缺「八支」之一，或爲「親近」。參下注。

〔四〕别譯雜阿含經卷八：「具足八支，能自利益，未利於他。何等爲八？優婆塞，自已有信，不能教他；自持淨戒，不能教人令持禁戒；自修於捨，不能教人令行布施；自往詣塔寺，親近比丘，不能教人往詣塔寺，親近比丘；自能聽法，不能教人令聽正法；自能受持，不能教人受持；自能解義，不能教人令解其義；自能如説修行，不教他人如説修行。」

優婆夷　夷，即女聲字也。又云鄔波斯迦〔一〕。名義同前。

【校注】

〔一〕慧琳一切經音義卷一三：「鄔波斯迦，唐云近善女，或云近事女，義同前釋（校注者按：指鄔波索迦），言帶女聲云斯迦，古譯云優波賜迦，或云優婆夷，皆訛也。」

七衆　謂比丘、比丘尼、式叉摩那、沙彌、沙彌尼，此出家五衆。優婆塞、優婆夷〔一〕。此在家二衆。○婆沙論云：夫能維持佛法，有七衆在世間，三乘道果，相續不斷盡，以波羅提木叉爲根本〔二〕。○大毗婆沙論云：七衆者，一、苾芻，二、苾芻尼，三、式叉摩那，四、室利摩拏洛迦，唐言勤策男，即沙彌也。五、室利摩拏理迦，唐言勤策女，即沙彌尼也。六、鄔波索迦，七、鄔波斯迦〔三〕。

【校注】

〔一〕智顗説仁王護國般若經疏卷五：「七衆者，出家五衆：比丘、比丘尼、沙彌、沙彌尼、式叉摩那；在家二衆：清信士、女也。」

〔二〕見薩婆多毗尼毗婆沙卷一。波羅提木叉：意譯「別解脱」等，爲佛教出家五衆持守的戒律。唐法藏撰梵網經菩薩戒本疏卷一：「梵云波羅提，此言別。若具應云毗木叉，此云解脱。謂持此戒行，於諸犯境，皆別別解脱，故名也。又可當於生死而得解脱故也。」

〔三〕説一切有部發智大毗婆沙論卷一二三：「七衆者，一苾芻、二苾芻尼、三式叉摩那、四室羅摩拏洛迦、五室羅摩拏理迦、六鄔波索迦、七鄔波斯迦。問：何故唯依別解脱律儀，安立七衆差別不依餘耶？答：以別解脱律儀漸次而得，漸次安立故。謂若能離四性罪一遮罪，名鄔波索迦。若復能離四性罪多遮罪，名室羅摩拏洛迦。若有能離一切性罪一切遮罪，名苾芻、苾芻尼等。」

道德　八正聖道〔一〕、七支戒德〔二〕，表裏具足之稱也。○論衡云：成名之謂道，立身之謂德〔三〕。

【校注】

〔一〕八正聖道：即八聖道、八正道，謂正見、正思維、正語、正業、正命、正精進、正念、正定，是通向涅槃聖道的門徑、方法。正者不邪，道爲能通。佛本行集經卷三四轉妙法輪品下：「如我所證，爲開眼故，爲生智故，爲寂定故，乃至涅槃八正聖道，所謂正見、正分別、正語、正業、正命、正精進、正念、正定。」智周撰大乘入道次第：「八聖道者，契理通神，目之爲聖。運載遊履，稱之爲道。其八者何？謂正思惟、正語、正業、正命、正精進、正念、正定、正見。籌量義理，名正思惟。語離四非，稱爲正語。身遠三過，名爲正業。無漏身語，離五邪命，名爲正命。修善斷惡，有勝堪能，目爲精進，明記所緣，稱爲正念。攝心不亂，號爲正定。推察諦理，故名正見。」

〔二〕七支戒：戒止身三（殺、盜、淫）口四（妄語、綺語、惡口、兩舌）的七支作業。隋灌頂撰大般涅槃經疏卷二七師子吼品：「身是七支，戒防意地，修心静攝，修慧者是般若。七種净戒者，即七支戒。」

〔三〕按：今檢王充論衡，未見此引文，然唐釋法琳撰辨正論卷五釋李師資篇等亦有引。

名德　名者，實也，實立而名從之，仲尼之〔一〕所貴，名實之名也。德者，得也。所謂内得於己，外得於人〔二〕。常無所失，合而稱之。○阿含經呼舍利弗已下爲名德比丘〔三〕。○皎法師高僧傳序云：寡德適時，名而不高。實德潛光，高而不名〔四〕。

【校注】

〔一〕之：諸本誤爲「云」，據文意及中論改。

〔二〕徐幹中論卷下考僞：「名者所以名實也，實立而名從之，非名立而實從之也。故長形立而名之曰長，短形立而名之曰短，非長短之名先立而長短之形從之也。仲尼之所貴者，名實之名也。」禮記樂記：「德者，得也。」孔穎達春秋左傳注疏卷四：「德者，得也。謂内得於心，外得於物，在心爲德，施之爲行，德是行之未發者也。」

〔三〕「阿含經呼舍利弗已下爲名德比丘」者，如中阿含經卷六〇：「一時，佛般涅槃後不久，衆多上尊名德比丘，遊波羅利子城，住在雞園。」

〔四〕釋慧皎撰高僧傳卷一四序録：「然名者，本實之賓也。若實行潛光，則高而不名。寡德適時，則名而不高。」

住〔一〕處

僧伽藍摩　梵題也。或云僧伽羅摩，此云衆園。五分律云：缾沙王施迦蘭陀竹園爲始也〔二〕。園者，生植之所，佛弟子居之，取生植道本、聖果之義也。或云毗呵羅，此云遊止處〔三〕。

【校注】

〔一〕住：世界書局本作「居」。

〔二〕五分律卷一六：「時瓶沙王作是念：佛止宿處，我當即以此處施佛，立於精舍。佛知其意，暮宿迦蘭陀竹園。……明旦於竹園敷座，自出白：食具已辦。佛與大衆隨次而坐，王手自斟酌，歡喜無倦。食已行水，在一面立，白佛言：今以此竹園，奉上世尊。」缾沙王：又作頻婆娑羅等，佛在世時摩揭陀國王，深歸佛法，後爲逆子阿闍世王幽囚而死。

〔三〕大宋僧史略卷上創造伽藍：「僧伽藍者，譯爲衆園，謂衆人所居，在乎園圃，生殖之所，佛弟子則生殖道芽聖果也。故經中有迦蘭陀竹園、祇樹給孤獨園，皆是西域之寺舍也。」

寺 華題也。釋名曰：寺，嗣也，謂治事者相嗣續於其内也〔一〕。故天子有九寺焉。後漢明帝永平十年丁卯，佛法初至，有印度二僧摩騰、法蘭，以白馬馱經像届洛陽，敕於鴻臚寺安置。鴻臚即司賓寺也。胡廣釋云：鴻，聲也。臚，傳也，所以傳聲贊道九賓也。秦有典客，漢乃因之，至唐改爲同文寺。至十一年戊辰，敕於雍門外別建寺，以白馬爲名，即漢土佛寺始也〔二〕。吴孫權立建初寺爲始也〔三〕。

【校注】

〔一〕釋名卷五釋宫室：「寺，嗣也，治事者嗣續於其内也。」

〔二〕大宋僧史略卷上創造伽藍：「經像來思，僧徒戾止，次原爰處，必宅净方，是以法輪轉須依地也，故立寺宇焉。騰、蘭二人角力既勝，明帝忻悦，初於鴻臚寺延禮之。鴻臚寺者，本禮四夷遠國之邸舍也。尋令別擇洛陽西雍門外蓋一精舍，以白馬馱經夾故，用白馬爲題也。寺者，釋名曰：寺，嗣也，治事者相嗣續於其内也。本是司名，西僧乍來，權止公司。移入別居，不忘其本，還標寺號，僧寺之名，始於此也。」

〔三〕高僧傳卷一康僧會傳：「權大歎服，即爲建塔，以始有佛寺故，號建初寺，因名其地爲佛陀里。由是江左大法遂興。」

院

梵云羅摩，唐言院。出苑法師經音義〔一〕。○西域記云波演那，此曰周圍廊舍院〔二〕。

【校注】

〔一〕一切經音義卷二三慧苑撰新譯大方廣佛花嚴經音義卷下：「造僧伽藍，具云僧伽羅摩。言僧伽者，此云衆也。羅摩，院也。」

〔二〕按：一切經音義卷六五玄應撰薩婆多毗尼婆沙音義：「波演，梵言波衍那，此云周圍廊舍院也。」

道場

肇云：閑宴修道之處，謂之道場〔一〕。隋煬帝敕遍改僧居名道場〔二〕。

【校注】

〔一〕釋僧肇選注維摩詰經卷四：「肇曰：閑宴修道之處，謂之道場也。」

〔二〕大宋僧史略卷上創造伽藍：「隋煬帝大業中，改天下寺爲道場。」又翻譯名義集卷七：「或名道場，肇師云修道之場。隋煬帝敕天下寺院皆名道場。」

精舍　釋迦譜云：息心所棲曰精舍〔一〕。○藝文類集云：非由其舍精妙，良由精練行者所居也〔二〕。

【校注】

〔一〕見釋迦譜卷三釋迦祇洹精舍緣記。

〔二〕翻譯名義集卷七：「釋迦譜云：息心所栖，故曰精舍。靈裕寺誥曰：非麤暴者所居，故云精舍。藝文類云：非由其舍精妙，良由精練行者所居也。」

招提　增輝記：梵云拓鬬提奢，唐言四方僧物，但筆者訛「拓」爲「招」，去「鬬」、「奢」留「提」，故稱招提。即今十方住持寺院是也〔一〕。

【校注】

〔一〕一切經音義卷六四玄應撰大比丘三千威儀音義卷上：「招提，譯云四方也。招，此云四；提，此云方。謂四方僧也。一云招提者，訛也，正言柘鬬提奢，此云四方，譯人去「鬬」去「奢」，「柘」復誤作「招」，以「柘」、「招」相似，遂有斯誤也。」又續高僧傳卷二達摩笈多傳：

「寺乃此土公院之名，所謂司也，廷也。又云招提者，亦訛略也。世依字解，招謂招引，提謂提攜，並浪語也。此乃西言耳，正音云招鬥提奢，此云四方。謂處所爲四方衆僧之所依住也。」翻譯名義集卷七：「招提，經音義云：梵云招鬥提奢，唐言四方僧物，但筆者訛稱招提，此翻别房施，或云對面施。或云梵言僧鬘，此翻對面施。音義云：體境交現曰對，輟己慧他名施。後魏太武始光元年造伽藍，創立招提之名。」

僧坊　韻林云：坊，區也〔一〕。苑師云：坊，區院也〔二〕。

【校注】

〔一〕按：隋書卷三二著録韻集，六卷，晉安復令吕静撰，已佚。另有四聲韻林二八卷，張諒撰，亦佚。此處所引，或爲張諒著逸文。朱駿聲説文通訓定聲壯部第十八亦引云：「韻林：坊，區也。」

〔二〕一切經音義卷二二慧苑撰新譯大方廣佛花嚴經音義卷中：「僧坊，坊，甫亡反，韻林曰：坊，區也，謂區院也。」

鹿苑　又名鹿林，在波羅柰國，佛成道初轉法輪〔一〕，度憍陳如〔二〕等五比丘處。

【校注】

〔一〕初轉法輪：佛陀成道後初次講經説法。轉法輪譬喻佛陀説法。佛教認爲向衆生灌輸佛法，摧破迷夢，有如輪寶長轉，破邪降敵。按：鹿苑，又名「鹿野苑」、「施鹿園」等，在中天竺波羅奈國，釋迦牟尼覺悟成佛後最初説法的地方。

〔二〕憍陳如：又稱「憍陳那」等，是佛陀爲太子時的五位侍從之一。佛陀成道後，訪憍陳如等於鹿苑，親爲説法，五人成爲佛陀最初之弟子。

雞園　在摩竭陀國，無憂王造，是小乘大衆部主大天比丘出家寺也〔一〕。○中阿含經云：佛滅後，衆多上尊名德比丘，皆住雞園〔二〕。

【校注】

〔一〕無憂王：即阿育王，意譯無憂，統治初期窮兵黷武，後皈依佛教，極力弘法。大唐西域記卷三迦濕彌羅國：「摩揭陀國無憂王以如來涅槃之後第一百年，命世君臨，威被殊俗，深信三寶，愛育四生。時有五百羅漢僧，五百凡夫僧，王所敬仰，供養無差。有凡夫僧摩訶提婆，唐言大天，闊達多智，幽求名實。潭思作論，理違聖教。凡有聞知，群從異議。無憂王不識凡聖，因情所好，黨授所親。」

〔二〕中阿含經卷六〇：「一時，佛般涅槃後不久，衆多上尊名德比丘，遊波羅利子城，住在雞園。」

雁塔　西域記云：昔有比丘見群雁飛翔，戲言知時，忽有一雁，投下自殞，衆曰：此雁垂誡，宜旌厚德。於是瘞雁建塔〔一〕。

【校注】

〔一〕大唐西域記卷九摩竭陀國下：「因陀羅勢羅窶訶山東峰伽藍前有窣堵波，謂亘許贈反。娑。唐言雁。昔此伽藍，習翫小乘。小乘漸教也，故開三浄之食。而此伽藍遵而不墜。其後三浄，求不時獲。有比丘經行，忽見群雁飛翔，戲言曰：今日衆僧中食不充，摩訶薩埵宜知是時。言聲未絶，一雁退飛，當其僧前，投身自殞。比丘見已，具白衆僧。聞者悲感，咸相謂曰：如來設法，導誘隨機，我等守愚，遵行漸教。大乘者，正理也，宜改先執，務從聖旨。此雁垂誡，誠爲明導。宜旌厚德，傳記終古。於是建窣堵波，式昭遺烈，以彼死雁，瘞其下焉。」　三浄，即三浄肉，小乘戒律中允許食用的眼不見殺、耳不聞殺、不爲己所殺三種肉食。十誦律卷三七：「癡人，我聽噉三種浄肉。何等爲三？不見、不聞、不疑。不見者，不自眼見爲我故，殺是畜生；不聞者，不從可信人聞爲汝故，殺是畜生；不疑者，是中有屠兒，是人慈心，不能奪畜生命。」

支提　梵云脂帝浮都，或云制底制多，皆譯名靈廟〔一〕。○雜心論云：無舍利名支提，又名滅惡生善處〔二〕。

【校注】

〔一〕智顗説妙法蓮華經文句卷八下釋見寶塔品：「梵言塔婆，或偷婆，此翻方墳，亦言靈廟。又言支提，無骨身者也。」

〔二〕按：雜心論，即雜阿毗曇心論，未見有此説。法藏撰梵網經菩薩戒本疏卷二初篇盜戒第二：「有舍利者名塔，無舍利名支提，支提得安佛華蓋供養具。」

附録：

法苑珠林卷三七敬塔篇第三五興造部：「所云塔者，或云塔婆，此云方墳。或云支提，翻爲滅惡生善處。或云斗藪波，此云護讚，若人讚歎擁護歎者。西梵正音，名爲窣堵波，此土云廟。廟者，貌也，即是靈廟也。安塔有其三意：一、表人勝，二、令他信，三、爲報恩。若是凡夫比丘有德望者，亦得起塔。餘者不合。若立支提，有其四種：一、生處，二、得道處，三、轉法輪處，四、涅槃處。」

梵刹　梵者清浄之義。○經音云：梵云刺瑟致，此云竿，今略名刹，即幡柱也〔一〕。○長阿含經云：若沙門於此寺中勤苦得一法者，便當竪幡告四遠：今有少欲知足人居此〔二〕。

【校注】

〔一〕一切經音義卷二〇玄應撰大方廣佛華嚴經音義：「剌瑟胝，剌音力割反，此譯云竿，人以柱代之，名爲刹柱，以安佛骨，義同土田，故名刹也，以彼西國塔竿頭安舍利故也。」

〔二〕佛説長阿含經卷一二：「若餘沙門、婆羅門於此法中能勤苦得一法者，彼便當竪幡，告四遠言：如來今者少欲知足，今觀如來少欲知足，如來有大神力，有大威德，不用在欲。」

柰苑　大唐内典録云：罽賓禪師法秀，初至燉煌，立禪閣於閑曠地，植柰千株，趨者如雲，徒衆濟濟〔一〕。

【校注】

〔一〕柰苑：即鹿野苑，是佛陀最初説四諦法度五比丘的地方。止觀輔行傳弘決卷一：「諸鹿得安，王得仁信。鹿群所居，故名鹿苑，佛初於此時轉法輪，是故云始。從樹爲名，亦名柰苑。」一切經音義卷四九慧琳撰大莊嚴論音義：「柰苑，上奴大反，即天竺波羅奈國也；下宛遠反，即此國中有鹿野苑，綴序文者，略去繫言，故云柰苑也。」後爲佛寺的代稱。大唐内典録卷四：「文帝世，罽賓三藏禪師曇摩蜜多，宋言法秀，生而連眉，爲人沈邃，甚有慧鑒，常有善神潛形密護。每之國境，神必託夢，告其王知。去亦如之。誓以遊方教化爲志，習性清修，不拘名利。初到燉煌，即立禪閣於閑曠地，植柰千株，開園百畝，禪衆濟濟，趨者如雲。」

金地　或云金田，即舍衛國給孤長者側布黃金，買祇陀太子園，建精舍，請佛居之〔一〕。

【校注】

〔一〕大唐西域記卷六室羅伐悉底國：「善施長者仁而聰敏，積而能散，拯乏濟貧，哀孤恤老，時美其德，號給孤獨焉。聞佛功德，深生尊敬，願建精舍，請佛降臨，世尊命舍利子隨瞻揆焉，唯太子逝多園地爽塏。尋詣太子，具以情告。太子戲言：金遍乃賣。善施聞之，心豁如也，即出藏金，隨言布地。有少未滿，太子請留，曰：佛誠良田，宜植善種。即於空地，建立精舍。世尊即之，告阿難曰：園地善施所買，林樹逝多所施，二人同心，式崇功業，自今已去，應謂此地爲逝多林給孤獨園。」

蓮社　昔晉慧遠法師，唐宣宗謚大覺法師。雁門人，住廬山虎溪東林寺，招賢士劉遺民、宗炳、雷次宗、張野、張詮、周續之等爲會，修西方浄業。彼院多植白蓮。又彌陀佛國，以蓮華分九品，次第接人，故稱蓮社。有云嘉此社人不爲名利淤泥所污，喻如蓮華，故名之。有云遠公有弟子名法要，刻木爲十二葉蓮華，植於水中，用機關，凡拆一葉是一時，與刻漏無差，俾禮念不失正時，或因此名之〔一〕。又稱浄社，即南齊竟陵文宣王慕僧俗行浄住法故〔二〕。夫社者，即立春、秋日後，五戊名社日。天下農結會，祭以祈穀。荆楚記云：四人並結綜會社〔三〕。白虎通云：王者所以有社何？爲天下求福報土。人非土不食，土廣不可遍敬，故封土以立社〔四〕。今釋家結慕緇白，建法祈福，求生浄土，浄土廣多，遍求則心亂，乃確指安養浄土，爲棲神之所，故名蓮社浄社爾。

【校注】

〔一〕高僧傳卷六釋道祖傳：「遠有弟子慧要，亦解經律，而尤長巧思，山中無刻漏，乃於泉水中立十二葉芙蓉，因流波轉以定十二時，晷景無差焉。」

〔二〕慕：大正藏本誤爲「纂」。大宋僧史略卷下結社法集：「晉宋間，有廬山慧遠法師，化行潯陽，高士逸人，輻湊于東林，皆願結香火。時雷次宗、宗炳、張詮、劉遺民、周續之等，共結白蓮華社，立彌陀像，求願往生安養國，謂之蓮社。社之名，始於此也。齊竟陵文宣王募僧俗行浄住法，亦浄住社也。」

〔三〕荆楚歲時記：「社日，四隣並結宗會社。」宋金龍校注曰：「何本、御覽卷三〇引『宗』作『綜』。」按：何本，指明何允中輯廣漢魏叢書本。

〔四〕白虎通卷三社稷：「王者所以有社稷何？爲天下求福報功。人非土不立，非穀不食，土地廣博，不可徧敬也。五穀衆多，不可一一祭也。故封土立社，示有土也。」

蘭若 梵云阿蘭若，或云阿練若，唐言無諍。○四分律云空静處〔一〕。○薩婆〔二〕多論云閑静處〔三〕。○智度論云遠離處〔四〕。○大悲經云：阿蘭若者，離諸忿務故〔五〕。○十二頭陀經云：佛言：阿蘭若處，十方諸佛，皆共讚歎，無量功德，皆由此生〔六〕。○肇師〔七〕云：忿競生乎衆聚，無諍出乎空閑，故佛讚住於蘭若〔八〕。○寶雲經云：阿蘭若處，獨静無人，不爲惱亂，乞食易得，非遠非近，多諸林木華果、清浄美水，龕室安穩故〔九〕。○蘭若者，智度論云遠離處，最近二里，能遠益善，去村一拘盧舍。此云鼓聲。○律云：去村五百弓。弓，即〔一〇〕尋也。西天法：凡四肘爲一弓。肘長尺八，共長七尺二寸也。五百弓爲一拘盧舍，積三千六百尺，成六百步，即二里也〔一一〕。

【校注】

〔一〕按：律中云「空静處」者，多見摩訶僧祇律。今四分律中，多云「閑静處」，未檢出有「空静處」者，然四分律删繁補闕行事鈔卷下亦云「四分云空静處」，參見注一〇。

〔二〕婆：底本作「娑」，世界書局本作「安」，據明刻本、備要本等改。

〔三〕按：薩婆多毗尼毗婆沙卷八有云：「又欲爲天龍善神説法故，一切天龍，多樂閑静，是故如來處林樹下。」然亦未見有稱「閑静處」者。

〔四〕大智度論卷七六：「菩薩在遠離處，魔來讚歎：汝能遠離親族同學，獨在深山林中，爲佛道故，是爲真菩薩道行。」

〔五〕大悲經卷五：「當於阿蘭若處，塚間樹下，空舍露地，應當一心勤修止觀，思滅苦本，愼莫放逸。」

〔六〕求那跋陀羅譯佛説十二頭陀經：「佛告迦葉：見阿蘭若處，十方諸佛皆讚歎，無量功德皆由此生。求聲聞者，得聲聞乘，求緣覺者，得緣覺乘，求大乘者，速得無上正真之道。」

〔七〕肇師：明刻本作「肇法師」。

〔八〕釋僧肇選注維摩詰經卷四：「以無諍法起空閑處。什曰：與物無逆，又不乖法，是名無諍，當爲此而起閑居也。肇曰：忿競生乎衆聚，無諍出乎空閑也。」

〔九〕曼陀羅仙共僧伽婆羅譯大乘寶雲經卷五安樂行品：「阿者言無，蘭若謂諍，住山林中，不與世諍。於是林中無相觸惱，不近不遠，便於乞食。是山林中，有清净水，無諸難事，灌洗易得。樹木蔭映，華果豐足，無惡禽獸。自然石室，不過峻阻，登涉無難。寂静閑居，獨而無侶。曾所聞法而誦習之，日夜六時，憶念不忘。聲不高下，誦之勿廢。調伏諸根，不令馳騁。攝心思惟，勿生散亂。恬然自樂，受持經典。取於三相，謂止發捨，勿著睡眠。」

〔一〇〕即：明刻本作「兩」。

〔一一〕按：四分律卷一〇：「阿蘭若處者，去村五百弓。遮摩羅國弓長四肘，用中肘量取。」又四分律删繁補闕行事鈔卷下之三頭陀行儀篇：「阿蘭若處者，智論名遠離處，最近三里，能遠益善，餘諸雜行，如第六十八卷中。四分云空静處，去村五百弓。弓長四肘，用中肘量也，則一肘長一尺八寸，六尺爲步，積之便有若干里也。中國僧寺，並在城外，尼寺城内。十誦云：繞祇桓虎吼。此寺去舍衛城南千二百步。薩婆多云：去村一拘盧舍，此云一鼓聲。謂蘭若閑静處，不令聞村中鼓聲，恐亂諸坐禪比丘。」翻譯名義集卷三：「拘盧舍，此云五百弓，亦云一牛吼地，謂大牛鳴聲所極聞。或云一鼓聲。俱舍云二里，雜寶藏云五里。」

庵

釋名曰：草爲圓屋曰庵。庵，奄〔一〕也，以自覆奄也〔二〕。西天僧俗修行多居庵〔三〕。此方君子，亦有居庵者，臧榮緒晉書云：陶淡年十五，便絶粒，居草庵，才可容身〔四〕。○逸士傳云：陶潛居蓬庵〔五〕。○神仙傳云：焦光居草庵〔六〕。

【校注】

〔一〕奄：底本、大正藏本作「庵」，據明刻本、備要本等改。

〔二〕釋名卷五釋宫室：「草圓屋曰蒲。蒲，敷也，總其上而敷下也。又謂之菴，菴，奄也，所以自覆奄也。」

〔三〕「西天僧俗修行多居庵」者，起世因本經卷一〇曰：「諸比丘，此等空閑山林樹下、虚房静室、土窟崖龕，或塚墓間，以稻芊等爲草庵住，離於村舍聚落，居停如是之處。」

〔四〕臧：底本誤爲「咸」，據明刻本、備要本等改。淡：底本誤爲「琰」，據備要本改。才：底本誤爲「戈」，據明刻本、備要本、世界書局本改。這裏所引，未見他書徵引。太平御覽卷三九三引晉中興書曰：「陶淡，字處静，年十五，便服食絶穀。家累千金，僮客百數，淡終日端拱，絶不婚娶。居臨湘縣山中，立小草屋，裁足容身。時還家，設小牀獨坐，不與人共。」晉書卷九四隱逸傳：「陶淡，字處静，太尉侃之孫也。父夏，以無行被廢。淡幼孤，好導養之術，謂仙道可祈。年十五六，便服食絶穀，不婚娶。家累千金，僮客百數，淡終日端拱，曾不營問。頗好讀易，善卜筮。於長沙臨湘山中結廬居之，養一白鹿以自偶。」均作「草屋」，未見言「草庵」者。

〔五〕按：逸士傳，皇甫謐編撰。皇甫謐生於漢末建安二十年（二一五），卒於西晉太康三年（二八二）。其逸士傳不可能記録陶潛事迹。晉書隱逸傳未見有言其居蓬庵者。

〔六〕按：光，當爲「先」字之誤。太平廣記卷九神仙九引神仙傳：「焦先者，字孝然，河東人也。……及魏受禪，居河之湄，結草爲庵，獨止其中。」

草堂　始因羅什法師得名。先是長安自漢廢到秦興三百餘年，朝市曠絶，雖數伽藍，歸向者少。姚興〔一〕世，鳩摩羅什此云童壽。於大寺中搆一堂，以草苫〔二〕蓋，於中譯經，因此名之也〔三〕。

【校注】

〔一〕興：明刻本作「秦」。

〔二〕苫：底本及餘三卷本皆誤爲「苦」，據明刻本改。

〔三〕費長房歷代三寶紀卷八：「先是長安自前漢廢到符秦興，其間三百三十一載，曠絶朝市，民俗荒蕪，雖數伽藍，歸信尟寡。三千德僧，同止一處，共受姚秦天王供養。世稱大寺，非是本名。中構一堂，權以草苫，即於其内及逍遥園二處翻譯。」

方丈　蓋寺院之正寢也。始因唐顯慶年中，敕差衛尉寺丞〔一〕李義表、前融州黄水令王玄策往西域充使，至毗耶黎城東北四里許，維摩居士宅示疾之室遺址，疊石爲之，王策〔二〕躬以手板縱横量之，得十笏，故號方丈〔三〕。

【校注】

〔一〕丞：底本及餘三卷本皆作「承」，據明刻本改。

〔二〕王策：備要本作「玄策」，同。

〔三〕按：王玄策多次出使西域。法苑珠林卷二九引王玄策傳云：「粤以大唐貞觀十七年三月内爰發明詔，令使人朝散大夫行衛尉寺丞上護軍李義表、副使前融州黄水縣令王玄策等送婆羅門客還國。其年十二月至摩伽陀國。因即巡省佛鄉，覽觀遺蹤。聖迹神化，在處感徵。至十九年正月二十七日，至王舍城，遂登耆闍崛山，流目縱觀，傍眺罔極。自佛滅度千有餘年，聖迹遺基，儼然具在，一行一坐，皆有塔記。」又卷一六引王玄策西國行傳云：「唐顯慶二年，敕使王玄策等往西國，送佛袈裟。」卷四又引王玄策西國行傳云：「王使顯慶四年，至婆栗闍國。」其「躬以手板縱横量」「維摩居士宅示疾之室遺址」者，當在貞觀一七年出使時。

房　釋名曰：房，旁也，在堂兩旁故〔一〕。○五分律云：比丘頗鞞起，請聽比丘受房舍施，佛遂開許〔二〕。○十誦律云：房者，或屬僧，若今禪居寮舍也。或屬一人〔三〕。若今寺院內，各各住持者。薩婆多論云：若房始成，有一新戒比丘，戒德清淨，入此房中，已畢施主信施之心，若起種種房舍，莊嚴高廣，設有一淨戒比丘，暫時受用，已畢施恩，以戒非世間法故〔四〕。

【校注】

〔一〕釋名卷五釋宫室：「房，旁也，在室兩旁也。」

〔二〕五分律卷二五：「佛在王舍城，爾時頞髀比丘侍佛左右。……（長者）問：汝今住何處？答言：阿練若處，山巖、樹下、露地、塜間，是我住處。……又問：我若爲大德作房，能受用不？答言：世尊未聽我等受用房舍。又言：大德，可以此白佛，我亦當自白。頞髀默受其語。於食後還到佛所，頭面禮足，以是白佛。佛以是事，集比丘僧，讚少欲知足，讚戒讚持戒已，告諸比丘：從今聽諸比丘受房舍施。」

〔三〕十誦律卷一一：「比丘房者，或屬衆僧，或屬一人。」

〔四〕薩婆多毗尼毗婆沙卷七：「房始成時，有一新受戒年少比丘，戒德清浄，入此房中，以楊枝猗房。以此一持戒比丘，已畢檀越信施之德。若起億數種種房閣，種種莊嚴，下至金剛地際高廣嚴飾，猶若須彌。設有一浄戒比丘，暫時受用，已畢施恩。何以故？佛於無量劫中修菩薩行，今得成佛道，始體解波羅提木叉，以授衆生。波羅提木叉非世間法，是背離世俗，向泥洹門。凡房舍卧具，飲食湯藥，是世間法，非是離世難得之法。是故一浄戒比丘，若暫受用，已畢施恩。」

雁堂　善見律云：毗舍離於大林爲佛作堂，形如雁子，一切具足〔一〕。

【校注】

〔一〕善見律毗婆沙卷一〇：「爾時佛住毗舍離大林中，於高閣講堂中。……高閣講堂者，於大林作堂，堂形如雁子，一切具足，爲佛作此堂也。」

禪室　中阿含經云：佛入禪室燕坐〔一〕。又有呼爲禪齋〔二〕，齋者，肅静義也，如儒中静室謂之書齋，或官員判吏静治之處謂之郡齋。

【校注】

〔一〕中阿含經卷五舍梨子相應品成就戒經：「佛説如是，即入禪室，宴坐默然。」

〔二〕按：「又有呼爲禪齋」者，如四分律删繁補闕行事鈔卷上之三：「今聽講禪齋，初學者並令依止。」

蕭寺　今多稱僧居爲蕭寺者，必因梁武造寺，以姓爲題也。唐李約自宫淮南買得梁武寺額，蕭子雲飛帛〔一〕大書「蕭」字。將歸洛下宅中，匣於小亭，號蕭齋也。博知君子，更爲正之〔二〕。

【校注】

〔一〕帛：明刻本作「白」。飛帛，同「飛白」，爲書法中的一種特殊筆法。說郛卷一〇引後蜀馬鑑續事始：「飛帛書，後漢蔡邕見門吏飛帛，因成字焉。」

〔二〕李肇唐國史補卷中：「梁武帝造寺，令蕭子雲飛白大書蕭字，至今一『蕭』字存焉。李約竭產自江南買歸東洛，匾於小亭以翫之，號爲『蕭齋』。」

香室

毗奈耶律義浄三藏注云：西方名佛堂爲健陀俱胝，此云香室。不稱佛堂、佛殿者，蓋不欲親觸尊顏故〔一〕。殿者，即此方之制，上安鴟〔二〕魚尾者是也。犀今呼爲鴟吻，訛也。炙轂子云：漢柏梁殿災，天火也，越巫獻術，取鴟魚尾置上以禳之。今則象也，若古制，尾上更加鐵，作水草之形，俗呼爲欑鳥者。風俗通曰：古殿多刻蓮荷菱葉之屬水草，所以厭火也〔三〕。

【校注】

〔一〕義浄譯根本說一切有部毗奈耶雜事卷二六：「爾時世尊遂便作意，即以右足踏其香殿。」注曰：「西方名佛所住堂爲健陀俱知。健陀是香，俱知是室，此是香室、香臺、香殿之義。不可親觸尊顏故，但唤其所住之殿，即如此方玉階、陛下之類。然名爲佛堂、佛殿者，斯乃不順西方之意也。」

〔二〕鴟：底本及備要本作「鴞」，據明刻本改。下同。

〔三〕高承事物紀原卷八：「唐會要曰：漢柏梁殿災，越巫言海中有魚虯，尾似鴟，激浪則降雨，遂作其像於屋，以厭火災。王叡炙轂子曰：柏梁災，巫獻術，取鴟魚尾置於殿屋，以厭勝之，今以瓦爲之。蘇鶚演義曰：漢武作柏梁殿，上疏者曰：蚩尾水之精，能辟火災，可置之堂殿。今人多作鴟字，顔之推亦作鴟，劉孝孫事始作蚩尾。又俗間呼爲鴟吻，如鴟鳶，遂以此呼之，後因有作此鴟者。王子年拾遺記曰：鯀治水無功，自沉羽淵，化爲玄魚，海人於羽山下，修玄魚祠，四時致祭。嘗見瀺灂出水，長百丈，噴水激浪，必雨降。漢書越巫請以鴟魚尾厭火災。今鴟尾即此魚尾也。按，王嘉，晉人。晉去漢未遠，當時已作鴟字。蘇鶚之説，亦未爲允也。吴處厚青箱雜記曰：海有魚虯，尾似鴟，用以噴浪則降雨。漢柏梁臺災，越巫上厭勝之法，起建章宫，設鴟魚之像於屋脊，以厭火災，即今世鴟吻是也。」藝文類聚卷六二引風俗通曰：「殿堂象東井形，刻作荷菱。菱，水物也，所以厭火。」

造伽藍法　齊靈裕法師造寺誥十篇，具〔一〕明造寺方法。準正教，謂避譏涉，當離尼寺及市傍府側，俾後無所壞〔二〕。南山云：俗人既不曉法，僧衆當明示導〔三〕。

【校注】

〔一〕具：底本等作「且」，據備要本改。

〔二〕誥：諸本誤爲「詰」。續高僧傳卷九：「釋靈裕，俗姓趙，定州鉅鹿曲陽人也。」著寺誥，「述祇桓圖經，具明諸院，大有準的。」（唐釋道宣撰關中創立戒壇圖經）道宣四分律删繁補闕行事鈔卷下之三：「有盛德法師造寺誥十篇，具明造寺方法，祇桓圖樣，隨有所造，必準正教。并護持匡衆僧綱綱要等，事繁不具，略引宗科造寺一法，謂處所須避譏涉，當離於尼寺及市傍府側等，佛殿經坊，極令清素，僧院厨倉，趣得充事，如此則後無所壞。」

〔三〕四分律删繁補闕行事鈔卷下之三：「但歷代綿積，秉教陵遲，事存法隱，錯舉意旨。俗人既不曉法，衆僧未解示導。但相倣斆，虚費財物，競心精妙，力志勝他，房廊臺觀，務令高顯，過彼便止，都不存法。又還自騰踐，如己莊宅，衆僧房堂，諸俗受用。毁壞損辱，情無所愧。屈道承俗，如奴事主。是名寺法滅也。」

護伽藍神

七佛經云：有十八神護伽藍：一美音、二梵音、三天鼓、四歎妙、五歎美、六摩妙、七雷音、八師子、九妙歎、十梵響、十一人音、十二佛奴、十三歎德、十四廣目、十五妙眼、十六徹聽、十七徹視、十八遍視〔一〕。〇道世法師云：寺院既有十八神護，居住之者，亦宜自勵，不得怠惰爲非，恐招現報耳〔二〕。凡寺壁有畫大神者，即是此神也。或問：世界之内，伽藍無數，何只十八神而能遍護耶？答：一切神皆有無數眷屬，即是分任守護也，無妨〔三〕。

【校注】

〔一〕七佛所説神咒經卷四：「護僧伽藍神，斯有十八人，各各有別名：一名美音、二名梵音、三名天鼓、四名巧妙、五名歎美、六名廣妙、七名雷音、八名師子音、九名妙美、十名梵響、十一名人音、十二名佛奴、十三名歎德、十四名廣目、十五名妙眼、十六名徹聽、十七名徹視、十八名遍觀。」

〔二〕釋道世集諸經要集卷三：「故七佛經云：護僧伽藍神，斯有十八神：一名美音、二名梵音、三名天鼓、四名歎妙、五名歎美、六名摩妙、七名香音、八名師子、九名妙歎、十名梵響、十一名人音、十二名佛奴、十三名歎德、十四名廣目、十五名妙眼、十六名徹聽、十七名徹視、十八名遍視。寺既有神護，居住之者，亦宜自勵，不得惰怠，恐招現報也。」

〔三〕「分任守護也無妨」，明刻本作「分住伽藍之守護也」。

比丘經營精舍　律中，佛大弟子皆自經營精舍，如大迦葉自蹋泥等〔一〕。毗婆沙論問曰：諸大弟子，漏結已盡，何故恓恓有所經營？答曰：有五事：一、爲報佛恩故，二、爲長養佛法故，三、爲滅凡劣衆自貢高故，四、爲將來弟子折伏憍豪故，五、爲發起將來福業故〔二〕。

【校注】

〔一〕十誦律卷三四：「瓶沙王又時往到竹園觀看，王問：長老大迦葉今何所在？比丘答言：於耆闍崛山上蹋泥。」

〔二〕薩婆多毗尼毗婆沙卷四：「大迦葉凡經營五大精舍：一者耆闍崛山精舍，二者竹林精舍，餘有三精舍。時治理竹園精舍，來詣竹園，如舍利弗經營祇洹精舍，目連經理五百精舍。問曰：諸弟子漏結已盡，所作已辦，何故方復屢有所經營，作諸福業？答曰：一爲報佛恩故，二爲長養佛法故，三爲滅凡劣衆生作小福業自貢高故，四爲將來弟子折伏憍豪心故，五爲發起將來衆生福業故。」

寺院三門 凡寺院有開三門者，只有一門亦呼爲三門者，何也？佛地論云：大宮殿三解脱門，爲所入處。大宮殿喻法空涅槃也，三解脱門謂空門、無相門、無作門。今寺院是持戒修道、求至涅槃人居之，故由三門入也〔一〕。

【校注】

〔一〕玄奘譯佛地經論卷一：「大空、無相、無願解脱，爲所入門，謂大宮殿三解脱門，爲所入處。解脱即是出離涅槃，即大空等名解脱門，依從此門而入淨土，遍計所執，生法無我，説名爲空，緣此三摩地名空解脱門；相謂十相，一、色，二、聲，三、香，四、味，五、觸，六、男，七、女，八、生，九、老，十、死，即是涅槃無此等相，故名無相，緣此三摩地，名無相解脱門；願謂求願，觀三界苦，無所求願，故名無願，緣此三摩地，名無願解脱門。由此空等三解脱門，得入浄土，故名爲門。」

出　家

出家由　瑜伽論云：在家煩擾，若居塵宇。出家閑曠，猶處虚空。是故應捨一切，於善説毗奈耶中，正信捨家，趣於非家〔一〕。○毗婆沙論云：家者是煩惱因緣。夫出家者，爲滅垢累，故宜遠離也〔二〕。

【校注】

〔一〕瑜伽師地論卷二一：「在家煩擾，若居塵宇。出家閑曠，猶處虚空。是故我今應捨一切妻子、眷屬、財穀、珍寶，於善説法毗奈耶中，正捨家法，趣於非家。」

〔二〕薩婆多毗尼毗婆沙卷二：「夫出家者，爲滅垢累。家者是煩惱因緣，是故宜應極遠離也。」

出家難 難字平聲。雜阿含經云：有外道名閻浮車，問舍利弗云：賢聖法律，有何難事？舍利弗言：唯出家難。問：何難？答：愛樂難。問：云何？答：樂常修善難。問：何名善法？答：謂八正道。若出家者修習此道，不久疾得盡諸有漏〔一〕。八正道者，正語、正業、正命，此三屬戒，小乘以戒爲先故；正定、正勤、正念，此三屬定，定因戒得，故次也；正見、正思惟，此二屬惠，惠因定發故。○秦本雜阿含經云：夫出家者，名爲難得。若起惡心，不名難得〔二〕。

【校注】

〔一〕求那跋陀羅譯雜阿含經卷一八弟子所説誦第四品：「有外道出家，名閻浮車，是舍利弗舊善知識，來詣舍利弗。問訊、共相慰勞已，退坐一面，問舍利弗言：『賢聖法律中，有何難事？』舍利弗告閻浮車：『唯出家難。』『云何出家難？』答言：『愛樂者難。』『云何愛樂難？』答言：『樂常修善法難。』復問：『舍利弗，有道有向，修習多修習，常修善法增長耶？』答言：『有，謂八正道。謂正見、正志、正語、正業、正命、正方便、正念、正定。』閻浮車言：『舍利弗，此則善道，此則善向，修習多修習，於諸善法，常修習增長。舍利弗，出家常修習此道，不久疾得盡諸有漏。』」

〔二〕別譯雜阿含經卷一二：「夫出家者，名爲難得。若有是心，不名難得。我今便爲退失善心，得于惡心。」

出家以信爲首　智度論云：佛言：若人有信，能入我大法海中，能得沙門果，不空剃頭染衣。若無信，是人不能入我大法海，如枯樹不生華實，不得沙門果。雖剃頭染衣，讀種種經，能難能答，於佛法中，空無所得。以是義故，在佛法初，善以信根故〔一〕。○起信論云：信心有四種：一、信根本，所謂樂念真如法故；二、信佛有無量功德，常念親近，供養恭敬，發起善根，願求一切智故；三、信法有大利益，常念修行諸波羅蜜故；四、信僧能正修行，自利利他，常樂親近諸菩薩衆，求學真如行故〔二〕。○唯識論云：信有三別：一、信實有，謂於諸法實事理中，深信忍故；二、信有德，謂於三寶真實德中，深信樂故；三、信有能，謂於一切世出世善深法中，深信有力〔三〕，能得能成，起希望故〔四〕。○毗婆沙論云：有信如手，能取善法故〔五〕。

【校注】

〔一〕大智度論卷一：「佛言：若人有信，是人能入我大法海中，能得沙門果，不空剃頭染袈裟。若無信，是人不能入我法海中，如枯樹不生華實，不得沙門果。雖剃頭染衣，讀種種經，能難能答，於佛法中，空無所得。以是故，如是義，在佛法初，善信相故。」

〔二〕真諦譯大乘起信論：「信心有四種：云何爲四？一者信根本，所謂樂念真如法故；二者信佛有無量功德，常念親近供養恭敬，發起善根，願求一切智故；三者信法有大利益，常念修行諸波羅蜜故；四者信僧能正修行，自利利他，常樂親近諸菩薩衆，求學如實行故。」

〔三〕力：明刻本作「心」。

〔四〕玄奘譯成唯識論卷六：「云何爲信？於實德能深忍樂欲心浄爲性，對治不信樂善爲業。然信差别，略有三種：一信實有，謂於諸法實事理中，深信忍故；二信有德，謂於三寶真浄德中，深信樂故；三信有能，謂於一切世出世善，深信有力，能得能成，起希望故。」

〔五〕浮陀跋摩共道泰等譯阿毗曇毗婆沙論卷五四：「佛經説：信是大象手。問曰：何故佛説信是大象手？答曰：能有所取故，如象有手，能取衆生數非衆生數物，如是聖弟子，有信手者，能取善法。」

出家越五道 注維摩經什法師云：凡夫能出四趣，不能出於天趣。出家求滅，則五道斯越。滅即涅槃也。○肇云：五道非無爲之路也〔一〕。

【校注】

〔一〕釋僧肇選注維摩詰經卷三：「度五道。什曰：凡夫能出四趣，不能出於天道。出家求滅，則五道斯越，物我通度也。肇曰：五道非無爲之路也。」

出家喜 什云：喜有二種：一、有現世功德，自然忻預；二、後得涅槃，心常安悦。

○肇云：夫擾亂出於多求，憂苦生于不足，出家寡欲，擾亂斯無，道法内充故，懷喜有餘〔一〕。

【校注】

〔一〕釋僧肇選注維摩詰經卷三：「内懷喜。什曰：喜有二種：一者有現世功德，自然欣預；二者後得涅槃，心常安悦。既具二喜，又無想著，乃真喜也。肇曰：夫擾亂出于多求，憂苦生乎不足，出家寡欲，擾亂斯無，道法内充故，懷喜有餘。」

出家三法　什云：出家凡有三法：一、持戒，二、禪定，三、智慧。持戒能折伏煩惱，令其勢微；禪定能遮煩惱，如石山〔一〕斷流；智慧能滅煩惱，畢竟無餘〔二〕。○道安法師大戒序云：世尊立教，法有三焉：一者戒律，二者禪定，三者智慧。斯三者，至道之由户，泥洹之關要也。戒者，斷三惡之干將也。禪者，絶分散之利器也。慧者，齊藥病之妙醫也〔三〕。

【校注】

〔一〕石山：永田文昌堂本、擁萬閣本、出雲寺本、大正藏本、世界書局本作「右山」，誤。

〔二〕釋僧肇選注維摩詰經卷三：「隨禪定。什曰：出家凡有三法：一持戒，二禪定，三智慧。

持戒能折伏煩惱，令其勢微。禪定能遮，如石山斷流。智慧能滅，畢竟無餘。」

〔三〕見出三藏記集卷一一釋道安比丘大戒序。

發心即是出家

淨名經云：汝得阿耨菩提心，即是出家〔一〕。○什云：雖爲白衣，能發無上心者，以心超三界，形雖有繫，乃真出家，具足戒行矣〔二〕。無上心者，兼載萬有，不遺一物也。

【校注】

〔一〕鳩摩羅什譯維摩詰所説經卷上弟子品：「然汝等便發阿耨多羅三藐三菩提心，是即出家。」

〔二〕釋僧肇選注維摩詰經卷三：「什曰：若發無上道心，心超三界，形雖有繫，乃真出家，是即具足。什曰：雖爲白衣，能發無上心者，便爲出家，具足戒行矣。」

出家正因

寶雨經云：於如來教中，正信出家，非因王力所逼，不爲賊抑、不爲負債、不怖、不活邪命出家。爲希求正法，以信出家〔一〕。

【校注】

〔一〕達摩流支譯佛説寶雨經卷六：「於如來教中，正信出家，非因王力逼令出家，不爲盜賊抑令出家，不爲負債方便出家，不爲驚怖而求出家，非怖不活邪命出家。希求正法，以信出家。」

出家五法

五德福田經云：一者發心出家，懷佩道故；二毁其形好，應法服故；三委棄身命，遵崇道故；四永割親愛，無適莫〔一〕故；五志求大乘，爲度人故〔二〕。

【校注】

〔一〕莫：攡萬閣本、出雲寺本、大正藏本誤爲「真」。適莫指用情的親疏厚薄。

〔二〕西晉法立、法炬共譯佛説諸德福田經：「衆僧之中，有五浄德，名曰福田，供之得福，進可成佛。何謂爲五？一者發心離俗，懷佩道故；二者毁其形好，應法服故；三者永割親愛，無適莫故；四者委棄軀命，遵衆善故；五者志求大乘，欲度人故。」

國王父母不聽許不得出家

僧祇律云：浄飯王請佛，今後父母不聽，不得與出家。此因羅睺羅不告出家故。何以故？父母恃子爲榮故。佛於是制戒，父母不許，不得出家〔一〕。○五百問經云：出家者王法父母不聽，爲得戒否？答：不得〔二〕。○楞伽經云：父母不聽，不得出家〔三〕。

【校注】

〔一〕東晉佛陀跋陀羅共法顯譯摩訶僧祇律卷二四：「爾時白浄王與衆多釋種往世尊所，頭面禮足，却坐一面，王白佛言：世尊，諸比丘釋種童子父母不放而與出家。餘在家者，設有教誨，懷恨出家，言：世尊臨得轉輪聖王位，猶捨出家，我何所顧戀而不出家？世尊，父母念子，愛徹骨髓，我亦曾爾，世尊出家七年之中，坐起食飲，無日不啼。惟願世尊制諸比丘，父母不聽，勿令出家。爾時世尊爲白浄王隨順説法，發歡喜心，頭面禮足而退。王去不久，世尊往衆多比丘所，敷尼師壇坐，具以上事爲諸比丘説。佛言：從今日後，父母不放，不應與出家。」

〔二〕佛説目連問戒律中五百輕重事：「問人出家，王法父母不聽，爲得戒不？答：不得。」

〔三〕按：「父母不聽，不得出家」，佛説護國經、維摩詰所説經及佛教戒律中多見，但入楞伽經、大乘入楞伽經均未見有此説。

三等出家人　三千威儀經云：出家，行有始終，上中下業。下者，以十戒爲本，盡形壽受持，雖捨家緣，執作與俗人等；中者，應捨作務，具受八萬四千向道因緣，身口意業，未能具足清浄，心結猶存，未能出離，比上不足，比下有餘也；上者，根心猛利，應捨結使纏縛，禪定慧力，心得解脱，浄身口意，出於緣務煩惱之家，永處閑静清涼之室，是名上等出家弟子〔一〕。

【校注】

〔一〕後漢安世高譯大比丘三千威儀卷上：「出家者，行有始終，上中下業。下出家者，先以十戒爲本，盡形受持。雖捨家眷屬因緣，執作於俗人等，是出家於具戒者，故是在家，是名下出家。其中出家者，次應捨執作緣務，具受八萬四千向道因緣，雖捨作業緣務，身口行意業，未能具足清淨。心結猶存，未得出要。上及不足，下比有餘。是名中出家。上出家者，根心猛利，次應捨結使纏縛。捨結使纏縛者，要得禪定慧力。得禪定慧力，心得解脱。得解脱者，名淨身口意業，出於緣務煩惱之家，永處閑静清涼之室，是名上出家。」

問出家苦樂

中阿含經云：生聞梵志問佛言：在家出家，以何爲苦？佛言：在家者，以不自在爲苦。謂錢寶穀畜奴婢不增長，因此憂愁，不自在故苦也。出家者，以自在故苦。謂隨順貪欲瞋恚愚癡，不守禁戒，因此愁慼，故自在爲苦也。又問：二人以何爲樂？佛言：在家者，以自在爲樂。謂錢寶穀畜奴婢增長，因此歡喜，自在故樂也。出家者，以不自在爲樂。謂學道不隨貪欲瞋癡行，隨戒所制，無鬭諍怨憎憂苦，有義利故，以不自在爲樂也〔一〕。此因不隨心行，起三毒業，爲戒所制，故云不自在也。以現招清淨名譽，當來感天人樂果，故云樂也。

【校注】

〔一〕中阿含經卷三六：「一時，佛遊舍衛國，在勝林給孤獨園。爾時，生聞梵志中後彷徉，往詣佛所，共相問訊，卻坐一面，白曰：瞿曇，我欲有所問，聽乃敢陳。世尊告曰：梵志，恣汝所問。生聞梵志即便問曰：瞿曇，在家者有何苦？出家學道者有何苦耶？世尊答曰：梵志，在家者，以不自在爲苦。出家學道者，以自在爲苦。生聞梵志復問曰：瞿曇，在家者云何以不自在爲苦？出家學道者云何以自在爲苦耶？世尊答曰：梵志，若在家者，錢不增長，金、銀、真珠、琉璃、水精悉不增長，畜牧、穀米及奴婢使亦不增長，爾時，在家憂苦愁慼。因此故，在家者多有憂苦，多懷愁慼。梵志，若出家學道者，行隨其欲，行隨恚、癡，爾時，出家學道憂苦愁慼，因此故，出家學道者多有憂苦，多懷愁慼。梵志，如是在家者，以不自在爲苦，出家學道者，以自在爲苦。生聞梵志復問曰：瞿曇，在家者有何樂？出家學道者有何樂耶？世尊答曰：梵志，在家者，以自在爲樂。出家學道者，以不自在爲樂。生聞梵志復問曰：瞿曇，在家者云何以自在爲樂？出家學道者云何以不自在爲樂耶？世尊答曰：梵志，若在家者，錢得增長，金、銀、真珠、琉璃、水精皆得增長，畜牧、穀米及奴婢使亦得增長。爾時，在家快樂歡喜，因此故，在家者多快樂歡喜。梵志，出家學道者，行不隨欲，行不隨恚、癡。爾時出家學道快樂歡喜，因此故，出家學道者多快樂歡喜。梵志，如是在家者，以自在爲樂。出家學道者，以不自在爲樂。」

佛不定答

叔迦經：叔迦婆羅門白佛言：在家白衣，能修福德善根，勝出家否？佛言：我於此中，則不定答。若出家者，或有不修善根，則不如在家。若在家者，能修善根，則勝出家〔一〕。蓋勝出家不修善根、污道之者。

【校注】

〔一〕出鳩摩羅什譯十住毗婆沙論卷一一四十不共法中善知不定品：「又首迦經中說：叔迦婆羅門子白佛言：瞿曇，諸婆羅門在家白衣，能修福德善根，勝出家者，是事云何？佛言：我於此中不定答。出家或有不修善，則不如在家。在家能修善，則勝出家。」按：叔迦經，不詳。法苑珠林卷二三、諸經要集卷一七等引，皆云叔迦經。法苑珠林校注（周叔迦、蘇晉仁校注，中華書局）亦云出十住毗婆沙論。首迦經，有說即佛爲首迦長者說業報差別經。此經隋瞿曇法智譯，未見有說「佛不定答」者。

出家行

涅槃經云：夫出家者，不應起惡，身口相應，我棄父母、妻子、知識出家，正是信諸善覺時，非是修不善覺時〔一〕。○莊嚴法門經云：金色女白文殊言：聽我出家。

文殊語言：菩薩出家，非以自剃髮爲出家，若能發大精進，爲除一切衆生煩惱，是名出家。非以自被染衣，自持戒行名出家，能令毁禁者，安住淨戒，是名出家。非以阿蘭若處獨坐思惟名出家，能於女色生死流轉，以慧方便，化令解脱，是名出家。非以自身守護戒律名出家，若能廣四無量心，慈、悲、喜、捨，爲四無量心。婆沙論云：授與饒益是慈相，除去衰損是悲相，慶慰得捨是喜相，心懷平等是捨相〔二〕。安置衆生，增益善根，是名出家。非以自身得入涅槃，名爲出家，爲欲安置一切衆生入大涅槃，是名出家〔三〕。文多不載。〇大法炬陀羅尼經云：出家行有三善：一、遠離嫉妬，謂見他榮〔四〕勝，於自無損，橫生妬忌，是名嫉妬。隨喜教示；二、爲他作時，不求果報；三、不壞損他，以成己善〔五〕。

【校注】

〔一〕北涼曇無讖譯大般涅槃經卷二三光明遍照高貴德王菩薩品：「夫出家者，不應起惡。若起惡者，則非出家。出家之人，身口相應。若不相應，則非出家。我棄父母、兄弟、妻子、眷屬、知識出家修道，正是修習諸善覺時，非是修習不善覺時。」

〔二〕出説一切有部發智大毗婆沙論卷八一。

〔三〕隋那連提耶舍譯大莊嚴法門經卷下：「勝金色女淨心歡喜，得順法忍。得順忍已，禮文殊師利足，自於己身，深生慚愧，作如是言：我於正法，猶如死人，唯願慈愍聽我出家。文殊師利言：菩薩出家者，非以自身剃髮名爲出家，何以故？若能發大精進，爲除一切衆生煩惱，是名菩薩出家。非以自身披著染衣，名爲出家，勤斷衆生三毒染心，是名出家；非自持戒行，名爲出家，能令毀禁安住淨戒，是名出家；非以阿蘭若處獨坐思惟，名爲出家，能於女色生死流轉，以慧方便化令解脱，是名出家；非以自身守護律儀，名爲出家，若能廣起四無量心，安置衆生，是名出家；非以自身修行善法，名爲出家，能令衆生增益善根，是名出家；非以自身得入涅槃，名爲出家，爲欲安置一切衆生，入大涅槃，是爲出家；非以自身除煩惱故，名爲出家，勤斷一切衆生煩惱，名爲出家；非以自能將護身心，名爲出家，將護一切衆生，名爲出家；非以自解身心縛故，名爲出家，爲解一切衆生身心縛故，名爲出家；非以自身於生死怖畏得解脱故，名爲出家，能除一切衆生生死怖畏，令得脱者，名爲出家；非以自樂涅槃，名爲出家，勤行精進，爲令衆生滿足一切佛法故，名爲出家。文殊師利言：女子，夫出家者，於一切衆生起慈悲心，名爲出家。出家者，不見一切衆生惡，亦不取相，名爲出家。出家者，不舉他罪，有慚愧者，教令懺悔，是名出家。女子，出家者難，名爲屬他，菩薩不爾，身心自在，無繫屬故。女言：云何出家名爲屬他？文殊師利言：屬戒者名爲出家，破戒者不名出家。屬三昧者名爲出家，亂心者不名出家。屬智慧者名爲出家，愚癡者不名出家。屬解脱者名爲出家，離解脱者不名出家。」

〔四〕見他榮：底本及餘三卷本皆作「親他」，據明刻本校改。

〔五〕隋闍那崛多等譯大法炬陀羅尼經卷四相好品之餘：「菩薩往昔有三善業，何等爲三？一、遠離嫉妒，隨喜教示；二、爲他作時，不求果報；三、不壞損他，以成己善。」

出家人事務

僧祇律云：出家人，當少事少務，莫爲世人譏嫌，失他善福〔一〕。○三千威儀經云：出家所作事務有三：一、坐禪，二、誦經，三、勸化衆事。若具足三事，是應出家人法。若不行者，是徒生徒死，惟有受罪之因〔二〕。○觀佛三昧經云：比丘常行四法：一、晝夜六時〔三〕，説罪懺悔。二、常修念佛，不誑衆生。三、修六和敬〔四〕，心不恚慢。四、具修六念，如救頭燃〔五〕。六念者，念佛、念法、念僧、念戒、念施、念天也。出深功德經云：此六念法，是菩提心，生菩提法故〔六〕。○超日明經云：比丘有四法：一、常念如來，立佛形像。二、聞經深義，則信奉行。三、雖不見佛，曉了本無。四、知十方佛，則一法身〔七〕。

【校注】

〔一〕摩訶僧祇律卷一九：「此中雖無命根，出家之人，所不應作，當少事少務，莫爲世人所譏，失他善福。」

〔二〕後漢安世高譯大比丘三千威儀卷上：出家人所作「業務者：一者坐禪，二者誦經法，三者勸化衆事。若具足作三業者，是應出家人法。若不行者，徒生徒死，或有受苦之因。」

〔三〕六時：印度佛教分一日爲晝三時：晨朝、日中、日没，夜三時：初夜、中夜、後夜，合稱六時。

〔四〕六和敬：佛陀統攝僧衆的方法。和者外同他善，敬者内自謙卑。六和敬即：身和同住、口和無諍、意和同悦、戒和同修、見和同解、利和同均。

〔五〕東晉佛陀跋陀羅譯佛説觀佛三昧海經卷七觀四威儀品第六之餘：「菩薩法者，唯有四法。何等爲四？一者晝夜六時，説罪懺悔。二者常修念佛，不誑衆生。三者修六和敬，心不恚慢。四者修行六念，如救頭然。」

〔六〕按：出深功德經，即佛説觀普賢菩薩行法經，又名觀普賢觀經，劉宋曇無蜜多譯：「時諸菩薩異口同音，教於行者清淨六根。或有説言：汝當念佛。或有説言：汝當念法。或有説言：汝當念僧。或有説言：汝當念戒。或有説言：汝當念施。或有説言：汝當念天。如此六法，是菩提心，生菩薩法。」

〔七〕西晉聶承遠譯佛説超日明三昧經卷上：「有四事常不離佛。何謂四？常念如來，立佛形像；聞經深義，則信奉行；雖不見佛，曉了本無；知十方佛，則一法身。是爲四事，不離諸佛。」

佛留福廕末世弟子　佛藏經云：出家者，當一心行道，隨順法行，勿念衣食。有所須者，如來白毫相光功德百千萬億分中，留一分供諸末世弟子，亦不能窮盡〔一〕。○菩薩本行經云：佛自摩竭國往毗舍離，兩國人及諸天龍神，共獻佛三千寶蓋。佛受二千九百九十九蓋，唯一蓋不受。佛言：持用覆護後世弟子，令得供養〔二〕。

【校注】

〔一〕後秦鳩摩羅什譯佛藏經卷下了戒品：「舍利弗，我今明了告汝，我此真法不久住世。何以故？衆生福德善根已盡，濁世在近。求自利善比丘，應生如是厭心：我當云何見法破亂，見此沙門惡世難時？我當勤心精進，早得道果。舍利弗，我法無諸難事，不念衣食、卧具、醫藥，汝等但當勤行佛道，莫貴世間財利供養。舍利弗，汝今善聽，我當語汝：若有一心行道比丘，千億天神皆共同心，以諸樂具欲共供養。舍利弗，諸人供養坐禪比丘，不及天神，是故舍利弗，汝勿憂念不得自供，佛真教化，當隨順行，莫以第一義空出人過惡。何以故？舍利弗，大嶮難者，所謂得空。或有比丘，因以我法出家受戒，於此法中勤行精進，雖諸天神諸人不念，但能一心勤行道者，終亦不念衣食所須。所以者何？如來福藏，無量難盡。舍利弗，如來滅後，白毫相中百千億分，其中一分，供養舍利及諸弟子。舍利弗，設使一切世間人，皆共出家隨順法行，於白毫相百千億分不盡其一。」

〔二〕按：佛説菩薩本行經卷中：「毗舍離人民疫病死者甚多，聞摩竭國佛在其中，降伏惡龍，疫病消滅。毗舍離王即遣使者往至佛所。」後佛往毗舍離國，毗舍離王舉國臣民、摩竭國王與諸臣民、諸天王各與無數諸天子等、毗摩毗羅阿須倫王與無央數阿須倫民、娑竭龍王與無數諸龍眷屬，「各齎若干種香，作衆伎樂，五百寶蓋，來奉上世尊，合三千蓋。唯留一蓋，餘蓋受之。所留一蓋者，持用覆護後諸弟子，令得供養。」

師資

師　模範也。周禮師氏注云：教以道之稱也〔一〕。○指歸曰：自具福行，有化他之相〔二〕。○周禮云：爲人之長，訓物之規，名師長〔三〕。○寶積論云：師長者，若能助益長秀聖者〔四〕。○律云：和尚於弟子，當生兒想；弟子於和尚，當如父想。又稱師父〔五〕。白虎通云：父，矩也，以法教子故〔六〕。師有二種：一、親教師，即是依之出家，授經剃髮之者。毗奈耶亦云親教〔七〕；二、依止師，即是依之稟受三藏學者。但是依學一切事業，乃至一日，皆得稱師。○五百問云：臨壇諸僧，皆得呼爲師否？答：無此理。不從受法，盡不得稱師〔八〕。

【校注】

〔一〕鄭玄注周禮地官司徒：「師，教人以道者之稱也。」

〔二〕按：所引指歸文，不詳所出。

〔三〕這裏引文不見周禮，亦不詳所出。按：周易鄭康成注曰：「師者舉中之言，丈人能以法度長於人。丈之言長，能御衆有正人之德，以法度爲人之長。」或爲此句所本。

〔四〕菩提流支譯大寶積經論卷一：「師長者，若能助益長秀聖者，雖非師長，已有諸功德故。」

〔五〕四分律卷三三：「和尚看弟子，當如兒意看。弟子看和尚，當如父意，展轉相敬，重相瞻視。」

〔六〕白虎通卷八三綱六紀：「父者，矩也，以法度教子也。」

〔七〕「毗奈耶亦云親教」者，如義浄譯根本説一切有部毗奈耶卷六斷人命學處：「時彼親教即便作書與彼苾芻曰：此之小軍，是我弟子，今欲往彼，遠相投寄。仁可流恩，願垂覆護，令安樂住。」

〔八〕佛説目連問戒律中五百輕重事經卷下問雜事品：「問：臨壇諸師僧，可呼言師不？答：無此理。不從受法者，盡不得爲師。」

和尚 指歸云郁波弟耶，此云常近此受持〔一〕。○發正記云：優婆陀訶，此云依學〔二〕。○毗奈耶云鄔波陀耶，此云親教，由能教離出世業故，稱受業和尚〔三〕。○什法師云：梵語和尚，此名力生〔四〕。○舍利弗問經云：夫出家者，捨其父母生死之家，入法門中，受微妙法，蓋師之力，生長法身，出功德財，養智慧命，功莫大焉〔五〕。○薩婆多律攝云：有二鄔波陀耶：一、初與出家，二、爲受近圓〔六〕。此即壇上和尚也。四分云同和尚〔七〕。〇毗婆沙論云：和尚有四種：一、有法無衣食，二、有衣食無法，三、有法有衣食，四、無法無衣食〔八〕。

【校注】

〔一〕智昇撰開元釋教録卷七：「郁波弟耶，隋云常近受持者，今所謂和上，此乃于闐之訛略也。奘法師云：中天正音鄔波拕耶，唐云親教，亦云依學。」「指歸云」者，未詳。

〔二〕發正記：唐曇一撰，一〇卷，闡揚道宣行事鈔義理。

〔三〕「毗奈耶云鄔波陀耶」者，義浄譯根本説一切有部毗奈耶破僧事卷一二：「唯願鄔波陀耶，罰我重罪。」義寂述菩薩戒本疏卷下之本第一敬事尊長戒：「和尚，此音訛也，若正應云鄔波陀耶，此又云親教，即所從受戒者也。」

〔四〕翻譯名義集卷一：「和尚，梵本正名鄔波遮迦，傳至于闐，翻爲和尚；傳到此土，什師翻名力生。」今檢鳩摩羅什譯經，未見此説。「什法師云」者，出處俟考。四分律删繁補闕行事鈔卷上之三：「和尚者外國語，此云知有罪知無罪，是名和尚。四分律弟子訶責和尚中亦同。明了論正本云優波陀訶，翻爲依學，依此人學戒定慧故，即和尚是也，方土音異耳。相傳云和尚爲力生，道力由成。闍梨爲正行，能糾正弟子行。未見經論，雜含中外道亦號師爲和尚。」

〔五〕出舍利弗問經。

〔六〕勝友集、義浄譯根本薩婆多部律攝卷一三與減年者受近圓學處：「有二種鄔波馱耶：一、初與出家，二、爲受近圓。」近圓：具足戒的意譯。具足戒是比丘、比丘尼所應受持的戒律。義浄撰南海寄歸内法傳卷三受戒軌則：「既受戒已，名鄔波三鉢那。」自注曰：「鄔波是近；三鉢那是圓，謂涅槃也。今受大戒，即是親近涅槃。舊云具足者，言其汎意。」

〔七〕「四分云同和尚」者，如四分律卷五〇：「佛言：此是誰房？六群比丘言：是我和尚、同和尚、阿闍梨、同阿闍梨、知識、親厚房。」又，「四分云同和尚」，明刻本作「四分律文相同」。

〔八〕薩婆多毗尼毗婆沙卷二結婬戒因緣第一：「和上者，四種和上：一、有法無衣食，二、有衣食無法，三、有法有衣食，四、無法無衣食。」

師問來出家者　僧祇律云：新欲出家者，不得便説樂事，應説一食一住，少食少飲，多覺少眠。應問彼言汝能否，或答能，方可受之〔一〕。

【校注】

〔一〕摩訶僧祇律卷三二：「若欲新出家者，不得便説出家樂，應説出家苦，一食一住一眠，少食少飲，多覺少眠，長壽能不？若言能，應與剃。」

律不許度者　僧祇律云：有年八〔一〕十、九〔二〕十太老，七十卧起須人，俱不聽度〔三〕。

○五分律云：一切殘疾、惡狀貌、毁辱佛法者，皆不得度〔四〕。聖朝有編敕〔五〕違礙者，爲師宜慎之。

【校注】

〔一〕八：明刻本作「六」。

〔二〕九：明刻本作「七」。

〔三〕摩訶僧衹律卷二三：「從今日後，太老不應與出家，太老者過七十。若減七十，不堪造事，卧起須人，是人不聽出家。若過七十，能有所作，是亦不聽。年滿七十，康健能修習諸業，聽與出家，若太老不應與出家。」四分律删繁補闕行事鈔卷下之四：「八十九十太老，過七十卧起須人，不聽度。」

〔四〕劉宋佛陀什共竺道生等譯五分律卷一七：「從今截手、截脚、截手脚、截耳、截鼻、截耳鼻、截指、截男根頭、挑眼出、得鞭壞好相、遭官罪、攣躄、失聲、内外瘻、身内曲、身外曲、身内外曲、睞眼、一臂偏長一臂偏短、左手、作啞聾盲、乾痟病、癲狂、極老、無威儀、極醜，毁辱衆僧者，如是比皆不得度。」

〔五〕編敕：敕是指皇帝對特定的人或事所作的命令，編敕就是把單行的敕令整理成册。宋代編敕，是一項重要且頻繁的立法活動。

以貌擇師　律云：時跋難陀〔一〕在衆，儀貌昂藏。舍利弗形容短小，有外道欲出家，竊作是念：此小比丘智慧尚爾，況堂堂者乎？乃投跋難陀出家。受戒後，問師經律論，悉不能通。外道卻言佛法淺近，嫌諸比丘，反歸本道〔二〕。

【校注】

〔一〕跋難陀：意譯善喜、賢喜，聞佛涅槃而歡喜之惡比丘。佛説長阿含經卷四：「時彼衆中有釋種子，字跋難陀。止諸比丘言：『汝等勿憂，世尊滅度，我得自在。彼老常言當應行是，不應行是。自今已後，隨我所爲。』」

〔二〕五分律卷一七：「時跋難陀在彼衆中，色貌姝長，而舍利弗形容短小。彼作是念：此短小比丘，才智若斯，而況堂堂者乎？便往跋難陀所白言：與我出家，受具足戒。跋難陀即便度之。舍利弗論議竟，往到佛所，頭面禮足，卻坐一面。佛問言：汝何故與尼揵七日論議？具以事答，佛讚言：善哉善哉，舍利弗，汝多所憐愍，多所利益。彼尼揵比丘問跋難陀經律，悉不能答，便輕賤佛法，謂諸比丘都無所知，還復外道。」

資　指歸云：資者取法，助發己身行解故〔一〕。○伯陽云：不善人，善人之資〔二〕。

【校注】

〔一〕按：指歸已如前説，此引文亦不見他引。

〔二〕老子：「不善人者，善人之資。」按：永樂大典本亦無「者」字。

小師　寄歸傳云：鐸曷攞，唐言小師〔一〕。受戒十夏已前，西天皆稱小師。毗奈耶云：難陀比丘呼十七衆比丘爲小師〔二〕，此蓋輕呼之也。亦通沙門之謙稱也。昔高僧名僧導，爲沙彌時，叡法師見而異之，問曰：君於佛法，且欲何爲？導對曰：願爲法師作都講。叡語曰：君當爲萬人法主，豈可對揚小師乎〔三〕？

【校注】

〔一〕義淨撰南海寄歸内法傳卷三：「然西方行法，受近圓已去，名鐸曷攞，譯爲小師。滿十夏名悉他薛攞，譯爲住位，得離依止而住。」

〔二〕義淨譯根本説一切有部毗奈耶卷四〇故惱苾芻學處：「佛在室羅伐城逝多林給孤獨園。時大目乾連與十七衆出家并受近圓，彼十七衆遂便親近六衆苾芻，時鄔陀夷告十七衆作如是語：具壽，汝等爲我作如是如是事。答曰：我不能作。豈仁是我阿遮利耶、鄔波馱耶，令我執作？鄔陀夷見是語已，即便驅遣，不許同住。時十七衆遂向餘處而爲讀誦。鄔陀夷便詣鄔波難陀處告言：上座知不？此諸小師不受我語，事欲如何？鄔波難陀曰：汝今應可令彼小師各生惱悔，廢其習讀。當作是語，廣説惱緣。」

〔三〕高僧傳卷七釋僧導傳：「釋僧導，京兆人。……氣幹雄勇，神機秀發，形止方雅，舉動無忤。僧叡見而奇之，問曰：君於佛法，且欲何願？導曰：且願爲法師作都講。叡曰：君方當爲萬人法主，豈肯對揚小師乎？」

弟子

求法傳云：梵云室灑，此云所教，舊云弟子〔一〕。○南山鈔云：學在我後名之弟，解從我生名之子〔二〕。即因學者以父兄事師，得稱弟子。又云徒弟，謂門徒弟子之略〔三〕也〔四〕。司馬彪曰學〔五〕徒弟子也。

【校注】

〔一〕義淨大唐西域求法高僧傳卷上：「室灑，譯爲所教，舊云弟子者，非也。」

〔二〕四分律删繁補闕行事鈔卷上之三：「弟子者，學在我後，名之爲弟。解從我生，名之爲子。」

〔三〕之略：底本及餘三卷本皆作「略之」，據明刻本校改。

〔四〕釋智圓述維摩經略疏垂裕記卷五：「所以稱弟子者，言弟則顯師之謙，言子則彰我之敬，謙敬俱陳，故言弟子。所以自稱爲弟子，師亦謂之爲弟子，故知其名含謙敬也。……然釋弟子義，復有二家：一、南山解云：學居師後故稱弟，解從師生故稱子；二、先儒解云：以父兄之禮事師，故稱弟子。」

〔五〕學：諸本無，據文意補。莊子庚桑楚：「老聃之役，有庚桑楚者。」司馬彪注曰：「役，學徒弟子也。」

度惡弟子　優婆塞戒經云：寧受惡戒，一日中斷無量命根，終不畜養弊惡弟子，不能調伏。何以故？是惡律儀殃齊去聲自身。畜惡弟子，不能教誨，乃令無量人作惡，能謗無量善妙之法〔一〕。○菩薩善戒經云：度惡弟子，則破壞法，故名魔弟子〔二〕。計此罪愆，得不慎之？

【校注】

〔一〕北涼曇無讖譯優婆塞戒經卷三攝取品：「寧受惡戒，一日中斷無量命根，終不養畜弊惡弟子，不能調伏。何以故？善男子，是惡律儀，殃齊自身。畜惡弟子，不能教誨，乃令無量衆生作惡，能謗無量善妙之法，破和合僧，令多衆生作五無間，是故劇於惡律儀罪。」

〔二〕劉宋求那跋摩譯菩薩善戒經卷四菩薩地戒品：「爲師不能教訶弟子，則破佛法，必定當墮地獄之中。爲名譽故，聚畜徒衆，是名邪見，名魔弟子。不畜弟子，不能破壞如來正法。畜惡弟子，則壞佛法。壞佛法故，名魔弟子。」

師資相攝

師以財法定惠，自攝攝他。住持不失資，以供養諫諍，亦是相攝。○南山鈔云：佛法增益廣大，實由師資相攝，互相敦遇，財法兩濟，日益業深，行久德固，皆賴矣。比真教陵〔一〕遲，惠風掩扇，俗懷侮慢，道出非法，並由師無率誘之心，資闕奉行之志，二彼相捨，妄流鄙境，欲令道光，焉可得乎〔二〕？舉要言之。

【校注】

〔一〕陵：備要本作「凌」。

〔二〕四分律删繁補闕行事鈔卷上之三師資相攝篇：「佛法增益廣大，寔由師徒相攝，互相敦遇，財法兩濟，日積業深，行久德固者，皆賴斯矣。比玄教陵遲，慧風揜扇，俗懷侮慢，道出非法，並由師無率誘之心，資闕奉行之志。二彼相捨，妄流鄙境，欲令光道，焉可得乎？」

師念弟子

僧祇律云：師應作是念：當使因我度故，修諸善法，得其道果〔一〕。○長阿含經云：師長以五事視弟子：一、順法調御，二、誨其未聞，三、隨其所聞，令善義解，四、示其善友，五、盡己所知，誨授不悋〔二〕。○莊嚴論云：一、度令出家，二、與其受戒，三、禁斷諸惡，四、攝持以財，五、教授以法〔三〕。

【校注】

〔一〕摩訶僧祇律卷一一：「得越毗尼罪，應作如是念：當使彼人因我度故，修諸善法，得成道果。」

〔二〕後秦佛陀耶舍共竺佛念譯佛説長阿含經卷一一：「師長復以五事敬視弟子。云何爲五？一者順法調御，二者誨其未聞，三者隨其所問，令善解義，四者示其善友，五者盡以所知，誨授不吝。」

〔三〕無著造、波羅頗蜜多羅譯大乘莊嚴經論卷一二功德品：「譬如和上於弟子作五種饒益業：一、度令出家，二、與其受戒，三、禁斷諸過，四、攝持以財，五、教授以法。」

弟子事師

攝大乘論云：始終承奉，不相離異名事〔一〕。○四分律云：弟子看和尚，當具四心：一、親愛，二、敬順，三、畏難，四、尊重。侍養承接，如臣子之事君父，如是展轉相敬，重相〔二〕瞻視，能令正法久住，增益廣大〔三〕。○尸迦越經云：弟子事師有五事：一、當敬難之，二、當知其恩，三、所教隨之，四、思念不厭，五、當從後稱譽〔四〕。○長阿含經云：夫爲弟子，當以五事敬事師長：一、給侍所須，二、禮敬供養，三、尊重戴仰，四、師教誨，敬順無違，五、從師聞法，善持不忘〔五〕。○毗奈耶第三十五卷，佛爲高勝比丘説事師法，略云：

凡爲弟子，於師主處，常懷恭敬，有畏懼心，不爲名聞，不求利養，當須早起，親問師之四大安隱，起居輕利，除小便器，每於半月觀曬牀薦。若不依師，得越法罪〔六〕。好廣知者，自檢讀之。○毗奈耶云：弟子門人，纔見師時，即須起立。若見親教，即捨依止〔七〕。言見親教捨依止者，謂弟子在一處，侍稟學師次，忽受業師來，即捨稟受，來侍立受業師左右也。

【校注】

〔一〕真諦譯攝大乘論釋卷三出世間淨章：「始終承奉，不相離名事。」

〔二〕相：諸本無，據文意補。

〔三〕按：四分律卷三三：「和尚看弟子，當如兒意看。弟子看和尚，當如父意。展轉相敬，重相瞻視，如是，正法便得久住，長益廣大。」四分律刪繁補闕行事鈔卷上之三：「四分云：和尚看弟子當如兒意，弟子看和尚當如父想。準此，兒想應具四心：一、匠成訓誨，二、慈念，三、矜愛，四、攝以衣食。如父想者，亦具四心：一、親愛，二、敬順，三、畏難，四、尊重。敬養侍接，如臣子之事君父。故律云：如是展轉相敬，重相瞻視，能令正法便得久住，增益廣大。」

〔四〕後漢安世高譯佛說尸迦羅越六方禮經：「弟子事師，當有五事：一者當敬難之，二者當念其恩，三者所教隨之，四者思念不厭，五者當從後稱譽之。」

〔五〕佛說長阿含經卷一一：「弟子敬奉師長，復有五事。云何爲五？一者給侍所須，二者禮敬供養，三者尊重戴仰，四者師有教敕，敬順無違，五者從師聞法，善持不忘。」

〔六〕義浄譯根本説一切有部毗奈耶雜事卷三五：（高勝）「請世尊曰：弟子事師，所有行法，唯願爲説。佛告高勝：我今爲説苾芻所有弟子門人供事之法，汝應諦聽。凡爲弟子，於師主處，常懷恭敬，有畏懼心，不爲名聞，不求利養。當須早起，親問二師，四大安隱，起居輕利。除小便器，爲按摩身。其師若言我今有疾，應問所患，便往醫處，具説病由，請方救療。如醫所教，便爲療治。若師自有藥物，應用和合。如其無者，可問近親。親眷若多，應問師曰：何親處求？得師教已，如言可去。若無親族，應向餘家，如教往覓。或詣病坊，施樂之處，此若無者，當緣自業，於飲食中而爲將息。若病可時，授以齒木。其師欲嚼齒木之處，應先浄掃，作曼荼羅。安置坐枯及盛水瓶器并澡豆、土屑、浄齒、木刮、舌篦，既澡漱已，除所須物。若師患目，應問醫人，爲作眼藥而塗拭之。次應授衣，餘衣襞疊，勿使撩亂。師禮塔時，當入房中，灑掃其地。若有塵土，應將牛糞，或以青葉而揩拭之。次應自禮尊儀，及禮師主，或問安白事，於日日中，三時禮拜。當隨己力，於同梵行者，亦申禮敬。次應策勤，坐禪讀誦，每於半月，須觀曬牀席。若至食時，應洗兩鉢。若是乞食苾芻，自持重鉢，輕者與師。若在寒時，以重僧伽胝與師令著，自持輕者。若於熱時，輕者與師，自持重者。若逆風行，請師在前，自身在後。若順風行，自身在前，令師在後。若渡河水，扶侍令過。若乞食時，應問師主：爲當同行，爲當別去？若言同行，即可隨去。若得乾糗、豆餠及酸漿水，置己鉢中。若得米、乳酪、石蜜、飯餠及沙糖，安師鉢内。乞得食已，還至本處，作二小壇，布以諸葉，可安二座，踞坐飯食。若別行者，所乞得食，將呈師主：今得此食，須者應取，師主即應知量而受。若住寺者，弟子應先洗器，往至厨中，問知事人：今爲僧伽作何飲食？其知事人敬而告知，彼還白師：今日僧伽，作如是食，可請取不？依教持來。師應知量，觀時而受。若其二師澡漱之處，應淨掃除，作曼荼羅，安坐牀子，及以水器，并土齒木，如法揩洗。若須洗足，應爲師洗，或但用水，或可塗油，以屑揩去，更將水洗，當授皮履，問其食事。又問爲於此處修習善業？爲復向餘閑静住處？若言可向晝日住處者，應持坐物，其所住處，掃灑清浄，於時時間，牛糞塗拭。若學讀者，應爲授經。若學禪思，教其作意。若還來時，應觀牀席。自洗足已，次禮尊像及同梵行者，隨力而禮，與師置座，同前洗足。若是寒時，應守持心，爲暖湯水。若是熱時，應可持扇而爲招凉。師亦知時，令其作業，勿使空度。若衣鉢等，營作之時，所有事業，皆師物在前，次營己物。佛言：高勝，汝今應知。諸苾芻衆所有弟子門人，供給二師，如父母想。師於弟子，當如子想。若有病患，共相瞻侍，至差至死。我今爲汝略説其事，應如是作。若不依者，隨於其事，皆得越法罪。若能如是，弟子於師，以敬順心，爲供侍者，能令善法，相續不絶，譬如蓮花處在池中，日夜增長，是故汝等，當如是學。時具壽高勝及諸苾芻，聞佛説已，歡喜奉行。」

〔七〕義淨譯根本説一切有部毗奈耶雜事卷一六：「弟子門人，纔見師時，即須起立。若見親教師，依止即捨。」

教訶弟子

菩薩善戒經云：爲師不能教訶弟子，則破佛法，當墮地獄〔一〕。○毗奈耶云：弟子有五事，方可教訶：一、不信，二、懈怠，三、惡口，四、情無羞耻，五、近惡知識。佛言：但五法有一，皆須教訶。比丘問佛：如何教訶？有五法：一、不共語，二、不教授，三、不同受用，四、遮其善事不與依止，五、不與同房〔二〕。

【校注】

〔一〕求那跋摩譯菩薩善戒經卷四菩薩地戒品：「爲師不能教訶弟子，則破佛法，必定當墮地獄之中。」

〔二〕義淨譯根本説一切有部毗奈耶雜事卷一三：「時諸苾芻於弟子門人，皆不敢訶責，遂慢法式，不肯奉行。佛言：應須訶責。苾芻不知云何訶責。佛言：有五種訶法：一者不共語，二者不教授，三者不同受用，四者遮其善事，五者不與依止。言不共語者，謂不共言語所有問答；言不教授者，於利害事皆不教詔；言不同受用者，所有供承皆不應受，衣食及法亦不交通；言遮善事者，所有修行善品勝事，皆不令作；言不與依止者，謂絶師徒相依止事，不共同房。如佛所言應訶責者，苾芻於事不爲簡擇，即便訶責。佛言：不應隨事即爲訶責，若有五法，方合訶之。云何爲五？一者不信，二者懈怠，三者惡口，四者情無羞耻，五者近惡知識。時諸苾芻，具此五法，方始訶責。若不具五，即不訶責？佛言：五法之中，隨有一時，即須訶責。」

童子

智度論云：梵語鳩摩羅伽，秦言童子〔一〕。○寄歸傳云：白衣詣苾芻所，專誦佛典，求落髮，號童子〔二〕。西天出家，國無制止，但投師允可，即和僧剃髮，即無童子行者之屬。今經中呼文殊、善財、寶積、月光等諸大菩薩爲童子者，即非稚齒。如智論云：如文殊師利十力、四無所畏等，悉具佛事，故住鳩摩羅伽地。又云：若菩薩從初發心斷婬欲，乃至菩提，是名童子〔三〕。今就此方釋之：釋名曰：兒年十五曰童〔四〕。童，獨也。自七歲止十五，皆稱童子，謂太和〔五〕未散故。

【校注】

〔一〕龍樹造、鳩摩羅什譯大智度論卷二：「鳩摩羅天，秦言童子。」

〔二〕義浄撰南海寄歸内法傳卷三受戒軌則：「凡諸白衣，詣苾芻所，若專誦佛典，情希落髮，畢願緇衣，號爲童子。」

〔三〕大智度論卷二九：「如文殊師利十力、四無所畏等，悉具佛事，故住鳩摩羅伽地，廣度衆生。」又：「或有菩薩從初發心斷婬欲，乃至阿耨多羅三藐三菩提，常行菩薩道，是名鳩摩羅伽地。」　十力：這裏指菩薩具有的十種力用：直心力，深心力，方便力，智力，願力，行力，乘力，神變力，菩提力，轉法輪力。東晉佛陀跋陀羅譯大方廣佛華嚴經卷三九：「菩薩摩訶薩有十種力。何等爲十？所謂直心力，於一切世界無染著故；深心力，不壞一切諸佛法故；方便力，究竟菩薩一切行故；智慧力，知一切衆生諸心行故；願力，令一切衆生願滿足故；行力，盡一切未來際劫不斷絶故；乘力，出生普現一切諸乘不轉大乘故；遊戲神通力，於一毛道示現一切清浄世界一切如來出興世故；菩提力，覺悟菩提與一切衆生念等故；轉法輪力，於一句法説一切衆生希望諸根故。」　四無所畏：這裏指菩薩四無所畏。大乘義章卷一一菩薩四無畏義：「化心不怯，名爲無畏。無畏不同，一門説四。四名是何？一、總持不忘，説法無畏；二、盡知法藥及知衆生根欲性心，説法無畏；三、善能問答，説法無畏；四、能斷物疑，説法無畏。」

〔四〕釋名卷三釋長幼：「十五曰童，故禮有陽童。牛羊之無角曰童，山無草木曰童，言未巾冠，似之也。女子之未笄者亦稱之。」

〔五〕太和：元氣，精氣。

度小兒緣起

僧祇律云：佛住舍衛國，阿難有一知識，合門疫死，唯有一小兒在。阿難行過，小兒隨後喚，阿難不聞，爲世人譏云：沙門他有强親，今見孤遺不顧。小兒隨入祇園，阿難白佛：此小兒得度否？佛言：汝作何心度？答：慈愍心。佛言：得度〔一〕。

度此小兒，亦不作童子，便剃髮，號驅烏沙彌〔二〕。

【校注】

〔一〕摩訶僧祇律卷二九：「佛住舍衛城，廣説如上。爾時尊者阿難有一知識檀越家，合門疫病死盡，唯有一小兒在，恒在市肆前拾粒自活。時尊者阿難行過時，小兒見已，隨後而喚翁翁。阿難不聞遂去，爲世人譏嫌，言云：何沙門釋子！他有父時，强親如父如子，今見衰喪而不顧録。小兒追喚不已，阿難顧視識之，呼言子來。時小兒隨後入祇洹精舍，佛見已，知而故問：是誰小兒？阿難以上因緣具白世尊：此小兒得出家不？佛告阿難：汝作何心？答言：慈愍心。佛言：得出家。」

〔二〕四分律卷三四：「爾時阿難有檀越家死盡，唯有一小兒在，將至佛所，頭面禮足，在一面坐。佛知而故問：此是何等小兒？阿難以此因緣具白世尊，世尊告言：何故不度令出家？答言：世尊先有制，不得度年減十二者，是以不度。佛問阿難：此小兒能驅烏、能持戒、能一食不？若能如是者，聽令出家。阿難報言：此小兒能驅烏、能持戒、能一食。佛告阿難：若此小兒盡能爾者，聽度令出家。」

行者 善見律云：有善男子欲求出家，未得衣鉢，欲依寺中住者，名畔頭波羅沙〔一〕。未見譯語。今詳，若此方行者也。經中多呼修行人爲行者，行是所修二種行也，者即五蘊〔二〕假者，是能修行之人也。凡十六歲已上，應呼行者，謂男生八歲毁齒，十六陽氣全，以其有意樂信忍，修浄梵行故。自晉時已有此人，如東林遠大師下有辟蛇行者〔三〕。

【校注】

〔一〕蕭齊僧伽跋陀羅譯善見律毗婆沙卷一一：「何謂畔頭波羅沙？善男子欲求出家，未得衣鉢，欲依寺中住者。」

〔二〕五蘊：即色、受、想、行、識。五蘊因緣和合，組成有情衆生。

〔三〕陳舜俞撰廬山記卷一叙山北：「遠公始居，山多蛇虫。行者不知何許人，嘗侍遠公，善驅蛇，蛇爲之盡去，故號辟蛇行者。」

剃　髮

祠部牒 此牒自尚書省祠部司出，故稱祠部。按僧史略云：唐會要曰：則天延載元年五月十五日，敕天下僧尼隸祠部，此爲始也。義取其善禳惡福解災也〔一〕。○續會要云：天寶六年五月制：所度僧尼，仍令祠部給牒。此爲始也〔二〕。

【校注】

〔一〕贊寧撰大宋僧史略卷中管屬僧尼：「案會要云：則天延載元年五月十五日，敕天下僧尼隸祠部，不須屬司賓。知天后前係司賓也。此乃隸祠部之始也。義取其善攘惡福解災之謂也。」唐會要卷四九：「延載元年五月十一日，敕天下僧尼隸祠部，不須屬司賓。」

〔二〕按：續會要，唐崔鉉撰，已佚。大宋僧史略卷中管屬僧尼祠部牒附：「案續會要，天寶六年五月制，僧尼依前兩街功德使收管，不要更隸主客。其所度僧尼，仍令祠部給牒。給牒，自玄宗朝始也。」然唐會要卷四九「僧尼所隸」條：會昌「六年五月制：僧尼依前令兩街功德使收管，不要更隸主客，所度僧尼，令祠部給牒。」今據大宋僧史略卷中管屬僧尼：「至會昌五年，廢寺像，敕僧尼不宜隸祠部。於時中書門下奏云：『奉宣僧尼不隸祠部，合屬主客爲便，令鴻臚寺收管，宜分折奏來者。天下僧尼，國朝以來並隸鴻臚寺。至天寶二年，隸祠部。與延載時不同。臣等據大唐六典，祠部掌天地宗廟大祀，與僧事殊不相當。又可務根本，合歸尚書省，隸鴻臚寺，未爲允當。又六典，主客掌朝貢之國，七十餘蕃，五天竺國，並在數内，釋氏出自天竺，今陛下以其非中國之數，已有釐革。僧尼名籍，便令係主客，不隸祠部及鴻臚寺。』從之。六年五月制，僧尼依前令兩街功德使收管，不要係主客。其所度僧，仍令祠部給牒。」可知僧尼「至天寶二年，隸祠部」，至會昌五年，「敕僧尼不宜隸祠部」，六年，「令兩街功德使收管」，然「其所度僧尼，仍令祠部給牒」。祠部給牒，或當「自玄宗朝始也」。又佛祖統紀卷四〇：天寶「六載，敕天下僧尼屬兩街功德使，始令祠部給牒用綾素。」

剃髮　律云：毀其形好，剃除鬚髮，俾即發先業，使異餘出家者〔一〕。○因果經云：過去諸佛，爲成就無上菩提故，捨飾好，剃鬚髮，即發願言：今落髮故，願與一切衆生斷除煩惱及以習障〔二〕。此悉達太子剃髮之時言也。

【校注】

〔一〕蕭齊僧伽跋陀羅譯善見律毗婆沙卷一六：「今爲剃髮落地，即發先業，便得羅漢。」

〔二〕求那跋陀羅譯過去現在因果經卷二：「過去諸佛，爲成就阿耨多羅三藐三菩提故，捨棄飾好，剃除鬚髮。我今亦當依諸佛法……爾時太子便以利劍，自剃鬚髮，即發願言：今落鬚髮，願與一切斷除煩惱及以習障。」

周羅髮　即今親教和尚最後爲剃頂上髮也。梵語周羅，此云小結〔一〕。且三界九地〔二〕煩惱，見修所斷有八十一品〔三〕，即第九地末品煩惱，名小結，微細難除。今此頂髮，喻彼煩惱。九十六種外道〔四〕，皆不能盡除，唯佛弟子能斷故。親教師最後剃者，表爲除殘結，令出三界故。

【校注】

〔一〕隋達摩笈多譯起世因本經卷一閻浮洲品：「周羅者，隋言髻也，外國人頂上結少許長髮爲髻。」一切經音義卷七三玄應撰立世阿毗曇論第五卷：「周羅，此譯云小也，謂小髻也。」

〔二〕三界：欲界、色界、無色界，爲衆生生死輪迴之所。九地：欲界一地：五趣雜居地；色界四地：離生喜樂地、定生喜樂地、離喜妙樂地、舍念清浄地；無色界四地：空無邊處地、識無邊處地、無所有處地、非想非非想處地，共有九地。

〔三〕八十一品：即「八十一品思惑」，欲界有貪、嗔、癡、慢四惑，色界和無色界各有貪、癡、慢三惑，合爲十惑。此十惑分九地九品（九地各有九品：上上、上中、上下、中上、中中、中下、下上、下中、下下）逐漸斷滅，共計八十一品。

〔四〕九十六種外道：佛陀出世前後出現於印度的所有外道，或作九十五種。外道是佛教對其他教派的稱呼。楞伽阿跋多羅寶經注解卷三上：「言外道者，凡出家不稟佛教者，皆名爲外。」

父母拜

南山鈔十二卷、法苑二十二卷皆云：剃髮了，禮遶三寶，拜謝大衆及二師已，然後在末座坐。父母諸親，皆爲作禮拜賀，悦其道意〔一〕。此亦如儒禮冠義曰：冠者，禮之始也。凡冠日，見母母拜，見兄兄拜之。注云：以其成人而爲禮〔二〕。今人子出家事佛，剃髮爲禮之始也。父母設拜，以其出世而爲禮，抑又拜其法服戒體故也，亦是遠襲我佛之家風也。謹按根本毗奈耶律云：佛父浄飯王聞太子已成佛，在室羅伐城竹林精舍，王乃裁書遣使，往請歸國，許之。王敕群臣曰：一切義成將歸，卿可修飾城隍，莊嚴道路，於屈路陀林造一精舍。爾時世尊作是念：若我徒行入城，諸釋必起慢心，應以神變入城。即共諸聲聞涌在虚空，現諸神變。將近城，攝諸神通，唯佛去地一人許，凌虚而行。民庶馳觀，各相謂言：爲父禮子耶？爲子禮父耶？時浄飯王見太子儀相非世，乃頭面禮足。時諸臣民，情俱不忍，共言：云何尊父禮子之足耶？王曰：汝等不應作是念。當初太子生時，無人扶持，四方各行七步，於爾時，我便禮其足。後於剡部樹下坐，日已過午，諸樹影東，唯剡部樹影不移，蔭太子身，我又禮其足。今當第三禮也。爾時世尊就座坐，父王復禮佛足，對面而坐，告大衆曰：此是第四禮子足也。自後日來即禮〔三〕。○本起經云：父王頭面禮佛足者，一者敬道，二者愛子故〔四〕。今剃髮後，父母拜賀，亦此二緣也。○摩耶經云：爾時摩耶夫人即佛母也。長跪佛前，五體投地，説偈云：稽首頭面禮，無上大法王〔五〕。此父母拜緣，略引爲證，今國家有制，慎勿違之。五分律：佛言非我所制，餘方爲清净者，不得不行。此謂王法，不得不依也〔六〕。○薩婆多論云：比丘違王制者，犯突吉羅罪〔七〕。

【校注】

〔一〕四分律删繁補闕行事鈔卷下之四：「禮佛訖，行遶三匝，説白慶偈：遇哉值佛者，何人誰不喜，福願與時會，我今獲法利。禮大衆及二師已，在下坐受六親拜賀。出家離俗，心懷遠大，父母等皆爲作禮，悦其道意。」又法苑珠林卷二二入道篇第一三剃髮部：「又禮大衆及二師竟，然後在下行坐，受六親拜荷，出家離俗意，心懷歡喜，父母諸親，皆爲作禮，悦其道意。」

〔二〕禮記正義卷六一冠義：「冠者，禮之始也。……已冠而字之，成人之道也。見於母，母拜之。見於兄弟，兄弟拜之。成人而與爲禮也。」

〔三〕見義净譯根本説一切有部毗奈耶卷一八，文繁，今略述之，以資參證：净飯王聞太子成佛，知太子欲來後，即命諸臣，「修飾城隍，莊嚴道路。宮中内人，亦令灑掃。」又知「世尊不住王家及内宮裏」，便「告諸臣曰：卿等往阿蘭若處屈路陀林同逝多林造一住處」。「時净飯王於寬廣處，敷設牀座，以待太子。是時乃有無量百千大衆雲集，或有先世善根共相警覺，或有情生喜樂，作如是念：爲父禮子，爲子拜父耶？時佛世尊便作是念：我若足步入城中者，諸釋迦子各起慢情，共生不信。」「欲令諸人息輕慢心故，我今應以神變入劫比羅城。」「世尊去地，高踰一人，行空而去，并與無量百千俱胝人天大衆，圍繞而去，至劫比羅城。時浄飯王既見佛已，頭面禮足……時諸釋迦及餘大衆，見浄飯王禮佛足已，情生不忍，共相唱言：云何尊父禮子之足？時浄飯王告諸釋子曰：汝等不應作如是語。當時菩薩初生之日，大地振動，放大光明，普照世界，其色晃曜，過於三十三天，於世界中間黑闇之處，日月威光之所不及，當爾之時，並蒙光曜。彼處所有舊住有情，蒙光曜已，互得相見，共作是語：仁等有情，亦居此處。爾時我見希有事已，便禮佛足。又復菩薩曾往田中觀諸産業，於贍部樹影結跏而坐，遠離欲界惡不善法。有尋有伺，得喜樂定，入初静慮。日已過午，其餘諸樹，影悉東垂，唯贍部樹影而獨不移，蔭菩薩身。爾時我見希有事已，復禮佛足。此是第三禮世尊足。爾時世尊，於苾芻衆中及諸大衆就座而坐，時浄飯王復禮佛足，一面而坐。此是第四禮世尊足。」

〔四〕後漢曇果共康孟詳譯中本起經卷上還至父國品：「於是父王遥見佛來，愛敬交至：一者敬道，二者愛子。即下象車，解劍卻蓋，涕淚趣佛，頭首禮足。」

〔五〕蕭齊釋曇景譯摩訶摩耶經卷上：「爾時摩訶摩耶聞佛此語，合掌低頭，一心思惟，長跪佛前，五體投地，專精正念，諸纏消伏，即於佛前以偈讚曰：汝從無數劫，恒飲我乳汁，故離生老死，得成無上道。宜應報恩養，斷我三毒本，歸命大丈夫，無貪惠施者，歸命調御士，最上無能過，歸命天人師，永離癡愛縛，日夜各三時，念想不斷絶。稽首頭面禮，無上大法王。今於汝福田，欲長功德芽，唯願施慈悲，速令成妙果。久有此大志，故生大王宫。巨身紫金色，光明照十方，面貌悉圓浄，猶如秋滿月。」

〔六〕五分律卷二一：佛「復告諸比丘：雖是我所制，而於餘方不以爲清浄者，皆不應用。雖非我所制，而於餘方必應行者，皆不得不行。」

〔七〕薩婆多毗尼毗婆沙卷三盜戒因緣第二之二：「違犯王教，突吉羅。」

沙彌 此始落髮後之稱謂也。梵音訛也，此譯爲息慈，謂安息在慈悲之地故。又此人息世染之情，以慈濟群生故。又云：初入佛法，多存俗情，故須息惡行慈也〔一〕。○大毗婆沙論云室利摩拏洛迦〔二〕，唐言勤策男〔三〕，謂此人離四性罪、六遮罪〔四〕，勤自策勵不犯，令清浄故。○寄歸傳云：室羅末尼羅，唐言求寂。夫稱寂者，即涅槃也。言此人出煩惱家，求趣涅槃故〔五〕。

【校注】

〔一〕釋道宣撰述四分律删繁補闕行事鈔卷下之四：（沙彌）「此翻爲息慈，謂息世染之情，以慈濟群生也。又云：初入佛法，多存俗情，故須息惡行慈也。」

〔二〕阿毗達磨大毗婆沙論卷一二三：「若復能離四性罪多遮罪，名室羅摩拏洛迦。」

〔三〕釋光述俱舍論記卷一四：「梵云室羅摩拏洛迦，唐言勤策，謂爲苾芻，勤加策勵。洛是男聲。舊云沙彌，訛也。」

〔四〕四性罪：即淫、盜、殺、妄，是比丘應該遠離的四種根本重罪，又稱四波羅夷罪、四種根本罪等。遮罪：是指違犯遮戒（因應時間、地點、情況而制定的戒律），名目較多。北涼曇無讖譯優婆塞戒經卷六五戒品：「罪有二種：一者性重，二者遮重。是二種罪，復有輕重。……如是酒戒，名爲遮重，不爲性重。如來先制性重之戒，後制遮重。」玄奘譯瑜伽師地論卷九九：「云何性罪？謂性是不善，能爲雜染損惱於他，能爲雜染損惱於自。雖不遮制，但有現行便往惡趣。雖不遮制，但有現行能障沙門。云何遮罪？謂佛世尊觀彼形相不如法故，或令衆生重正法故，或見所作隨順現行性罪法故，或爲隨順護他心故，或見障礙善趣壽命沙門性故，而正遮止。若有現行如是等事，説名遮罪。」此處六遮罪，即犯十戒中之後六戒。四分律拾毗尼義鈔輔要記卷一一：「四性：殺、盜、婬、妄，四是性惡，言體性是惡故。六遮：一、不飲酒；二、不著華鬘、好香塗身；三、不歌舞倡伎，亦不往觀聽；四、不得高廣大牀上坐；五、不得非時食；六、不得捉錢生像金銀寶物。此六妨亂修道，招世譏謗。」

〔五〕義浄撰南海寄歸内法傳卷三：「室羅末尼羅，譯爲求寂，言欲求趣涅槃圓寂之處。舊云沙彌者，言略而音訛，翻作息慈，意准而無據也。」

纔剃髮便授十戒

寄歸傳云：西國出家，具有聖制。諸有發心出家者，師乃問諸難事。難事既無，許之攝受，或經旬月，令其解息，師乃爲授五戒，方名鄔波索迦，此是創入佛法之基，七衆所攝也。師次爲辦縵條、僧脚崎、下裙、濾羅、鉢等，方請阿遮梨爲剃髮，師親爲著下裙，次與上衣，令頂戴受。著已，授與鉢器，授十戒，此名室羅末尼羅。方成應法，爲五衆攝，堪消施利。若恐其十戒毀破，大戒不成，此則妄負求寂之名。既不合消常住，受施負債何疑？應依教而爲濟度〔一〕。

【校注】

〔一〕義淨撰南海寄歸内法傳卷三受戒軌則：「西國出家軌儀，咸悉具有聖制。廣如百一羯磨，此但略指方隅。諸有發心欲出家者，隨情所樂，到一師邊，陳其本意，師乃方便問其難事，謂非害父母等。難事既無，許言攝受。既攝受已，或經旬月，令其解息。師乃爲授五種學處，名鄔波索迦。自此之前，非七衆數，此是創入佛法之基也。師次爲辦縵條、僧脚崎及下裙等，并鉢、濾羅，方爲白僧陳出家事。僧衆許已，爲請阿遮利耶，可於屏處，令剃頭人爲除鬚髮。方適寒温，教其洗浴。師乃爲著下裙，方便撿察非黄門等。次與上衣，令頂戴受。著法衣已，授與鉢器，是名出家。次於本師前，阿遮利耶授十學處，或時闇誦，或可讀文。既受戒已，名室羅末尼羅。譯爲求寂，言欲求趣涅槃圓寂之處。舊云沙彌者，言略而音訛，翻作息慈，意准而無據也。……能如是者，方成應法。是五衆收，堪銷物利，豈有既出家後，師主不授十戒，恐其毁破大戒不成？此則妄負求寂之名，虚抱出家之稱。似懷片利，寧知大損？經云：雖未受十戒，墮僧數者，乃是權開一席，豈得執作長時？又神州出家，皆由公度，既蒙落髮，遂乃權依一師，師主本不問其一遮，弟子亦何曾請其十戒？未進具來，恣情造罪，至受具日，令入道場，律儀曾不預教，臨時詎肯調順？住持之道，固不然矣。既不合銷常住，受施負債何疑？理應依教而爲濟脱。」

三品沙彌　僧祇律云：佛制：年不滿十五，不應作沙彌。後在迦維衛國，阿難有親里二小兒孤露，阿難養育之。佛問：何不出家？阿難白佛言：佛制不許度。佛問：是二小兒，能驅食上烏未？答：能。佛言：聽作驅烏沙彌。最下七歲，至年十三者，皆名驅烏沙彌。若年十四至十九，名應法沙彌，今呼沙彌爲法公也。若年二十已上，皆號名字沙彌〔一〕。

【校注】

〔一〕後秦弗若多羅譯十誦律卷二一：「佛種種因緣呵竟，語諸比丘：從今不滿十五歲人，不應作沙彌。若作，得突吉羅罪。佛在迦維羅衛國，是時毗琉璃愚癡人殺迦維羅衛釋子。時長老阿難親里二小兒走詣阿難，阿難以殘食養畜。佛知，故問阿難：是誰小兒？答言：是我所親。佛言：何以不出家？阿難報言：佛結戒：不滿十五歲人，不應作沙彌。是二小兒不滿十五歲。佛問阿難：是二小兒能驅僧食上烏未？答言：能。佛言：從今聽能驅烏作沙彌，最下七歲。」摩訶僧祇律卷二九：「佛言：從今日後，出家人食應等與。沙彌法者，沙彌有三品：一者，從七歲至十三，名爲驅烏沙彌；二者，從十四至十九，是名應法沙彌；三者，從二十上至七十，是名名字沙彌。是三品皆名沙彌。」

沙彌亦名比丘　善見律云：如有檀越來請比丘，沙彌雖未具戒，亦入比丘數，是爲名字比丘〔一〕。○涅槃經云：譬如幼年初得出家，雖未受具，即墮僧數〔二〕。○四分律云：從大比丘下，次第與沙彌房舍卧具。若利養，隨次與之〔三〕。

【校注】

〔一〕蕭齊僧伽跋陀羅譯善見律毗婆沙卷七：「沙彌者，亦名比丘。如有檀越來請比丘，沙彌雖未受具足，亦入比丘數，是名字比丘。」

〔二〕大般涅槃經卷二純陀品：「譬如幼年初得出家，雖未受具，即墮僧數。」

〔三〕四分律卷三四：「時舍利弗白世尊言：我已度羅睺羅竟，云何與沙彌房舍卧具？佛言：自今已去，從大比丘下，次第與。時小沙彌等大小便吐污泥織繩牀、座卧具，諸比丘往白佛，佛言：自今已去，不得令沙彌坐卧此織繩牀上。若能愛護不污，聽坐卧。舍利弗白佛言：若衆僧得施物時，云何與沙彌分？佛告舍利弗：若衆僧和合，應等與。若不和合，當與半。若復不和合，當三分與一分。若不爾，衆僧不得分。若分，當如法治。舍利弗白佛言：小食大食，云何與沙彌？佛言：隨大僧次第與。」四分律删繁補闕行事鈔卷下之四：「從大比丘下，次第與沙彌房舍卧具。若不能愛護，不應與。若利養，隨次與之。」

沙彌行

毗尼母論云：沙彌應知慚愧，善住事師，法中不應懈怠放恣，當自慎身口，卑己敬人。常樂持戒，莫樂調戲。不應自恃才力，復莫輕躁。應知羞耻，不説無定亂言。惟庠序合理，知净不净，常逐二師，讀誦經法。一切衆中，若有所作，皆不得違〔一〕。○五百問經云：沙彌詐稱大道人，受比丘一拜，是名賊住〔二〕。○有沙彌七十二威儀經一卷，在傳字函，好善者請檢讀之〔三〕。

【校注】

〔一〕毗尼母經卷六：「沙彌法應知慚愧，應善住奉事師，法中不應懈怠放恣，應當自慎身口，卑己敬人。應常樂持戒，莫樂調戲。亦不應自恃才力，復莫輕躁。應知慚耻。復不應説無定亂言，敢有言説，應庠序合理。常應自知净不净法，常應隨逐和尚阿闍梨讀誦經法。一切僧中有所作，皆不得違逆。」

〔二〕佛説目連問戒律中五百輕重事經卷上：「問：沙彌曾許稱爲大道人，受大比丘禮，後得受大戒不？答：不得。」四分律删繁補闕行事鈔卷上之三：「五百問云：沙彌許稱大道人，受比丘一禮拜，是名賊住難。」

〔三〕沙彌七十二威儀經：當是從佛教戒律中摘録的沙彌應該遵守的各項規定。沙彌十戒法並威儀（一卷）云：「沙彌七十二威儀，總有十四事。」大正藏有佛説沙彌十戒儀則經（計七十二頌）、敦煌遺書伯二三二八〇、伯二八七四等寫卷，亦抄録有「沙彌七十二威儀」。

法　衣

衣　釋名曰：服上曰衣。衣，依也，所依以芘寒暑也〔一〕。左傳曰：衣，身之章也〔二〕。白虎通曰：衣者隱也，所以隱形也〔三〕。文子曰：衣足以蓋形，以禦風寒也〔四〕。西天出家者衣，律有制度，應法而作，故曰法衣。西天一切帛未剪者，皆呼爲衣。

【校注】

〔一〕釋名卷五釋衣服：「凡服上曰衣。衣，依也，人所依以芘寒暑也。」按：芘，大正藏本作

「庇」，世界書局本作「蔽」，同。

〔二〕出左傳閔公二年。

〔三〕出白虎通卷九衣裳：「衣者，隱也。裳者，彰也。所以隱形自障閉也。」

〔四〕文子卷三九守守平：「衣足以蓋形禦寒，適情辭餘，不貪得，不多積。」

二衣　謂聽、制二衣也。○瑜伽論問：云何開聽？謂佛於毗奈耶中，開許一切能無染污，現所受用，資生因緣。云何制止？謂佛於毗奈耶中，制止一切自性罪法，違無罪法故〔一〕。向下聽制篇義同此也。謂律中佛有聽衣、制衣，故云二衣也。

【校注】

〔一〕出瑜伽師地論卷六八。

三衣　蓋法衣有三也：一、僧伽梨，即大衣也。二、鬱多羅僧，即七條也。三、安陀會。即五條也。此是三衣也，若呼七條、偏衫、裙〔一〕爲三衣者，誤之也。慧上菩薩經云：五條名中著衣，七條名上衣，大衣名衆集時衣〔二〕。○四分律云：應作安陀會，儭體衣；鬱多羅僧，僧伽梨，入聚落著〔三〕。○增輝記云：三衣之名，無正翻譯，皆從人强名之也。謂見安陀會有五幅，便喚作五條。見鬱多羅僧有七幅，便呼爲七條。見大衣條數多，故名雜碎衣也。夫大衣者，三衣中主，最爲殊勝故；若從用名，入王宫時、入聚落時衣也。七條名中價衣，謂不貴大衣，不賤五條故；若從用名，入衆衣也。五條名下衣，謂在七條下故；若從用名，園中行道雜作衣也。園即寺院。○雜阿含經云：修四無量者，並剃除鬚髮，服三法衣〔四〕。○僧祇律云：三衣者，賢聖沙門之標幟也〔五〕。○四分律云：三世如來，並著如是衣〔六〕。○智度論云：佛弟子住於中道，故著三衣〔七〕。○薩婆多論云：欲現未曾有法故，九十六種外道，無此三名，爲異外道故，著三衣〔八〕。○華嚴經云：爲捨離三毒故〔九〕。○戒壇經云：五條斷貪，身業也；七條斷嗔，口業也；大衣斷癡，心業也〔一〇〕。○增輝記問云：何不增四減〔一一〕二，惟三也？答：三，奇數，屬陽，陽能生萬物。今制三衣，表生萬善，取益物之義也。

【校注】

〔一〕裙：備要本作「裾」，世界書局本作「褐」。

〔二〕西晉竺法護譯慧上菩薩問大善權經卷下：「初夜欲竟，佛告阿難：取中衣來，吾體少冷。阿難受教，即取奉進。上夜已竟，入於中夜，復命阿難：取上衣來，吾寒欲著。即復進之。中夜已竟，入於後夜，復命阿難：取衆集衣來，吾欲著之。即復重進，佛便服著，告諸比丘：吾聽出家學者，一時著三法衣，假使寒者，亦可複之。所以者何？後世邊地寒涼國城，不堪單薄，隨其土地，應著複重，佛無寒、無熱、無飢、無渴。所以者何？爲處寒土，不著複重，或致疾病，或能悔退，不能究竟求道之意。」

〔三〕出四分律卷四〇，引文見注六。又四分律删繁補闕行事鈔卷下一：「四分云：聽以刀截，成沙門衣，不爲怨賊所劫。應作安陀會，儭體著。鬱多羅僧、僧伽梨，入聚落著。而此三名，諸部無正翻，今以義譯。慧上菩薩經五條名中著衣，七條名上衣，大衣名衆集時衣。義翻多種：大衣云雜碎衣，以條數多故；若從用，名入王宮聚落衣。七條者名中價衣；從用，入衆衣。五條者名下衣；從用，院内道行雜作衣。」

〔四〕佛説長阿含經卷一五：「剃除鬚髮，服三法衣，出家爲道，修四無量心。」　四無量：即「四無量心」，是佛菩薩爲利益一切衆生而起的大慈、大悲、大喜、大捨四種心。

〔五〕摩訶僧祇律卷三八：「沙門衣者，賢聖幖幟。」

〔六〕四分律卷四〇：「過去諸如來無所著，佛弟子著如是衣，如我今日。未來世諸如來無所著，佛弟子著如是衣，如我今日，刀截成沙門衣，不爲怨賊所剥。從今日已去，聽諸比丘作割截安陀會、鬱多羅僧、僧伽梨。時諸比丘，作割截安陀會，襯體著，葉邊速破，塵垢入葉内。自今已去，聽作不割截安陀會。諸比丘著割截鬱多羅僧、僧伽梨，葉邊速破，塵垢入内露濕。佛言：自今已去，聽著割截鬱多羅僧、僧伽梨，聽葉作鳥足縫，若編葉邊，若作馬齒縫。諸比丘不知當作幾條衣，佛言：應五條，不應六條。應七條，不應八條。應九條，不應十條。乃至十九條，不應二十條。若過是條數，不應畜。」

〔七〕大智度論卷六八：「白衣求樂故，多畜種種衣；或有外道苦行故，裸形無耻。是故佛弟子捨二邊處中道行。」

〔八〕薩婆多毗尼毗婆沙卷四：「僧伽梨、鬱多羅僧、安陀會，所以作此三名差别者，欲現未曾有法故。一切九十六種，盡無此三名，以異外道故，作此差别。」

〔九〕佛陀跋陀羅譯大方廣佛華嚴經卷六净行品：「受著袈裟，當願衆生，捨離三毒，心得歡喜。」

〔一〇〕唐釋道宣撰關中創立戒壇圖經：「三衣斷三毒也。五條下衣，斷貪身也。七條中衣，斷瞋口也。大衣上衣，斷癡心也。」

〔一一〕減：大正藏本誤爲「咸」。

統名 袈裟者，蓋從色彰稱也。梵音具云迦羅沙曳，此云不正色。○四分律云：一切上色衣不得畜，當壞作迦沙色〔一〕。今略梵語也，又名壞色。○業疏云：本作「迦沙」，至梁葛洪撰字苑，下方添「衣」，言道服也〔二〕。

【校注】

〔一〕四分律卷四〇：「時六群比丘畜上色染衣，佛言：不應畜。時六群比丘畜上色錦衣，佛言：不應畜錦衣白衣，法不應畜，應染作袈裟色畜。」

〔二〕按：業疏，即四分律删補隨機羯磨疏，八卷，唐道宣撰，今檢此書，未見有此説。慧琳撰一切經音義卷五九四分律第一卷：「袈裟，舉佉反，下所加反。韻集音加沙，字本從毛，作毠、毟二形，葛洪後作字苑，始改從衣。案：外國通稱袈裟，此云不正色也。諸木中若皮、若葉、若花等不成五味，雜以爲食者，則名迦沙。此物染衣，其色濁赤，故梵本五濁之濁，亦名迦沙，天竺比丘多用此色。或言緇衣者，當是初譯之時，見其色濁，因以名也。又案：如幻三昧經云：晉言無垢穢，又義云離塵服，或云消瘦衣，或稱蓮華服，或言間色衣，皆隨義立名耳。真諦三藏云：袈裟，此云赤血色衣，言外國雖有五部不同，並皆赤色，言青黑木蘭者，但點之異耳。」黄庭堅山谷别集卷六論俗呼字：「袈裟，天竺道人衣也。梵語本云迦羅沙曳，此云不正色。佛律云：道人不得著一切上色衣，當染作迦沙色。此譯師書律時，略梵語也。至梁葛洪撰字苑下皆著，言道服也。」錦繡萬花谷前集卷二九引釋氏要覽曰：「袈裟、無垢衣、忍辱鎧，梵音迦羅沙曳，云不正色，令略梵語也。本作迦沙，至梁葛洪撰字苑，字方添衣。一名袈裟，又名無垢衣，又名忍辱鎧，又名銷瘦衣，又名離塵服。」葛洪字苑，一卷，新、舊唐志均有著録，今有任大椿小學鉤沈輯本。

別名 大集經云：袈裟名離染服〔一〕。○賢愚經云出世服〔二〕。○如幻三昧經云無垢衣〔三〕；又名忍辱鎧；又名蓮華衣，謂不爲欲泥染故。又名幢相，謂不爲邪所傾故。又名田相衣〔四〕，謂不爲見者生惡故。又名消瘦衣，謂著此衣，煩惱消瘦故。又名離塵服、去穢衣，又名振越〔五〕。

【校注】

〔一〕按：大集經即大方等大集經，未見有此說。

〔二〕元魏慧覺等譯賢愚經卷一三：「其義唯剃頭著染衣，當於生死疾得解脱。」

〔三〕西晉竺法護譯佛説如幻三昧經卷下：「其袈裟者，晉言無穢垢。」

〔四〕唐般若譯大乘本生心地觀經卷五無垢性品：「四者袈裟即是人天寶幢之相，尊重敬禮得生梵天。……九者袈裟猶如良田，能善增長菩薩道故。十者袈裟猶如甲胄，煩惱毒箭不能害故。」

〔五〕振越：明刻本作「振越衣」，備要本作「振起」。

附録：

宋元照佛制比丘六物圖：「初通名者，總括經律：或名袈裟，從染色爲名。或名道服，或名出世服，或名法衣，或名離塵服，或名消瘦服，損煩惱故。或名蓮華服，離染著故。或名間色服，三色成故。或名慈悲衣，或名福田衣，或名卧具，亦云敷具。皆謂相同被褥。次別名者：一、梵云僧伽梨，此云雜碎衣，條相多故。從用則名入王宫聚落衣。乞食説法時時著。二、鬱多羅僧，名中價衣，謂財直當二衣之間。從用名入衆衣。禮誦齋講時著。三、安陀會，名下衣，最居下故，或下著故。從用名院内道行雜作衣。入聚隨衆則不得著。若從相者，即五條、七條、九條乃至二十五條等。」

大衣有三品九種

薩婆多論云：僧伽梨有三品，自九條、十一條、十三條，名下品衣，皆兩長一短作；十五條、十七條、十九條，名中品衣，皆三長一短作；二十一條、二十三條、二十五條，名上品衣，皆四長一短作〔一〕。◯增輝記問：七條何品攝？答：下品攝，以兩長一短作故。律中三衣，各有廣長肘量，既佛言〔二〕度身而衣，更不録也。

【校注】

〔一〕義净譯根本薩婆多部律攝卷五：「其僧伽胝條數，九種不同，謂九條、十一條、十三條、十五條、十七條、十九條、二十一條、二十三條、二十五條。壇隔者初三兩長一短，次三三長一短，後三四長一短。過此已上，便成破納，不堪持故。總有三品僧伽胝衣，謂上中下。上者自肘量，竪三横五，下者各減半肘，二内名中。」

〔二〕言：備要本誤爲「誕」。「佛言度身而衣」者，如四分律卷五三：「量腹而食，度身而衣，取足而已。」

五部衣色

舍利弗問經云：摩訶僧祇部，勤學衆經，宣講真義，以處本居中，應著黄色衣。曇無德部，通達理味，開導利益，表發殊勝，應著赤色衣。薩婆多部，博通敏達，以導法化，應著皂色衣。迦葉彌部，精勤勇猛，攝護衆生，應著木蘭衣。彌沙塞部，禪思入微，究暢幽密，應著青色衣〔一〕。謹按四分律云：上色衣不得畜，當壞作迦沙色。今曇無德部，即四分所宗，自著赤衣，是南方正色，與諸部皆競違佛制。今試論之，以累見天竺來僧衣色證知，皆似色也。應是譯人以壞色難名，故託指青、黄、赤、皂等。

【校注】

〔一〕舍利弗問經：「摩訶僧祇部，勤學衆經，宣講真義，以處本居中，應著黄衣。曇無屈多迦部，通達理味，開導利益，表發殊勝，應著赤衣。薩婆多部，博通敏達，以導法化，應著皂衣。迦葉維部，精勤勇猛，攝護衆生，應著木蘭衣。彌沙塞部，禪思入微，究暢幽密，應著青衣。」

問五部衣得取次著否

答：舍利弗問經云：有比丘羅旬，以薄福故，乞食不得。後以五部衣，更互著之，便得大飲食。故佛言：我法出家，純服弊帛，因羅旬故，聽受種種衣〔一〕。

【校注】

〔一〕舍利弗問經：「是故羅旬喻比丘分衛，不能得食，後以五種律衣更互而著，便大得食。何以故？是其前世執性多慳，見沙門來，急閉門户，云大人不在，見他布施，歡喜攝念，發心願作沙門。是故今身雖得出家，窮弊如此。我法出家，純服弊帛及死人衣，因羅旬踰故，受種種衣也。」

紫衣　此非五部衣色，乃是國朝賜沙門，故今尚之。僧史略云：按唐書，則天朝有僧法朗等九人，重譯大雲經畢，並賜紫袈裟、銀龜袋，此賜衣之始也〔一〕。自後諸代皆行此賜。至大宋太平興國初，許四海僧入殿庭，乞比試三學，下開封府，差僧證經律論義，十條全通，乃賜紫衣，號爲手表僧，以其面手進表也。尋因功德使奏，今天下一家，不須手表求選，敕依。自此每遇皇帝誕節，親王、宰輔、節度，下至正刺史，得上表薦所知僧道紫衣，惟兩街僧録所薦得入内。是日授門下牒，給紫衣四事，謂之簾前紫，此最榮觀也〔二〕。然此衣以國恩故，得著極不容易，皆形相分滿，方受得〔三〕。按東觀奏記云：大中年，大安國寺僧修會能詩應制，才思清拔。一日問〔四〕帝乞紫衣，帝曰：不於汝慳〔五〕，但觀汝相有闕，未賜也。及賜著歸寺，忽暴病而卒〔六〕。近代亦屢有此人焉。

【校注】

〔一〕贊寧撰大宋僧史略卷下賜僧紫衣：「案唐書，則天朝有僧法朗等，重譯大雲經，陳符命，言則天是彌勒下生，爲閻浮提主。唐氏合微，故由之革薛稱周。新大雲經曰：終後生彌勒宫，不言則天是彌勒。法朗、薛懷義九人並封縣公，賜物有差，皆賜紫袈裟、銀龜袋。其大雲經頒於天下，寺各藏一本，令高座講説。賜紫自此始也。」按：「法朗」舊唐書作「法明」。舊唐書卷一八三外戚傳薛懷義傳云：「懷義與法明等造大雲經，陳符命，言則天是彌勒下生，作閻浮提主，唐氏合微。故則天革命稱周，懷義與法明等九人並封縣公，賜物有差，皆賜紫袈裟、銀龜袋。」

〔二〕贊寧撰大宋僧史略卷下賜師號：「今大宋止行師號、紫衣，而大德號許僧録司簡署。先是開寶至太平興國四年以前，許四海僧入殿庭，乞比試三學，下開封府功德使差僧證經律論義，十條全通，賜紫衣，號爲手表僧，以其面手進表也。尋因功德使奏：天下一家，不須手表求選。敕依。自此每遇皇帝誕節，親王、宰輔、節度使至刺史，得上表薦所知僧道紫衣、師號，唯兩街僧録、道録所薦得入内。是日授門下牒，謂之簾前師號。給紫衣四事，號簾前紫衣。此最爲榮觀也。其外王侯薦者，間日方出節制簾問牧守，轉降而賜也。」

〔三〕「滿方受得」四字，諸本無，據歷朝釋氏資鑑卷一賜紫師號補。

〔四〕問：底本作「聞」，據世界書局本校改。

〔五〕悋：大正藏本誤爲「㥪」。

〔六〕按：這裏所謂修會者，當即從晦也。東觀奏記卷下曰：「僧從晦住安國寺，道行高潔，兼工詩，以文章應制。上每擇劇韵令賦，亦多稱旨。晦積年供奉，望紫方袍之賜，以耀法門。上兩召至殿上，謂之曰：朕不惜一對紫袈裟與師，但師頭耳稍薄，恐不勝耳。竟不之賜。晦悒悒而終。」

染色　律有三種壞色，謂青、黑、木蘭〔一〕。鈔云：青謂銅青，黑謂雜泥，即溝瀆中泥。木蘭即樹皮〔二〕。此説壞新衣之色也。今云染色，亦無出此三也。今詳禪僧多著墨黲衣，若深色者，可是律中皂黑衣攝，緣用墨靛，與雜泥不遠故。若淡而青白者，可是律中青衣攝，以用銅青板緑雜墨染故。

【校注】

〔一〕四分律卷五八：「復有三壞色，青、黑、木蘭。」

〔二〕四分律删繁補闕行事鈔卷下一：「青謂銅青，黑謂雜泥等，木蘭者謂諸果汁等。」

物體　準律有十種，不越布、絹、紬三也，須是厚熟緻密〔一〕者。○五百問經云：三衣得用生絹作否？答：一切生物，但不現身者得〔二〕。律中遮，此經開〔三〕。

【校注】

〔一〕底本「緻密」下有「也」字，據備要本、明刻本删。

〔二〕佛説目連問戒律中五百輕重事次問三衣事品：「問：三衣得用生絹作不？答：一切絹衣，不見身者得著。」

〔三〕遮：制止，即遮戒；開：解除，即開戒。明性祇述佛説目連問戒律中五百輕重事經略解卷下：「戒本云：三衣應以粗疏蘇苧爲其體。獸毛蚕口，害物傷慈，縱得已成，斬壞塗塈。此用生絹言得者，當知如來方便隨機，此經必在小乘教中不了義説，暫時而許，必非常法。戒本乃是通常統括大乘而言，故爲絶制權實隨時故爾。」

田相緣起

僧祇律云：佛住王舍城，帝釋石窟前經行，見稻田畦畔分明，語阿難言：過去諸佛，衣相如是，從今依此作衣相〔一〕。○增輝記云：田畦貯水，生長嘉苗，以養形命。法衣之田，潤以四利之水，增其三善之苗，以養法身慧命也。

【校注】

〔一〕摩訶僧祇律卷二八：「佛住王舍城，天帝釋石窟前經行，見摩竭提稻田畦畔分明，差互得所。見已，語諸比丘：過去諸佛如來應供正遍知衣法，正應如是。從今日後，作衣當用是法。」

作法

毗奈耶云：僧伽梨，得兩重作。義浄云：僧伽胝〔一〕，唐言重複衣〔二〕。若三重作者，得惡作罪〔三〕。自九條至二十五條，得用物夾作。○四分律云：大衣、七條，要割截作。若五條，得褔葉作〔四〕。○準律：大衣限〔五〕五日成，七條四日成，五條二日成。限日不成，尼犯墮，比丘犯突吉羅罪，非本工故。○僧祇律云：若作衣餘人助作，恐限日不成，應麤行針，急成竟，受持後更細刺〔六〕。○南山大師章服儀云：諸律成衣，隨其豐儉，先其本制，如僧伽梨。欲創裁者，二十五條，財少以次減之，乃至九條、七條。又不足，乃縵作。又云，今有情纏嗜好，自迷針縷，動必資人，但論刺作之纖媚，不計工價之高下，或有雇縫之直，倍於衣價。履歷荒孀，譏過斯負〔七〕。抄略不次。

【校注】

〔一〕胝：底本、備要本作「肱」，據明刻本改。

〔二〕複：底本等作「復」，據明刻本改。義浄譯根本説一切有部百一羯磨卷一○義浄注曰：「僧伽胝者，譯爲重複衣。嗢呾羅僧伽者，譯爲上衣。安呾婆裟者，譯爲内衣。」

〔三〕根本説一切有部毗奈耶卷一七一月衣學處第三：「若苾芻得新衣，欲作衣者，應浣染裁縫。兩重爲僧伽胝，兩重爲尼師但，一重爲嗢呾羅僧伽，一重爲安呾婆娑。若苾芻二重爲僧伽胝，時若欲更著第三重者，帖時得惡作罪，至十一日明相出時，便犯捨墮。」又義浄譯根本薩婆多部律攝卷五：「兩重應作嗢呾羅僧伽。及安呾婆娑，一重應作。若前二三重後二，兩重者亦聽。若以未分別物重帖之時，得惡作罪，至十一日，便犯捨墮。或作是念，更覓餘衣以充其複，遂便摘去第二重者，得惡作罪，至十一日便得捨墮。若作是念爲浣染已，還持此物重帖斯衣者，無犯。至十一日若不帖者，得捨墮罪。若得故衣造僧伽胝及尼師但那，應四重作七條，五條應兩重作。」

〔四〕四分律文，參「三衣」條注六。

〔五〕限：底本作「服」，據明刻本、江户刊本校改。

〔六〕摩訶僧祇律卷八：「作衣時，應餘人相助，浣、染、牽、截、緶、縿、卻、刺，刺横、刺長，刺緣、施紐、煮染，染衣作浄已，受持。若一日恐不竟者，麤行，隱令竟受持，後更細刺。」按：以上各説，據四分律删繁補闕行事鈔卷下一曰：「四分：大衣七條，要割截。五條得襵葉。僧祇：若作衣，餘人相助，一日恐不成，應麤行急竟受持，後更細刺。中含云：世尊親爲阿那律裁三衣，八百比丘，同時爲連合即成。四分：尼五日不成僧伽梨，得墮。比丘犯吉羅。」

〔七〕釋道宣述釋門章服儀縫製裁成篇：「諸律成衣，隨其豐儉，先其本制，後隨開給。如僧伽梨，欲創裁者，二十五條，四長一短，以爲基本。財少不足，以次減之，乃至九條。又少不足，乃至縵作。」又「今有不肖之夫，情纏嗜好，自迷針縷，動必資人。但論刺作之纖媚，不計價功之高下。或有雇縫之直，倍於衣財。履歷孀荒，譏過斯負。」

明孔　三衣葉上不刺合處，謂之明孔，有云若田畦入水之竇。按根本百一羯磨，浄三藏云：西國三衣，並皆刺合，唯東夏開而不縫。詳觀律檢，實無開法〔一〕。

【校注】

〔一〕根本説一切有部百一羯磨卷一〇義浄注曰：「西國三衣，並皆刺葉令合。唯獨東夏，開而不縫。詳觀律撿，實無開法。」

縵衣　梵音鉢吒〔一〕，唐言縵條，即是一幅氎，量以三衣等，但無田相者是。西國氎幅尺〔二〕闊故。自佛法至漢，涉一百八十七年，凡出家者，未識割截法，只著此衣。

【校注】

〔一〕根本説一切有部毗奈耶卷二三勸織師學處義浄注曰：「言鉢吒者，謂是大疊，與袈裟量同，總爲一幅，此方既無，但言衣疊。前云衣者，梵本皆曰鉢吒也，此云縵條。」

〔二〕尺：大正藏本誤爲「只」。

貼相　此法自縵條起也。十誦律云：比丘居山野，許著縵條衣，不許著入聚落，應於衣上貼作田相〔一〕。又云：比丘貧，少衣，不能割截，應於衣上安貼，若五、七、九條，若過十五條等〔二〕。

【校注】

〔一〕見十誦律卷二七。原文較長，現簡略述之：阿難侍佛到南山國土，「是時近山有好稻田，畦畔齊整，佛告阿難：汝見彼稻田畦畔齊整不？答言：見。佛告阿難：此深摩根衣能法此田作衣不？阿難言能。即以衣與阿難，阿難受已小卻，即割截簪縫中脊，衣葉兩向收襞展張，還奉佛。佛讚：善哉善哉，此衣割截，如是作應法。佛從南山國土持衣鉢向王舍城，到已，以是因緣集僧。集僧已，告諸比丘：從今日聽著割截衣。不著割截衣，不得入聚落。若入，得突吉羅罪。……有一比丘有糞掃衣，比丘聞佛結戒：不應著不割截衣入聚落。思惟：我有糞掃衣破裂，我當補帖，作鉤葉欄施緣。即持針縷，近祇林門間補帖糞掃衣，用當割截衣。佛將侍者阿難食後經行，至彼處見之。佛知故問：汝欲作何等？答言：世尊與我等結戒，不應著不割截衣入聚落。我有糞掃衣破裂，欲補帖施緣，當割截衣。佛言：比丘善哉！糞掃衣補帖，應用當割截衣。」

〔二〕十誦律卷四一：「若比丘貧，少衣，不能得割截衣，衣上安褋，若五、若七、若九、若十一、若十三、若十五、若過十五。」

納衣　又名五納衣，謂衣有五種故。十誦律云：一、有施主衣，二、無施主衣，三、往還衣，西天人亡，眷〔一〕屬以衣贈送。至林，卻取施僧。四、死人衣，五、糞掃衣，此自有五種：一、道路棄衣，脱死人衣〔二〕。二、糞掃處衣，三、河邊棄衣，四、蟻穿破衣，五、破碎衣，又有五種：一、火燒衣，二、水漬衣，三、鼠咬衣，四、牛〔三〕嚼衣，五、嬭母棄衣〔四〕。已上衣，天竺人諱忌故，棄之，以不任用，義同糞掃，故共納成衣，名糞掃衣也。律云：一切上色，不得直用，並須染作迦沙色〔五〕。今言毳者，即是細毛爲衣也〔六〕。○智度論云：佛意欲令弟子隨順道行，捨世樂故，讚十二頭陀，如初度五比丘白佛：當著何等衣？佛言：應著納衣〔七〕。○十誦云：若納衣不貼田相，不許〔八〕披入聚落。○此衣有十利：一、在麤衣數，二、少所求索，三、隨意可坐，四、隨意可卧，五、浣濯易，六、少蟲壞，七、染易，八、難壞，九、更不餘衣，十、不失求道〔九〕。又云：體是賤物，離自貪故。不爲盜所貪，常得資身故。少欲者須濟形苦，故上士著之〔一〇〕。

【校注】

〔一〕眷：底本作「衣」，從明刻本、江户刊本校改。

〔二〕死人衣：底本及餘三卷本皆作「厄衣也」，從明刻本校改。

〔三〕牛：底本誤爲「午」，據明刻本、江户刊本、世界書局本改。

〔四〕義浄譯根本説一切有部毗奈耶卷一七一月衣學處第三：「有五種衣：一、有施主衣，二、無施主衣，三、往還衣，四、死人衣，五、糞掃衣。云何有施主衣？謂有女男半擇迦爲其施主。云何無施主衣？謂無女男半擇迦爲其施主。云何往還衣？如有死人眷屬哀念，以衣贈送置於屍上。送至燒處，既焚葬已，還持此衣奉施僧衆。云何死人衣？於屍林中死者餘衣無主攝受。云何糞掃衣？此有五種：云何爲五？一、道路棄衣，二、糞掃處衣，三、河邊棄衣，四、蟻所穿衣，五、破碎衣，復有五種：一、火燒衣，二、水所漬衣，三、鼠嚙衣，四、牛嚼衣，五、嬭母棄衣。」

〔五〕摩訶僧祇律卷二八：「一切上色不聽，應用根染、葉染、華染、樹皮染，下至巨磨汁染。」

〔六〕瑜伽師地論略纂卷八：「論云毳衣者，即細毛曰毳，無問鳥獸之細毛，皆云毳。恐三衣以無價疊等爲，故以毳毛爲之也。」

〔七〕大智度論卷六八：「佛意欲令弟子隨道行，捨世樂故，讚十二頭陀。是佛意常以頭陀爲本有因緣，不得已而聽餘事。如轉法輪時，五比丘初得道，白佛言：我等著何等衣？佛言：應著納衣。」

〔八〕許：底本、永田文昌堂本、世界書局本、大正藏本誤爲「詐」。

〔九〕鳩摩羅什譯十住毗婆沙論卷一六：「受毳衣亦有十利：一、在麤衣數，二、少所求索，三、隨意可坐，四、隨意可卧，五、浣濯則易，六、染時亦易，七、少有虫壞，八、難壞，九、更不受餘衣，十、不廢求道。」

〔一〇〕四分律删繁補闕行事鈔卷下一：「一、體是賤物，離自貪著。二、不爲王賊所貪，常得資身長道。又少欲省事，須濟形苦，故上士著之。」

著衣功過　佛告阿難：衣有二種：謂可親、不可親。若著好衣，益其道心，此可親；若損道心，此不可親。是故或從好衣得道，或從弊衣得道，所悟在心，不拘形服〔一〕。○智度論云：佛言：從今日若有比丘一心求涅槃，背捨世間者，我聽著價直十萬兩金衣，食百味食〔二〕。

【校注】

〔一〕出分别功德論卷五：「佛語阿難：夫衣有二種：有可親近，有不可親近。何者可親近？著好衣時益道心，此可親近。著好衣時損道心者，此不可親近也。是故阿難，或從好衣得道，或從五納弊惡而得道者，所寤在心，不拘形服也。」

〔二〕大智度論卷二六：「佛因是告諸比丘：從今日若有比丘一心求涅槃，背捨世間者，若欲著，聽著價直十萬兩金衣，亦聽食百味食。」

袈裟五種功德

悲華經云：佛於寶藏佛〔一〕前發願成佛時，袈裟有五種功德：一、入我法中，犯重、邪見等，於一念中，敬心尊重，必於三乘受記；二、天龍人鬼，若能敬此袈裟少分，即得三乘不退；三〔二〕、若有鬼神諸人，得袈裟乃至四寸，飲食充足；四、若衆生共相違背，念袈裟力，尋生悲心；五、若持此少分，恭敬尊重，常得勝他〔三〕。

【校注】

〔一〕寶藏佛：如來於過去世累積修行的前身寶海梵志所供奉的佛。參悲華經卷八。

〔二〕三：底本及餘三卷本皆無，據明刻本補（明刻本「三」寫在旁，亦爲後補）。

〔三〕北涼曇無讖譯悲華經卷八：「世尊，我成佛已，若有衆生入我法中出家著袈裟者，或犯重戒，或行邪見，若於三寶輕毀不信，集諸重罪，比丘、比丘尼、優婆塞、優婆夷，若於一念中生恭敬心，尊重世尊，或於法僧。世尊，如是衆生，乃至一人不於三乘得授記莂而退轉者，則爲欺誑十方世界無量無邊阿僧祇等現在諸佛，必定不成阿耨多羅三藐三菩提；世尊，我成佛已，諸天龍、鬼神、人及非人，若能於此著袈裟者，恭敬、供養、尊重、讚歎，其人若得見此袈裟少分，即得不退於三乘中；若有衆生爲饑渴所逼，若貧窮鬼神、下賤諸人，乃至餓鬼衆生，若得袈裟少分乃至四寸，其人即得飲食充足，隨其所願，疾得成就；若有衆生共相違反，起怨賊想，展轉鬭諍，若諸天龍、鬼神、乾闥婆、阿修羅、迦樓羅、緊那羅、摩睺羅伽、拘辦、茶毗、舍遮、人及非人，共鬭諍時，念此袈裟，尋生悲心、柔軟之心、無怨賊心、寂滅之心、調伏善心；有人若在兵甲鬭訟斷事之中，持此袈裟少分至此輩中，爲自護故，供養，恭敬，尊重，是諸人等，無能侵毀、觸嬈、輕弄，常得勝他，過此諸難。世尊，若我袈裟不能成就如是五事聖功德者，則爲欺誑十方世界無量無邊阿僧祇等現在諸佛，未來不應成阿耨多羅三藐三菩提作佛事也。」四分律删繁補闕行事鈔卷下一：「悲華經云：如來於寶藏佛所發願，成佛時我袈裟有五功德：一、入我法中，或犯重、邪見等四衆，於一念中敬心尊重，必於三乘受記；二者天龍人鬼，若能恭敬此人袈裟少分，即得三乘不退；三者若有鬼神、諸人得袈裟乃至四寸，飲食充足；四者若衆生共相違反，念袈裟力，尋生悲心；五者若在兵陣，持此少分，恭敬尊重，常得勝他。」

八法信重　經云：袈裟，聖人表式，隨順寂滅行慈悲心，離欲者之所應服。是故出家者，身披袈裟，若未得沙門果者，應以八法敬重。何等八法？應起塔想、世尊想〔一〕、寂滅想、慈悲想、如佛想、慚想〔二〕、愧想、令我來世離貪恚癡具沙門想〔三〕。

【校注】

〔一〕世尊想：諸本無，據大寶積經補。參注三引文。

〔二〕想：諸本無，據大寶積經補。參注三引文。

〔三〕北涼釋道龔譯大寶積經卷一一三：「迦葉，沙門身服袈裟，心應遠離貪恚癡行。何以故？心無貪恚癡行，我乃聽著袈裟。迦葉，若心有貪恚癡法而身著袈裟，除專心持戒，餘不持戒人，則爲燒滅袈裟。何以故？聖人表式，隨順寂滅行慈悲心，離欲滅者之所應服。……迦葉，是故出家比丘身服袈裟時，若未得沙門果者，應以八法敬重袈裟。何等八？於身袈裟，應起塔想、世尊想、寂滅想、慈想、敬如佛想、慚想、愧想、令我來世離貪恚癡具沙門法想，迦葉，是名八法敬重袈裟。」

受持衣法　毗奈耶云僧伽梨〔一〕大衣。是衣中王〔二〕，是故不得隨處著用。若入聚落時、乞食時、隨噉食時、入衆時、禮制底時、聽法時、禮拜二師及禮同梵行者時，皆可披大衣。若嗢多羅僧，七條。應於淨處著，及諸作業。業謂習誦等事。若安呾婆娑，五條。任於何處隨意著用，無犯〔三〕。○五百問云：若無中衣，七條。得著大衣上講禮拜，五條亦得著入衆食禮拜等〔四〕。○十誦律云：著大衣，不得擔石土木草及掃地，敷坐卧具，不得脚踏，不得曳地。若去村遠，即疊於肩上。近村有池汪，即洗手足。無水，以草木〔五〕葉拭塵土，然後著衣〔六〕。

【校注】

〔一〕梨：底本、備要本、世界書局本誤爲「肱」，據明刻本改。

〔二〕王：諸本作「主」，據根本説一切有部毗奈耶雜事改。參下注。

〔三〕義浄譯根本説一切有部毗奈耶雜事卷三四：「『僧伽胝者，是衣中王，是故不應隨處著用，作諸事業。』『如世尊説，僧伽胝衣不應隨處著用者，苾芻不知何處應著。』佛言：『入聚落時，行乞食時，隨噉食時、入衆食時、禮制底時、聽佛法時、晝夜聽法時、禮拜二師及同梵行者時，如是等處，可披大衣。嗢多羅僧伽，應於浄處披著，及食等事。其安怛婆娑，任於何處隨意著用，悉皆無犯。』」

〔四〕佛説目連問戒律中五百輕重事：「問：大衣得著上講，亦得禮拜不？答：無中衣，得。」又：「問：小衣得著燒香上講不？答：無中衣，得。若不近身浄潔亦得。」

〔五〕木：底本作「水」，據明刻本、備要本、世界書局本改。

〔六〕四分律删繁補闕行事鈔卷下一：「著大衣者，不得擔木石土草、掃地、敷卧具坐具等，不得脚躡、敷坐卧上、僻身著。若入聚落，不得曳衣。去村遠，摺著肩上。近村有池汪，水洗手脚已；若無者，取草木拭塵土。然後著衣，紐而入。」

背著袈裟　即是以表爲裏、易前歸後也，北僧多如此。○五分律云：佛言：若出村入村，若草木勾衣破，風土污坌入葉中，葉即衣相。恐日曝壞衣色，聽爲護衣故，聚落外翻著袈裟。若衣易壞，聽顛倒著衣，上下安鈎紐〔一〕。

【校注】

〔一〕五分律卷二〇：「有諸比丘，未入村及出村，草木鉤衣破裂，塵土入葉中，欲反著，不敢。以是白佛，佛言：爲護衣故，未入村及出村，聽反著。」又卷二六：「諸比丘一向著衣下易壞。佛言：聽顛倒著衣，上下皆安鉤紐及帶。」

鈎紐　僧祇云紐緤〔一〕。集要云：前面爲鈎，背上名紐。先無此物，因佛制尼師壇，安左臂衣下，則肩上無鎮，衣不整齊，乞食時被風吹落，佛遂許安鈎紐〔二〕。佛制：一切金銀寶物，不得安鈎紐上，惟許牙骨香木之屬〔三〕。

【校注】

〔一〕緤：大正藏本作「紲」，摩訶僧祇律作「褋」。摩訶僧祇律卷九：「若衣是羊毛，紐褋是憍舍耶。」又卷一八：「及一切衣，乃至新紐褋，亦作浄。」

〔二〕五分律卷二九：「有諸比丘尼著輕衣入聚落，風吹露形。佛言：聽上下安鉤紐帶繫之。」

〔三〕摩訶僧祇律卷三一：「佛言：從今日後，應安紐帖。爾時諸比丘便用金銀作紐帖結。佛言：一切金銀寶物，不聽作紐帖結，應用銅、鐵、白鑞、若木、竹具、線安紐作結。」

披袒 袒即肉袒。舍利弗問經云：於何時披袒？披即通覆兩肩，袒即偏露右臂。佛言：隨供養〔一〕時應偏袒，以便作事故。作福田時應覆兩肩，現福田相故〔二〕。記云：隨供養者，如見〔三〕佛、禮佛、問訊〔四〕二〔五〕師、入衆等時也。作福田者，謂請〔六〕齋、坐禪、誦經、入聚落、樹下坐時，使人見田相端嚴故。若對佛通披者，五百生墮鐵甲地獄〔七〕。

【校注】

〔一〕養：備要本、大正藏本、世界書局本作「食」。

〔二〕舍利弗問經：「舍利弗言：云何於訓戒中，令弟子偏袒右肩。又爲迦葉村人説城喻經云：我諸弟子當正被袈裟，俱覆兩肩，勿露肌肉，使上下齊平，現福田相，行步庠序。又言：勿現胸臆。於此二言，云何奉持？佛言：修供養時，應須偏袒，以便作事。作福田時，應覆兩肩，現田文相。」

〔三〕見：世界書局本作「目」。

〔四〕訊：底本、永田文昌堂本、擁萬閣本、出雲寺本、大正藏本、世界書局本作「許」，備要本作「評」，據明刻本、江户刊本改。

〔五〕二：底本作「三」，據明刻本、江户刊本改。

〔六〕請：底本及餘三卷本皆作「計」，據明刻本改。

〔七〕四分律删繁補闕行事鈔卷下一：「舍利弗問經初聽偏袒者，謂執事恭敬故。後聽通肩披衣，示福田相故。律中至佛前、上座前方偏袒也；經中通肩披衣，五百世中入鐵甲地獄。」

作益

僧祇云：僧尼有戒德者，若俗人求破袈裟段欲禳災者，聽與小片〔一〕。

【校注】

〔一〕摩訶僧祇律卷三八：「若比丘尼有戒德，婦女小兒欲乞破衣段以禳災者，不得自手與，應遣淨人女與。若比丘自手與俗人、外道沙門衣者，越毗尼罪。若有戒德比丘，人索破袈裟段欲以禳災者，應使淨人與，不得與大段，當與小者。」

偏衫

古僧依律制，只有僧祇支。此名覆膊，亦名掩腋衣。此長覆左膊及掩右掖，蓋儭三衣故，即天竺之儀也。竺道祖〔一〕魏録云：魏宫人見僧袒一肘，不以爲善，乃作偏袒，縫於僧祇支上，相從因名偏衫〔二〕。今開脊接領者，蓋遺魏制也。

【校注】

〔一〕竺道祖，慧遠弟子，著述有漢録一卷、魏世衆經目（魏録）一卷、吴世衆經録目（吴録）一卷、晉世雜録一卷、河西録目（涼録）一卷等，均佚。高僧傳卷六云：「釋道祖，吴國人也。……道流撰諸經目未就，祖爲成之，今行於世。」

〔二〕贊寧大宋僧史略卷上服章法式：「又後魏宫人見僧自恣，偏袒右肩，乃一施肩衣，號曰偏衫。全其兩扇衿袖，失祇支之體，自魏始也。」

裙　此方之名，周文王制也〔一〕。○西域記云：泥縛些那，唐言裙〔二〕。些字，桑箇切。○根本百一羯磨云：梵語泥伐散那，唐言裙〔三〕。○諸律舊譯，或云涅槃僧，或云泥洹〔四〕僧，或譯爲内衣，或云圌衣。圌音船，即貯米圓器，似囤〔五〕而無蓋。○蓋取圓義。

【校注】

〔一〕説文：「裙，下裳也。」馬縞撰中華古今注卷中：「古之前制，衣裳相連。至周文王，令女人服裙。」

〔二〕大唐西域記卷二印度總述：「泥縛些那，唐言裙，舊曰涅槃僧，訛也。」

〔三〕義浄譯根本説一切有部百一羯磨卷一〇「泥伐散娜」，義浄注曰：「裙也。」

〔四〕「僧或云泥」，底本爲小字注，據明刻本、大正藏本等改。

〔五〕囤：底本及餘三卷本皆作「圖」，據明刻本改。

坐具　梵云尼師壇，此云隨坐衣。〇根本毗奈耶云尼師但那，唐言坐具。浄法師註云：文言坐具，此乃敷具，坐卧皆得。佛制者，本爲儭替卧具，恐有所損，不擬餘用也〔一〕。〇五分律云：爲護身、護衣、護僧牀褥故，蓄坐具〔二〕。〇僧祇云：若在道行，得長疊中疊，安衣囊中，至本處，當敷而坐。律應量作，長佛二搩手，廣一搩手半〔三〕。佛一搩手，長二尺四寸。此合長四尺八寸，廣三尺六寸。〇律云更增者，即向四邊各益，如今坐具四緣有貼，即象也，不許單作。若新物作，當用故物貼中，蓋壞其好也。若自無故物，又無求處，不貼無過〔四〕。記云：佛先許安左肩上鎮衣，因有外道問一比丘曰：汝肩上片布，何名何用？比丘答云：名尼師壇，是坐具。又問：汝所披衣，何名？有何功德？答：忍辱衣，三寶之相，上制天魔，下降外道。又問：此衣既有是功德可貴，豈得以所坐之布居其上？若汝自爲，師何不教？若師教者，此法不足可尊。比丘白佛，佛因制：移安左臂衣下〔五〕。衣即三衣也。以此證是觸不得浄用。戒壇圖經云：尼師壇，如塔之有基。汝今受戒，即身是五分法身之塔。良由五分法身，因戒生故〔六〕。

【校注】

〔一〕義浄譯根本説一切有部毗奈耶卷四九：「尼師但那者，謂敷具也。」又卷五義浄注：「應知文言坐具者，即是量長於身，元擬將爲襯卧之具，不令敷地禮拜。敷地禮拜，深乖本儀。」卷四九義浄注：「此中制意者，尼師但那本爲襯替卧具，恐有所損，不擬餘用。」

〔二〕五分律卷九：「今聽諸比丘，護身、護衣、護僧牀褥，故畜坐具。」

〔三〕釋道宣撰述四分律删繁補闕行事鈔卷下一：「僧祇：得敷坐，在道行，得長疊中疊，著衣囊上，左肩上擔。若至坐處，當敷而坐。若置本處，當中摒之。」摩訶僧祇律卷二〇：「若比丘作尼師壇，應量作長二修伽陀搩手，廣一搩手半，更益一搩手。」又：「搩手者，如來搩手長二尺四寸。」

〔四〕薩婆多毗尼毗婆沙卷五：「若比丘作尼師壇，應用故敷具周匝修伽陀一搩手，壞色故。尼師壇者，長佛四搩手，廣佛三搩手。故敷具者，僧祇藏中有種種故棄衣服卧具，盡名敷具。若作新尼師壇，應取故敷具最長者，廣中取一搩手長，裂隨廣狹分作緣，周匝緣尼師壇。若故敷具中無大長者，隨有處長者用。若無長者，短者亦用。若一切都無，不用無罪。若四方僧雖有故衣服，非是棄物不得取用。若有處不用捨墮。」

〔五〕釋元照撰四分律行事鈔資持記下一：「後有比丘爲外道難言，袈裟既爲可貴有大威靈，豈得以所坐之布而居其上？比丘不能答，以事白佛，由此佛制還以衣角居于左臂，坐具還在衣下。」

〔六〕釋道宣撰關中創立戒壇圖經：「故坐具尼師壇，如塔之有基也。汝今受戒，即五分法身之基也，良以五分由戒而成。」

絡子 或呼掛子，蓋此先輩僧創之，後僧效之，又亡衣名，見掛絡在身故，因之稱也。今南方禪僧，一切作務皆服，以相不如法，諸律無名，幾爲講流非之。予因讀根本百一羯磨第十卷云：五條有三品：上者竪三肘、廣五肘，下者減半，二内名中。又佛言：安陀會有二種：一者竪三肘、廣五肘，二者竪二肘、横四肘，此謂守持衣，最後之量，限蓋三輪〔一〕。上蓋臍，下掩膝。因詳頗是今絡子之量也。若作之，但五幅，一長一短，或襵或貼，呼安陀會，即免謗。一切處著，合律無過，實勝空身矣。今詳：律言肘，但用自肘，蓋度身而衣也。若用尺八之肘者，下文即無臂短不及之言也。

【校注】

〔一〕義浄譯根本説一切有部百一羯磨卷一〇：「復有幾種僧伽胝衣？佛言：有三種，謂上中下。上者竪三肘、横五肘，下者竪二肘半、横四肘半，二内名中。」又：「安呾婆娑復有二種，何謂爲二？一者竪二肘、横五肘，二者竪二横四，此謂守持衣，最後之量。此最下衣量，限蓋三輪。上但蓋齊，下掩雙膝。若肘長者，則與此相當。如臂短者，不及于膝，宜依肘長爲准。若衣方圓滿一肘者，即是分別衣中，極少之量。如不守持分別，俱犯捨墮。如其寬中不滿長中過者，此即不勞分別，直爾持畜。」

襪

鈔云：襪亦是衣〔一〕。○四分律云：寒聽著襪〔二〕。古今注云：自三代及秦，皆著角襪，以帶結至踝，洎魏文乃更其樣〔三〕。釋名曰：襪，末也，在脚末也〔四〕。崔駰〔五〕銘曰：建子之月，助養和氣〔六〕。○五分律云：外道問衣，比丘不知。乃被譏曰：沙門有何奇特，尚不知衣相，云何知心〔七〕？故於前文，委細註釋爾。

【校注】

〔一〕四分律删繁補闕行事鈔卷中之二：「作非衣，謂非服用帽、襪之屬。」

〔二〕四分律卷三九：「爾時有比丘從寒雪國來，脚凍壞，詣佛所，頭面禮足，却坐一面。佛知而故問比丘：汝何故脚破？白佛言：寒雪處來，故凍壞。佛問比丘：彼國法何所著？比丘言：著富羅鞾鞮。佛言：聽著。若須鞾，聽作鞾。」

〔三〕中華古今注卷中：「襪，三代及周著角襪，以帶繫於踝。至魏文帝吴妃乃改樣，以羅爲之。後加以綵繡畫，至今不易。至隋煬帝宫人織成五色立鳳朱錦襪靿。」

〔四〕出釋名卷五釋衣服。
〔五〕駰：底本誤爲「駟」，據明刻本、大正藏本、世界書局本等改。
〔六〕按：崔駰襪銘：「機衡建子，萬物含滋。黄鍾育化，以養元基。長履景福，至于億年。皇靈既佑，祉禄來臻。本支百世，子子孫孫。」
〔七〕五分律卷九：「比丘後得外道惡者，邏人知沙門釋子皆著好衣，而今反得外道惡服，語言：汝等沙門有何奇特，尚不知衣相，云何知心？」

戒法

戒 智度論云：梵語尸羅，秦言性善〔一〕。○古師云：尸羅，此云戒，以止過防非爲義。○增輝記云：戒者，警也。警策三業，遠離緣非也。○優婆塞戒經云：戒者名制，能制一切不善法故〔二〕。○菩薩資糧論云：尸羅者，清涼義，離心熱惱故；安隱義，能爲他世樂因故；安静義，能建立止觀故；寂滅義，得涅槃樂因故〔三〕。

【校注】

〔一〕出大智度論卷一三。

〔二〕出曇無讖譯優婆塞戒經卷七。

〔三〕菩提資糧論卷一：「言尸羅者，謂習近也，此是體相。又本性義，如世間有樂戒苦戒等；又清涼義，爲不悔因，離心熱憂惱故；又安隱義，能爲他世樂因故；又安静義，能建立止觀故；又寂滅義，得涅槃樂因故。」

二戒　毗尼母云：戒有二種：一、出世間戒，二、世間戒。此世間戒，能爲出世戒作因，故云最勝。又云：一、依身口戒，二、依心戒。因依身口戒，得依心戒故〔一〕。

【校注】

〔一〕毗尼母經卷三：「波羅提木叉者，名最勝義。以何義故名爲最勝？諸善之本，以戒爲根。衆善得生，故言勝義。復次戒有二種：一、出世，二、世間。此世間者，能與出世作因，故言最勝。復次戒有二種：一者依身口，二者依心。由依身口戒，得依心戒，故名爲首。」

三戒　一、在家戒，即八戒。二、出家戒，即别解脱戒。三、道俗共戒。五戒，五〔一〕聚戒。

【校注】

〔一〕五：明刻本作「三」。

二歸戒　五分律云：初佛成道，爲二賈客〔一〕及女人須闍陀〔二〕并五比丘〔三〕，皆受二歸，緣未有僧故。此就小乘别體住持三寶説也。

【校注】

〔一〕二賈客：指提謂和波利，是佛陀成道後最初供養、歸依的二商人。據方廣大莊嚴經卷一〇商人蒙記品載，世尊成道第四十九日，於多演林樹下端坐。時有北天竺提謂、波利兄弟二人，爲衆商主，載五百乘之珍寶將返本國，相遇於此，供養世尊，聽講人天之法，並歸依世尊，爲佛弟子。此即佛門有優婆塞之始。

〔二〕須闍陀：佛陀成道之前以金鉢盛乳糜供養太子的牧牛女，爲佛門有優婆夷之始。五分律卷一五云：佛陀「起到鬱鞞羅斯那聚落入村乞食，次到斯那婆羅門舍，於門外默然立，彼女須闍陀見佛威相殊妙，前取佛鉢，盛滿美食以奉世尊。佛受食已，語言：汝可歸依佛、歸依法。即受二自歸。是爲女人中，須闍陀最初受二自歸爲優婆夷。」

〔三〕五比丘：是佛陀成道之初在鹿野苑最先度化的五位比丘：憍陳如、頞鞞、跋提、十力迦葉、摩男俱利。

三歸戒　五分云：佛於鹿苑度五俱鄰，人間已有六羅漢故，次爲耶舍父母，最先授三歸依也〔一〕。釋云：歸者，趣也。依者，投也。〇薩婆多云：以三寶爲所歸境，欲令救護，不得侵凌故〔二〕。〇顯宗論云：救濟義，以歸依彼，能息無邊生死苦輪大怖畏故〔三〕。〇毗尼母云：有五種三歸：一、翻邪，二、五戒，三、八戒，四、十戒，五、具足戒〔四〕。〇薩婆多論問云：若不受三歸依者，得受五戒否？答：不得。要先受三歸，方得五戒〔五〕。〇阿含經云：於受歸戒前，先須懺悔，然後受三歸，正是戒體〔六〕，後三結〔七〕示戒所歸〔八〕。〇優婆塞戒經云：長者善生白佛言：先説有來乞戒者，先教三歸，後施與戒，云何？佛言：爲破諸苦，斷煩惱，受於無上寂滅之樂。以是因緣，先受歸依也。云何三歸？夫佛爲能説壞煩惱因，得正解也。法是壞煩惱因，真實解也。僧者，禀受破煩惱因，得正解也〔九〕。〇希有校量功德經云：若三千大千世界滿中如來，如稻麻竹葦，若人四事供養，滿二萬歲，諸佛滅後，各起寶塔，復以香華種種供養，其福雖多，不如有人以淳浄心，歸依佛、法、僧三寶所得功德〔一〇〕。

【校注】

〔一〕見五分律卷一五，文繁不録。五俱鄰：即佛陀成道之初最先度化的五比丘。佛陀在鹿野苑「説是法時，五比丘一切漏盡，得阿羅漢道，爾時世間有六阿羅漢。復有長者子，名曰耶舍。」聞佛説法，「出家受具足戒」，「爾時世間有七阿羅漢」。後耶舍父母亦出家受具足戒。

〔二〕薩婆多毗尼毗婆沙卷一：「以三寶爲所歸，所歸以救護爲義。譬如有人有罪於王，投向異國以求救護。異國王言：汝求無畏者，莫出我境界，莫違我教，必相救護。衆生亦爾，繫屬於魔，有生死過罪，歸向三寶，以求救護。若誠心三寶，更無異向，不違佛教，於魔邪惡，無如之何。」

〔三〕衆賢造、玄奘譯阿毗達磨藏顯宗論卷二〇：「以能歸依，所有言説由心等起，非離於心。如是歸依，救濟爲義。他身聖法及善無爲，如何能爲自身救濟？以歸依彼，能息無邊生死苦輪大怖畏故。」

〔四〕毗尼母經卷一：「三歸有二種：一者爲受五戒十戒八齋故受三歸，乃至爲受二百五十戒故受三歸；二者直受三歸。所以爾者，當爾之時，佛未制二百五十戒乃至八齋，以是義故，直説三歸得受具也。」翻邪即翻邪歸正，爲僅受三歸者；五戒、八戒、十戒、具足戒三歸爲受戒三歸。

〔五〕薩婆多毗尼毗婆沙卷一：「問曰：若不受三歸，得五戒不？若不受三歸，得八齋不？若不受三歸，得十戒不？若不白四羯磨，得具戒不？答曰：一切不得。若欲受五戒，先受三歸，受三歸竟，爾時已得五戒。」

〔六〕戒體：指受戒後內心所産生的防非止惡的持戒功能。

〔七〕三結：「結」即「煩惱」，三結指身見（或稱我見）結、戒禁取結（對邪戒的執著）、疑結（對佛法的懷疑）。僧伽提婆譯中阿含經卷二七法品漏盡經：「身見、戒取、疑三結盡已，得須陀洹，不墮惡法，定趣正覺，極受七有。」

〔八〕按：「阿含經云」者，爲概言之，非徵引原文也。

〔九〕曇無讖譯優婆塞戒經卷五浄三歸品：「善生言：『世尊，如佛先説有來乞者，當先教令受三歸依，然後施者，何因緣故，受三歸依？云何名爲三歸依也？』『善男子，爲破諸苦，斷除煩惱，受於無上寂滅之樂，以是因緣，受三歸依。如汝所問云何三歸依者，善男子，謂佛、法、僧。佛者，能説壞煩惱因，得正解脱。法者，即是壞煩惱因，真實解脱。僧者，稟受破煩惱因，得正解脱。』」

〔一〇〕德：底本作「得」，據備要本、明刻本改。隋闍那崛多譯佛説希有校量功德經：「假使滿三千大千世界中諸佛如來，譬如竹葦、甘蔗、稻麻，彼等諸佛世尊至真等正覺，若有善男子善女人，二萬歲中，常以一切娛樂之具，衣服、飲食、牀卧、湯藥，種種奉施，乃至滅度之後，收其舍利，起七寶塔，一一寶塔，皆以華香、伎樂、繒蓋、幢幡、香燭、油燈，如是供養，於意云何？彼善男子及善女人，得福多不？阿難白佛：甚多，世尊。佛告阿難：若復有人直能供養一佛世尊，滿二萬歲，四事具足，供養恭敬，乃至滅度收其舍利，起七寶塔，一一寶塔，皆以華香、伎樂、幡蓋、香油、燈燭，一切奉施，其福尚多，無量無邊，不可稱數，何況滿三千大千世界諸佛如來，二萬歲中，常以四事供養供給，乃至滅度，收其舍利，起七寶塔，一一寶塔，各以華香、伎樂、幡蓋及香油燈，種種所須，悉皆供養？實得無量無邊不可算不可數福德之聚。佛言：阿難，猶不。如是善男子善女人，以淳淨心作如是言：我今歸依佛，歸依法，歸依僧，所得功德，勝前福德百倍千倍萬倍，不可算數言辭譬類所能知及。」

五戒

謂戒有五也：一、不殺，二、不偷盜，三、不邪婬，在家人受，則云邪婬。若出家人受，則云離非梵行，緣一切都斷故。四、不妄語，五、不飲酒。前四是性戒，後一是遮戒。○法苑珠林八十八云：夫世俗所尚，仁、義、禮、智、信也。含識所資，不〔一〕殺、盜、婬、妄、酒也。道俗相乖，漸教通也。故本於仁者則不殺，奉於義者則不盜，執於禮者則不婬，守於信者則不妄，師於智者則不飲酒。斯蓋接化於一時也。正法内訓，必始乎因。因者，即前五過也。此則在乎實法，指事直言，不假飾辭，託名現意，如斯而修，不期果而果證，不羨樂而樂彰。若略近而望遠，棄小而保大，則無所歸趣矣。今見奉持不殺者，不求仁而仁著。不盜者，不忻義而義敷。不婬者，不祈禮而禮立。不妄者，不慕信而信揚。不飲酒者，不行智而智明。可謂振綱提綱，復何功以加之〔二〕？○費長房撰隋開皇三寶録引宋典云：文帝元嘉年中，問侍中何尚之曰：范泰、謝靈運等皆云：六經本是濟俗，若性靈真要，則以佛經爲指南，如其率土之濱，皆純此化，朕以坐致太平矣。何尚之答曰：臣聞渡江已來，王導、周顗，宰輔之冠蓋。王濛、謝尚，人倫之羽儀。郄超、王謐、王坦、王恭，或號絶倫，或稱獨步。謝敷、戴逵、范汪、孫綽，皆致心於天人之際，靡非時俊。清浄之士，皆謂釋氏之教，無所不可。何者？百家之鄉，十人持五戒，則十人淳謹。百人修十善，則百人和睦。傳此風教，遍於守内，則仁人百萬矣。夫能行一善則去一惡，去一惡則息一刑。一刑息於家，則百刑息於國，則陛下言坐致太平是也〔三〕。○大毗婆沙論云：此五戒名學處，是近事者所應學故。又名學迹，若有遊此，便升無上智慧殿故。又名學路，此爲徑路，一切律儀、妙行善法，皆得轉故。又名學本，諸所應學，此爲本故〔四〕。○大莊嚴經名五大施〔五〕，彌勒問經論云：五戒名大施者，謂以攝取無量衆生故，成就無量衆生樂故，以能增長種種功德故〔六〕。

【校注】

〔一〕不：諸本無，據法苑珠林補，參下注。

〔二〕法苑珠林卷八八五戒部第四述意部：「夫世俗所尚，仁、義、禮、智、信也。含識所資，不殺、盜、婬、妄、酒也。雖道俗相乖，漸教通也。故發於仁者則不殺，奉於義者則不盜，敬於禮者則不婬，説於信者則不妄，師於智者則不酒。斯蓋接化於一時，非即修本之教，修本教者，是謂正法。内訓弘道，必始于因，因者殺、盜、婬、妄、酒也。此則在於實法，指事直言，故不假飾詞，託名現意。如斯而修因，不期果而果證，不羨樂而樂彰。若略近而望遠，棄小而保大，則無所歸趣矣。故知受持本教之因，自證乎仁義之果，所以知其然，今見奉戒不殺，不求仁而仁著；持戒不盜，不欣義而義敷；守戒不婬，不祈禮而禮立；遵戒不妄，不慕信而信揚；受戒捨酒，不行智而智明。如斯之實，可謂振網持綱，萬目開張。振機馭宇，以離寒暑。復何功可以加之？何德可以背之？」

〔三〕費長房歷代三寶紀卷一〇：「文帝以問何侍中曰：范泰及謝靈運皆稱六經本是濟俗。性靈真要，會以佛經爲指南。此賢達言，實誠有譏。若使率土之濱皆純此化，則朕垂拱坐致太平。尚之對曰：中朝以遠，難復盡知。渡江以來，王道、周顗，宰輔之冠蓋。王濛、謝尚，人倫之羽儀。郄超、王謐等，或號絶群，或稱獨步，略數十人，靡非英俊。清信之士，無乏於時。慧遠法師云：釋氏之化，無施不可。臣謂此説有契理奥。何者？百家之鄉，十人持五戒，則十人淳謹。千室之邑，百人修十善，則百人和穆。傳此風教，已遍寰區，編户億千，則仁人百萬。夫能行一善則去一惡，去一惡則息一刑。一刑息於家，萬刑息於國，則陛下之言坐致太平是也。」

〔四〕阿毗達磨大毗婆沙論卷一二三：「問：何故此五，名爲學處？答：是近事者，所應學故。有説此應名爲學迹，若有遊此，便升無上智慧殿故。如尊者阿奴律陀告諸苾芻：我依戒住戒，戒爲梯橙，已能升陟無上慧殿。汝等應學，勿生放逸。有説此應名爲學害，由學此五，害惡戒故。有説此應名爲學路，此爲徑路，一切律儀妙行善法，皆得轉故。有説此應名爲學禁，如諸外道，所受禁法，種種差別，以爲幖幟，如是聖衆，以此五種所學禁法爲初幖幟。有説此應名爲學本，諸所應學，此爲本故。有説此五應名學基，於涅槃城爲基趾故。」

〔五〕鳩摩羅什譯大莊嚴論經卷八：「爾時世尊往到其家，語首羅言：汝今應修五大施。首羅聞已，心大愁惱，作是思惟：我尚不能修於小施，云何語我作五大施？如來法中豈無餘法，諸弟子等教我布施，世尊今者亦教布施？作是念已，白佛言：世尊，微細小施，尚不能作，況當五大施乎？佛告長者：不殺名爲大施，不盜、不邪婬、不妄語、不飲酒，如是等名，爲五大施。」

〔六〕菩提流支譯彌勒菩薩所問經論卷六：「言大施者，謂受持五戒。此是如來所説大施，以能攝取無量衆生故，成就無量衆生樂故。資生飲食用布施者，不能廣作利益衆生，受持五戒能作利益，以能盡形受持五戒，念念增長種種功德，以依止彼根本心故。」

八戒　即前五戒，第六、不坐高廣大牀，七、不著華鬘瓔珞、不用香油塗身熏衣，八、不自歌舞、不得輒往觀聽，九、不過中食。此戒俗人受。從今旦至明旦不犯，爲要期也。此八戒，名八關齋戒。言關者，閉也，禁也，謂禁閉八罪不犯故。○毗婆沙論云：夫齋者，以過中不食爲體。以八事助成齋體，共相支持，名八支齋法，是故言八不言九也〔一〕。◯文殊問經云：世間菩薩戒，八戒是乎〔二〕。◯菩薩處胎經云：八關齋戒者，是諸佛父母也〔三〕。◯毗婆沙論云：八戒名近住，謂近羅漢住故。又名長養，謂長養薄少善根有情，令其善根增多故〔四〕。如第六戒云不坐高廣大牀者，阿含經云：牀梐下足，高尺六，非高也。闊四尺，非廣也。長八尺，非大也。但過此量者，名高廣大牀也〔五〕。僧祇律云：有二種：一、高大名高，二、妙好名高〔六〕。又八種，謂金、銀、牙、角、辟支、羅漢及僧牀等。前納〔七〕體貴，後納人勝。◯問：俗人受此戒者，著何服飾？答：婆沙云：著常所受用衣服皆得〔八〕。問：此人何衆攝？答：報恩經云：以無終身戒，不名優婆塞，但名中間人〔九〕。謂在七衆下，不受戒俗人上也，名中間人。又名近住。◯順正理論云：前四是尸羅支，由此離性罪故。次一是不放逸支，謂若飲酒，心則放逸，必無能護諸支故。後後是禁約支，謂防憍逸，隨順厭心，能證律儀故，名八支戒〔一〇〕。

【校注】

〔一〕薩婆多毗尼毗婆沙卷一：「齋法以過中不食爲體，以八事助成齋體，共相支持，名八支齋法。是故言八齋，不云九也。」

〔二〕梁僧伽婆羅譯文殊師利問經卷上菩薩戒品：「文殊師利白佛言：世尊，我今欲問世尊勝語，世間菩薩戒，願爲我説，我當諦聽。佛告文殊師利：我今當説，汝善諦聽。不殺衆生，不盜他財物，不非梵行，不起妄語，不飲酒，如是當憶，不歌舞倡伎，不著花香持天冠等，不坐卧高廣大牀，不過中食。」

〔三〕菩薩處胎經卷七五樂品：「八關齋者，諸佛父母。」

〔四〕玄奘譯阿毗達磨大毗婆沙論卷一二四：「問：何故此律儀名爲近住？答：近阿羅漢住，故名近住。以受此律儀，隨學彼故。有説此近盡壽戒住，故名近住。有説此戒近時而住，故名近住。如是律儀，或名長養。長養薄少善根有情，令其善根漸增多故。有説長養在家善根，令近出家善根住故。」

〔五〕東晉僧伽提婆譯增壹阿含經卷一六：「所謂高廣之牀，金、銀、象牙之牀，或角牀。」

〔六〕摩訶僧祇律卷二二：「高者二種：高大名高，妙好者亦名高。」

〔七〕納：明刻本作「約」。下「納」字同。

〔八〕阿毗達磨大毗婆沙論卷一二四：「問：著何服飾，受此律儀？答：常所受用衣服嚴具著之，皆得受此律儀。若爲暫時莊嚴身者，必須棄捨，方受此戒。牀座等具，准此應知。」

〔九〕大方便佛報恩經卷六優波離品：「『若受八戒人於七衆爲在何衆？』『雖不受終身戒，以有一日一夜戒故，應名優婆塞。有云：若名優婆塞，無終身戒；若非優婆塞，有一日一夜戒。但名中間人。』」

〔一〇〕玄奘譯阿毗達磨順正理論卷三七：「八中前四，是尸羅支，謂離殺生至虚誑語，由此四種，離性罪故。次有一種，是不放逸支，謂離飲諸酒，生放逸處。雖受尸羅，若飲諸酒，心則放逸，毁犯尸羅，醉必無能護餘支故。後有三種，是禁約支，謂離塗飾香鬘，乃至食非時食，以能隨順厭離心故，厭離能證律儀果故。」

十戒　有二種：一沙彌十戒。僧祇律云：一、離殺生，二、離不與取，三、離非梵行，四、離妄語，五、離飲酒，六、離處高廣大牀，七、離著華鬘瓔珞、塗身熏衣，八、離作歌舞及往觀聽、蓄種種樂器，九、離蓄金銀錢寶，十、離非時食〔一〕。○二菩薩十戒者，加前五戒，六、不自讚毁他，七、不説在家出家菩薩過失，八、不貪，九、不嗔，十、不謗三寶〔二〕。此十戒名無盡戒者，婆沙云：菩薩尸羅，無我我所，離一切所得，滅諸戲論，故名無盡〔三〕。

【校注】

〔一〕摩訶僧祇律卷二九：「我羅睺羅隨佛出家，捨俗服，著袈裟，盡壽不殺生，持沙彌戒；盡壽不盜，持沙彌戒；盡壽不婬，持沙彌戒；盡壽不妄語，持沙彌戒；盡壽不飲酒，持沙彌戒；盡壽不著華香，持沙彌戒；盡壽不觀聽歌舞作樂，時（校注者按：當作「持」）沙彌戒。盡壽不坐臥高廣牀上，持沙彌戒；盡壽不過時食，持沙彌戒；盡壽不得捉金銀及錢，持沙彌戒。」

〔二〕後秦竺佛念譯菩薩瓔珞本業經卷上賢聖名字品：「有十不可悔戒，應受應持：一、不殺人乃至二十八天諸佛菩薩，二、不盜乃至草葉，三、不婬乃至非人，四、不妄語乃至非人，五、不説出家在家菩薩罪過，六、不沽酒，七、不自讚毁他，八、不慳，九、不瞋乃至非人，十、不謗三寶。」

〔三〕鳩摩羅什譯十住毗婆沙論卷一六：「菩薩尸羅，無我、無我所，離一切所得，滅諸戲論，是故無盡。」

三聚戒　即大乘菩薩戒也。一、攝律儀戒，謂惡無不離，起證道行，是斷德因，修成法身。此戒止是持，作是犯。二、攝善法戒，謂善無不積，即身口意善及聞思修三慧、十波羅蜜、八萬四千助道行等，是智德因，修成報身果。此戒作是持，止是犯。三、攝衆生戒，又名饒益有情戒，謂生無不度，起不住道，是恩德因，修成化身果。此戒作是持，止是犯。莊嚴論云：初一戒以禁防爲體，後二戒以勤勇爲體〔一〕。

【校注】

〔一〕無著造、唐波羅頗蜜多羅譯大乘莊嚴經論卷八：「菩薩有三聚戒：一、律儀戒，二、攝善法戒，三、攝衆生戒。初戒以禁防爲體，後二戒以勤勇爲體。」

受菩薩戒有五利 梵網經偈云：明人忍慧强，能持如是法，未成佛道間，安獲五種利。一者十方佛，愍念常守護。二者命終時，正見心歡喜。三者生生處，爲諸菩薩友。四者功德聚，戒度悉成就。五者今後世，性戒福慧滿〔一〕。

【校注】

〔一〕出後秦鳩摩羅什譯梵網經盧舍那佛説菩薩心地戒品第十卷下。

具足戒 即出家二衆所受戒也。何名具足？決定藏論云：比丘戒四分義攝，一者受具足，謂白四羯磨〔一〕。二、隨具足，謂從此向後，隨一一戒，常持覆護故。三、護他心具足，謂比丘一分威儀具足，名護他心。四、具足守戒，謂於小罪，見畏不犯。若有犯者，悉皆發露故〔二〕。此具足戒有六聚，比丘二百五十條，尼三百五十條，次釋如左。

【校注】

〔一〕白四羯磨：亦稱「一白三羯磨」。白，告白；羯磨，意譯「業」、「辦事」、「作法」等，指通過一定範圍全體僧衆集會討論決定要辦的事情。僧尼受具足戒時，羯磨師向僧衆告知某某自願要求出家（「一白」），然後連問三次（「三羯磨」），如無異議，則准予受戒。僧尼犯「僧殘」罪，舉行懺悔儀式，亦用此法徵求僧衆意見。十誦律卷五六比丘誦：「白者，白衆是事，故名白。有僧事，初向僧説，故名白。白羯磨者，受具足戒、布薩説戒、自恣等，是名白羯磨。白二羯磨者，若白已，一唱説，如是白二羯磨，是名白二羯磨。白四羯磨者，若白已，三唱説，是三羯磨并白爲四，是名白四羯磨。」釋道宣四分律删繁補闕行事鈔卷上通辨羯磨篇第五：「受戒、懺重、治舉、訶諫，事通大小，情容乖舛，自非一白告知，三法量可，焉能辨得？以三羯磨通前單白，故云白四。」

〔二〕梁真諦譯决定藏論卷中：「比丘戒者，四分義攝：一者受具足分，二者隨具足戒受制戒律，三者護他心戒，四者具足守戒。受具足分者，白四羯磨，如受大制，從初依此，比丘禁戒，是名比丘受具足分。從此向後，隨比丘戒於波羅提木叉，謂正命等，此一切處，恒持覆護，是名隨具足戒受制戒律。有此二分，威儀具足，是名護他心戒，威儀行處，如聲聞地，後自當説。於小罪中，見畏不犯，同於重戒，若有犯者，皆悉發露，是則名爲具足守戒。」

五篇名

一、波羅夷〔一〕，比丘四、尼八。二、僧伽婆尸沙〔二〕，比丘十三，尼十七。三、波逸提〔三〕，比丘一百二十，尼二百八。四、提舍尼〔四〕，比丘四、尼八。五、突吉羅〔五〕，比丘并尼各一百。六、不定，七、滅諍。

【校注】

〔一〕波羅夷：意譯「斷頭」，其罪最重，如斷頭而不能再生，不得復爲比丘。

〔二〕僧伽婆尸沙：即「僧殘」，比丘犯此罪，向僧衆懺悔，以全殘命，故名僧殘。

〔三〕波逸提：意譯「墮」，墮獄之人。

〔四〕提舍尼：意譯「向彼悔」，向其他比丘懺悔，便得除滅之罪。

〔五〕突吉羅：意譯「惡作惡説」，謂身惡作、口惡説。

七聚 加上五篇，第六偷蘭遮〔一〕，第七惡説。

【校注】

〔一〕偷蘭遮：梵語「偷蘭」，意譯「大遮」，即遮障善道。華梵兼稱，故云「偷蘭遮」，謂大障一切善根。

六聚 增輝記云：若正結罪名，能招當果，即五篇太少，不説偷蘭。七聚太多，剩於惡説，以惡説同吉羅，懺罪感果同故。今於五中添偷蘭遮，七中除惡説，止有六矣。

波羅提木叉　華言別別〔一〕解脱。言解脱者，即戒所感果也。記云：道戒名解脱者，即七支無表思也，由斷惑得名故。若事戒名解脱者，即僧尼受戒，隨對殺等事不作，別別無因，別別無果，故名別別解脱〔二〕。○毗尼母云：波羅提木叉者，最勝義，諸善之本，以戒爲根，諸善得生故〔三〕。

【校注】

〔一〕別：據明刻本補。

〔二〕按：翻譯名義集卷四：「波羅提木叉，戒疏云：此翻解脱，如論所引，道戒名解脱也，事戒名別脱也。隨分果德，寄以明之。道性虛通，舉法類遣，不隨緣別，但名解脱。事戒不爾，緣別而生，緣通萬境，行亦隨遍，據行淩犯，即名得脱，餘非未行，不名解脱。又律云：木叉者，戒也。據能克果，用目本因，因實是戒，非木叉也。故經云：戒是正順解脱之本，故名波羅提木叉。明知是果，故五分説分別名句。木叉者，舉果目教也。記云：道戒名解脱者，即七支無表思也，由斷惑得名故。若戒事名解脱者，則僧尼受戒，隨對殺等事不作，別別無因，別別無果，故名別別解脱。摭華曰：此云別解脱，謂三業七支，各各防非，別別解脱故。」

〔三〕毗尼母經卷三：「波羅提木叉者，名最勝義。以何義故，名爲最勝？諸善之本，以戒爲根。衆善得生，故言勝義。」

制戒十益二意　僧祇律云：舍利弗白佛言：有幾利益，爲弟子制戒？佛言：有十利益：一、攝僧故，二、極攝僧故，三、令僧安樂故，四、折伏無羞人故，五、有慚愧者得安隱住持故，六、不信者令得信故，七、正信者增益故，八、於現法中得漏盡故，九、未生諸漏令不生故，十、正法得久住，爲諸天人開甘露門故〔一〕。○攝大乘論云：如來制戒有二意：一、爲聲聞自度故，二、爲菩薩自度、度他故〔二〕。

【校注】

〔一〕出摩訶僧祇律卷一。

〔二〕真諦譯攝大乘論釋卷一一：「如來制戒有二種意：一爲聲聞自度故制戒，二爲菩薩自度、度他故制戒。」

受戒次第　報恩經：優波離問佛云：若不受五戒十戒，直受具足戒得否？佛言：一時得三種戒。又問：若爾，何須次第先受五戒，次受十戒，後受具戒耶？佛言：染習佛法，必須次第。謂先受五戒，以自調伏，信樂漸益，次受十戒。善根轉深，後受具戒，堅固難退。如游大海，漸漸深入，入佛法海，亦復如是〔一〕。

【校注】

〔一〕大方便佛報恩經卷六：「優波離復白佛言：若白衣不受五戒，直受十戒，爲得戒不？答曰：一時得二種戒：得優婆塞戒、得沙彌戒。若不受五戒十戒，直受具戒，一時得三種戒。憂波離復白佛言：若受具戒，一時得三種戒者，何須次第先受五戒，次受十戒，後受具戒耶？答曰：雖一時得三種戒，而染習佛法，必須次第。先受五戒，以自調伏，信樂漸增，次受十戒。既受十戒，善根轉深，次受具戒。如是次第，得佛法味，深樂堅固，難可退敗。如遊大海，漸漸入深。入佛法海，亦復如是。」

得戒　婆沙論云：問：别解脱戒，由何心得？答曰：普於一切有情，起善意樂、無損害心得〔一〕。

【校注】

〔一〕阿毗達磨大毗婆沙論卷一二〇：「問：别解脱律儀，由何等心得？答：由普於一切有情，起善意樂、無損害心得。」

熏戒種子　大小乘宗，計各一義。且小乘宗經部云：受戒時，有四種思：一、審慮思，二、決定思。此二思是意業，内自思惟審決，起增上願心故。三、動身思，是身業，謂虔〔一〕跪等。四、發語思，則陳辭等。此二思，能發於色，至羯磨竟。羯磨，華言〔二〕辨〔三〕事。百論云：謂辨〔四〕事道〔五〕法，有成濟故〔六〕。於審、決二思上，熏成心種子。於動、發二思上，熏成色種子。通於四思上，熏成色心種子。思者，業也。有能招感當來果之功用故。正法念處經云：思爲勝戒因。種子即因義也。又云：思勝故，其果則大〔七〕。次大乘宗者，有三思：一、審慮思，二、決定思，三、發起勝思〔八〕。此三思皆屬心業，前二是加行，後一是根本。此發起勝思，具增上殊勝故，即於此思上，熏成種子，以防惡發善，功能爲體。○熏義者，顯識論云：譬如燒香熏衣，香體滅而香氣在衣。此香不可言有，體滅故。不可言無，香氣在衣故〔九〕。○種子義，論云：此相續變異，能感未來果報，是種子義。若相續無變異，若變異無相續，俱非種子。但相續變異不相離故，成種子〔一〇〕。

【校注】

〔一〕虔：底本作「處」，據明刻本改。

〔二〕言：據明刻本補。

〔三〕辨：底本作「辨」，明刻本無，據世界書局本校改。

〔四〕辨：底本作「辨」，據明刻本、世界書局本改。

〔五〕道：疑爲「遂」字之誤。參下注。

〔六〕按：百論未見此說。釋智圓述維摩經略疏垂裕記卷六：「羯磨者，此云辦事，謂施造遂法，必有成濟之功焉。」然釋道宣撰四分律刪繁補闕行事鈔卷上亦云：「百論云事也。若約義求，翻爲辦事，謂施造遂法，必有成濟之功焉。」

〔七〕元魏般若流支譯正法念處經卷二五：「彼見思心，爲勝戒因，上中下戒，生六欲天。心勝業勝，生於六天。以心勝故，生處亦勝。」又：「從緣持戒者，爲得佛故。以思勝故，其果則大。無緣持戒，其果則小。」

〔八〕世親造、玄奘譯大乘成業論：「思有三種：一、審慮思，二、決定思，三、動發思。」

〔九〕真諦譯顯識論：「熏習力者，譬如燒香熏習衣，香體滅而香氣猶在衣中，名爲熏衣，此香不可言有，香體滅故；不可言無，香氣在故，故名爲熏。」

〔一〇〕真諦譯顯識論：「言種子者，此相續變異，能感未來果報，是名種子。相續無變異，亦非種子。若但變異無相續，亦非種子。相續變異不相離故，成種子。」

戒體　又名苾芻性，梵語三跋羅，俱舍、明了〔一一〕等論皆譯爲護，即是無表思。思即是第六識相應善思也，又名無表色，有止惡防非功能，故云護。○金剛鈔云：出戒體有三：初克性出體，即無表思一法也，通種子現行。次相應出體者，即同時二十二法，皆有防惡發善功能故。二十二法者，謂遍行五：一、觸，二、作意，三、受，四、想，五、思；別境有五：一、欲，二、勝解，三、念，四、定，五、慧；善有十一，謂：一、信，二、精進，三、慚，四、愧，五、無貪，六、無嗔，七、無癡，八、輕安，九、不放逸，十、行捨，十一、不害。并同時心王，即意識也。後眷屬出體者，即身、口、意三善業也。○攝論云：菩薩戒以身、口、心三業爲體，聲聞戒以身、口二善業爲體〔二〕。

【校注】

〔一〕明了：律二十二明了論的略稱，一卷，弗陀多羅多造，陳天竺三藏真諦譯。

〔二〕真諦譯攝大乘論釋卷一一：「菩薩戒以三業善行爲體，聲聞戒以身口善行爲體。」

比丘稱良福田 報恩經云：衆僧者，出三界之福田〔一〕。謂比丘具有戒體，戒爲萬善之根，是故世人歸信，供養種福，如沃壤之田，能生嘉苗故，號良福田。

【校注】

〔一〕出大方便佛報恩經卷三論議品。

問但制七支 優婆塞戒經云：一切善不善法，心爲根本。因根本故，説諸比丘犯有二種：一、身犯，二、口犯〔一〕。故但制七支也。七支者，謂三身業，四口業也。○彌勒問經論云：

造作名業〔二〕。○對法論〔三〕云：身口七支業，即自體名業，意三業，但名相應心。

【校注】

〔一〕出北涼曇無讖譯優婆塞戒經卷七。

〔二〕元魏菩提流支譯彌勒菩薩所問經論卷四：「以造作故，名爲業相，即業名道，能趣地獄故，名業道。又身口七業，即自體相，名爲業道。餘三者意相應心，又即彼業，能作道故，名業道。」

〔三〕對法論：即阿毗達磨大毗婆沙論，後文爲概言之，非徵引原文。

戒果　優婆塞戒經云：戒果有二：一、天樂，二、菩提樂。智者應求菩提，不求天樂〔一〕。○正法念處經云：若持戒心，念天樂者，斯人污淨戒，如雜毒水。以天樂無常，壽盡必退，當受大苦，是故當求涅槃〔二〕。

【校注】

〔一〕優婆塞戒經卷六：「戒有二果：一、諸天樂，二、菩提樂。智者應當求菩提樂，不求天樂。」

〔二〕正法念處經卷二三：「若布施持戒，心常念於天，斯人污淨戒，猶如雜毒水。」又：「此天樂無常，壽盡必退没，既知此法已，當求涅槃道。」

受戒始

大戒法本，自曹魏黄初三〔一〕年壬寅已到許昌，以國家多事，寢經三十三年，至廢帝即高貴鄉公也。登位，改正元，元年甲戌，天竺律師曇摩迦羅〔二〕上書，方興受戒之事。逆推至佛法初到，後漢永〔三〕平十年丁卯，經一百七十八年，凡出家者，惟受三歸戒故。

【校注】

〔一〕三：底本誤爲「二」，據備要本、明刻本改。

〔二〕曇摩迦羅：又作「曇柯迦羅」，高僧傳卷一：「曇柯迦羅，此云法時，本中天竺人。……以魏嘉平中來至洛陽。于時魏境雖有佛法，而道風訛替，亦有衆僧未禀歸戒，正以剪落殊俗耳。設復齋懺，事法祠祀。迦羅既至，大行佛法，時有諸僧，共請迦羅譯出戒律。迦羅以律部曲制，文言繁廣，佛教未昌，必不承用，乃譯出僧祇戒心，止備朝夕。更請梵僧立羯磨法受戒。中夏戒律，始自于此。」

〔三〕永：大正藏本誤爲「求」。

立壇始

西天祇園比丘樓至請佛立壇，爲比丘受戒，如來於園外院東南置一壇，此爲始也〔一〕。此土當宋元嘉〔二〕七年庚午，天竺僧求那跋摩〔三〕梁云功德鎧。至揚都南林寺前竹園立壇，爲比丘受戒，爲始也。今稱方等壇者，僧史略云：蓋以戒壇本出小乘教，小乘教中，應人僧界法一一如律，若片乖違，則受者不得戒，臨壇人犯罪。今方等法，是大乘教，即不拘根缺緣差，但發大心領納即得戒，可謂廣大平等周遍矣，故稱方等〔四〕。或名甘露壇者，甘露即喻涅槃也，戒爲入涅槃初門故，從果彰名也。今言壇場，非一也，壇則出地立基，場則除地令平。今有混稱，蓋誤。要知壇式，請看圖經〔五〕。

【校注】

〔一〕釋道宣撰關中創立戒壇圖經戒壇元結教興第一：「佛在祇樹園中，樓至比丘請佛立壇，爲結戒受戒故。爾時如來依言許已，創置三壇。佛院門東，名佛爲比丘結戒壇。佛院門西，名佛爲比丘尼結戒壇。外院東門南，置僧爲比丘受戒壇。」

〔二〕嘉：備要本誤爲「喜」。

〔三〕高僧傳卷三有傳，然未見有言其立壇者。此説見釋道宣撰關中創立戒壇圖經戒壇高下廣狹第四。

〔四〕贊寧撰大宋僧史略卷下方等戒壇：「所言方等戒壇者，蓋以壇法本出於諸律，律即小乘教也。小乘教中，須一一如法，片有乖違，則令受者不得戒，臨壇人犯罪，故謂之律教也。若大乘方等教，即不拘根缺緣差，並皆得受，但令發大心而領納之耳。方等者，即周遍義也。」

〔五〕圖經：即關中創立戒壇圖經，一卷，唐道宣撰，爲有關戒壇問題的概論性典籍。

受戒軌儀　戒壇圖經云：夫欲受戒者，先於有智人所策發，教於萬境之上，起慈護心故。婆沙云：由普於一切有情上，起善意樂、無損害心得戒。若臨集僧，當行法事，但云發上品心，得上品戒者，沙彌素未曾聞，不知何者是上品心？此猶空雷發奇峰之天，甘雨絶流金之地爾〔一〕。上品心，即是於萬境上，起慈護也。

【校注】

〔一〕釋道宣撰關中創立戒壇圖經戒壇受時儀軌第九：「故論云：欲受戒者，先於有智人所，令於萬境上起慈護心而發戒也。今不存此，臨集僧訖，正行事時，但云汝發上品心，得上品戒。沙彌素無識性，教授曾未討論，空雷發於上天，絶雨流於下地。」「婆沙云」見「得戒」條注。

持戒三樂　四分律本偈云：明人能護戒，能得三種樂，名譽及利養，死得生天上〔一〕。

【校注】

〔一〕出後秦佛陀耶舍譯四分律比丘戒本。

持戒三心　瑜伽論〔一〕云：一、厭有爲心，二、求趣菩提心，三、悲愍有情心。

【校注】

〔一〕瑜伽論：即瑜伽師地論。「瑜伽論云」者，乃總括言之，非原文也。

破戒五衰　中阿含經云：一、求財不得，二、設得耗散，三、衆不愛敬，四、惡名流布，五、死入地獄〔一〕。

【校注】

〔一〕按：出佛説長阿含經卷二：「世尊告諸清信士曰：凡人犯戒，有五衰耗。何謂爲五？一者求財，所願不遂；二者設有所得，日當衰耗；三者在所至處，衆所不敬；四者醜名惡聲，流聞天下；五者身壞命終，當入地獄。」

護戒事業 方等經云：不得祭祀鬼神，不得輕於鬼神，不得毀壞神廟。假使有人祭祀，亦不得輕於彼人，亦不得與彼往來〔一〕。文多不載。

【校注】

〔一〕出北涼法衆譯大方等陀羅尼經卷四：「復次，善男子，復有五事：若有比丘行此法者及與白衣，不得祭祀鬼神，亦復不得輕於鬼神，亦復不得破鬼神廟，假使有人祭祀鬼神，亦不得輕，亦不得與彼人往來。如是五事，是行者業護戒境界。復次，善男子，復有五事：不得與謗方等經家往來，不得與破戒比丘往來，破五戒優婆塞亦不得往來，不得與獵師家往來，不得與常說比丘過人往來。如是五事，是行者業護戒境界。復次，善男子，復有五事：不得與腦皮家往來，不得與藍染家往來，不得與養蠶家往來，不得與壓油家往來，不得與掘伏藏家往來。如是五事，是行者業護戒境界。復次，善男子，復有五事：不得與劫賊家往來，不得與偷盜家往來，不得與燒僧坊人往來，不得與偷僧祇物人往來，不得與乃至偷一比丘物人往來。如是五事，是行者業護戒境界。復次，善男子，復有五事：不得與畜豬羊雞狗家往來，不得與星曆家往來，不得與婬女家往來，不得與寡婦家往來，不得與沽酒家往來。如是五事，是行者業護戒境界。善男子，如是七科五事，行者應深了觀根原，然後捨離，其餘諸事，亦復如是。」

問俗人受三歸後違失　問：若俗人受三皈後，卻祀鬼神，爲失歸戒否？答：優婆塞戒經云：若人受三歸戒後，爲護舍宅及身命祀鬼神者，不失。若志心禮外道鬼神者，名失〔一〕。若祠祀，不得殺生命。

【校注】

〔一〕按：北涼曇無讖譯優婆塞戒經卷五：「若人爲護舍宅身命，祠祀諸神，是人不名失歸依法。若人至心信其能救一切怖畏，禮拜外道，是人則失三歸依法。」

捨戒四緣　婆沙論云：盡形壽律儀，由四緣捨：一、捨所學，即捨戒。二、二形生，即男變女、女變男時。三、斷善根，謂受惡戒邪見。四、捨衆同分〔一〕。即身死。或六緣同此。業疏問云：此識種子，即應能爲未來後習，何得言形終戒捨？答：種由思生，要期是願。願得盡形壽持，今壽終則戒捨〔二〕。增輝記云：思心之上，熏成種子。設至命終，心心所法，傳至中有，思種功德，招感善果，此終不失。今言形終捨者，但捨受戒時要期語者，謂受戒言，盡形壽能持不犯等語。故順正理論云：於命終後，雖有要期，而不能生別解脱戒。無加行故，無憶念故，乃因〔三〕此捨矣〔四〕。

【校注】

〔一〕玄奘譯阿毗達磨大毗婆沙論卷一一七：「盡壽律儀由四緣捨：一、捨所學，二、二形生，

三、斷善根，四、捨衆同分。諸持律者説，法滅没時爲第五緣，謂法滅没時，一切所學，出家受具，結界羯磨，悉皆息滅，是故爾時律儀亦捨。」

〔二〕四分律鈔簡正記卷九：「疏問曰：此識藏種子，則應能爲未來後習，何得説言形終戒謝？答：種由思生，要期是願。」

〔三〕因：底本及餘三卷本皆作「齊」，據明刻本改。

〔四〕玄奘譯阿毗達磨順正理論卷三七：「於命終後，雖有要期，而不能生別解脱戒。依身別故，別依身中，無加行故，無憶念故。」

問捨戒已更得出家否

俱舍論云：若已捨戒，亦不許更出家，爲於此毁損功用。由正法滅盡，毗那羯磨無故，更不得新護故〔一〕。

【校注】

〔一〕真諦譯阿毗達磨俱舍釋論卷一一：「此人若已捨戒，亦不許更出家故，於此毁損功用，何益？若人已成如此，猶名比丘，勿然，此爲比丘義，由正法滅盡，毗那耶羯磨無故，不更得新護。」

中食

正食 四分律云：梵語蒲闍尼，此云正食〔一〕。○寄歸傳云：半者蒲善尼，唐言五噉食，謂飯餅麨等〔二〕。○南山鈔云時藥，謂報命支持，勿過於藥〔三〕。但飢渴名主病，亦名故病，每日常有故，以食爲藥醫之。○順正理論云：身依食住，命托食存，食已能令身心適悦安泰故〔四〕。○僧祇律云時食，謂時得食，非時不得食〔五〕。今言中食，以天中日午時得食，當日中故，言中食。

【校注】

〔一〕出四分律行事鈔資持記中三下。

〔二〕出義浄撰南海寄歸内法傳卷一受齋軌則，引文見「不正食」條注。

〔三〕義浄撰四分律删繁補闕行事鈔卷下之二四藥受浄篇第一八：「報命支持，勿過於藥。藥各乃通，要分爲四。言時藥者，從旦至中，聖教聽服，事順法應，不生罪累。」

〔四〕玄奘譯阿毗達磨順正理論卷九：「身由食住，命託食存，食已令心，適悦安泰。」

〔五〕摩訶僧祇律卷三：「如是根食、穀食、肉食，皆名時食，何以故？時得食，非時不得食，是名時食。」

不正食 四分律云佉闍尼〔一〕，此云不正食。○寄歸傳云：半者珂但尼，此云五嚼食，謂根、莖、葉、華、菓等。傳云：若已食前五，必不食後五。若先食後五，則前五隨意噉之〔二〕。今僧齋後不食菓菜等是。

【校注】

〔一〕四分律卷一五：「佉闍尼食者，根食乃至果食、油食乃至磨細末食。食者，飯、麨、乾飯、魚及肉。」

〔二〕義浄撰南海寄歸内法傳卷一受齋軌則：「半者蒱膳尼，半者珂但尼。蒱膳尼以含噉爲義，珂但尼即齧嚼受名。半者謂五也。半者蒲膳尼，應譯爲五噉食，舊云五正者，准義翻也，一飯、二麥豆飯、三麨、四肉、五餅。半者珂但尼，應譯爲五嚼食，一根、二莖、三葉、四花、五果。其無緣者若食初五，後五必不合餐。若先食後五，前五噉便隨意。」

齋 起世因本經云：烏脯沙陀，隋言增長〔一〕。謂受持齋法，增長善根故。佛教以過中不食名齋〔二〕。

【校注】

〔一〕隋達摩笈多譯起世因本經卷七：「烏晡沙他，隋言受齋，亦云增長。」

〔二〕大般涅槃經集解卷六五：「夫齋者，過中不食，一日一夜清素謂之爲齋。」

齋正時　毗羅三昧經〔一〕云：佛爲法慧菩薩説四食時，一、旦時，爲天食。二、午時，爲法食。時佛斷六趣，因令同三世佛故，制日午爲法食正時也。○僧祇律云：午時日影過一髮一瞬，即是非時〔二〕。

【校注】

〔一〕按：毗羅三昧經，釋僧祐撰出三藏記集卷五、隋法經等撰衆經目録卷二等録爲疑經，大唐内典録卷四著録毗羅三昧經二卷，並云：「文帝元嘉四年，涼州沙門釋智嚴，弱冠出家，遊方博學，遂於西域遇得前經梵本，齎至揚都，於枳園寺共寶雲出。嚴之神德，備高僧傳，不復妄載。」唐明佺等撰大周刊定衆經目録卷一曰：「毗羅三昧經一部二卷，右宋代沙門釋智嚴譯。」智昇撰開元釋教録卷五：「毗羅三昧經二卷，祐等諸録，皆注爲疑，大周録中刊之爲正。今尋文言淺鄙，義理疏遺，故入疑科，用除稗穢。」又卷八：「右毗羅三昧經下八部九卷，古舊録中皆編僞妄，大周刊定附入正經。尋閲宗徒，理多乖舛，論量義句，頗涉凡情，且附疑科，難從正録。」後佚。法苑珠林卷四二受請篇第三九之二食時部第五引毗羅三昧經曰：「世尊爲法惠菩薩説云：食有四種：旦天食時、午法食時、暮畜生食時、夜鬼神食時。佛斷六趣，因令同三世佛故，日午時是法食時也。」

〔二〕按：摩訶僧祇律卷一五：「有罪非時非非時者，正中時是名非時，亦非非時。」四分律删繁補闕行事鈔卷中之三：「僧祇：日正中時名時非時，若食得吉。時過如一瞬一髮，食得提。」

粥　亦不正食攝。○僧祇律云：粥出釜，劃〔一〕不成字，始名不正食〔二〕。○增輝記云：小食者，粥是。○讀五部律文，粥之緣起有三：初僧祇律云：佛住舍衛國，難陀母令作釜餅〔三〕，逼上汁自飲，覺身中風除食消，便作念：闍梨是一食人，應當食粥。乃取多水少米，煎去二分，然後入胡椒、蓽撥末，盛滿甖，持詣佛所，白言：唯願世尊，聽諸比丘食粥。佛許，仍爲説偈〔四〕。偈在後文。○次四分律云：佛在那頻頭國，因毚沙施粥，佛許之〔五〕。○後十誦律云：婆羅門王阿耆達施八般粥，謂乳、酪、胡麻、豆、摩沙、荏、蘇等，佛許之〔六〕。

【校注】

〔一〕劃：底本作「餅」，據明刻本、江户刊本校改。

〔二〕摩訶僧祇律卷二九：「若粥初出釜，畫不成字者。聽除肉粥、魚粥，餘一切粥，非處處食，非別衆食，非滿足食。」

〔三〕令：江户刊本誤作「人」。飦：明刻本作「飯」。

〔四〕摩訶僧祇律卷二九：「佛住舍衛城，時城内難陀母憂婆斯荼羅母半月中三受布薩，八日、十四日、十五日，布薩日作食，先飯比丘後自食，至明日復作布薩，食作釜飯，逼上飯汁自飲，即覺身中内風除宿食消。覺飢須食，作是念：阿闍梨是一食人，應當須粥。取多水著少米，合煎去兩分，然後内胡椒蓽茇。粥熟已，盛滿甕，持詣祇洹精舍。至已，稽首佛足，卻住一面，白佛言：唯願世尊，聽諸比丘食粥。佛言：從今日後，聽食粥。」

〔五〕見四分律卷一三，文繁不録。

〔六〕十誦律卷一四：「佛在舍衛國，爾時毗羅然國有婆羅門王，名阿耆達。……值時無粥，即作種種粥：酥粥、胡麻粥、油粥、乳粥、小豆粥、摩沙豆粥、麻子粥、清粥，辦已奉佛，佛言：與衆僧。衆僧不受：佛未聽我等食八種粥。以是事白佛，佛言：從今日聽食八種粥。」

粥正時　四分律云：明相出，始得食粥，餘皆非時〔一〕。○婆沙論云：明相有三：初、日照剡部樹身，天作黑色；二、日照樹葉，天作青色；三、日過樹，天作白色。三色中，取白色爲正時〔二〕。須舒手，見掌文分明，始得食粥。

【校注】

〔一〕四分律卷一四：「時者，明相出乃至日中，按此時爲法。四天下食亦爾。非時者，從日中乃至明相未出。」

〔二〕薩婆多毗尼毗婆沙卷四：「明相者，有種種異名，有三種色：若日照閻浮提樹，則有黑色。若照樹葉，則有青色。若過樹照閻浮提界，則有白色。於三色中，白色爲正。」

食體　用香、味、觸三法爲體〔一〕。

【校注】

〔一〕玄奘譯阿毗達磨順正理論卷三〇：「然段食體，事别十三，以處總收，唯有三種：謂唯欲界香、味、觸三。一切皆爲段食自體，可成段别而吞噉故。謂以口鼻分分受之，以少從多，故作是説。」又：「諸段食，要進口中，咀嚼令碎，壞其形顯，香、味、觸增，方成食事。非未咀嚼香味觸增，分明可了。如已咀嚼，故唯香味觸，是真實食體。」

食相　以變壞爲相〔一〕。謂入腹變壞，能資益諸根大種，方成食相。

【校注】

〔一〕玄奘譯成唯識論卷四：「段食變壞爲相，謂欲界繫香、味、觸三，於變壞時，能爲食事。」

食事　婆沙論云：食於二時，能作食事：一、初食時，能消飢渴；二、消化時，能益諸根大種〔一〕。

【校注】

〔一〕玄奘譯阿毗達磨大毗婆沙論卷一三〇：「云何長益是食相耶？答：雖所飲食，有損有益，但今説食，謂益非損。益有二時：一、初食時，二、消化時。或有消化時損，初食時益，如食美毒，此亦名食；或有初食時損，消化時益，如服苦藥，此亦名食。由此二種，隨於一時作食事故，皆得名食，故説長益，名爲食相。」又卷一三一：「有説二時俱能資益離染身故，謂食於消化時，能作食事。」

食義　佛地論云：任持名食，謂能任持色身，令不斷壞，長養善法〔一〕。又資益義，若未噉、及入腹未消化，并爲患者，皆不成食義。至經口入腹消化，流入五臟，充浹〔二〕四肢，補氣益肌，方成食義。

【校注】

〔一〕親光等造、玄奘譯佛地經論卷一：「是任持因，故説爲食。如有漏法，雖障無漏，然持有漏，得名爲食。無漏亦爾，雖斷有漏，然持無漏，云何非食？此浄土中諸佛菩薩後得無漏，能説能受大乘法味，生大喜樂，又正體智受真如味生大喜樂，能任持身，令不斷壞，長養善法，故名爲食。」

〔二〕浹：明刻本作「益」。

食三德　一、輕軟，二、浄潔，三、如法〔一〕。

【校注】

〔一〕曇無讖譯大般涅槃經卷一壽命品第一：「其食甘美，有六種味：一、苦，二、醋，三、甘，四、辛，五、鹹，六、淡。復有三德：一者輕軟，二者浄潔，三者如法。」

六味　甘、辛、鹹、苦、酸、淡〔一〕。

【校注】

〔一〕參「食三德」條注。

八味　加上澀味、不了味〔一〕。

【校注】

〔一〕後漢安玄共嚴佛調譯阿含口解十二因緣經：「一切味不過八種：一者苦，二者澀，三者辛，四者鹹，五者淡，六者甜，七者酢，八者不了了味。」又慧遠大般涅槃經義記卷二：「八味具者，就六味中，分甘爲三，故有八味：一、不苦名甘，二、不酢名甘，三、不辛名甘，是名三也。」

施食五常報　五福德經：佛言：人持食施僧，有五種利：一、色，二、力，三、命，四、安，五、辯〔一〕。彼經廣有説文。此五常福報，若施者得當來報，受者獲現在樂。若上座施食，應誦偈云：施者受者，俱獲五常。色、力、命、安，得無礙辯。

【校注】

〔一〕施食獲五福報經：「人持飯食施人，有五福德。智者消息，意度弘廓，則有五福德道。何謂爲五？一曰施命，二曰施色，三曰施力，四曰施安，五曰施辯。何謂施命？一切衆生，依食而立身命，不得飯食，不過七日，奄忽壽終。是故施食者，則施命也。其施命者，世世長壽，生天世間，命不中夭，衣食自然，財富無量。何謂施色？得施食者，顏色光澤。不得食時，忿無潤形，面目燋悴，不可顯示。是故施食者，則施顏色。其施色者，世世端正，生天世間，姿貌煒煒，世之希有，見莫不觀，稽首爲禮。何者施力？人得飯食，氣力强盛，舉動進止，不以爲難。不得食者，飢渴熱惱，氣息虛羸。是故施食則施力也。其施力者，世世多力，生天世間，力無等雙，出入進止而不衰耗。何謂施安？人得飯食，身爲安隱，不以爲患。不得食者，心愁身危，坐起無賴，不能自定，是故施食則施安也。其施安者，世世無患，心安身强，生天世間，不受衆殃，所可至到，常遇賢良，財富無數，不中夭傷。何謂施辯？得施食者，氣充意强，言語通利。不得食者，身劣意弱，不得説事，口難發言。是故施食則施辯才。其施辯者，世世聰明，生天世間。言辭辯慧，口辯流利，無一瑕穢，聞者喜悅，莫不戴仰。」

粥十利　僧祇律：因難陀母施衆僧粥，佛説偈云：持戒清淨人所奉，恭敬隨時以粥施。十利饒益於行者，色力壽樂辭清辯。宿食風除飢渴消，是名良藥佛所説。欲得人天長受樂，應當以粥施衆僧〔一〕。今析十利者：一、色，二、力，三、壽，四、樂，五、詞清，俱舍云：詞謂訓釋言詞也〔二〕。六、辯〔三〕，俱舍云：辯謂展轉，言無滯礙也〔四〕。七、宿食消，八、風除，九、消飢，十、消渴。

【校注】

〔一〕出摩訶僧祇律卷二九。參「粥」條注四。

〔二〕世親造、玄奘譯阿毗達磨俱舍論卷二七：「詞謂一切訓釋言詞。」

〔三〕辯：底本作「辨」，據明刻本、江户刊本改。下「辯」字同。

〔四〕阿毗達磨俱舍論卷二七：「辯謂展轉，言無滯礙。」

食前唱密語

外道弟子尸利毱多，即樹提伽長者姊夫也，以毒和食，請佛及衆僧〔一〕齋。佛知，亦許之。佛語大衆：待唱僧跋，然後可食。由是衆毒，竟無所害〔二〕。○梵摩難國王經云：夫欲施食者，皆當平等，不問大小。於是佛令阿難臨飯唱僧跋。僧跋者，衆僧飯皆平等〔三〕。○寄歸傳云：三鉢羅佉多，舊云僧跋，訛也〔四〕。

【校注】

〔一〕僧：據明刻本補。

〔二〕見馬鳴造、後秦鳩摩羅什譯大莊嚴論經卷一三。文繁不録。

〔三〕佛説梵摩難國王經：「夫欲施者，皆當平心不問大小。佛於是令阿難臨飯説僧跋。僧跋者，衆僧飯皆悉平等。」

〔四〕義浄撰南海寄歸内法傳卷一：「三鉢羅佉哆，譯爲善至，舊云僧跋者，訛也。」

五觀　觀，去聲。凡喫粥食，先須端想，誦之訖，方食，蓋自警也。一、計工多少，量彼來處。智度論云：此食墾植、收穫、舂磨、淘汰、炊煮及成，用工甚多。一鉢之飯，作夫流汗，食少汗多〔一〕。○僧祇律云：施主減其妻子之分，求福故施〔二〕。二、忖己德行，全缺應供。毗尼母云：若不坐禪誦經，營三寶事，不持戒受人信施，爲施所墮〔三〕。缺則不宜，全則可也〔四〕。三、防心離過，貪等爲宗。明了論疏〔五〕云：出家先須防心三過：謂於上味食起貪，下味食起嗔，中味食起癡。以此不知慚愧，墮三惡道。四、正事良藥，爲療形苦。形苦者，即飢渴爲主病，四百四病〔六〕爲客病，故須以食爲醫療，用扶持之。若食粥，可云不正良藥。五、爲成道業故，應受此食。不食成病，道業何從？故假段食〔七〕資身也。古人云：先結款狀，既食，不可忘於修道。

【校注】

〔一〕鳩摩羅什譯大智度論卷二三：「思惟此食，墾植、耘除、收穫、蹂治、舂磨、洮汰、炊煮乃成，用功甚重，計一鉢之飯，作夫流汗，集合量之，食少汗多。」

〔二〕摩訶僧祇律卷二二：「我奪妻子分，布施求福，計此一粒，百功乃成。」

〔三〕墮：底本、永田文昌堂本、擁萬閣本、出雲寺本、備要本、大正藏本、世界書局本誤爲「隨」，據明刻本、江戸刊本改。下「墮三惡道」之「墮」字同。

〔四〕毗尼母經卷二：「若比丘不坐禪，不誦經，不營佛法僧事，受人施，爲施所墮。若有三業，受施無過。若前人無三業，知而轉施與者，受施能施，二皆爲施所墮。若比丘食檀越施，以知足爲限。若飽强飲食者，爲施所墮。」

〔五〕按：明了論即律二十二明了論，一卷，弗陀多羅多造，真諦譯，其卷後題記曰：「陳光大二年，歲次戊子，正月二十日，都下定林寺律師法泰於廣州南海郡内，請三藏法師俱那羅陀翻出此論，都下阿育王寺慧愷謹爲筆受，翻論本得一卷，註記解釋得五卷。」五卷之「註記解釋」，恐即此所謂明了論疏，已佚。又：四分律删繁補闕行事鈔卷下之二亦有「五觀」之説，其引明了論疏曰：「律中説出家人受食，先須觀食，後方得噉。凡食有三種：上食起貪，應離四事：一、喜樂過，貪著香味，身心安樂，縱情取適故；二、離食醉過，食竟身心力强，不計於他故；三、離求好顔色過，食畢樂於光悦勝常，不須此心；四、離求莊嚴身過，食者樂得充滿肥圓故。二者下食，便生嫌瞋，多墮餓鬼，永不見食。三者中膳，不分心眼，多起癡捨，死墮畜生中，作諸噉糞、樂糞等蟲。初貪重故，並入地獄。」

〔六〕四百四病：因四大（地、水、火、風）不調和而引起的疾病的總數。四大不調，各生一百零一種病。吴天竺沙門竺律炎共支越譯佛説佛醫經：「人身中本有四病：一者地，二者水，三者火，四者風。風增氣起，火增熱起，水增寒起，土增力盛，本從是四病，起四百四病。」

〔七〕段食：是一般的物質食物。因爲分段食用，故曰段食。大乘法苑義林章卷四：「段者分段，分分受之，能持身命。」參「食體」條注。

附録：

四分律删繁補闕行事鈔卷下之二：「夫沙門之異俗，由立行有堅貞，同鄙世之昏悶，餘行亦可知矣，故成論云：現見在臭屎中生，不在磐石中者，由貪味香故也。今故約食時立觀，以開心道，略作五門。明了論如此分之：初、計功多少，量他來處。智論云：思惟此食，墾植、耘除、收穫、蹂治、舂磨、淅沙、炊煮乃成，用功甚多。計一鉢之食，作夫流汗，集合量之，食少汗多。須臾變惡，我若貪心，當墮地獄，噉燒鐵丸。從地獄出，作諸畜生，償其宿債。或作豬狗，常噉糞除。故於食中，應生厭想。僧祇云：告諸比丘，計此一粒米，用百功乃成。奪其妻子之分，求福故施，云何棄之？二、自忖己身德行。毗尼母云：若不坐禪誦經，不營佛法僧事，受人信施，爲施所墮。若無三業，知故而施，俱爲施墮。比丘强飽食施主食憍慢意，或自食己食强飽過分，爲施所墮，以其食亦從施主得故。何以故？佛長夜中常嘆最後限食，謂末後減口食。施持戒者能受能消，施持戒果報大，破戒果報少。如是呵責，如上律文。足食已，更强食者，不加色力，但增其患，故不應無度食。三、防心離過。明了論疏云：律中説出家人受食，先須觀食，後方得噉。凡食有三種：上食起貪，應離四事：一喜樂過，貪著香味，身心安樂，縱情取適故；二離食醉過，食竟身心力强，不計於他故；三離求好顏色過，食畢樂於光悦勝常，不須此心；四離求莊嚴身過，食者樂得充滿肥圓故。二者下食，便生嫌瞋，多墮餓鬼，永不見食。三者中膳不分心眼，多起癡捨，死墮畜生中，作諸噉糞、樂糞等蟲。初貪重故，並入地獄。且略如此。反此三毒，成三善根，生三善道，謂無貪故，生諸天，中下二可知。四、正事良藥觀。分二：爲除故病，飢渴不治，交廢道業；不生新病，食飲減約，宿食消滅。又以二事爲譬：初如油膏車，但得轉載，焉問油之美惡；二欲度險道，有子既死，飢窮餓急，便食子肉，必無貪味。五、爲成道業，觀三種：一爲令身久住故。欲界之身，必假摶食。若無，不得久住，道緣無託故。二爲相續壽命。假此報身，假命成法身慧命故。三爲修戒定慧，伏滅煩惱故。持世云：若不除我倒，此是外道，不聽受人一杯之水，佛藏亦爾，必厭我倒。於納衣麤食，不應生著。五明隨治雜相。華嚴云：若得食時，當願衆生爲法供養，志存佛道。五分：若不爲解脱出家者，不得受請。若坐禪誦經，檢校僧事，並爲解脱出家者，聽受僧次。十誦：若到食處，應默然一心，淨持威儀，生他善心，當徐入徐坐。應觀是食，難求難得難成辨（校注者按：據大正藏校記，宋紹興三年刊宫内省圖書寮藏本「辨」作「辦」，當從）。當觀入口，在生藏熟藏，若後出時，唯是不淨。」

食法

梵摩難國王經云：夫欲食，譬如人身病服藥，趣令其愈，不得貪著〔一〕。〇摩德伽論云：若得食時，口口作念。凡食，限三匙爲一口，第一匙默云：願斷一切惡。第二匙云：願修一切善。第三匙云：所修善根，迴向衆生，普共成佛。準論：須口口作念。若省繁，但初口一〔二〕匙，總念亦得〔三〕。

【校注】

〔一〕佛説梵摩難國王經：「夫欲食美，當存念重戒，一切衆生，皆我親屬。但展轉久遠，各更生死，不識其本耳。譬如人身體，有瘡及病者，服藥趣令其愈，不得貪著。」

〔二〕一：底本、永田文昌堂本、擁萬閣本、出雲寺本、江戸刊本、備要本、大正藏本、世界書局本作「三」，據明刻本改。

〔三〕摩德伽論：即薩婆多部毗尼摩得勒伽，劉宋元嘉年間僧伽跋摩譯，未見有此説。蕭齊僧伽跋陀羅譯善見律毗婆沙卷一五：「至受食時，口口作念。」又法苑珠林卷四二受請篇第三九之二食法部第六：「正下食時，復須作念。初下一匙飯時，願斷一切惡盡。下第二匙時，願修一切善滿。下第三匙時，願所修善根，迴施衆生，普共成佛。若不能口口作念，臨欲食時，總作一念亦得。故摩德勒伽論云：若得食時，口口作念。」

食量

增一阿含經云：若過分飽食，則氣急身滿，百脉不調，令心壅塞，坐卧不安。若限少食，則身羸心懸，意慮無固。偈云：多食致苦患，少食氣力衰。處中而食者，如秤無高下〔一〕。○經云：多食人有五苦：一、大便數，二、小便數，三、多睡，四、身重不堪修業，五、多患不消化〔二〕。○大薩遮經偈云：噉食太過人，身重多懈怠，現在未來世，於身失大利，睡眠自受苦，亦惱於他人。迷悶難寤寤，應時籌量食〔三〕。

【校注】

〔一〕按：增壹阿含經未見此説。法苑珠林卷四二受請篇第三九之二食法部第六：「若過分飽食，則氣急身滿，百脉不通，令心壅塞，坐念不安。若限分少食，則身羸心懸，意慮無固。故增一阿含經偈云：多食致患苦，少食氣力衰，處中而食者，如秤無高下。」

〔二〕後秦竺佛念譯出曜經卷九：「佛契經説多食之人有五苦患。云何爲五？一者大便數，二者小便數，三者饒睡眠，四者身重不堪修業，五者多患食不消化。」

〔三〕出元魏菩提流支譯大薩遮尼乾子所説經卷五問罪過品。寤寤：或爲「寤寐」之誤。據大正藏本校記，元本、明本大薩遮尼乾子所説經作「覺寤」。

食戒

蘇悉底經云：一日一食，不得再食，不應斷食，於食有疑不須食〔一〕。

【校注】

〔一〕唐輸迦婆羅譯蘇悉地羯囉經卷上分别戒法品第七：「一日一食，不得再食，不應斷食，不應多食，不應全少。於食有疑，不須食之。」

出生　律云衆生食，即爲鬼子母〔一〕也。毗奈耶云：訶利帝母爲求愛兒，佛爲受三歸五戒已，白佛言：從今何食？佛言：勿憂。於剡部洲，有我弟子，每食次，出衆生食施汝，皆令飽滿〔二〕。○鈔云：出生，或在等供前後，隨情安置〔三〕。今詳：若食是米麵所成者，方可出之。或蔬茹不用，緣物類不食，翻成棄也。如愛道經云：出生餅，如指甲大〔四〕。又出生偈〔五〕云：汝等鬼神衆，我今施汝供。七粒遍十方，一切鬼神共。以食出生時，默誦此偈。

【校注】

〔一〕鬼子母：音譯訶利帝母，又稱歡喜母、暴惡母或愛子母。原爲神通很大的餓鬼，專喫人間小孩，經釋迦牟尼教化後，成爲專司護持兒童的護法神。

〔二〕義浄譯根本説一切有部毗奈耶雜事卷三一：「時訶利底母親於佛所，受三歸依并五學處，不殺生乃至不飲酒，前白佛言：世尊，我及諸兒，從今已去何所食噉？佛言：善女，汝不須憂。於贍部洲所有我諸聲聞弟子，每於食次，出衆生食，并於行末，設食一盤，呼汝名字，并諸兒子，皆令飽食，永無飢苦。」

〔三〕四分律删繁補闕行事鈔卷下之三：「出衆生食，或在食前，唱等得已出之，或在食後，經論無文，隨情安置。」

〔四〕道宣四分律比丘尼鈔卷下之上：「愛道尼經云：出衆生食，如指甲大。」

〔五〕敕修百丈清規卷六作出生想念偈。

施食

涅槃經云：佛化曠野鬼神，爲受五戒訖，白佛言：我及眷屬，惟食腥血。今佛戒我不殺，云何存濟？佛言：從今當敕聲聞弟子，隨有修行處，悉令施汝飲食。於是制戒：從今比丘當常施曠野鬼神食，若有住處不能施者，非我弟子〔一〕。施食有二種：若施曠野鬼神者，即是同食寺院。佛令設二供養位：一曠野鬼神，一鬼子母，並取僧食，呼名施之。若比丘各自備一斛食施者，即依焦面大士經〔二〕，施與餓鬼也。

【校注】

〔一〕南本大般涅槃經卷一五：「有一鬼神，即名壙野，純食肉血，多殺衆生，復於其聚日食一人。善男子，我於爾時爲彼鬼神廣説法要。……令彼鬼神受不殺戒。……爾時彼鬼即白我言：世尊，我及眷屬唯仰血肉以自存活，今以戒故，當云何活？我即答言：從今當敕聲聞弟子，隨有修行佛法之處，悉當令其施汝飲食。善男子，以是因緣，爲諸比丘制如是戒：汝等從今常當施彼壙野鬼食，若有住處不能施者，當知是輩非我弟子，即是天魔徒黨眷屬。」

〔二〕焦面大士經：即唐實叉難陀譯佛説救面然餓鬼陀羅尼神咒經，一卷，亦云施餓鬼食咒經。

乞食

善見〔一〕云分衛，此云乞食。◯僧祇〔二〕云：乞食，分施僧尼，衛護令修道業，故云分衛。◯法集云：出家爲成道，行乞食者，破一切憍慢故〔三〕。◯十二頭陀經云：食有三種：一、受請食，二、衆僧食，三、常乞食。若前二食，起諸漏因緣。所以者何？受請食者，若得請，便言我有福德好人。若不請，則嫌恨彼，或自鄙薄，是貪憂法，則能遮道。若僧食者，當隨衆法，斷事擯人，料理僧事，心則散亂，妨廢行道，有如是等惱亂因緣，應受乞食法〔四〕。◯寶雲經云：凡乞食，分爲四分：一分奉同梵行者，一與窮乞人，一與諸鬼神，一分自食〔五〕。◯寶雨經云：成就十法名乞食：一、爲攝受諸有情，二、爲次第，三、爲不疲厭，四、知足，五、爲分布，六、爲不耽嗜，七、爲知量，八、爲善品現前，九、爲善根圓滿，十、爲離我執〔六〕。◯肇法師云：乞食略有四意：一爲福利群生，二爲折伏憍慢，三爲知身有苦，四爲除去滯著。

【校注】

〔一〕善見：即善見律毗婆沙。

〔二〕僧祇：即摩訶僧祇律。

〔三〕元魏菩提流支譯佛說法集經卷一：「出家者，爲成聖道故；著染衣者，遠離一切世間事故；乞食者，爲破一切憍慢心故。」

〔四〕求那跋陀羅譯佛説十二頭陀經："欲入聚落乞食之時，當制六根，令不著色聲香味觸法，又不分别男女等相，得與不得，其心平等。若好若惡，不生增減。不得食時，應作是念：釋迦如來捨轉輪王位出家成道，入里乞食，猶有不得，況我無福薄德之人而有得耶？是爲乞食法行者。若受請食，若衆僧食，起諸漏因緣。所以者何？受請食者若得食，便作是念：我是福德好人，故得。若不得食，則嫌恨請者，彼無所别識，不應請者請，應請者不請；或自鄙薄懊惱，自責而生憂苦。是貪愛法，則能遮道。僧食者，入衆中當隨衆法，斷事擯人，料理僧事，處分作使。心則散亂，妨廢行道。有如是等惱亂事故，應受常乞食法。"

〔五〕梁曼陀羅仙譯寶雲經卷五："乞食之食，分作四分：一分與同梵行者，第二分與窮下乞食之者，第三分與諸鬼神，第四分自供身食。"

〔六〕唐達摩流支譯佛説寶雨經卷八："菩薩成就十種法，名爲乞食：一者，爲攝受諸有情故而行乞食；二者，爲次第故而行乞食；三者，爲不疲厭故而行乞食；四者，爲知足故而行乞食；五者，爲分布故而行乞食；六者，爲不耽嗜故而行乞食；七者，爲知量故而行乞食；八者，爲善品現前故而行乞食；九者，爲善根圓滿故而行乞食；十者，爲離我執想而行乞食。"

長食　長字平聲。摩得勒伽云：白衣舍早起作，食熟未食，先留出家人分，是名長食〔一〕。○優婆塞戒經云：若有人能日日立要，先施僧食，然後自食，如其不違，即是微妙智慧因緣。如是施主，施中最上，亦得名爲上施主〔二〕。梵語陀那鉢底，唐言施主，今稱檀那者，即訛陀爲檀，去鉢底，留那故也。攝大乘論云：能破慳悋嫉妬及貧窮下賤苦故，稱陀。後得大富，及能引福德資糧故，稱那〔三〕。又呼檀越者，檀者施也，謂此人行檀，能越貧窮海故。○君子者，禮記云：博聞强識而讓曰君子〔四〕。○長者，韓子云：重厚自居曰長者〔五〕。若天竺，皆是大富者稱之。○居士者，智〔六〕度論云：除四姓外，通名居士〔七〕。此非所要，恐訐請忽有顧〔八〕問，亦補闕如〔九〕也。

【校注】

〔一〕僧伽跋摩譯薩婆多部毗尼摩得勒伽卷二：「長食者，謂白衣舍早起作，食熟未食，先留出家人分，名爲長食。食此食者，不犯。」

〔二〕曇無讖譯優婆塞戒經卷五：「若有人能日日立要：先施他食，然後自食。若違此要，誓輸佛物，犯則生愧。如其不違，即是微妙智慧因緣。如是施者，諸施中最，是人亦得名上施主。」

〔三〕真諦譯攝大乘論卷中：「能破滅吝惜嫉妒及貧窮下賤苦故，稱陀。復得爲大富主，及能引福德資糧故，稱那。」

〔四〕禮記曲禮上：「博聞强識而讓，敦善行而不怠，謂之君子。」

〔五〕韓非子詭使：「重厚自尊，謂之長者。」

〔六〕智：據明刻本補。
〔七〕鳩摩羅什譯大智度論卷九八：「婆羅門性中生受戒故，名婆羅門，除此通名居士。居士真是居舍之士，非四姓中居士。」
〔八〕顧：底本及餘三卷本皆作「項」，據明刻本改。
〔九〕闕如：底本、永田文昌堂本、擁萬閣本、出雲寺本、備要本、大正藏本、世界書局本作「缺布」，江户刊本作「缺如」，據明刻本改。

赴請

宣律師云：下之赴上曰赴，上之赴下曰訃〔一〕。今之赴請儀式，行香定座之事，皆道安法師布置也〔二〕。南山鈔有赴請設則篇，文多不録。大凡若到施主家視之，或未安佛像及聖僧座，應告安置之。諸比丘各須詢問年歲年歲即夏臘也。大小，次第坐之〔三〕。○僧祇律云：坐訖，上座須勞問施主生活等〔四〕。勞，去聲。十誦律云：住家上座赴請衆上座名住家。應好觀自徒衆，莫令諸根散亂調戲。當淨持威儀，令生檀越善心〔五〕。齋訖，應爲讚歎飲食，如法呪願。應謝施主云：厚施如法，貧道何德堪之〔六〕！○僧祇律云：請有二種：一、僧次，二、私請。或得種種雜物施者，若僧次歸僧，若私請歸己〔七〕。

【校注】

〔一〕四分律删繁補闕行事鈔卷下之三道宣注曰：「下之赴上爲赴字，上之赴下爲訃字。」

〔二〕按：高僧傳卷五道安傳：「釋道安，姓衛氏，常山扶柳人也。……安既德爲物宗，學兼三藏，所制僧尼軌範，佛法憲章，條爲三例：一曰行香定座上講經上講之法，二曰常日六時行道飲食唱時法，三曰布薩差使悔過等法。天下寺舍，遂則而從之。」

〔三〕見四分律刪繁補闕行事鈔卷下之三訃請設則篇第二三。

〔四〕摩訶僧祇律卷三四明威儀法之一（上坐法）：「説戒時，僧未集有檀越來者，上座應爲説法，共相勞問。」

〔五〕十誦律卷五七：「住家上座應好觀自徒衆，莫令諸根散亂調戲。當淨持威儀，起檀越善心，是名住家上座法。」

〔六〕四分律刪繁補闕行事鈔卷下之三：「還寺去時，上座八人相待，餘人前去。應僧徒從座而起，整理衣鉢，乃至次第而行，至請門首告云：檀越厚施如法，貧道何德堪之！」

〔七〕摩訶僧祇律卷三一：「請有二種：一、僧次，二、私請。彼間得種種雜施，僧次得物入僧，私請得物自入己。」

言語避諱 律云：有長者，先世壓油爲業，請善法比丘齋，有小不愜，便諷云：食味甚好，唯少胡麻滓。既觸諱，長者遂不悦，佛於是制戒〔一〕。凡赴請，必先問賓宅中所諱。僧祇律云：齋家慎勿喧笑，及交頭雜説，妄談世事〔二〕。○法苑云：今見哀孝之家，比丘筵上放情語笑，談説世事，實爲俗嗤，仁者宜忌之〔三〕。

【校注】

〔一〕見四分律卷四四，文繁不録。

〔二〕見四分律删繁補闕行事鈔卷下之三訃請設則篇第二三。

〔三〕按：出釋道世集諸經要集卷二〇：「今見齋會之處，後生前到，已得上妙之處，若見上座老師來，都不起迎，逆遜讓坐。處污法之深，寔由年少。復見向他貴勝之家，或經新喪重孝，或爲考妣遠忌，在會道俗，放情歡笑，喧亂大衆，豈免俗譏高僧之類矣！」

齋不請强往　今時云揬齋也。鼻奈耶云：佛遊王舍城，諸長者或請一二比丘齋，其不請自往者有四五，諸長者譏嫌。以食不足故也。佛制戒云：不請强往者，犯波逸提〔一〕。

【校注】

〔一〕後秦竺佛念等譯鼻奈耶卷七：「佛世尊遊王舍城迦蘭陀竹園所。當於爾時，人民飢饉，乞求難得。諸長者或請一比丘，或請兩比丘，其不請往者，或四或五。諸長者見，自相謂言：此沙門釋子不知厭足，無有慚愧。其請一者，五三自往。十二法比丘聞，往白世尊，世尊告曰：若比丘不請强往者，墮。」

行香　南山鈔云：此儀自道安法師布置〔一〕。○賢愚經云：爲蛇施金設齋，令人行香僧手中〔二〕。○增一經云：有施主設供者，手執香爐，白言時至。佛言：香爲佛使，故須然也〔三〕。○普達王經云：佛昔爲大姓家子，爲父供養三寶，父命子傳香〔四〕。故知行香非始今世。○大遺教經云：比丘欲食時，當爲施主燒香，三唄讚揚布施〔五〕。若今念「如來妙色身」三節文，出勝鬘經，今呼行香梵〔六〕。○律中行香不許坐受。○三千威儀經云：爲女人行香，恐觸手生染，故許坐受〔七〕。○受香偈云：戒定慧解知見香，遍十方界常芬馥。願此香煙亦如是，無量無邊作佛事〔八〕。五分法身名香者，增一經云：佛言：有妙香三種：謂戒香、聞香、施香。此三種，逆風、順風皆香，最爲殊妙，無與等者〔九〕。今詳：戒香爲因，能生定、慧二香，解脱、解脱知見二香，即果從因以名之〔一〇〕。

【校注】

〔一〕四分律删繁補闕行事鈔卷下之三：「行香咒願法，四分，中食竟方爲咒願説法。而此土盛行並在食前，道安法師布置此法。」

〔二〕見元魏慧覺等譯賢愚經卷三七瓶金施品第一八。此品即講爲蛇施金事，文繁不録。

〔三〕出增壹阿含經卷二六。

〔四〕普達王經：「乃昔摩訶文佛時王爲大姓家子，其父供養三尊，父命子傳香〔一〕。」

〔五〕按：大遺教經，即佛垂般涅槃略説教誡經，亦名佛遺教經，後秦鳩摩羅什譯，一卷，未見此說。

〔六〕行香梵：即如來唄，爲行香讚佛時所唱，有二偈，出勝鬘經（勝鬘師子吼一乘大方便方廣經），其一爲：「如來妙色身，世間無與等；無比不思議，是故今敬禮。」其二爲：「如來色無盡，智慧亦復然。一切法常住，是故我歸依。」

〔七〕後漢安世高譯大比丘三千威儀卷上：「所以坐受香者，達波國有比丘住處，婦女行香觸比丘手，因起欲心，即時罷道。師問所以，即説因緣。因是白佛，佛即制戒：若立受香者，得突吉羅罪。」

〔八〕出唐釋義淨譯浴佛功德經。

〔九〕者：底本、備要本、大正藏本等作「有」，據明刻本改。增壹阿含經卷一三：「世尊告曰：此三種香，亦逆風香，亦順風香，亦逆順風香。阿難言：何等爲三？世尊告曰：戒香、聞香、施香。」

〔一〇〕按：「五分法身名香」者，宗杲本六祖壇經懺悔品曰：「一、戒香，即自心中無非、無惡、無嫉妒、無貪瞋、無劫害，名戒香；二、定香，即睹諸善惡境相，自心不亂，名定香；三、慧香，自心無礙，常以智慧觀照自性，不造諸惡，雖修衆善，心不執著，敬上念下，矜恤孤貧，名慧香；四、解脱香，即自心無所攀緣，不思善，不思惡，自在無礙，名解脱香；五、解脱知見香，自心既無所攀緣善惡，不可沈空守寂，即須廣學多聞，識自本心，達諸佛理，和光接物，無我無人，直至菩提，真性不易，名解脱知見香。」

梵音

梵云唄匿，華言止斷也。由是外事已止已斷，爾時寂静，任爲法事。又云：諸天聞唄，心則歡喜，故須作之。○十誦云：比丘跋提於唄聲中第一〔一〕。○長阿含經云：其梵聲有五種：一、其音正直，二、和雅，三、清徹，四、深滿，五、周遍遠聞〔二〕。○法苑云：夫唄者，讚詠之音也。當使清而不弱，雄而不猛，流而不越，凝而不滯。遠聽則汪洋以峻雅，近屬則從容以和肅。此其大致也〔三〕。昔魏陳思王曹子建游魚山，忽聞空中梵天之音，清響哀婉，其聲動心，獨聽良久，乃摹其節，寫爲梵唄，撰文製音，傳爲後式，梵音兹爲始也〔四〕。○今開經梵〔五〕「云何於此經」，乃至「廣爲衆生説」。出涅槃經第二卷迦葉菩薩問偈。○「處世界，如蓮華」，乃至「稽首禮，無上尊」〔六〕。出超日經。京師僧齋畢嚫後，亦如講散，再焚香唱此偈了，僧方起，極生人善。○開戒律梵云：「優波離爲首」乃至「諸賢咸共聽」〔七〕。出四分律第一卷偈。○「神僊五通人」乃至「稽首禮諸佛」〔八〕。出四分律偈末。

【校注】

〔一〕十誦律卷三七：「有比丘名跋提，於唄中第一。是比丘聲好，白佛言：世尊，願聽我作聲唄。佛言：聽汝作聲唄。唄有五利益：身體不疲，不忘所憶，心不疲勞，聲音不壞，語言易解。復有五利：身不疲極，不忘所憶，心不懈惓，聲音不壞，諸天聞唄聲心則歡喜。」

〔二〕佛説長阿含經卷五：「其有音聲，五種清淨，乃名梵聲。何等五？一者其音正直，二者其音和雅，三者其音清徹，四者其音深滿，五者周遍遠聞。具此五者，乃名梵音。」

〔三〕法苑珠林卷三六唄讚篇第三四述意部第一：「是故經言：以微妙音聲，歌讚於佛德，斯之謂也。……原夫經音爲懿，妙出自然。製用可修，而研響非習。蓋所以炳發道聲，移易俗聽。當使清而不弱，雄而不猛，流而不越，凝而不滯。趣發祇鷲之風，韻結霄漢之氣。遠聽則汪洋以峻雅，近屬則從容以和肅。此其大致也。」

〔四〕高僧傳卷一三：「始有魏陳思王曹植，深愛聲律，屬意經音，既通般遮之瑞響，又感魚山之神製，於是删治瑞應本起以爲學者之宗。……原夫梵唄之起，亦兆自陳思。始著太子頌及睒頌等，因爲之製聲，吐納抑揚，並法神授。今之皇皇顧惟，蓋其風烈也。」

〔五〕開經梵：講經法會之初舉唱的梵唄，即唱云何唄第二偈「云何於此經」偈文。云何唄出北涼曇無讖譯大般涅槃經卷三，其一爲：「云何得長壽，金剛不壞身。復以何因緣，得大堅固力。」其一爲：「云何於此經，究竟到彼岸。願佛開微密，廣爲衆生説。」按：明刻本完整引述此偈及後面各偈。

〔六〕按：此乃處世梵，用於法事之後。出西晉聶承遠譯佛説超日明三昧經卷上：「處世間，如虚空，若蓮花，不著水，心清淨，超於彼，稽首禮，無上聖。」

〔七〕出四分律卷一：「優波離爲首，及餘身證者，今說戒要義，諸賢咸共聽。」
〔八〕出四分律卷一：「神仙五通人，造設於咒術。爲彼慚愧者，攝諸不慚愧。如來立禁戒，半月半月說。已說戒利益，稽首禮諸佛。」

表白 僧史略云：亦曰唱導也。始則西域上座凡赴請，呪願以悅檀越之心。舍利弗多辯才，曾作上座，讚導頗佳，白衣大歡喜。此爲表白之椎輪也。○梁高僧傳云：夫唱導所貴者，其事四焉：一聲、二辯、三才、四博也。非聲無以警衆，非辯無以適時，非才言無可采，非博語無依據〔一〕。陳錢塘高僧真觀有八能，則唱導一也〔二〕。

【校注】

〔一〕贊寧撰大宋僧史略卷中行香唱導：「唱導者，始則西域上座凡赴請，咒願曰：二足常安，四足亦安，一切時中皆吉祥等，以悅可檀越之心也。舍利弗多辯才，曾作上座，讚導頗佳，白衣大歡喜。此爲表白之椎輪也。梁高僧傳論云：夫唱導所貴，其事四焉：一聲也，二辯也，三才也，四博也。非聲則無以警衆，非辯則無以適時，非才則言無可采，非博則語無依據。」按：引高僧傳文，見卷一三。

〔二〕按：續高僧傳卷三〇真觀傳：「釋真觀，字聖達，吳郡錢唐人，俗姓范氏。……沙門洪偃，才邁儒英，鉤深釋傑，面相謂曰：權高多智，耳目有名。我有四絶，爾具八能。謂義、導、書、詩、辯、貌、聲、棋是也。」

疏子　即祝佛之文也，蓋疏通施主今辰之意也。夫祝辭不敢以小爲大，故修辭者，必須確實，則不可夸誕詭妄，自貽伊戚。〇南山鈔云：比世流布，競〔一〕飾華辭，言過其實。凡豎褒成貴族，貧賤讚踰鼎食。虚妄舉事，惟增訛諂〔二〕。清言弟子者，梁武帝云：表裏俱淨，垢穢惑累俱盡，信正不信邪故。

【校注】

〔一〕競：底本作「竟」，據備要本、明刻本改。

〔二〕四分律删繁補闕行事鈔卷下之三：「比世流布，競飾華辭，言過其實。凡豎褒揚貴族，貧賤讚逾鼎食。發言必成虚妄，舉事唯增訛諂。」

行淨水　僧祇律云：讀經受食，唯用行之淨手〔一〕。

【校注】

〔一〕詳參摩訶僧祇律卷一七，然未有言讀經淨手者。法苑珠林卷九九雜要篇第九九淨口部第五：「又僧祇律云：比丘晨起，應淨洗手，不得麤洗五指，復不得齊至腕，當齊手腕以前令淨，不得麤魯洗，不得揩令血出，當以巨磨草木，若灰土澡豆皂莢洗手，揩令作聲。淨洗手已，更相揩者，便名不淨，應更洗手。比丘食前當護淨手。若摩頭捉衣等，更須洗。比丘尚爾，白衣亦然。讀經受食等，准用行之。」或爲此所本。

嚫錢 梵語達嚫拏，此云財施。今略達拏，但云嚫〔一〕。○五分律云：食後施衣物，名達嚫〔二〕。○轉輪五道經云：轉經不得倩人，乃至齋食，以達嚫爲常法，得福〔三〕。

【校注】

〔一〕慧琳撰一切經音義卷五九：「達嚫，叉覲反，經中或作大櫬，梵言訛也。案：尊婆須蜜論亦作檀，此云財施，解言報施之法，名曰達櫬。導引福地，亦名達櫬。復次，割意所愛，成彼施度，於今所益，義是檀嚫。又西域記云達櫬拏者，右也，或言馱器尼，以用右手受人所施，爲其生福故，從之立名也。經中言福田者是也。華嚴經中功德達嚫，即其義也。律文從口作嚫，近字也。」

〔二〕嚫：備要本作「拏」。五分律卷五：跋難陀先往請家，得諸人施僧衣物，後佛世尊與比丘僧往，「諸居士手自下食，食畢行水，而無布施。先不欲與跋難陀者，竊共議言：我等今日食無不備，某等無故持施僧物，獨與一人。闕此達嚫，寧無慚愧？」

〔三〕求那跋陀羅譯佛説罪福報應經：「佛言：凡作功德，皆應身爲燒香福食及以轉經，不得請人而不嚫。願如倩人食，豈得自飽不復飢耶？燒香潔净，逮薩云若，攝一切想；然燈聰明，得三達智，無所罣礙。燒香齋食，讀經達嚫，以爲常法。布施得福，諸天扶將。」按：圓照撰貞元新定釋教目録卷三〇：「罪福報應經一卷，一名輪轉五道罪福報應經，亦名轉輪五道經，亦云五道輪經。」

咒願 今呼念誦迴施也。十誦律云：佛言：應爲施主種種讚歎咒願，若上座不能，即次座能者作〔一〕。

【校注】

〔一〕十誦律卷四一：「佛言：從今食時，應唄咒願讚歎。諸比丘不知誰應作。佛言：上座作。爾時偷羅難陀少學寡聞，時爲上座。佛言：若上座不能，次第二應作。第二不能，第三應作。如是次第，能者應作。」

説法 毗婆沙論云：食竟，上座説法，有四事益：一、爲消信施；二、爲報恩；三、爲説法令歡喜，清净善根成就；四、在家人應行財施，出家人應行法施〔一〕。智度論云：以諸佛語妙善之法，爲人説，是法施。又云：常以好語有所利益，是名法施。又云：非但言説名爲法施。又云：若常以浄心善思，以教一切，是名法施。譬如財施，不以善心，不名福德〔二〕。◯增一經阿難云：一偈之中，便出三十七品及諸法。迦葉問曰：何者一偈？阿難云：諸惡莫作，衆善奉行。自浄其意，是諸佛教。所以然者，諸惡莫作，戒具之禁，清白之行，衆善奉行，心意清浄。自浄其意，除邪顛倒，是諸佛教，去愚去想。夫戒浄者，意豈不浄？意浄者，則不顛倒。以無顛倒，愚惑想滅。三十七品，果便成就。以成道果，豈非諸法乎〔三〕？食後説法，其儀久亡。今浙僧食次，誦一卷般若心經，亦是説法法施也。

【校注】

〔一〕薩婆多毗尼毗婆沙卷五：「上座説法者，所以食竟與檀越説法者：一爲消信施故；二爲報恩故；三爲説法令歡喜清浄，善根成就故；四在家人應行財施，出家人應行法施故。」

〔二〕大智度論卷一一：「問曰：云何名法布施？答曰：有人言常以好語有所利益，是爲法施。復次，有人言以諸佛語妙善之法，爲人演説，是爲法施。……非但言説名爲法施，常以浄心善思以教一切，是名法施。譬如財施，不以善心，不名福德，法施亦爾。」

〔三〕增壹阿含經卷一序品第一：「時大迦葉問阿難曰：云何，阿難，增一阿含乃能出生三十七道品之教及諸法，皆由此生？阿難報言：如是，如是，尊者迦葉，增一阿含出生三十七品及諸法，皆由此生。且置增一阿含一偈之中，便出生三十七品及諸法。迦葉問言：何等偈中出生三十七品及諸法？時尊者阿難便説此偈：諸惡莫作，諸善奉行，自浄其意，是諸佛教。所以然者，諸惡莫作，是諸法本。便出生一切善法。以生善法，心意清浄。是故迦葉，諸佛世尊身、口、意行，常修清浄。迦葉問曰：云何阿難，增壹阿含獨出生三十七品及諸法，餘四阿含亦復出生乎？阿難報言：且置，迦葉，四阿含義，一偈之中，盡具足諸佛之教，及辟支佛、聲聞之教。所以然者，諸惡莫作，戒具之禁，清白之行，諸善奉行，心意清浄，自浄其意，除邪顛倒，是諸佛教，去愚惑想。云何，迦葉，戒清浄者，意豈不浄乎？意清浄者，則不顛倒。以無顛倒，愚惑想滅，諸三十七道品果便得成就，以成道果，豈非諸法乎？」

食後漱口

根本百一羯磨：佛言：不應禮有染苾芻〔一〕，有染苾芻亦不應禮他，違者得越法罪。優波梨〔二〕白佛：云何名有染？佛言：染有二種：一、不浄染，二、飲食染。且飲食染者，若食噉未漱口，設漱刷尚有餘津膩，是名有染，若互禮招愆，故食後事須漱刷口齒〔三〕。

【校注】

〔一〕苾芻：備要本作「比丘」。

〔二〕優波梨：又作「優波離」、「優婆利」、「鄔波離」、「優婆離」等，意譯「近取」、「近執」，佛陀爲太子時的執事之人（剃頭匠），後隨佛陀出家，精於戒律，修持嚴謹，十大弟子中「持律第一」。

〔三〕義浄譯根本説一切有部百一羯磨卷八：「佛言：『不應禮彼有染苾芻，有染苾芻亦不禮他。見彼禮時，皆不應受。違者得越法罪。』『大德，云何名爲有染無染？』佛言：『染有二種：一者不浄染，二者飲食染。』」義浄注曰：「但是糞穢、涎唾污身，及大小行來未爲洗浄，身嬰垢膩，泥土坌軀，於晨旦時，未嚼齒木，正嚼齒木或除糞掃，斯等皆名不浄染也。若食噉時或未漱口，設令漱刷尚有餘津，下至飲水未洗口已來，咸名食染也。帶斯二染，未浄其身，若展轉相觸，並成不浄。由此言之，觸器令禮，招愆何惑，廣如別處也。」

嚼楊枝

僧祇律名齒木，嚼一頭碎，用剔刷牙齒中滯食也。○毗奈耶云：嚼楊枝有五利：一、口不苦，二、口不臭，三、除風，四、除熱，五、除痰㾖。○又五利：一、除風，二、除熱，三、令口滋味，四、消食，五、明目〔一〕。○僧祇律云：若口有熱氣及生瘡，應嚼楊枝，咽汁〔二〕。○百一羯磨云：嚼楊枝須在屏處，不得顯露，及往還潔浄處。或棄齒木，先以水洗，乃謦欬，或彈指警覺，方可棄於屏處。若其異者，得越法罪〔三〕。

【校注】

〔一〕按：毗奈耶，又作「鼻那夜」、「毗那耶」，又云「毗尼」、「鞞尼迦」等，佛教三藏之一，指佛所説之戒律。後秦弗若多羅譯十誦律卷四〇：「佛言：聽嚼楊枝，有五利益：一者口不苦，二者口不臭，三者除風，四者除熱病，五者除痰癊。復有五利益：一者除風，二者除熱，三者口滋味，四者能食，五者眼明。」

〔二〕摩訶僧祇律卷一六：「齒木者有二種：一擗，二團。若比丘口中有熱氣生瘡，醫言應嚼齒木、咽汁者，應當受除水及齒木，世尊説無罪。」

〔三〕義浄譯根本説一切有部百一羯磨卷八：「時諸苾芻即便在顯露，及往還潔浄處嚼。佛言：有三種事，應在屏處：一、大便，二、小便，三、嚼齒木。此皆不應在顯露處。是時六衆嚼長齒木，佛言：齒木有三，謂長、中、短。長者十二指，短齊八指，二内名中。時諸苾芻嚼齒木了，不知刮舌，仍有口臭。佛言：應須刮舌。由是我聽作刮舌篦，可用鍮石銅鐵。必其無者，破齒木爲兩片，可更互相揩去其利刃，屈而刮舌。凡棄齒木及刮舌篦，咸須水洗，謦咳作聲，或復彈指，以爲驚覺。於屏穢處，方可棄之。必其少水，於塵土内，揩挾而棄。若異此者，招越法罪。」

制一食　僧祇云：如來以一食故，身體輕便，得安樂住。汝等比丘，亦應一食。一食故，身體輕便，得安樂住〔一〕。〇又：佛制一食而有四意：一、爲破自餓外道〔二〕，二、爲育身中諸蟲，三、爲施主受用作福，四、爲資養色身大種，將進道故。

【校注】

〔一〕摩訶僧祇律卷一七：「如來以一食故，身體輕便，得安樂住。汝等亦應一食。一食故，身體輕便，得安樂住。」

〔二〕自餓外道：六苦行外道之一。不羨飲食，長久忍受飢餓。外道者，佛教以外的修行流派。

中後不食得五福

處處經云：佛言：中後不食有五福：一、少淫，二、少睡，三、得一心，四、無下風，五、身得安樂，亦不作病。是故沙門知福不食〔一〕。

【校注】

〔一〕安世高譯佛説處處經：「佛言：日中後不食有五福：一者少婬，二者少卧，三者得一心，四者無有下風，五者身安隱，亦不作病。是故沙門道士知福不食。」

絶食

佛本行集經云：若因斷食，當得大福者，其野獸等，應得大福〔一〕。藏中亦有休糧〔二〕方法，蓋防比丘有難事故。若不食，則與自餓外道同儔也。

【校注】

〔一〕隋闍那崛多譯佛本行集經卷二〇：「因於斷食，當得福者，其野獸等，應得大福。」

〔二〕休糧：一種修行的方式，不食五穀，僅喝少量的水。宋慈賢譯妙吉祥平等祕密最上觀門大教王經卷二：「坐禪食氣，如此土胎息休糧也。」貫休休糧僧詩：「不食更何憂，自由中自由。身輕嫌衲重，天旱爲民愁。應器誰將去，生臺蟻不遊。會須傳此術，相共老山丘。」

中食論　弘明集南齊沈約，字休文，撰論曰〔一〕：人所以不得道者，由於心神昏惑。心所昏惑，由於外物擾之。擾之大者，其事有三：一則榮名勢利，二則妖妍靡曼，三則甘旨肥濃。榮名雖日用，於心要無晷刻之累。妖妍靡曼，方之已深。甘旨肥濃，爲累甚切。萬事云云，皆三者之枝葉耳。聖人知不斷此三事，求道無從可得，不得〔二〕不爲之立法，使簡〔三〕而易從也。若直言三事惑本，並宜禁絶，而此三事，是人情所惑甚，念慮所難遣，雖有禁之旨，事難卒從。譬於方舟濟河，豈不欲直至彼岸？河既急，會無直濟之理，不得不從邪流〔四〕，靡久而獲至，非不願速，事難故也。禁此三事，宜有其端，何則？食之於人，不可頓息。於其情性，三累莫甚。故以此晚食，併置中前。自中之後，清虛無事。因此無事，念慮得簡。在始未專，在久自習。於是束八支，紆以禁戒。靡曼之欲，無由得前。榮名衆累，稍從事遣。故云往古諸佛，過中不食，蓋是遣累之筌罤，適道之捷徑。而惑者謂止於不食，此乃迷於向方，不知厥路者也。

【校注】

〔一〕按：沈約述僧中食論，見釋道宣撰廣弘明集卷二四，個別文字有異，僅對影響文意者，略作校補。

〔二〕不得：諸本無，據廣弘明集補。

〔三〕簡：諸本無，據廣弘明集補。

〔四〕邪流：廣弘明集作「流邪」。

釋氏要覽卷中

錢塘月輪山居講經論賜紫沙門釋道誠　集

禮數　道具　制聽　畏慎　勤懈　三寶　恩孝　界趣　志〔一〕學

【校注】

〔一〕志：底本及永田文昌堂本、擁萬閣本、出雲寺本、江户刊本、備要本作「習」，後面篇題及他本均作「志」，據改。

禮數

天竺九儀　西域記云：天竺致敬之式，其儀有九：一、發言問訊，二、俯首示敬，三、舉〔一〕首高揖，四、合掌手拱，五、屈膝，六、長跪，七、手肘據地，八、五輪著地，九、五體投地。凡斯九等，極爲一拜〔二〕。

【校注】

〔一〕舉：諸本作「柔」，據大唐西域記改。參下注。

〔二〕大唐西域記卷二印度總述：「致敬之式，其儀九等：一、發言慰問，二、俯首示敬，三、舉手高揖，四、合掌平拱，五、屈膝，六、長跪，七、手膝踞地，八、五輪俱屈，九、五體投地。凡斯九等，極唯一拜。」

合掌　若此方之叉手也。○法苑云：若指合，其掌不合者，良由心慢而情散故也〔一〕。必須指掌相著，不令虚也。

【校注】

〔一〕法苑珠林卷二○致敬篇第九儀式部第七：「今禮佛者，多有指合掌不合，或有掌合而指開，良由心慢而惰散也。寧開指而合掌，不得合指而開掌。」

問訊　爾雅云：訊，言也〔一〕。○善見論云：比丘到佛所，問訊云：少病少惱，安樂行否〔二〕？○僧祇律云：禮拜不得如瘂羊，當相問訊〔三〕。○地持論云：當安慰，舒顔先語，平視和色，正念在前問訊〔四〕。○僧史略云：如比丘相見云不審，謂之問訊。律文：

其卑者問尊，則云：不審少病少惱，起居輕利否？若上慰下，則云：不審無病無惱，乞食易得否？住處無惡伴否？後人省其言辭，乃止云不審，大似歇後語也〔五〕。直須分明道箇不審字，始可成禮爾。

【校注】

〔一〕見爾雅釋言。

〔二〕僧伽跋陀羅譯善見律毗婆沙卷四：「婆羅門問佛：四大堪忍不？聲聞弟子少病少惱，四大輕利不？安樂住不？是名勞問。」

〔三〕摩訶僧祇律卷三五：「受禮人不得如啞羊不語，當相問訊。問訊時不得作如是語：何處有多美飲食？應問：少病少惱安樂不？道路不疲苦耶？」

〔四〕曇無讖譯菩薩地持經卷七：「菩薩慰問，舒顏先語，平視和色，正念在前，問言：道路清泰，四大調適，卧覺安樂，歎言善來。如是等等心慰問，隨順世間，巧便語言，安慰問訊。」

〔五〕大宋僧史略卷上禮儀沿革：「比丘相見，曲躬合掌，口云不審者何？此三業歸仰也，曲躬合掌，身也；發言不審，口也。心若不生崇重，豈能動身口乎？謂之問訊。其或卑問尊，則不審少病少惱，起居輕利不？上慰下，則不審無病惱、乞食易得、住處無惡伴、水陸無細蟲不？後人省其辭，止云不審也，大如歇後語乎。」

抽坐具　南方以抽坐具爲禮，律檢無文。按僧史略云：近以開坐具便爲禮者，得以論之。昔梵僧到此，皆展尼師壇，就上作禮。後世避煩，尊者方見開尼師壇，即止之，便通叙暄涼，又展之，猶再拜也，尊者又止之。由此只將尼師壇擬展，爲禮之數，所謂蔢拜也。蔢，音挫，拜失容，又云詐也。如此設恭，無乃太簡乎？然隨方爲清浄者，不得不行也〔一〕。

【校注】

〔一〕出大宋僧史略卷上禮儀沿革。

禮拜式　聲論云盤那寐，或云槃淡，華言禮〔一〕。○地持論云五輪著地〔二〕。○長阿含經云：二肘、二膝、頭頂，謂之五輪。輪者，圓轉之義也。亦云五體。凡禮拜，必先並足正身，合掌俯首，以手褰衣。衣即袈裟也。五百問云：不褰三衣禮拜，得衆多罪〔三〕。先以右膝著地，次下左膝，以二肘著地，舒二掌過額，承空，示有接足之敬也〔四〕。以頭在地，良久方成一拜。若以中拇指相拄，或以掌承面，或捺地，並非儀也。○智度論云：禮有三品：一、口但稱南無，是下品禮；二、屈膝著地，頭頂不著地，是中品禮；三、五輪著地，是上品禮。又云：下者揖，中者跪，上者頭面著地〔五〕。

【校注】

〔一〕按：歷代三寶紀卷一一著録「五明論，合一卷」，注曰：「一、聲論，二、醫方論，三、工巧論，四、咒術論，五、符印論。周二年出。」又曰：「右一卷，明帝世頭摩國三藏律師攘那跋陀羅，周言智賢，共闍那耶舍於長安舊城婆伽寺譯，耶舍崛多、闍那崛多等傳語，沙門智僊筆受。」開元釋教録卷七總括群經録上之七據之著録，並曰：「右一部一卷，本闕。」法苑珠林卷二〇致敬篇第九儀式部：「聲論云：槃那寐者，此云禮也。」又一切經音義卷七三玄應撰分別功德論音義卷二：「婆南，或言和南，皆訛也，正言槃淡，此譯云我禮也。」

〔二〕曇無讖譯菩薩地持經卷七：「種種讚歎，五輪作禮，敬遶右旋，以爲供養。」未見言「五輪著地」者。

〔三〕佛説目連問戒律中五百輕重事經卷下：「問：比丘不褰三衣禮佛，犯何事？答：衆多。」

〔四〕按：長阿含經中未見此説。法苑珠林卷二〇致敬篇第九儀式部第七：「故地持論云：當五輪至地而作禮也。又阿含經云：二肘、兩膝及頂，名爲五輪。輪謂圓相。五處皆圓，能令上下迴轉，生福轉多，名爲輪也。今有西僧禮拜之時，多褰足露膝，先下至地，然後以肘按地，兩掌承空，示有接足之相也。」又：周叔迦、蘇晉仁法苑珠林校注（中華書局）亦未考出地持論和阿含經引文出處。

〔五〕大智度論卷一〇〇：「禮有三種：一者口禮；二者屈膝頭不至地；三者頭至地，是爲上禮。人之一身，頭爲最上，足爲最下，以頭禮足，恭敬之至。」又卷一〇：「復次有下、中、上禮：下者揖，中者跪，上者稽首。」法苑珠林卷二〇致敬篇第九儀式部第七引大智度論注「口禮」曰：「謂口云：和南，是名下禮也。」

三拜　白虎通云：人之所以相拜者何？以表情見意，屈節卑體，尊事者也。拜之言服也。俗中兩拜者，蓋法陰陽也〔一〕。今釋氏以三拜首，蓋表三業歸敬〔二〕也。智論云：内式禮拜，大約身口業也。佛法以心爲本，以身口爲末，故三拜爲禮數也〔三〕。

【校注】

〔一〕白虎通卷九姓名：「人所以相拜者何？所以表情見意，屈節卑體，尊事人者也。拜之言服也。所以必再拜何？法陰陽也。」

〔二〕三業：身、口、意業。「三業歸敬」者，參「問訊」條注引大宋僧史略贊寧自注。

〔三〕出處俟考。

稽首　稽首謂屈頭至地故。又稽音雞。謂首至地，稽留少時也。此即周禮九拜〔一〕之初拜也。

【校注】

〔一〕九拜：周禮春官太祝：「辨九拜，一曰稽首，二曰頓首，三曰空首，四曰振動，五曰吉拜，六曰凶拜，七曰奇拜，八曰褒拜，九曰肅拜，以享右祭祀。」

稽顙 顙，額也，謂屈額至地，即周禮第五拜〔一〕也。

【校注】

〔一〕按：周禮第五拜爲吉拜，是先拜手而後稽顙。

頓首 謂頭向下，虚摇而不至地。即周禮第二拜也。凡釋氏致書俗人，即不得言稽首、頓首，謂涉拜也。

拜首 謂以頭至手，即第三空首拜〔一〕也。

【校注】

〔一〕周禮春官太祝鄭玄注：「空首，拜頭至手，所謂拜手也。」賈公彦疏：「空首者，先以兩手拱至地，乃頭至手，是爲空首也，以其頭不至地，故名空首。」

揖　即周禮第九肅拜也，又是内法下品禮也。書云揖如磬折〔一〕。若仰首直身，叉手不謹，即慢甚也。故孔子曰：爲禮不敬，吾何以觀之〔二〕？

【校注】

〔一〕磬折：彎腰。後漢書馬援傳：「述鸞旗旄騎，警蹕就車，磬折而入。」李賢注：「磬折者，屈身如磬之曲折，敬也。」禮記曲禮下：「立則磬折垂佩。」孔穎達疏：「臣則身宜僂折如磬之背，故云磬折也。」

〔二〕論語八佾：「子曰：居上不寬，爲禮不敬，臨喪不哀，吾何以觀之哉？」

恭敬　四分律云：汝等比丘，於我法中出家，更相恭敬，佛法可得流布〔一〕。○毗尼母云：佛言吾去世後，當依波羅提木叉行法，當各各謙卑，除去憍慢〔二〕。○戒本云：若比丘不恭敬，犯波逸提罪〔三〕。○地持論云：若見年長福德勝者，應起奉迎，禮拜問訊。若見德與己等者，先意問訊，謙下軟語，不生慢憍。若見年德於己少者，應先意軟語，心不輕慢，設其有罪，終不譏刺〔四〕。

【校注】

〔一〕四分律卷五〇：「汝等於我法律中出家，應更相恭敬，如是佛法可得流布。」

〔二〕毗尼母經卷四：「如來臨涅槃時，告阿難言：……吾去世後，當依波羅提木叉而行法，應當各各謙卑行之。汝等應當除去憍慢，安心浄法。」

〔三〕佛陀什等譯五分戒本（亦名彌沙塞戒本）：「若比丘不恭敬上座，波夜提。」

〔四〕北涼曇無讖譯菩薩地持經卷七：「菩薩若見上座及勝功德者，尊重奉迎，設牀請坐，合掌恭敬，禮拜問訊；年德等者，正言訓對，軟語安慰，不起等慢，稱量彼此；年德下者，隨力勸喻，稱彼實德，爲覆實罪，不令恥懼，生退没心，不輕蔑彼。」又求那跋摩譯菩薩善戒經卷六：「菩薩若見於己年長，福德勝者，應起奉迎，禮拜問訊，安施牀座。若見年德與己等者，先意問訊，謙下軟語，執手共座，不生憍慢，我勝於彼。若見年德於己少者，先意軟語，勸以福德。教行善法，心不輕慢。設其有罪，終不譏刺。」

謙下獲四種功德

文殊佛刹經云：一、遠離惡趣，不受駝、驢、牛、馬等諸傍生身；二、不被輕毁；三者、惡友怨敵，不能淩突；四、常爲人天恭敬〔一〕。

【校注】

〔一〕不空譯大聖文殊師利菩薩佛刹功德莊嚴經卷中：「菩薩謙下，有四種功德。云何爲四？一者遠離惡趣，不受駞、驢、牛、馬、狗等諸傍生身；二者不被輕毁；三者惡友怨敵，不能淩突；四者常爲人天恭敬禮拜。」

長幼序　釋氏序長幼，即不以老少貴賤，但取夏臘多少也。○毗婆沙論云：比丘受大戒，名生在佛家，是故應禮先受戒者〔一〕。○十誦律云：佛言從今先受大戒，乃至大須臾時，是人應先坐、先受食等〔二〕。○月燈三昧經偈云：當問其夏臘，若是耆宿者，應供養恭敬，頭面接足禮〔三〕。○梵網經云：若佛子，應如法次第坐，先受戒者在前坐，不問〔四〕老少貴賤，莫如兵奴外道之法。而菩薩一一不如法者，犯輕垢罪〔五〕。○大莊嚴經云：佛弟難陀有僕名優波離，投佛出家受戒，後依僧次坐。王子難陀後至出家，次第作禮，至優波離前念：是我僕，不當設禮。爾時佛告難陀言：佛法如海，容納百川，皆同一味，但據受戒前後，不在貴賤。四大假名爲身，於中空寂，本無吾我，當思聖法，勿生憍慢。爾時難陀去自貢高便禮〔六〕。此以受戒先後，不以尊卑。若法門弟姪之行，必須依服序之。

【校注】

〔一〕鳩摩羅什譯十住毗婆沙論卷一一：「諸比丘受大戒，名爲生在佛家，是則失先大小家名，皆爲一家。……又如佛説行一法句，能自利益，名爲多聞。智慧亦如是。若不能如所説行，何用智慧爲？是故不以智慧故，説爲上座。譬如世間現事，弟雖多聞多智，而兄不爲作禮，是故不以智慧故，先受供養。禮拜如是。雖多聞智慧，應禮先受戒者。」

〔二〕十誦律卷三四：「佛種種因緣，讚歎恭敬法已，語諸比丘：從今先受大戒，乃至大須臾時，是人應先坐，先受水，先受飲食。」

〔三〕出高齊那連提耶舍譯月燈三昧經卷五。

〔四〕問：底本及餘三卷本作「貴」，據明刻本改。

〔五〕鳩摩羅什譯梵網經盧舍那佛説菩薩心地戒品第十卷下：「若佛子，應如法次第坐，先受戒者在前坐，後受戒者在後坐，不問老少。比丘、比丘尼、貴人、國王、王子乃至黄門、奴婢，皆應先受戒者在前坐，後受戒者次第而坐。莫如外道癡人，若老若少，無前無後，坐無次第，兵奴之法。我佛法中，先者先坐，後者後坐。而菩薩不次第坐者，犯輕垢罪。」

〔六〕唐地婆訶羅譯方廣大莊嚴經卷一二：「佛弟難陀亦爲沙門。難陀所使，名優波離，前白佛言：世尊，人身難得，佛法難遇，諸尊貴者，皆棄世榮，我身卑賤，何所貪樂？惟佛慈悲，願見救度，許爲沙門。佛言：善來，比丘。鬚髮自落，法服著身，便成沙門。在比丘中，隨列而坐。難陀後至，次第作禮，到優波離即止不禮，心自念言：是我家僕，不當設禮。爾時世尊告難陀言：佛法如海，容納百川，四流歸之，皆同一味。據戒前後，不在貴賤。四大合故，假名爲身，於中空寂，本無吾我。當思聖法，勿生憍慢。爾時難陀去自貢高，執心卑下，禮優波離。」

應遍禮　五分律云：有常住比丘，不禮來去比丘。來去比丘，不禮常住比丘。有比丘到一寺，不禮久住比丘，久住比丘問：汝從何來？當知汝彼處比丘，皆如是憍慢。以此白佛，佛言：應遍禮。不禮者，得突吉羅罪〔一〕。

【校注】

〔一〕五分律卷一六：「爾時常住比丘不禮來去比丘，來去比丘亦不禮常住比丘，常住比丘亦不相禮。有一比丘到一住處，不禮諸比丘。諸比丘問言：從何處來？答言某處來。諸比丘言：當知汝住處諸比丘，皆如此憍慢，我等不應共住。以是白佛，佛言：應盡禮。若不禮，突吉羅。」

齋會禮拜 寄歸傳云：大衆聚集齋會之次，合掌即是致敬，亦不勞全禮，禮便違教〔一〕。

【校注】

〔一〕出義浄撰南海寄歸内法傳卷二。

互跪 天竺之儀也，謂左右兩膝互跪著地，故釋子皆右膝。若言胡跪，音訛也。

長跪　即兩膝齊著地，亦先下右膝爲禮。○神足無極經云：月天子即從座起，更整衣服，前下右膝，叉手長跪〔一〕。○毗奈耶云：尼女體弱，互跪要倒，佛聽長跪〔二〕。

【校注】

〔一〕出西晉安法欽譯佛説道神足無極變化經卷一：「時佛與無央數之衆眷屬圍遶而爲説法。爾時諸天衆中，有二天子：一名曰月天子，二名曰月星天子，在衆會中坐。於是月天子從座起，更整衣服，前下右膝，叉手長跪，白佛言：願欲説者，今欲所問。」

〔二〕出處俟考。

偏袒　天竺之儀也，此禮自曹魏世寢至今也。律云偏露右肩，即肉袒也。律云：一切供養皆偏袒，示有便於執作也。亦如仲尼云「短右袂」〔一〕，便作事也。言一切供養，即見佛、禮佛及禮二師等。若入聚落俗舍，皆以袈裟通披之。

【校注】

〔一〕短：底本、永田文昌堂本、擁萬閣本、出雲寺本、江户刊本及大正藏本誤爲「矩」。論語鄉黨：「褻裘長，短右袂。」孔安國注：「短右袂，便作事。」

結加趺坐　毗婆沙論云：是相圓滿安坐義。聲論云：以兩足趺加致兩胜，如龍盤結。○脇尊者云：是吉祥坐[一]。○念誦經云：全加趺是如來坐，半加趺是菩薩坐[二]。○踞坐，謂垂足實坐也。○跰跨坐。上平患切，下口爪切。淮南謂開膝坐爲跰跨，江[三]東謂之甲趺坐也。

【校注】

〔一〕玄奘譯阿毗達磨大毗婆沙論卷三九：「問：結加趺坐，義何謂耶？答：是相周圓而安坐義。聲論者曰：以兩足趺加致兩髀，如龍盤結，端坐思惟，是故名爲結加趺坐。脅尊者言：重壘兩足，左右交盤，正觀境界，名結加坐。唯此威儀，順修定故，大德説曰：此是賢聖吉祥坐，故名結加坐。」

〔二〕唐金剛智譯金剛頂瑜伽中略出念誦經卷一：「或結如來坐，全結加也。或結大菩薩坐。半結跏也。」

〔三〕江：明刻本作「山」。

代禮　若此方俗之傳拜[一]也。十誦律云：弟子遊方，和尚知彼有靈蹤、聖像、名德人，和尚令傳禮於彼，其弟子得側身受和尚禮[二]。

【校注】

〔一〕傳拜：唐、宋時期的一種風俗。見沈括夢溪筆談卷二五雜誌二：「唐風俗，人在遠或閨門間，則使人傳拜以爲敬。本朝兩浙仍有此俗。客至，欲致敬於閨閫，則立使人而拜之。使人入見所禮，乃再拜致命。若有中外，則答拜。使人出復拜客，客與之爲禮如賓主。」

〔二〕出處俟考。按：四分律删繁補闕行事鈔卷下之三：「十誦聽持香爐伎樂在僧佛前行，爲和尚傳信，得代和尚禮，得對佛加趺坐。」

珍重

釋氏相見將退，即口云「珍重」，如此方俗云「安置」也。言珍重，即是囑云「善加保重」也。若卑至於尊所，尊長命坐及受經後去，即不云「珍重」，但合掌俯首示敬也。

慚愧

大雲經云：慚愧者，衆善之衣服〔一〕。○唯識論云：慚者，依自法力，崇重賢善，羞耻過惡爲性。愧者，依世間力，輕拒暴惡，羞耻過惡爲性〔二〕。○阿毗達磨論云：慚者，謂於諸過惡，自羞爲體，惡行止息，所依爲業。愧者，謂於諸過惡，羞他爲體，惡行止息爲業〔三〕。○增一阿含經云：佛告諸比丘：世有二妙法，擁護世間，所謂有慚、有愧也。諸比丘，若無此二法，世間則不別父母、兄弟、妻子、知識、尊長、大小，即與畜類同等也。

是故比丘，當習有慚、有愧〔四〕。

【校注】

〔一〕大雲經：大方等無想經的略稱，又作大方等無相經、方等大雲經、大雲密藏經等。北涼曇無讖譯大方等無想經卷四：「夫慚愧者，即是衆生善法衣服。」

〔二〕玄奘譯成唯識論卷六：「云何爲慚？依自法力，崇重賢善爲性。對治無慚，止息惡行爲業。謂依自法，尊貴增上，崇重賢善，羞耻過惡。對治無慚，息諸惡行。云何爲愧？依世間力，輕拒暴惡爲性。對治無愧，止息惡行爲業。謂依世間，訶厭增上，輕拒暴惡，羞耻過罪。對治無愧，息諸惡業。」

〔三〕玄奘譯大乘阿毗達磨集論卷一：「何等爲慚？謂於諸過惡，自羞爲體，惡行止息，所依爲業。何等爲愧？謂於諸過惡，羞他爲體。業如慚説。」

〔四〕增壹阿含經卷九慚愧品第一八：「世尊告諸比丘：有二妙法，擁護世間。云何爲二法？所謂有慚、有愧也。諸比丘，若無此二法，世間則不別有父，有母，有兄，有弟，有妻子、知識、尊長、大小，便當與豬、雞、狗、牛、羊六畜之類而同一等。以其世間有此二法擁護世間，則别有父母、兄弟、妻子、尊長、大小，亦不與六畜共同。是故諸比丘，當習有慚、有愧。」

道具

道具 中阿含經云：所蓄物可資身進道者，即是增長善法之具〔一〕。○菩薩戒經云：資生順道之具〔二〕。

【校注】

〔一〕中阿含經卷二七：「若畜衣便增長善法，衰退惡不善法者，如是衣我説得畜。如衣、飲食、牀榻、村邑，亦復如是。」

〔二〕求那跋摩譯優婆塞五戒威儀經：「若造房舍、牀褥、衣服、飲食，一切順道資生之具，施四方僧及諸賢聖，汝等盡應受請，若不受者，得罪。」

什物 經音疏云：什者，雜也，聚也。乃是一切受用器物也〔一〕。

【校注】

〔一〕一切經音義卷二二唐慧苑撰新譯大方廣佛華嚴經音義卷中：「資生什物，漢書集注曰：什物者爲生之具也。三蒼曰：什，聚也，雜也。吴楚之間，謂資生雜具爲什物。」

百一物 大概之辭也。薩婆多論云：百物各可蓄一也〔一〕。

【校注】

〔一〕薩婆多毗尼毗婆沙卷五：「百一物各得畜一，百一之外皆是長物。」

六物 謂三衣、尼師壇、鉢、濾水囊。○增輝記云：非謂別有六物也。經音義第六是針筒〔一〕。

【校注】

〔一〕一切經音義卷七四玄應撰出曜經卷一一：「六物，一、僧伽梨，二、鬱多羅僧，三、安多會，四、鉢多羅，五、尼師壇，六、針筒也。」

鉢 梵云鉢多羅，此云應器，今略云鉢也。又呼鉢盂，即華梵兼名也。鉢者，乃是三根〔一〕人資身要急之物。佛聽用二種，注之如左。

【校注】

〔一〕三根：指衆生的三種根性：上根、中根和下根，又稱利根、中根、鈍根。上根即根性優良，速發智解，堪忍難行，能忍妙果者；中根次於上根；下根則是最劣者。

瓦鉢 佛住孫婆白土村。爾時，孫〔一〕婆天神白佛：過去佛皆受用此處瓦鉢。佛乃聽比丘受瓦鉢〔二〕。

【校注】

〔一〕孫：底本、永田文昌堂本、擁萬閣本、出雲寺本、備要本、大正藏本、世界書局本誤爲「係」，據明刻本、江户刊本改。

〔二〕摩訶僧祇律卷二九：「復次，佛住孫婆白土聚落。爾時，孫婆天神來至佛所，白佛言：世尊，是中過去諸如來應供正遍知受用此間瓦鉢。唯願世尊聽諸比丘受用瓦鉢。佛言：從今日後聽受用瓦鉢。」

鐵鉢 佛住王舍城，行諸房，見一比丘枕手卧，知而問曰：汝安樂否？答：我所枕手，失鉢墮地乃破，故不樂。佛言：聽蓄鐵鉢〔一〕。○鉢，律有制，聽三品量，文多不録〔二〕。

【校注】

〔一〕摩訶僧祇律卷二九：「復次佛住舍衛城，五事利益故，如來應供正遍知五日一行諸比丘房，見一比丘痡手。佛知而故問：比丘，汝安樂不？答言：世尊，我手痡，失鉢墮地，破鉢故，是以不樂。佛言：從今日後，聽諸比丘用鐵鉢。」

〔二〕薩婆多毗尼毗婆沙卷七：「鉢量數，大鉢一鉢，是中鉢二鉢，下鉢三鉢。中鉢二鉢，是下鉢三鉢。若檀越舍先留上鉢一鉢，盡與比丘，比丘更索，突吉羅。得小鉢一鉢，波逸提。若主人先留小鉢一鉢，盡與比丘，比丘更索，突吉羅。索乃至更得小鉢二鉢，亦突吉羅。以本制戒，限小鉢三鉢故，若更索得小鉢三鉢者，波逸提。」又義浄譯根本薩婆多部律攝卷一〇：「鉢者有三種：謂大小中。大者可受摩揭陀國二升米飯，於上得安豆糜并餘菜茹，以大拇指一節鉤緣，不觸其食，斯爲大量。小者受一升米飯，二内名中，餘如上説。言過受者，謂大鉢三，或大鉢二，兼處中一。或大鉢二，兼小鉢一。或大鉢一，兼處中二。取要言之，謂取過四升半米飯。取時輕罪，食便得墮。若取大鉢一、中鉢一、小鉢一，或唯大鉢二、或大鉢一小鉢二，或中鉢二小鉢一，或中鉢一小鉢二，或中鉢三，或小鉢三，悉皆無犯。」

五綴鉢

綴謂校釘〔一〕。○四分律戒本云：比丘蓄鉢，減五綴連綴也〔二〕。不漏，更求新者，爲好故，尼薩耆波逸提〔三〕。○法苑云：世尊成道三十八年，赴王舍城，國王請食訖，令羅云滌鉢，失手撲爲五片。是日有多比丘白佛，皆撲鉢破爲五片。佛言：表我滅後初五百年，諸惡比丘分毗尼藏爲五部也。佛乃親將鉛錫釘綴破鉢，故云五綴〔四〕。

【校注】

〔一〕校釘：明刻本作「釘校連綴也」。

〔二〕連綴也：明刻本無。

〔三〕後秦佛陀耶舍譯四分律比丘戒本：「若比丘畜鉢，減五綴不漏，更求新鉢，爲好故，若得者，尼薩耆波逸提。」

〔四〕法苑珠林卷九八法滅篇第九八佛鉢部第五：「我持此鉢來，經三十八年，未曾損失。我入王舍城受彼國王請。我既食訖，即命羅睺先將我鉢，還於彼龍池洗之。羅睺洗鉢，便損破爲五片。我即以鉛錫綴彼破鉢。此非羅睺過失，欲表示未來世諸惡比丘、比丘尼等輕毀法器，於初五百年分我毗尼藏遂有五部，分我修多羅爲十八部。」

降龍鉢 遠取佛降迦葉火龍於鉢中，名之〔一〕。近取晉高僧涉公以符堅建元十一年長安大旱，堅請涉咒龍，俄爾龍在涉鉢中，雨遂告足。至十六年涉遷化，十七年自正月止六月不雨，多求不應。堅謂中書朱彤曰：涉公若在，朕豈焦心於雲漢若是哉〔二〕？

【校注】

〔一〕按：佛陀到伽耶山度化優婁頻螺迦葉，降伏毒龍，毒龍「見火神堂，四面一時，烔燃熾盛。

唯有如來所坐之處，其處寂静，不見火光。見已，漸詣向於佛所。到佛所已，即便涌身入佛鉢中。」參隋闍那崛多譯佛本行集經卷四〇、四一。

〔二〕高僧傳卷一〇涉公傳：「涉公者，西域人也。……能以祕咒咒下神龍。每旱，堅常請之咒龍，俄而龍下鉢中，天輒大雨，堅及群臣親就鉢中觀之，咸歎其異。堅奉爲國神，士庶皆投身接足，自是無復炎旱之憂。至十六年十二月無疾而化。……至十七年，自正月不雨，至于六月。堅減膳撤懸以迎和氣，至七月降雨。堅謂中書朱彤曰：涉公若在，朕豈燋心於雲漢若是哉？」

鉢器大小數　十誦律云：鉢、半鉢、大鍵鎡、鍵，音虔。鎡，音咨。經音疏云：鉢中之小鉢，助鉢用故。小鍵鎡〔一〕。僧祇同。〇四分律云：鍵鎡入小鉢，小鉢入次鉢，次鉢入大鉢〔二〕。此律言小鉢，即十誦大鍵鎡也，次鉢即半鉢也。准諸律，四事可見也。今呼爲鐼子。鐼，音訓，切韻云：鐵類也，非器故。

【校注】

〔一〕十誦律卷二六：「盛著鉢中、半鉢、鍵鎡、小鍵鎡。」

〔二〕四分律卷三九：「佛言：聽若以鍵瓷、小鉢、次鉢受，鍵瓷者入小鉢，小鉢者入次鉢，次鉢者入大鉢。」

鉢支　律云：鉢不正，聽作鉢支〔一〕。

【校注】

〔一〕四分律卷四三：「鉢若不正，應作鉢支。」

鉢袋　律云：聽作鉢袋，青色〔一〕。今呼鉢囊也。

【校注】

〔一〕四分律删繁補闕行事鈔卷下之二：「善見瓦鉢袋串左肩，青色。」按：善見律毗婆沙卷七：「三衣及瓦鉢貫著左肩上，鉢色如青欝波羅華。」

鉢蓋　律云：有塵坌鉢，聽作鉢蓋〔一〕。

【校注】

〔一〕四分律卷四三：「若塵坌，應作蓋。」

錫杖　梵云隙棄羅，此云錫杖，由振時作錫聲故。○十誦云聲杖〔一〕。○錫杖經云：

佛告比丘：汝等應受持錫杖。所以者何？過去、未來、現在諸佛皆執故。又名智杖，又名德杖，彰顯智行功德本故。聖人之表幟〔二〕，賢士之明記，道法之正〔三〕幢。迦葉白佛：何名錫杖？佛言：錫者輕也，倚依是杖，除煩惱，出三界故；錫，明也，得智明故；錫，醒也，醒悟苦空三界結使故；錫，疏也，謂持者與五欲疏斷故。若二股六環，是迦葉佛製；若四股十二環，是釋迦佛製〔四〕。彼經大有訓釋之〔五〕字，説作亭分表法，持法功德。文多不録，在定字函。○三千威儀經云：持錫不得入衆，日中後不得復持，日中即知〔六〕，不得擔於肩上〔七〕。○五百問云：持錫有多事，能警惡蟲毒獸故〔八〕。

【校注】

〔一〕十誦律卷五六：「佛言：應作有聲杖，驅遣毒蟲，是名杖法。」

〔二〕幟：明刻本作「識」。

〔三〕正：諸本無，據得道梯橙錫杖經補。

〔四〕得道梯橙錫杖經：「爾時世尊告諸比丘：汝等皆應受持錫杖。所以者何？過去諸佛執持錫杖，未來諸佛執持錫杖，現在諸佛亦執是杖。如我今日成佛世尊，亦執如是應持之杖，過去未來現在諸佛教諸弟子，亦執錫杖。是以我今成佛世尊，如諸佛法，以教於汝，汝等今當受持錫杖。所以者何？是錫杖者，名爲智杖，亦名德杖。彰顯聖智故，名智杖；

行功德本故，曰德杖。如是杖者，聖人之表式，賢士之明記，趣道法之正幢，建念義之志。是故汝等咸持如法。爾時尊者迦葉從坐而起，整衣服，偏袒右肩，合掌胡跪而白佛言：世尊，云何名錫杖？云何而受持？唯然世尊，願敷演説，我等奉行。佛告迦葉：諦聽善思，當爲汝説。所言錫杖者，錫者，輕也，依倚是杖，得除煩惱，出於三界，故曰輕也；錫者，明也，持杖之人，得智慧明，故曰明也；錫言不迴，持是杖者，能出三有，不復染著，故曰不迴；錫言醒也，持是杖者，醒寤苦空三界結使，明了四諦十二緣起，故曰醒也；錫言不慢，持是杖者，除斷慢業，故曰不慢；錫者言疏，持此杖者，與五欲疏，斷貪愛結，散壞諸陰，遠離五蓋，志趣涅槃，疏有爲業，故曰疏也。……有杖是同，若用不同，或有四鈷，或有二鈷，環數無别。但我今日四鈷十二環用是之教，二鈷者迦葉如來之所制立。」

〔五〕之：底本及餘三卷本皆作「名」，據明刻本校改。

〔六〕日中即知：明刻本作「日中即午時也」，且爲大字正文。

〔七〕按：安世高譯大比丘三千威儀卷下言「持錫杖有二十五事」，其「五者不得持杖入衆」、「六者日中後不得復持杖出」、「七者不得擔著肩上」。

〔八〕毗尼母經卷五：「佛言：聽諸比丘夜怖畏處，動錫杖作聲，令諸惡毒蟲遠去，如是廣知。」又：「若有老病比丘隨，路行須杖。或道中有種種毒蟲之難，佛聽捉杖行。杖頭或鐵、或銅、或角，應著之。」

解虎錫　始因齊高僧稠禪師在懷州王屋山習禪，聞有虎鬭，稠往，以錫杖中解之，虎遂各去，因是名焉〔一〕。

【校注】

〔一〕道宣撰續高僧傳卷一六：「釋僧稠，姓孫，元出昌黎，末居鉅鹿之癭陶焉。……後詣懷州西王屋山，修習前法，聞兩虎交鬥，咆響振巖，乃以錫杖中解，各散而去。」

拂子　律云：比丘患草蟲，佛聽作拂子。○僧祇云：佛聽線拂、列氈拂、芒草〔一〕拂、樹皮拂，制若猫牛尾、馬尾拂，并金銀裝柄者，皆不得執〔二〕。

【校注】

〔一〕芒草：底本及餘三卷本皆作「甚」，據明刻本校改。

〔二〕摩訶僧祇律卷三二：「佛住毗舍離，諸比丘禪坊中患蚊故，以樹葉拂蚊作聲。佛知而故問：比丘此何等聲？答言：世尊制戒，不聽捉拂，是故諸比丘以樹葉拂蚊作聲。佛言：從今已後，聽捉拂。拂者，線拂、裂氎拂、芒草拂、樹皮拂，是中除白犛牛尾、白馬尾、金銀柄，餘一切聽捉。若有白者，當染壞色已，聽用。捉拂時，不得如婬女捉拂，作姿作相，是名拂法。」

麈尾 音義指歸〔一〕云：名苑曰：鹿之大者曰麈。群鹿隨之，皆看麈所往，隨麈尾所轉爲準。今講者執之象彼，蓋有所指麾故。○五百問云：比丘捉麈尾，犯墮〔二〕。

【校注】

〔一〕音義指歸：參「貧道」條注。四分律行事鈔資持記卷下二：「麈謂鹿之大者。群鹿行時，看尾指處，即隨所往。講者持拂，指授聽衆，故以爲名。但不得畜毛爲之，故制犯罪。」能改齋漫録卷二引釋藏音義指歸云：「名苑曰：鹿之大者曰麈。群鹿隨之，皆看麈所往，隨麈尾所轉爲準。今講僧執麈尾拂子，蓋象彼有所指麾故耳。」

〔二〕佛説目連問戒律中五百輕重事：「問：僧中説法，高座上得凭机捉麈尾不？答：不病，凭机捉麈尾，犯墮。非尾翅者皆得。」

如意 梵云阿那律，秦言如意。指歸云：古之爪杖也，或骨角竹木，刻作人手指爪，柄可長三尺許。或脊有痒，手所不到，用以搔抓，如人之意，故曰如意。誠嘗問譯經三藏通梵大師清沼〔一〕、字學通慧大師雲勝〔二〕，皆云：如意之製，蓋心之表也，故菩薩皆執之。狀如雲葉，又如此方篆書心字故。若局爪杖者，只如文殊亦執之，豈欲搔痒也？又云：今講僧尚執之，多私記節文祝辭於柄，備於忽忘，要時手執目對，如人之意，故名如意。若俗官之手版，備於忽忘，名笏也。若齊高祖賜隱士明僧紹竹根如意〔三〕，梁武帝賜昭明太子木犀如意〔四〕，石季倫、王敦皆執鐵如意〔五〕，此必爪杖也。因斯而論，則有二如意，蓋名同而用異焉。

【校注】

〔一〕按：清沼，佛祖統紀卷四三云：（太平興國七年）「六月，譯經院成，詔天息災等居之，賜天息災『明教大師』，法天『傳教大師』，施護『顯教大師』。令以所將梵本，各譯一經。詔梵學僧法進、常謹、清沼等筆受綴文。」宋高僧傳卷三曰：「迨我皇帝臨大寶之五載，有河中府傳顯密教沙門法進，請西域三藏法天譯經于蒲津。州府官表進，上覽大悦，各賜紫衣。因敕造譯經院於太平興國寺之西偏，續敕搜購天下梵夾。有梵僧法護、施護，同參其務。左街僧録智照大師慧温證義。又詔滄州三藏道圓證梵字，慎選兩街義解沙門志顯綴文，令遵、法定、清沼筆受，守鑾、道真、知遜、法雲、慧超、慧達、可瓌、善祐、可支證義，倫次綴文。」可知清沼精通華梵，在宋初曾爲梵學僧。又，據芝園集卷上越州漁浦浄慧大師塔銘，浄慧大師清沼，俗姓章，浙江諸暨漁浦人，少孤，與兄同事母。弱冠求脱俗，禮浄慧院子蘭爲師，嘉祐四年得剃度，紹聖二年卒，俗壽六十三。釋元照爲之撰寫塔銘。恐非一人。

〔二〕雲勝：宋太宗時人，善書。清孫岳頒佩文齋書畫譜卷三六書家傳一五引石墨鐫華云：「釋雲勝，太宗時人。宋譯三藏聖教序——西域僧天息災譯三藏，太宗爲序，雲勝書。」

〔三〕南史卷五〇明僧紹傳：「明僧紹，字休烈，平原鬲人。……高帝後謂慶符曰：卿兄高尚其事，亦堯之外臣。朕夢想幽人，固已勤矣。所謂『徑路絶，風雲通』。仍賜竹根如意、筍籜冠，隱者以爲榮焉。」

〔四〕按：廣弘明集卷二一有蕭統謝敕齎水（校注者按：「水」疑當作「木」）犀如意啓。

〔五〕按：世説新語汰侈篇：「石崇與王愷争豪，並窮綺麗，以飾輿服。武帝，愷之甥也，每助愷。嘗以一珊瑚樹，高二尺許，賜愷。枝柯扶疏，世罕其比。愷以示崇，崇視訖，以鐵如意擊之，應手而碎。」王敦，字處仲。世説新語豪爽篇：「王處仲每酒後，輒詠『老驥伏櫪，志在千里。烈士暮年，壯心不已』，以如意打唾壺，壺口盡缺。」又按：吴曾能改齋漫録卷二事始如意條：「齊高祖賜隱士明僧紹竹根如意，梁武帝賜昭明太子木犀如意，石季倫、王敦皆執鐵如意，三者以竹、木、鐵爲之，蓋爪杖也。故音義指歸云：如意者，古之爪杖也。或骨角、竹木削作人手指爪，柄可長三尺許。或脊有痒，手所不到，用以搔抓，如人之意。然釋流以文殊亦執之，豈欲搔痒耶？蓋講僧尚執之，私記節文祝辭於柄，以備忽忘。手執目對，如人之意。凡兩意耳。」

手爐

法苑云：天人黄瓊〔一〕説迦葉佛香爐，略云：前有十六師子、白象，於二獸頭上，别起蓮華臺以爲爐，後有師子蹲踞，頂上有九龍，繞承金華，華内有金臺寶子盛香，佛説法時，常執此爐〔二〕。比觀今世手爐之製，小有倣法焉。

【校注】

〔一〕天人黄瓊：見釋道宣撰道宣律師感通録：「次後復有一天人來，云：弟子黄瓊。致敬已，云：向述坐具，殊有可觀。」

〔二〕法苑珠林卷一一成道部第一二乳糜部第五：「其香爐前有十六頭，半是師子，半是白象。於二獸頭上，別起蓮華臺，以臺爲爐相。於爐四緣，別起六銀樓，樓出天童，可長二寸。如是諸天童合有九十六。每燒香時，是諸童子各各分番來付香爐後，師子向外而蹲踞。從師子頂上有九龍盤繞，上承金華。華内有金臺，即臺爲寶子。於臺寶子内有十三萬億真珠大觀樓，各盛諸妙香。復有十三萬金牒毗尼藏，中有比丘入于滅盡定。若至燒香時，其諸爐頭諸天童子，來至寶臺所，各各口出燒香歌曲。臺門自開，諸比丘從定而出。從真珠觀取香，付囑天童。付已，臺門自閉。從九龍口中又銜白銀觀爲臺眷屬。而諸銀臺内，皆有天童子，常作天樂，讚歎燒香。其音清雅，無可爲比。衆生聞者生信悟道。如來每説法時，在大衆前常執香爐。天童取香來授與佛，令之供養。」

數珠　牟梨曼陀羅咒經云：梵語鉢塞莫，梁云數珠〔一〕。此乃是引接下根，牽課修業之具也。○木槵子經云：昔有國王名波流梨，白佛言：我國邊小，頻年寇疫，穀貴民困，我常不安。法藏深廣，不得遍行，惟願垂示法要。佛言：大王若欲滅煩惱，當貫木槵子一百八箇，常自隨身，志心稱南無佛陀、南無達磨、南無僧伽名，乃過一子。如是漸次，乃至千萬。能滿二十萬遍，身心不亂，除諂曲，捨命得生炎摩天。若滿百萬遍，當除百八結業，獲常樂果。王言：我當奉行〔二〕。百八結者，小乘見修，合論煩惱，共有一百八數。且明見惑，三界四諦下，煩惱共有八十八：謂苦下具一切，即十使：貪、瞋、癡、慢、疑、身、邊見、邪見、見取、戒禁取也。集滅二諦下，各除身、邊、邪三見也。道除於二見，謂道諦除身、邊二見也。上界不行恚，謂上界四諦下，各除瞋一，已上三界四諦，共有八十八也。修道所斷惑，欲界有四：謂貪、瞋、癡、慢。上二界各除瞋，共有六，已上成十，計九十八也。更加十纏：謂無慚、無愧、昏沉、惡作、惱、嫉、掉舉、睡眠、忿、覆，合前都有一百八也。○曼殊室利校量數珠經略云：其數珠體，種種不同。校量乃至槵子掐一遍，得福千倍，蓮子得福萬倍，水精得福千億倍。若菩提子，或掐，或手持，得福無量〔三〕。彼〔四〕經廣有說文，繁不具録。

【校注】

〔一〕牟梨曼陀羅咒經：「鉢塞莫，云數珠。」

〔二〕佛説木槵子經：「時難國王名波流離，遣使來到佛所，頂禮佛足，白佛言：世尊，我國邊小，頻歲寇賊，五穀勇貴，疾病流行，人民困苦，我恒不得安卧。如來法藏，多悉深廣，我有憂務，不得修行。唯願世尊特垂慈愍，賜我要法，使我日夜易得修行。未來世中，遠離衆苦。佛告王言：若欲滅煩惱障、報障者，當貫木槵子一百八，以常自隨，若行、若坐、若卧，恒當至心，無分散意，稱佛陀達摩僧伽名，乃過一木槵子。如是漸次度木槵子，若十若二十，若百若千，乃至百千萬，若能滿二十萬遍，身心不亂，無諸諂曲者，捨命得生第三焰天，衣食自然，常安樂行。若復能滿一百萬遍者，當得斷除百八結業，始名背生死流，趣向泥洹，永斷煩惱根，獲無上果。信還啓王，王大歡喜，遥向世尊，頭面禮佛云：大善，我當奉行。」

〔三〕義浄譯曼殊室利咒藏中校量數珠功德經：「其數珠法，應當如是，作意受持。然其珠體，種種不同。若以鐵爲數珠者，誦掐一遍，得福五倍。若用赤銅爲數珠者，誦掐一遍，得福十倍。若用真珠、珊瑚等寶爲數珠者，誦掐一遍，得福百倍。若用患子爲數珠者，誦掐一遍，得福千倍。若用蓮子爲數珠者，誦掐一遍，得福萬倍。若用因陀囉佉叉爲數珠者，誦掐一遍，得福百萬倍。若用烏嚧陀囉佉叉爲數珠者，誦掐一遍，得福百億倍。若用水精爲數珠者，誦掐一遍，得福千億倍。若用菩提子爲數珠者，或時掐念，或但手持，誦數一遍，其福無量，不可算計，難可校量。」

〔四〕彼：備要本誤爲「被」。

扇　西天多用，如阿含經云阿難、羅云皆執扇侍佛〔一〕。優波離結集律藏，時波斯匿王與象牙裝扇，令執誦律〔二〕。○古高僧慧榮〔三〕，講時執扇。○隋煬帝賜高僧敬脫大竹扇，闊三尺，入内講經論〔四〕。

【校注】

〔一〕按：羅云，多作羅睺羅，佛陀爲太子時的獨子。「阿含經云阿難、羅云皆執扇侍佛」者，如後秦佛陀耶舍共竺佛念譯佛説長阿含經卷二：「爾時，阿難在世尊後，執扇扇佛。」劉宋求那跋陀羅譯雜阿含經卷三八：「爾時，尊者羅睺羅住於佛後，執扇扇佛。」

〔二〕善見律毗婆沙卷一序品第一：「如是優波離白羯磨已，整身衣服，向大德比丘頭面作禮。作禮已，上高座而坐，取象牙裝扇。迦葉還坐已，問優波離：長老，第一波羅夷，何處説？因誰起耶？答曰：毗舍離結，因迦蘭陀子須提那起。」

〔三〕續高僧傳卷八：「釋慧榮，姓顧氏，會稽山陰人也。」

〔四〕續高僧傳卷一二：「釋敬脱，不詳姓氏，汲郡人也。童少出家，以孝行清直知名。……（隋煬帝）私異脱之大志也，敕賜大竹扇，面闊三尺，即令執用。并賜松抱高屧，令著於宫中而出。」

拄杖 十誦律云：佛聽蓄杖。其穳用鐵，爲堅牢故。斯蓋行李之善助也〔一〕。言穳用鐵，即小拄杖子，非今擔衣鉢大者。毗奈耶云：佛聽蓄拄杖，有二因緣：一爲老瘦無力，二爲病苦嬰身故〔二〕。○隋煬帝在邸時，送法藏禪師靈壽杖。書云：每策此杖，時賜相憶〔三〕。策杖有禮。吕氏春秋曰：孔子見〔四〕弟子，抱杖而問其父，拄杖而問兄弟，曳杖而問妻子，蓋尊卑之差也〔五〕。凡策杖，若見尊宿并二師，皆須投杖於地問訊。或是二師杖，必倚著處，然有問訊。若爲二師操〔六〕杖，師有顧問，必抱杖以對之。

【校注】

〔一〕十誦律卷五六：「杖法者，佛聽杖𥟖，若鐵若銅，爲堅牢故，上作樓環。又杖法者，佛在寒園林中住，多諸腹行毒蟲嚙諸比丘。佛言：應作有聲杖驅遣毒蟲。是名杖法。」

〔二〕義浄譯根本説一切有部毗奈耶雜事卷六：「佛言：苾芻有二種緣，應畜柱杖：一謂老瘦無力，二謂病苦嬰身。」

〔三〕續高僧傳卷一九釋法藏傳：「釋法藏，姓荀氏，潁川潁陰人。……煬帝晉蕃時，臨太尉第三子綿疾夭殂，瘞于斯寺，乃勒銘曰：世途若幻，生死如浮。殤子何短？彭祖何修？嗚呼余子，有逝無留。永爲法種，長依法儔。教因施藏靈壽杖曰：每策此杖，時賜相憶。答曰：王殤幼子，長就法門。藏策靈壽，何敢忘德？」

〔四〕見：據文意及吕氏春秋補。

〔五〕吕氏春秋卷十：「孔子之弟子從遠方來者，孔子荷杖而問之曰：子之公不有恙乎？搏杖而揖之，問曰：子之父母不有恙乎？置杖而問曰：子之兄弟不有恙乎？杙步而倍之，問曰：子之妻子不有恙乎？故孔子以六尺之杖，諭貴賤之等，辨疏親之義，又況於以尊位厚禄乎？」廣韻「杖」字下引云：「孔子見弟子，抱杖而問其父母，柱杖而問其兄弟，曳杖而問其妻子，尊卑之差也。」

〔六〕操：底本及餘三卷本皆作「揉」，據明刻本校改。

淨瓶 梵語軍遲〔一〕，此云瓶。常貯水隨身，用以淨手。○寄歸傳云：軍持有二：若甆瓦者，是淨用；若銅鐵者，是觸用〔二〕。

【校注】

〔一〕軍遲：又作軍持等。大唐西域記卷一○伊爛拏鉢伐多國：「捃稚迦，即澡瓶也，舊曰軍持，訛略也。」

〔二〕義淨撰南海寄歸內法傳卷一水有二瓶：「凡水分淨觸，瓶有二枚。淨者咸用瓦瓷，觸者任兼銅鐵。淨擬非時飲用，觸乃便利所須。淨則淨手方持，必須安著淨處。觸乃觸手隨執，可於觸處置之。」

蓋 律有二種：一、竹蓋，二、葉蓋。寄歸傳云：西域僧有持竹蓋或持傘者〔一〕。梁高僧惠韶，遇有請，則自攜杖笠也〔二〕。今僧戴竹笠、椶笠，乃竹蓋、葉蓋〔三〕之遺製，但去柄爾。今又加油絹於上，即唐馬周〔四〕製，在蓆帽以禦雨，故效之也。

【校注】

〔一〕義浄撰南海寄歸内法傳卷一水有二瓶：「所有瓶鉢、隨身衣物，各置一肩。通覆袈裟，擎傘而去。此等並是佛教出家之儀。」

〔二〕續高僧傳卷六：「釋慧韶，姓陳氏，本潁川太丘之後。……性不乘騎，雖貴勝請講，逢值泥雨，輒自策杖戴笠，履芒屩而赴會焉。」

〔三〕葉蓋：據明刻本補。

〔四〕馬周：字賓王，博州茌平（今屬山東）人。新唐書卷九八有傳。

戒刀

僧史略云：戒刀皆是道具〔一〕。按：律許畜月頭刀子，爲割衣故〔二〕。今比丘畜刀名戒者，蓋佛不許斫截一切草木，壞鬼神村故〔三〕。草木尚戒，况其他也！

【校注】

〔一〕大宋僧史略卷上服章法式：「今僧盛戴竹笠，禪師則葼笠，及持澡罐、漉囊、錫杖、戒刀、斧子、針筒，此皆爲道具也。」

〔二〕十誦律卷三七：「佛言：從今聽畜月頭刀子，用裁衣。」

〔三〕義浄譯根本説一切有部毗奈耶卷二七：「若苾芻於草樹木，若拔、若破、若斫截，皆波逸底迦。」又：根本説一切有部苾芻尼毗奈耶卷一三：「若苾芻尼於草樹木，若拔、若破、若斫截，皆波逸底迦。」四分律卷一二：「若比丘壞鬼神村，波逸提。」又卷二四：「若比丘尼壞鬼神村，波逸提。」

濾水囊

增輝記云：觀其狀雖輕小，察其功用，爲護生命，即慈悲之意，其在此也。中華僧鮮有受持，今准律標示，備於有問爾。○根本百一羯磨云：水羅有五種：一、方羅，用絹三〔一〕尺或二尺，隨時大小作，絹須細密不透蟲者。若用疏絹、薄紗、紵布者，本無護生之意。二、法瓶，陰陽瓶也。三、君遲，以絹繫口，以繩懸沉於水，待滿引出。四、酌水羅，五、衣角羅。言衣角者，非袈裟角也。但取密絹方一搩手，或繫瓶口，或安鉢中，濾水用也〔二〕。○南山鈔有式樣，文多不録〔三〕。○道具，律中聽者名式極多，非今所用，故不注之。

【校注】

〔一〕三：明刻本作「一」。

〔二〕義浄譯根本説一切有部百一羯磨卷八：「如世尊説令畜水羅者，苾芻不知羅有幾種。佛言：羅有五種：一者方羅，若是常用，須絹三尺，或二尺、一尺，僧家用者，或以兩幅，隨時大小，其作羅者，皆絹須細密，蟲不過者方得。若是疏薄，元不堪用。有人用惡絹、疏紗、紵布之流，本無護蟲意也。二者法缾，陰陽缾是。三者君持，以絹繫口，細繩繫項，沈放水中，牽口出半，若全沈口，水則不入，待滿引出，仍須察蟲。非直君持，但是綽口缾瓨，無問大小，以絹縵口，將細繩急繫，隨時取水，極是省事，更不須放生，器爲深要也。四、酌水羅，斯之樣式，東夏元無，述如餘處，即小團羅子。雖意況大同，然非本式也。五、衣角羅。取密絹方一搩許，或繫缾口汲水充用，或置碗內濾時須用，非是袈裟角也。此密而且膩，寧堪濾水？但爲迷方日久，誰當指南？然此等諸羅，皆西方見用。大師悲愍，爲濟含生，食肉尚斷，大慈殺生，豈當成佛？假令暫出寺外，即可持羅，并將細繩及放生罐。若不將者，非直見輕佛教，亦何以獎訓門徒。行者思之，特宜存護，爲自他益。」

〔三〕四分律删繁補闕行事鈔卷下一：「漉水袋如杓形，若三角，若作宏槨，若作漉瓶。若患細蟲出，聽安沙囊中，漉訖，還著水中。不得無漉袋行半由旬。無者僧伽梨角漉，準須覆袋中，以浄穢相染故。此國多用絹作者。余親取已漉竟水，內黑色器中，微小細蟲無數，同水塵量，故涅槃有言：塵耶？蟲耶？此言信也。後取緻練作袋，漉之方盡。故明此者，由生命處重，無益自他，性戒無懺，終須酬報。今不肖之夫，見執漉袋者言：律學唯在於漉袋。然不知所爲處深，損生妨道者猶不畜漉袋，縱畜而不用，雖用而不寫蟲，雖寫而損蟲命。且存殺生一戒，尚不能遵奉，餘之威儀，見命常没其中。」

制聽

持蓋　律云：䟦難陀比丘持大蓋行，似今涼傘也。諸居士遥見，謂是官人，皆避道。及近，元是比丘，乃譏嫌〔一〕之。佛乃制戒：不應持大蓋。若天雨，即聽〔二〕。聽字平聲，即開許也。

【校注】

〔一〕嫌：底本、備要本作「謙」，據明刻本、世界書局本校改。

〔二〕四分律卷五二：「時跋難陀在道行，持好大圓蓋。諸居士遥見，謂是王若大臣，恐怖避道去。彼不遠諦視，乃知是跋難陀，即皆譏嫌言：沙門釋子，多欲無厭，自稱言我知正法，而持大好圓蓋在道行，猶如王大臣，令我等恐怖避道，如是有何正法？諸比丘白佛。佛言：比丘不應持圓蓋在道行，亦不應畜。」

畫房壁 僧祇云：比丘作房，欲畫壁，佛言：聽畫山林人馬之屬，不得畫男女和合之像〔一〕。○昔者南齊竟陵文宣王圖先賢形貌於書齋壁，俾若神對。其中有烈女之像，時有客曰：君畫烈女，似好色不好德也。文宣遂削去，謝之〔二〕。俗官〔三〕避嫌，尚如此焉！

【校注】

〔一〕摩訶僧祇律卷三三：「佛住舍衛城，爾時諸比丘白佛言：世尊，聽我作草屋不？佛言聽。如是作壁、作户扇、作户楣格、作白泥、作五種畫不？佛言聽。佛告諸比丘：如過去世，時有王名曰吉利，爲迦葉佛作精舍，一重二重乃至七重，彫文刻鏤，種種彩畫，唯除男女和合像。種種者，所謂長老比丘像、葡萄蔓摩竭魚鵝像、死屍之像、山林像，如是比一切，是名五種畫。」

〔二〕文選卷六〇任彦昇齊竟陵文宣王行狀：「山宇初搆，超然獨往，顧而言曰：死者可歸，誰與入室？尚想前良，俾若神對。乃命畫工，圖之軒牖。既而緬屬賢英，傍思才淑，匹婦之操，亦有取焉。有客遊梁朝者，從容而進曰：未見好德，愚竊惑焉。即命刊削，投杖不暇。」

〔三〕官：備要本、大正藏本誤作「宫」。

懸香　四分〔一〕云：比丘房内臭，佛許用香泥泥之。猶臭，佛言：應四角懸香〔二〕。

【校注】

〔一〕明刻本「四分」下有「律」字。

〔二〕四分律卷五二：「時諸比丘患屋内臭。佛言：應灑掃。若故臭，以香泥泥。若復臭，應屋四角懸香。」

㮂桒　僧祇云：比丘㮂貯穀米，應作是念：我當依是，得誦經、坐禪、行道。到穀貴時，若食長〔一〕，音仗。若作功德，餘者棄之〔二〕。

【校注】

〔一〕長：明刻本作「剩」。

〔二〕摩訶僧祇律卷一〇：「若比丘糴穀時，作是念：此後當貴。糴時，犯越毗尼罪。糶時，尼薩耆。若作是念：恐某時穀貴，我今糴此穀，我當依是得誦經、坐禪、行道。到時穀大貴，若食長，若與和尚阿闍梨，若作功德，餘者糶，得利無罪。」

栽樹　毗尼母云：若比丘爲三寶，種三等樹：一、果樹，二、華樹，三、葉樹，但有福無過〔一〕。

【校注】

〔一〕毗尼母經卷五：「若比丘爲三寶種三種樹：一者果樹，二者花樹，三者葉樹，此但有福無過。」

養狗　薩波多律攝云：大寺内爲防守故，聽養狗。須知行法：若爬損塔并房院地，應平填。若遺下，應除去。不爾者，得惡作罪〔一〕。

【校注】

〔一〕義浄譯根本薩婆多部律攝卷四：「阿蘭若處並乞食時，可留守人，共均與食。藏門鑰時，應作私記。爲防守故，隨意養狗。其畜狗者，須知行法。若窣睹波及房院地狗所爮𠜾，應可平填。若遺不浄，即應除去。若不修治，並得惡作。」

嚴飾牀褥　律〔一〕：難陀比丘嚴飾牀褥，爲人譏云：此太嚴麗，非比丘所宜。佛制：不得過量嚴飾牀褥〔二〕。

【校注】

〔一〕明刻本「律」下有「云」字。

〔二〕摩訶僧祇律卷二〇：「時波斯匿王子亦來禮拜……次至難陀住處，見青色地，敷高大牀，施置重蹬，敷拘執褥，兩頭施枕。見已，即問尊者：是誰牀褥？答言：我許。王子言：此大嚴麗，非比丘所宜。即復問言：若非我所宜，誰應畜者？答言：若王、王子，所應服飾。比丘言：我非王子耶？若世尊不出家者，應作轉輪聖王，君四天下。汝等一切，是我人民。然世尊不樂是處，出家成佛，作法輪王，我是法輪王子，設復服飾過此，猶尚是宜，況此麤物？王子聞已，慚愧無言。諸比丘以是因緣，往白世尊，佛言：呼難陀優波難陀來。來已，佛具問上事：汝實爾不？答言：實爾。佛言：汝等云何嚴飾牀褥，爲世人所譏？從今日後，不聽過量作牀。」

用外書治佛經 四分〔一〕云：勇猛比丘白佛：欲以世間言論，修治佛經。佛言：癡人以外道言論，欲雜糅佛經，乃是毁損〔二〕。

【校注】

〔一〕明刻本「四分」下有「律」字。

〔二〕四分律卷五二：「時有比丘字勇猛，婆羅門出家，往世尊所，頭面禮足，卻坐一面，白世尊言：大德，此諸比丘，衆姓出家，名字亦異，破佛經義，願世尊聽我等以世間好言論修理佛經。佛言：汝等癡人！此乃是毁損，以外道言論而欲雜糅佛經。佛言：聽隨國俗言音所解誦習佛經。」

帶縷釧 若今百索〔一〕也。十誦律云：比丘若著縷釧，犯突吉羅罪〔二〕。

【校注】

〔一〕百索：亦名長命縷、五色絲等，是一種用彩色絲綫編結的細繩狀飾物，繫於手臂以辟邪。

唐韓鄂歲華紀麗卷二端午：「百索繞臂，五彩纏筒。」原注曰：「以五彩縷造百索繫臂，一名長命縷，一名避兵繒。」高承事物紀原卷八歲時風俗部百索：「今有百索，即朱索之遺事也，蓋始於漢，本以飾門户，而今人以約臂，相承之誤也。又以彩絲結紐而成者，爲百索紐，以作股者名五絲云。」

〔三〕十誦卷三七：「佛言：比丘不應著縷臂釧，著者突吉羅。」

偷税

十誦〔一〕云：比丘過關邏，邏字，羅之去聲成屬。應税不税，若爲賈客過税物，或示人異道，斷官税錢，直五文者，犯波逸提〔二〕。言異道，即偷税私徑〔三〕也。

【校注】

〔一〕明刻本「十誦」下有「律」字。

〔二〕十誦律卷五二：「又問：若比丘過關邏，應輸税物而不輸，得何罪？答：得波羅夷。若估客語比丘：與我過是物，比丘與過，若税物直五錢以上，得波羅夷。若估客到關邏，語比丘言：與我過是物，税直當與比丘半。比丘若過是物，税直乃至五錢，若直五錢，得波羅夷。若估客到關，語比丘言：與我過是物，税直盡與汝。比丘若過，是税物乃至五錢，若直五錢，得波羅夷。若估客到關，應輸税物，比丘示異道令過，斷官税物，是税物乃至五錢，若直五錢，得波羅夷。若估客應輸税物未到關，比丘示異道令過，是税物乃至五錢，若直五錢，斷官税物故，得偷蘭遮。」

〔三〕徑：江户刊本、備要本、大正藏本誤爲「挫」，世界書局本作「物」，出雲寺本無「私徑」。

看鬬

僧祇云：比丘看象牛馬、乃至雞鬬、及人鬬口諍者，得越法罪〔一〕。

【校注】

〔一〕摩訶僧祇律卷一八：「若比丘看象馬牛等鬬乃至雞鬬，得越毗尼罪。若軍來詣精舍，不作意看無罪。若作意看，得越毗尼罪。下至人口諍看者，越毗尼罪。」

照鏡

僧祇云：若病差、若新剃頭、若頭面有瘡，照無罪。若爲好故照者，得越毗尼罪〔一〕。

【校注】

〔一〕摩訶僧祇律卷三三：「佛言：從今日後，不聽照鏡。鏡者，油中、水中、鏡中。不得爲好故，照面自看。若病差照面，自看病差不差；若新剃頭，自照看浄不浄；頭面有瘡，照看無罪。爲好故照鏡，越比尼罪。」

歌　若今唱曲子之類也。律云：有五過：一、使自心貪，二、令他起著，三、獨處多起覺觀，四、常爲貪欲覆心，五、令諸年少聞，常起愛欲反道故〔一〕。

【校注】

〔一〕十誦律卷三七：「佛語諸比丘：從今不應歌，歌者突吉羅。歌有五過失：自心貪著；令他貪著；獨處多起覺觀；常爲貪欲覆心；諸居士聞作是言，諸沙門釋子亦歌，如我等無異。復有五過失：自心貪著；令他起貪著；獨處多起覺觀；常爲貪欲覆心；諸年少比丘聞亦隨學，隨學已，常起貪欲心，便反戒。」

飲酒　律云：酒有二種：一、穀所成，二、木酒，即草根果作者〔一〕。○涅槃經云：酒爲不善諸惡根本，若能除斷，則遠衆罪〔二〕。○成實論：問云：酒是實罪耶？答：非。所以者何？飲酒不〔三〕爲惱衆生故，而是罪因。若人飲酒，則開不善之門，以能障定及諸善法。如植衆果無牆障，故若飲酒，如果無牆障焉〔四〕。○四分律云：飲酒有十過失：一、顔色惡，二、少力，三、眼視不明，四、現嗔相，五、壞田業資生，六、增疾病，七、益鬬訟，八、惡名流布，九、智慧減少，十、身壞命終，墮三惡道〔五〕。○沙彌戒經：有三十六失，乃至破家、危身、失道、喪命，皆由之〔六〕。○法苑云：今有耐酒之人，飲之不醉，又不弊神，亦不作過，飲得罪否？答：制戒防非，本爲生善。戒是正善，身口無違，緣中正息，遮性兩斷，乃戒名善。今耐酒之人，雖不亂神，未破餘戒，但飲便爲罪因，正違遮戒，緣中生犯，乃名有罪〔七〕。

【校注】

〔一〕十誦律卷一七：「酒者有二種：穀酒、木酒。穀酒者，用食、用麴、用米，或用根莖華葉果，用種種子，用諸藥草雜作酒。酒色、酒香、酒味，飲能醉人者，是名穀酒。木酒者，不用食、不用麴米，但用根莖葉華果，若用種種子作酒，酒色、酒香、酒味，飲能醉人，是名木酒。」

〔二〕曇無讖譯大般涅槃經卷二一：「酒爲不善諸惡根本，若能除斷，則遠衆罪。」

〔三〕不：諸本無，據文意及成實論補，參下注。

〔四〕鳩摩羅什譯成實論卷八：「問曰：飲酒是實罪耶？答曰：非也。所以者何？飲酒不爲惱衆生故，但是罪因。若人飲酒，則開不善門，是故若教人飲酒，則得罪分，以能障定等諸善法故，如植衆果必爲牆障。如是四法是實罪，離爲實福，爲守護故，結此酒戒。」

〔五〕四分律卷六〇：「飲酒有十過失：令色惡、少力、眼不明、喜現瞋、失財、增病、起鬥諍、有惡名流布、無智慧、死墮地獄。」

〔六〕沙彌尼戒經：「沙彌尼戒，不得飲酒，不得嗜酒，不得嘗酒。酒有三十六失，失道、破家、危身、喪命，皆悉由之。」

〔七〕法苑珠林卷九三酒肉篇第九三食肉部：「問曰：罪有遮、性，酒體生罪。今有耐酒之人，能飲不醉，又不弊神，亦不生罪。此人飲酒，應不得罪。斯則能飲無過，不能招咎，何關斷酒以成戒善？可謂能飲耐酒，常名持戒；少飲即醉，是大罪人。答曰：制戒防非，本爲生善。戒是上善，身口無違，緣中止息，遮性兩斷，乃名戒善。今耐酒之人，既不亂神，未破餘戒，實理非罪。正以飲生罪因，外違遮教，緣中生犯，仍名有罪。以乖不飲，猶非持戒。」

食肉　楞伽經云：大慧菩薩白佛言：願説食肉過惡。佛言：有無量因緣，不應食肉，我今爲汝略説：一切衆生，從本已來，展轉因緣，常爲六親故；不浄氣分所生故；衆生聞惡氣，悉生怖故；令修行者，慈心不生故；凡夫所嗜，無善名故；諸天所棄故〔一〕。○律云：夫食肉者，斷大慈種，水陸空行，有命者怨故〔二〕。○法苑：問云：酒是和神之藥，肉是充飢之膳，古今同味，獨何鄙焉？設君王賜食，豈關僧過？答：肉由殺命，酒能亂神，縱逢見抑，亦須嚴斷。雖違君命，還順佛心矣〔三〕。

【校注】

〔一〕參實叉難陀譯大乘入楞伽經卷六斷食肉品第八。文繁不録。

〔二〕四分律刪繁補闕行事鈔卷下之二：「夫食肉者，斷大慈種。水陸空行，有命者怨，故不令食。」

〔三〕法苑珠林卷九三酒肉篇第九三食肉部第三：「問曰：酒是和神之藥，肉爲充飢之膳。古今同味，今獨何見鄙而不食？若使佛教清禁，居喪禮制，即如對於嚴君，敕賜俗食，豈闕僧過，拒而不食耶？答曰：貪財喜色，貞夫所鄙。好膳嗜美，廉士所惡。割情從道，前賢所歎。抑欲崇德，往哲同嗟。況肉由殺命，酒能亂神，不食是理，寧可爲非？縱逢上抑，終須嚴斷，雖違君命，還順佛心。」

食辛

楞伽經云：一切葱薤韭蒜，臭穢不浄，能障聖道，亦障世間浄處，何況佛之浄土〔一〕？○涅槃經云：乃是食葱韭蒜薤，當生苦處〔二〕。○楞伽經云：是五種辛，熟食發婬，生食增恚。如是世界，食辛之人，能宣十二部經，十方天人〔三〕，嫌其臭穢，咸遂〔四〕遠離。諸餓鬼等，因彼食次，舐其脣吻，常與鬼住。福得日消，長無利益〔五〕。

【校注】

〔一〕元魏菩提流支譯入楞伽經卷八：「一切葱韭蒜薤，臭穢不浄，能障聖道，亦障世間人天浄處，何況諸佛浄土果報？」

〔二〕涅槃經中未見，然法苑珠林等引亦云出涅槃經。

〔三〕人：明刻本作「仙」。

〔四〕遂：明刻本作「皆」。

〔五〕唐般剌蜜帝譯大佛頂萬行首楞嚴經卷八：「當斷世間五種辛菜，是五種辛，熟食發婬，生啖增恚。如是世界食辛之人，縱能宣説十二部經，十方天仙，嫌其臭穢，咸皆遠離。諸餓鬼等，因彼食次，舐其脣吻，常與鬼住。福德日銷，長無利益。」

捨身　十住斷結經云：佛言：過去無數劫，有一大國，名裴扇闍。有一女人，名提謂。夫喪守寡，家富無子。有婆羅門謂曰：今身之厄，由汝前世罪故。若不修福滅罪，後墮地獄，悔無所及。提謂問：作何福，得罪滅耶？婆羅門曰：莫非積薪自燒身。提謂依教積薪次，有一道人，名鉢底婆，漢言辯才。問曰：辦具薪火，而欲何爲？女人答曰：欲自燒身滅罪。辯才告曰：先身罪業，隨逐精神，不與身合，徒自燒身，安能滅罪？何於苦惱求善報耶？於理不通。譬如牛厭車，欲使車壞，前車若壞，續得後車。假使燒壞百千萬身，罪業因緣，相續不滅〔一〕。○勸人捨身者，律犯波羅夷罪〔二〕。

【校注】

〔一〕參蕭齊釋曇景譯佛説未曾有因緣經卷下。

〔二〕按：大乘佛教經典中多認爲佛教僧徒應以捨身、燃指、燃臂等方式，供養諸佛。梵網經盧舍那佛説菩薩心地戒品第十卷下：「若不燒身、臂、指供養諸佛，非出家菩薩。」然亦有極力反對者。唐湛然述法華文句記卷一〇下云：「有人問云：律制燒身得蘭，燒指得吉，此中讚燒，其事如何？今爲答之：大小開制，教法不同。小制結過，大制令燒。故梵網中若不燒者，非出家菩薩。」可知有人即以律制燒身者得偷蘭遮罪，燒指者得突吉羅罪而反對燒身。南海寄歸内法傳卷四燒身不合：「苦希小果，即八聖可求；如學大因，則三祇斯克。始忽忽自斷軀命，實亦未聞其理。自殺之罪，事亞初篇矣。撿尋律藏，不見遣爲。滅愛親説要方，斷惑豈由燒已？房中打勢，佛障不聽。池内存生，尊自稱善。破重戒而隨自意，金口遮而不從。以此歸心，誠非聖教。必有行菩薩行，不受律儀，亡己濟生，固在言外耳。」

浴　四分律云：許數數洗〔一〕浴，生世善故〔二〕。○毗尼母云：澡浴但爲除身中風冷病，得安隱行道故〔三〕。有五利：一、除垢，二、治皮膚令一色，三、破寒熱，四、下風氣，五、少病痛〔四〕。○温室經：佛爲醫王耆域漢言固活。説浴僧當用七物：一、燃火，二、浄水，三、澡豆，四、蘇膏，五、淳灰，六、楊枝，七、内衣。除七病：一、四大安隱，二、除風，三、除濕痺，四、除寒冰，五、除熱氣，六、除垢穢，七、身體輕便，眼目清浄。得七福：一、四大無病，所生常安；二、所生清浄，面首端嚴；三、身體常香，衣服浄潔；四、肌體濡澤，威光德大；五、多〔五〕饒人從，拂拭塵垢；六、口齒香好，所説肅用；七、所生之處，自然衣服〔六〕。

○律云：凡比丘入浴室，應一心小語，好持威儀，收攝諸根〔七〕。

【校注】

〔一〕洗：據明刻本補。

〔二〕按：四分律卷一六：「熱時、病時、風時、雨時、道行時，數數洗浴。」四分律删繁補闕行事鈔卷下一曰：「四分邊方比丘，曲開五事：一、持律五人受大戒，以僧少故，三年方集。二、著重革屣，以砂石多故。三、數數洗浴，生世善故。四、敷羺羊皮、白羊皮、鹿皮爲卧具，以彼方無餘卧具故。五、聽比丘得衣入手數滿十日。以無人可對故。」當爲此説所本。

〔三〕毗尼母經卷六：「此澡浴者，不爲餘緣，但欲令除身中風冷病，得安隱行道故。」

〔四〕十誦律卷五七：「浴室洗法者，浴室中洗得五利：一、除塵垢，二、治身皮膚令一色，三、破寒熱，四、除風氣，五、少病痛。」

〔五〕多：據明刻本補。

〔六〕安世高譯佛説温室洗浴衆僧經：「佛告耆域，澡浴之法，當用七物除去七病，得七福報。何謂七物？一者然火，二者浄水，三者澡豆，四者蘇膏，五者淳灰，六者楊枝，七者内衣。此是澡浴之法。何謂除去七病？一者四大安隱，二者除風病，三者除濕痺，四者除寒冰，五者除熱氣，六者除垢穢，七者身體輕便，眼目精明。是爲除去衆僧七病。如是供養，便得七福。何謂七福？一者四大無病，所生常安，勇武丁健，衆所敬仰；二者所生清淨，面目端正，塵水不著，爲人所敬；三者身體常香，衣服潔淨，見者歡喜，莫不恭敬；四者肌體濡澤，威光德大，莫不敬歎，獨步無雙；五者多饒人從，拂拭塵垢，自然受福，常識宿命；六者口齒香好，方白齊平，所説教令，莫不肅用；七者所生之處，自然衣裳，光飾珍寶，見者悚息。」

〔七〕十誦律卷五七：「浴室法者，比丘入浴室，應一心小語，好持威儀，收攝諸根。」

畏慎

畏慎 雜阿含經云：佛告諸比丘，當恭敬住，當常繫心，常畏慎。所以者何？若比丘不恭敬、不繫心、不畏慎，而欲令威儀足者，無有是處。不備威儀，欲令學法滿者，無有是處。學法不滿，欲令五分法身具足者，無有是處。五分法身不具足，欲得無餘涅槃者，無有是處。是故比丘，當勤學恭敬，繫心畏慎〔一〕。

【校注】

〔一〕求那跋陀羅譯雜阿含經卷四七：「世尊告諸比丘：當恭敬住，常當繫心，常當畏慎，隨他自在諸修梵行上、中、下座。所以者何？若有比丘不恭敬住，不繫心，不畏慎，不隨他自在諸修梵行上、中、下座，而欲令威儀足者，無有是處。不備威儀，欲令學法滿者，無有是處。學法不滿，欲令戒身、定身、慧身、解脱身、解脱知見身具足者，無有是處。解脱知見不滿足，欲令得無餘涅槃者，無有是處。如是比丘，當勤恭敬，繫心，畏慎，隨他德力諸修梵行上、中、下座而威儀具足者，斯有是處。威儀具足已，而學法具足者，斯有是處。學法備足已，而戒身、定身、慧身、解脱身、解脱知見身具足者，斯有是處。解脱知見身具足已，得無餘涅槃者，斯有是處。是故比丘，當勤恭敬、繫心、畏慎，隨他德力諸修梵行上、中、下座，威儀滿足，乃至無餘涅槃。」

護惜浮囊　涅槃經云：有一人渡海，假於浮囊。有一羅刹隨渡者，乞其浮囊，乃至一針眼許，渡者不得。此喻持戒人守護戒法，如渡海浮囊，不得少許穿漏，方渡生死大海〔一〕。

【校注】

〔一〕北涼曇無讖譯大般涅槃經卷一一：「譬如有人，帶持浮囊，欲渡大海，爾時海中有一羅刹，即從其人乞索浮囊，其人聞已，即作是念：我今若與，必定没死。答言：羅刹，汝寧殺我，浮囊叵得。羅刹復言：汝若不能全與我者，見惠其半。是人猶故不肯與之。羅刹復言：

汝若不肯惠我半者，幸願與我三分之一。是人不肯。羅刹復言：若不能者，當施手許。是人不肯。羅刹復言：汝今若復不能與我如手許者，我今飢窮，衆苦所逼，願當濟我如微塵許。是人復言：汝今所索，誠復不多。然我今日方當渡海，不知前途近遠如何。若與汝者，氣當漸出。大海之難，何由得過？脱能中路没水而死。善男子，菩薩摩訶薩護持禁戒，亦復如是，如彼渡人護惜浮囊。」

毀破德餅

又名吉祥餅。智度論云：譬如有人患貧，供養諸天求富，滿十二年。天愍其志，賜與一餅，告曰：此名德瓶。凡有所須，皆自瓶出。其人久貧乍富，人皆怪問，遂出餅示人，見種種物，從餅涌出。其人嬌〔一〕逸，登餅舞蹈，其餅即破，諸物皆失。此喻持戒人，應生天上，受自然樂。若憍逸自恣，亦如餅破，一切皆失〔二〕。

【校注】

〔一〕嬌：世界書局本作「憍」。

〔二〕鳩摩羅什譯大智度論卷一三：「持戒之人無事不得，破戒之人一切皆失。譬如有人常供養天，其人貧窮，一心供養，滿十二歲，求索富貴。天愍此人，自現其身而問之曰：汝求何等？答言：我求富貴，欲令心之所願一切皆得。天與一器，名曰德瓶，而語之言：所須之物，從此瓶出。其人得已，應意所欲，無所不得。得如意已，具作好舍象馬車乘，七寶具足。供給賓客，事事無乏。客問之言：汝先貧窮，今日何由得如此富？答言：我得天瓶。瓶能出此種種衆物，故富如是。客言：出瓶見示，并所出物。即爲出瓶，瓶中引出種種衆物。其人憍泆，立瓶上舞，瓶即破壞，一切衆物，亦一時滅。持戒之人，亦復如是，種種妙樂，無願不得。若人破戒，憍泆自恣，亦如彼人，破瓶失物。」

市買禍母　雜譬喻經云：昔有一國，五穀豐熟，絶兵無疫，人民常樂。其王忽問群臣曰：我聞四方有禍，何似？對曰：臣亦未識。王遣求覓要見，臣遂推求。是時天神化作一物，似豬，賣於市中。其臣問名，曰：是禍母，四方之禍，皆由此生也。問食，曰：日食針一升。遂買進王。敕令畜養。飼針國乏，乃率於民，民輸不堪，逃移他土。有智臣請殺，乃至斫刺，無能傷害。遂焚之，身亦同火。躍走入城，一切燒盡。此買禍母所致也。喻比丘不護戒身，欲火所燒，身名俱失〔一〕。

【校注】

〔一〕吴康僧會譯舊雜譬喻經卷上：「昔有一國，五穀熟成，人民安寧，無有疾病，晝夜伎樂無憂也。王問群臣：我聞天下有禍，何類？答曰：臣亦不見也。王便使一臣至鄰國求買之。

天神則化作一人，於市中賣之。狀類如豬，持鐵鎖繫縛。臣問：此名何等？答曰：禍母。曰：賣幾錢？曰：千萬。臣便顧之問曰：此何等食？曰：日食一升針。臣便家家發求針。如是人民兩兩三三相逢求針，使至諸郡縣，擾亂在所，患毒無憀。臣白王：此禍母致使民亂，男女失業，欲殺棄之。王言大善。便於城外，刺不入，斫不傷，捶不死。積薪燒之，身體赤如火，便走出，過里燒里，過市燒市，入城燒城。如是過國，遂擾亂人民飢餓，坐厭樂買禍所致。」

狸吞鼠子　經云：昔有一狸，張口伺鼠。有鼠子出穴，狸即吞之。鼠子入腹猶活，反食狸臟腑。患痛，迷悶狂走，遂至命終。此喻比丘依聚落住，不護根門，被欲損心，迷悶狂走，不樂精舍，捨戒還俗，遂至於死〔一〕。

【校注】

〔一〕求那跋陀羅譯雜阿含經卷四七：「世尊告諸比丘：過去世時，有一猫狸，飢渴羸瘦，於孔穴中，伺求鼠子。若鼠子出，當取食之。有時鼠子出穴遊戲，時彼猫狸，疾取吞之。鼠子身小，生入腹中。入腹中已，食其内藏。食内藏時，猫狸迷悶，東西狂走，空宅塚間，不知何止，遂至於死。如是比丘，有愚癡人，依聚落住，晨朝著衣持鉢，入村乞食。不善護身，不守根門，心不繫念。見諸女人，起不正思惟而取色相，發貪欲心。貪欲發已，欲火熾燃，燒其身心。燒身心已，馳心狂逸，不樂精舍、不樂空閑、不樂樹下，爲惡不善心侵食内法，捨戒退滅。此愚癡人，長夜常得不饒益苦。」

綿裹鐵丸

經云：譬如燒赤〔一〕鐵丸，裹劫貝〔二〕綿中，綿速燃否？比丘言：速燃。佛言：愚癡之人，依聚落住，不善護戒，心不正念，欲火燒心，捨戒還俗。是故汝等，應護根門也〔三〕。

【校注】

〔一〕如燒赤：底本及餘三卷本皆作「如赤燒」，明刻本作「燒赤」，據文意校改。

〔二〕貝：原作「具」，據文意及雜阿含經改，參下注。劫貝，爲木棉科植物，又作劫波育、劫波羅、劫貝娑等。一切經音義卷一七玄應撰大方等大集經音義卷一五：「劫波育，或言劫貝者，訛也。正言迦波羅，高昌名氎，可以爲布。罽賓以南，大者成樹。以北，形小，狀如土葵，有㲉，剖以出花，如柳絮，可紉以爲布也。」又卷二六大般涅槃經音義卷二〇：「劫貝娑花，花同柳絮，可以爲綿。詢問梵僧，白氎是也。」

〔三〕雜阿含經卷四七：「世尊告諸比丘：譬如鐵丸投著火中，與火同色。盛著劫貝綿中，云何？比丘，當速燃不？比丘白佛：如是，世尊。佛告比丘：愚癡之人依聚落住，晨朝著衣持鉢，入村乞食，不善護身，不守根門，心不繫念。若見年少女人，不正思惟，取其色相，起貪欲心，欲燒其心，欲燒其身，身心燒已，捨戒退減。是愚癡人，長夜當得，非義饒益。是故比丘，當如是學：善護其身，守護根門，繫念，入村乞食。」

日用木杵

雜阿含經云：譬如木杵，日用不止，不覺消減。如是比丘，從本已來，不守根門，不勤覺悟，修習善法。當知是輩，終日減損〔一〕。

【校注】

〔一〕雜阿含經卷四七：「世尊告諸比丘：譬如木杵，常用不止，日夜消滅。如是，比丘，若沙門、婆羅門從本以來，不閉根門，食不知量，初夜、後夜不勤覺悟，修習善法。當知是輩，終日損減，不增善法，如彼木杵。」

小魚忘教

太魚事經云：昔有一池，多有諸魚。爾時大魚誡諸小魚：莫往他處，必爲人捕。時諸小魚，忘其教誡，便往他處，幾被網獲。洎歸本所，大魚問曰：汝何所見？小魚曰：唯有長線。大魚曰：我之祖、父，皆死此線。慎勿再往也！後時小魚忘教復往，盡爲所捕。此喻比丘不受善教，後罹横禍〔一〕。

【校注】

〔一〕東晉竺曇無蘭譯佛説大魚事經：「爾時世尊，告諸比丘：往昔時，有一水饒諸大魚。爾時大魚敕小魚曰：汝等莫離此間往他處所，備爲惡人所得。爾時小魚不從大魚教，便往至他處所。爾時魚師以飯網羅綫捕諸魚，諸小魚見，便趣大魚處所。爾時大魚見小魚來，便問小魚曰：汝等莫離此間往至他所。爾時小魚便答大魚曰：我等向者以至他所來。大魚便敕小魚曰：汝等至他所，不爲羅網取捕耶？小魚答大魚曰：我等至彼，不爲人所捕，然遥見長綫尋我後。大魚便語小魚曰：汝等以爲所害，所以然者，汝所遥見綫尋後來者，昔先祖父母盡爲此綫所害，汝今必爲所害，汝非我兒。爾時小魚盡爲魚師所捕，舉著岸上。……爾時此比丘不捨禁戒，便著俗服，樂愛欲中。是謂比丘魔得其便，隨波旬所欲，亦不脱生老病死愁憂苦惱。如是諸比丘利養具，甚爲難，甚爲苦，甚爲恐畏，墮入惡趣，不生無上處。是故諸比丘，當作是學。」

野干拒諫　僧祇律云：過去有一婆羅門，於曠野造井，以給行人。至暮，有群野干，趣井飲水。其野干主，便内頭汲罐中，飲已，戴起高舉，撲破而去。諸小野干諫主曰：若樹葉可用者，猶護惜之，況此利濟之具，何忍壞也？主曰：我但戲樂耳。損壞既多，施者懷恨，乃作木罐用機，故頭可入不可出，置于井側，執杖屏處伺之。及暮果至，作戲如初，内頭入罐，求撲不脱，婆羅門以杖打死。時空有神説偈曰：知識慈心語，狠戾不受諫。守頑招此禍，自喪其身命〔一〕。

【校注】

〔一〕摩訶僧祇律卷七：「過去世時，有城名波羅奈，國名伽尸。時有一婆羅門，於曠野中造立義井，爲放牧取薪草人行來者，皆就井飲并洗浴。時日向暮，有群野干來趣井飲地殘水。諸有野干主，不飲地水，便内頭罐中飲水。飲水已，戴罐高舉，撲破瓦罐，罐口猶貫其項。諸野干輩語主野干：若濕樹葉可用者，常當護之，況復此罐，利益行人？野干主言：我作是事樂，但當快心，那知他事！時行人語婆羅門：汝井上罐已破。復更著之，猶如前法，爲野干所破。如是非一，乃至破十四罐。諸野干輩數數諫之，猶不受語。時婆羅門便自念言：是誰於我福德義井作障礙者？今當往觀，知其所以。即持罐往著井上，於屏處微伺見之。諸行人飲水而去，無破罐者。至日向暮，見群野干來飲地殘水。唯野干主，飲罐中水，然後撲破。見已，便作是念：正是野干於我福德井而作留難。便作木罐，堅固難破，令入頭易出頭難。持著井邊，捉杖屏處伺之。行人飲訖，向暮野干群集，如前飲地殘水，唯野干主飲罐中水訖，便撲地不能令破。時婆羅門捉杖來出，打殺野干，時空中有天，説此偈言：知識慈心語，佷倲不受諫。守頑招此禍，自喪其身命。是故癡野干，遭斯木罐苦。」

九横　九横經云：佛告比丘：有九因緣，命未盡便横死：一、不應飯而飯，謂食不可意，或滿腹不調，更食。二、不量食，不節。三、不習食，謂往他處，未知食性，便强食。四、不出食，謂食未消復食。五、止熟，謂强制大小便。六、不持戒，謂犯五戒，成疾及遭官法等。七、近惡知識，八、入里不時，謂非時入城市及人家等，太早、太夜。九、可避不避〔一〕。謂奔牛、逸馬、馳車、醉人、惡犬〔二〕等。

【校注】

〔一〕安世高譯佛説九横經：「佛便告比丘：有九輩九因緣，命未盡便横死：一者爲不應飯爲飯，二者爲不量飯，三者爲不習飯飯，四者爲不出生，五者爲止熟，六者爲不持戒，七者爲近惡知識，八者爲入里不時不如法行，九者爲可避不避。」

〔二〕犬：底本及餘三卷本皆作「大」，據明刻本改。

入俗舍五法　律云：一、入門小語，二、攝身口意，三、卑躬，四、善護諸根，五、威儀庠序，令人生善〔一〕。○華首經偈云：比丘入他家，不應懷憍慢，自大自高心，若有皆當滅。當以慈愍心，無欲無所求。説法廣饒益，浄行於世間〔二〕。

【校注】

〔一〕毗尼母經卷六：「比丘入檀越家，應成就五法：一、入時小語，二、斂身口意業，三、攝心卑恭而行，四、收攝諸根，五、威儀庠序，發人善心。是名入檀越舍五法用。」

〔二〕出後秦鳩摩羅什譯佛説華手經卷一。

捨五慳 成實論云：當捨五慳：一、財物慳，二、法慳，三、家慳，謂惜門徒家，不欲別人識，恐失己利故。四、住處慳，謂有房舍，不欲人居。五、讚歎慳〔一〕。謂不揚人美事，恐勝己故。

【校注】

〔一〕鳩摩羅什譯成實論卷一〇：「五慳者：住處慳、家慳、施慳、稱讚慳、法慳。住處慳者，獨我住此，不用餘人；家慳者，獨我入出此家，不用餘人，設有餘人，我於中勝；施慳者，我於此中，獨得布施，勿與餘人，設有餘人，勿令過我；稱讚慳者，獨稱讚我，勿讚餘人，設讚餘人，亦勿令勝我；法慳者，獨我知十二部經義，又知深義祕而不説。」

除三惡 大法炬陀羅尼經云：佛言：人身難得，雖得，其壽復促。於短命中，更有三惡：一、心性佷弊，不受善言；二、常懷慳嫉，懼他勝己；三、設知勝己，耻而不問〔一〕。

【校注】

〔一〕隋闍那崛多等譯大法炬陀羅尼經卷一緣起品：「爾時善威光天子在於佛前，整理衣服，偏袒右臂，右膝著地，合十指掌，頂禮佛足，白佛言：……世尊，得人身難。雖得人身，其壽復促。於短命中，更有三惡。何等爲三？一者，心性佷弊，不受善言；二者，常懷慳嫉，懼他勝己；三者，設知勝己，耻不諮問。」

息三暴害　僧祇云：身暴害者，比丘入人家，牽拽小兒，打拍推撲，破損器物，斫牛脚，刺羊眼，將他穀米豆麥和雜，若田中須水，决破令去，不須者，開竇放入等；口暴害者，詣王臣前，讒佞良善；身口暴害者，於屏處藏身，作異聲怖人等〔一〕。

【校注】

〔一〕摩訶僧祇律卷七：「身害者，入其家中牽曳小兒，打拍推撲，破損器物，折犢子脚，刺壞羊眼；至市肆上，種種穀米、小麥、大麥、鹽、糗、酥油、乳酪，悉和雜合，不可分別；田中生苗，其須水者開水令去，不須水者决令滿中，刈殺生苗，焚燒熟穀，是名身暴害。口暴害者，詣王讒人，加誣良善，是名口暴害。身口暴害者，屏處藏身，恐怖其人，牽挽無辜，是名身口暴害。」

招輕賤三法　毗奈耶律偈曰：無事多言語，身著垢弊衣，不請往他家，此三被人賤〔一〕。

【校注】

〔一〕義净譯根本説一切有部毗奈耶雜事卷二四：「世有三事，被他輕賤。云何爲三？無事多言語，身著垢弊衣，不請赴他家，此三被人賤。」

得人不可愛有十法 僧祇云：一、不相習近，二、輕數習近，三、爲利習近，四、他愛者不愛，五、他不愛者愛，六、諦言不受，七、好預他事，八、實無威德而欲陵人，九、好與人屏處私語，十、多所求欲。此十法，能令他起不愛心也〔一〕。

【校注】

〔一〕摩訶僧祇律卷六：「佛告諸比丘，有十事法爲人所不愛，何等爲十？不相習近、輕數習近、爲利習近、愛者不愛、不愛者愛、諦言不受、好豫他事、實無威德而欲陵物、好屏私語、多所求欲。是爲十事，起他不愛。」

八誡 分别善惡所起經云：傳遠疏通，誡於太察；篤信守一，誡於壅弊；勇猛剛毅，誡於暴亂；仁愛温良，誡於不斷；廣心浩大，誡於狐疑；沉静安舒，誡於後時；刻削隘急，誡於標疾；多人長辭，誡於無實〔一〕。

【校注】

〔一〕出後漢安世高譯佛説分别善惡所起經。

成就威儀四法　十住斷結經云：一，不染三有，知之爲苦；二，我與彼人，苦樂俱然；三，常行忍辱；四，在上不慢，在下不恥〔一〕。

【校注】

〔一〕竺佛念譯十住斷結經卷一〇：「復有四法，威儀成就。云何爲四？一者，不染三有，知之爲苦；二者，我與彼人，苦樂俱然；三者，恒行忍辱，不興惡心；四者，在上無慢，居下不恥。」

受施知節量　智度論云：佛言：白衣給施衣食，當知節量，不令他罄竭，則檀越歡喜，信心不絶，受者不乏〔一〕。

【校注】

〔一〕鳩摩羅什譯大智度論卷二：「居士白衣給施衣食，當知節量，不令罄竭，則檀越歡喜，信心不絶，受者無乏。」

四聖種　倶舍論云：一、隨所得衣；二、隨所得食；三、隨得臥具，皆生喜足；四、樂修樂斷。前三對治貪，後一對治放逸。以出家者，有二因緣，故名聖種：一、意樂，二、受用。此四能生無漏善相續，故名聖種〔一〕。○又佛説：名四勝寶藏，能令住者意望滿足故〔二〕。本生心地觀經云：四無垢性，謂比丘於衣食、臥具、湯藥，隨其麤細稱心，遠離貪求。三十七菩提分法〔三〕，皆從此生故〔四〕。

【校注】

〔一〕玄奘譯阿毗達磨俱舍論卷二二：「四聖種體，亦是無貪。四中前三，體唯喜足。謂於衣服、飲食、臥具，隨所得中，皆生喜足。第四聖種，謂樂斷修。如何亦用無貪爲體，以能棄捨有欲貪故。爲顯何義立四聖種？以諸弟子捨俗生具及俗事業，爲求解脱歸佛出家，法主世尊慜彼安立助道二事：一者生具，二者事業。前三即是助道生具，最後即是助道事業。汝等若能依前生具，作後事業，解脱非久。」

〔二〕玄奘譯阿毗達磨大毗婆沙論卷一八一：「有説佛知此四是勝寶藏，能令住者意望滿足，故名最勝知。」

〔三〕三十七菩提分法：又稱三十七道品、三十七覺支等，指佛陀教導衆生修證聖果的三十七種途徑和方法。菩提分即成就佛教四聖諦的智慧，通向涅槃境界的道路。包括七部分：四念處、四正勤、四如意足、五根、五力、七覺分、八正道。

〔四〕唐般若譯大乘本生心地觀經卷五：「云何名爲四無垢性？衣服、卧具、飲食、湯藥，如是四事，隨有所得，麤細稱心，遠離貪求，是無垢性。諸比丘等，以何因緣，如是四行，名無垢性？智光當知，諸佛如來三十七品菩提分法，皆從此生。」

警誡　六度集經云：佛因地作貧人云：吾寧守道貧賤而死，不爲無道富貴而生〔一〕。

○左傳鄭子張曰：生在警戒，不在富也。君子曰：善戒〔二〕。

【校注】

〔一〕出吴康僧會譯六度集經卷四。

〔二〕見左傳襄公二十二年。

勤　懈

勤　謂正勤也，有四焉，即四種精進，遮二不善法，集二善法：謂已生不善法令斷，未生者令不生故。未生善令生，已生者令增長故。○智度論云：四種精進心，勇發動畏錯誤故，言正勤也〔一〕。○順正理論云：無始時來，所以不能見四聖諦，都由懈怠，勤能治彼，令樂聽聞。如理思惟，四聖諦理，速證菩提〔二〕。

【校注】

〔一〕鳩摩羅什譯大智度論卷一九：「正懃有二種：一者性正懃，二者共正懃。性正懃者，爲道故，四種精進，遮二種不善法，集二種善法。四念處觀時，若有懈怠心、五蓋等諸煩惱覆心，離五種信等善根時，不善法若已生爲斷故，未生不令生故，懃精進。信等善根未生爲生故，已生爲增長故，懃精進。精進法於四念處多故，得名正懃。問曰：何以故於七種法中此四名正懃，後八名正道，餘者不名正？答曰：四種精進心，勇發動畏錯誤故，言正懃。行道趣法故，畏墮邪法故，言正道。性者四種精進性，共者四種精進性爲首，因緣生道，若有漏若無漏，若有色若無色，如上說。行四正懃時心小散故，以定攝心故，名如意足。」

〔二〕玄奘譯阿毗達磨順正理論卷七一：「無始時來，所以不能見四聖諦，都由懈怠，不樂聽聞。如理思惟，四聖諦理，勤能治彼，令樂聽聞。如理思惟四諦理故，能見四諦，速證菩提。」

精進　即心所法，善十一中，第二法也。○唯識論云：勇捍爲性。疏云：勇而無怯，自策發也。悍而無懼，耐勞倦也〔一〕。○僧伽吒經云：欲求涅槃，當勤精進〔二〕。○十誦律序云：諸大德爲道故，當一心勤精進。所以者何？諸佛一心勤精進故，得阿耨菩提，何況餘善道法〔三〕？○智度論云：有二精進：一、身精進爲小，二、心精進爲大。佛説意業大故〔四〕。

【校注】

〔一〕窺基撰成唯識論述記卷六之本：「論：勤謂精進，至滿善爲業。述曰：下文有二，初略後廣。勤苦名通三性，此即精進，故體唯善。於善品修，於惡品斷，事中勇健。悍且勇而無惰，自策發也。悍而無懼，耐勞倦也。勇者升進義，悍者堅牢義。」

〔二〕出元魏月婆首那譯僧伽吒經卷三。

〔三〕鳩摩羅什譯十誦比丘波羅提木叉戒本：「佛法欲滅，諸大德，爲得道故，一心勤精進。所以者何？諸佛一心勤精進故，得阿耨多羅三藐三菩提，何況餘善道法？」

〔四〕大智度論卷二九：「少進者有二：身進、心進。身進爲少，心進爲大。外進爲少，内進爲大。身口進爲少，意進爲大，如佛説意業大力故。」

懈怠　菩薩本行經云：夫懈怠者，衆行之累。在家懈怠，則衣食不供，産業不舉。出家懈怠，則不能出離生死之苦〔一〕。○釋論云：出家懶墮，則喪於法寶〔二〕。

【校注】

〔一〕佛説菩薩本行經卷上：「夫懈怠者，衆行之累。居家懈怠，則衣食不供，產業不舉。出家懈怠，不能出離生死之苦。」

〔二〕出處俟考。法苑珠林卷八三六度篇第八五精進部第四述意部：「釋論云：在家懈怠，失於俗利。出家懶惰，喪於法寶。」周叔迦、蘇晉仁校注亦未考出出處。

放逸

正法念處經云：此放逸過，一切過中，最爲勝上〔一〕。又偈云：愚癡樂放逸，常受諸苦惱，若離放逸者，則得常安樂。一切諸苦樹，放逸爲根本，是故欲離苦，應當捨放逸〔二〕。又云：順法而行，遠離放逸，則閉一切惡道之門〔三〕。

【校注】

〔一〕出元魏般若流支譯正法念處經卷三八。

〔二〕出正法念處經卷五七。

〔三〕出正法念處經卷五八。

魔　智度論云：梵語魔羅，秦言奪命。論云：唯死魔實能奪命，餘者能爲奪命因，亦能奪智慧命故〔一〕。瑜珈論云：由蘊魔遍一切隨逐義，天魔障礙義，死魔、煩惱魔，能與死生衆生作苦器故〔二〕。○魔逆經云：大光夫人白文殊言：其魔事住於何處？文殊言：住於精進。又問：何故住於精進？文殊言：其精進者，乃爲魔求其便。若懈怠者，彼當奈何〔三〕？因明勤懈，乃述魔住。○瑜珈論云：魔事者，若於利養、恭敬、稱譽，心樂趣入；或放逸、慳悋、廣大希欲、不知喜足、忿恨、惱覆、矯詐等，皆是魔事〔四〕。

【校注】

〔一〕大智度論卷六八：「魔，秦言能奪命者，雖死魔實能奪命，餘者亦能作奪命因緣，亦奪智慧命，是故名殺者。」

〔二〕玄奘譯瑜伽師地論卷八九：「不愚礙者，由四種魔。謂由蘊魔遍一切處隨逐義故，由彼天魔於時時間能數任持障礙義故，死、煩惱魔能與死生所生衆苦作器義故。」

〔三〕西晉竺法護譯佛説魔逆經：「大光問文殊曰：其魔事者，爲住何所？文殊答曰：住於精進。又問：以何等故，住於精進？文殊答曰：其精進者，乃爲諸魔求其便耳。若懈怠者，彼魔波旬當奈之何？」

〔四〕玄奘譯瑜伽師地論卷二九：「若於利養、恭敬、稱譽、心樂趣入；或於慳吝、廣大希欲、不知喜足、忿恨、覆惱及矯詐等，沙門莊嚴所對治法心樂趣入，當知一切皆是魔事。」

三寶

三寶 謂佛、法、僧也。寶性論云：依彼六種相似對故，佛法僧説名爲寶：一、世間難得相似，以無善根諸衆生等，百千萬劫不能得故；二、無垢相似，以離一切有漏法故；三、威德相似，以具足六通，不可思議，威德自在故；四、莊嚴相似，以能莊嚴出世間故；五、勝妙相似，以出世間故；六、不可改異相似，以無漏法，世八法不能動故。偈云：真寶〔一〕世希有，明净及勢力，能莊嚴世間，最上不變等〔二〕。

【校注】

〔一〕寶：備要本、大正藏本、世界書局本作「實」。

〔二〕元魏勒那摩提譯究竟一乘寶性論卷二：「問曰：以何義故，佛法衆僧説名爲寶？答曰：偈言：真寶世希有，明净及勢力。偈明何義？所言寶者，有六種相似。依彼六種相似相對法故，佛法衆僧説名爲寶。何等爲六？一者，世間難得相似相對法，以無善根諸衆生等，百千萬劫不能得故，偈言真寶世希有故；二者，無垢相似相對法，以離一切有漏法故，偈言明浄故；三者，威德相似相對法，以具足六通，不可思議，威德自在故，偈言勢力故；四者，莊嚴世間相似相對法，以能莊嚴出世間故，偈言能莊嚴世間故；五者，勝妙相似相對法，以出世間法故，偈言最上故；六者，不可改異相似相對法，以得無漏法，世間八法不能動故，偈言不變故。」

同體三寶 謂於一真如上，義説爲三也：一、真如是覺性，名佛寶；二、真如有軌持義，名法寶；三、真如有和合義，名僧寶〔一〕。

【校注】

〔一〕窺基撰大乘法苑義林章卷六：「同體者，勝鬘經説，歸依第一義者，是究竟歸依，無異如來，無異二歸依，如來即三歸依。涅槃第十説，若能計三寶常住同真諦，此即是諸佛最上之誓願。又云：若於三寶修異相者，當知是人所有禁戒悉不具足，尚不能得二乘菩提，何況能得大菩提也？又云：佛即是法，法即是僧，乃至佛性，即是法身，故言同體。」

別體三寶 此有二宗：初小乘説，丈六金身是佛寶；四諦、十二因緣生空教，是法寶；四果緣覺〔一〕是僧寶。次大乘説，三身如來是佛寶；二空教是法寶；三賢十聖〔二〕是僧寶。

【校注】

〔一〕四果：指聲聞乘的四種果位，即須陀洹果（意譯入流）、斯陀含果（意譯一來）、阿那含果（意譯無還）、阿羅漢果（意譯無生）。緣覺：又稱獨覺、辟支佛，謂不從他聞，獨自覺悟十二因緣之理的得道者。

〔二〕三賢：指雖得相似之解而未脱凡夫之性的十住、十行、十迴向之菩薩。十聖：指已發大智而捨凡夫之性的十地菩薩。仁王護國般若波羅蜜多經卷上菩薩行品：「三賢十聖住果報，唯佛一人居净土。」

住持三寶　範金雕木，繪塑形像，是佛寶；三藏文句，是法寶；剃髮染衣，同一理事，是僧寶。

佛寶　梵語佛陀，或云浮屠，或云部多，或云母馱，或云没陀，皆是五天竺語楚夏也，並譯爲覺，所謂自覺、覺他、覺行圓滿，今略稱佛也。○般若燈論云：何名佛？於一切法不顛倒，真實覺了，故名佛。又云：於無體法中，覺了無餘，諸法平等覺，故名爲佛〔一〕。○

菩薩本行經云：佛者，諸惡永盡，諸善普會，無復衆垢，諸欲都滅，六度無極，皆悉滿畢，以權方便，隨時教化。有大神力，身紫金色，三十二相，八十種好，六通清徹，前知無窮，卻睹〔二〕無極，現在靡所不知，三達遐鑒。有如此德，故號佛也〔三〕。

【校注】

〔一〕唐波羅頗蜜多羅譯般若燈論釋卷一一：「復次云何名佛？於一切法不顛倒，真實覺了，故名爲佛。」又卷一四：「佛者謂自覺聖諦，復能覺他，故名爲佛。云何爲寶？謂難得故。如經偈言：應解我已解，應修我已修，應斷我已斷，由是故稱佛。此謂於一切法有自體中，得平等覺，是故名佛。如修多羅中偈言：於無體法中，覺了盡無餘，諸法平等覺，是故名爲佛。」

〔二〕卻：明刻本作「後」。睹：備要本誤爲「都」。

〔三〕佛説菩薩本行經卷上：「所謂佛者，諸惡永盡，諸善普會，無復衆垢，諸欲都滅，六度無極，皆悉滿畢。以權方便，隨時教化而無有極。有十神力，四無所畏，十八不共奇特之法，三十七品道法之藏而無有極，身紫金色，三十二相，八十種好，六通清徹，無所罣礙。前知無窮，卻睹無極。現在之事靡所不知，三達遐鑒顯于十句。有如此德，故號爲佛也。」

一身　唯就法身也。體依聚義，名身。〇攝論云：爲應、化身，及如來一切功德所依，故名法身也〔一〕。

【校注】

〔一〕真諦譯攝大乘論釋卷一三：「身以依止爲義。由能持諸法，諸法隨身故得成，不隨則不成故。身爲諸法依止，譬如身根爲餘根依止，故得身名。法身亦爾，應、化身及如來一切功德所依，故名爲身。」

二身　佛地論云：一、法身，即自受用身佛也；二、生身，即他受用并化身佛也〔一〕。

○攝論云：如來有二種身：一、自性得身，是法身也；二、人功得身，是應、化二身也〔二〕。

【校注】

〔一〕玄奘譯佛地經論卷七：「佛有二種身：一者生身，二者法身。若自性身，若實受用，俱名法身，諸功德法所依止故，諸功德法所集成故。若變化身，若他受用，俱名生身。」

〔二〕真諦譯攝大乘論釋卷一三：「如來身亦有二種得：一、自性得，是法身；二、人功得，是應、化兩身。」

三身　唯識論云：一、清浄法身。謂諸如來真浄法界，受用變化，平等所依，離相寂然，絶諸戲論，具無邊際真常功德，是一切法平等實性，即此自性，亦名法身，爲大功德所依止故。○二、圓滿報身。論云：此有二種：一、自受用身。謂諸如來三無數劫修集無量福德資糧，所起無邊真實功德及圓浄常遍色身，相續湛然，盡未來際，常自受用，廣大法樂。二、他受用身。謂諸如來由平等智，示現妙浄功德身，居純浄土，爲住十地菩薩現大神通，轉正法輪，決衆疑網，令彼受用大乘法樂。合此二種，名曰報身。○三、變化身。謂諸如來由成事智，變現無量隨類化身，居浄穢土，爲未來登地菩薩及二乘異生，稱彼機宜，現通説法，令各得諸利樂事〔一〕。○又覺性是法身，以無相爲相。覺相爲報身，用四智爲體。覺用名化身，即隨類變現。形量大小不定〔二〕。○莊嚴論云：應知此三身攝一切佛身，示現一切自利、利他依止故〔三〕。

【校注】

〔一〕出玄奘譯成唯識論卷一〇：「一、自性身。謂諸如來真浄法界，受用變化，平等所依，離相寂然，絶諸戲論，具無邊際真常功德，是一切法平等實性。即此自性，亦名法身。大功德法，所依止故。二、受用身。此有二種：一、自受用。謂諸如來，三無數劫修集無量福慧資糧，所起無邊真實功德及極圓浄常遍色身，相續湛然，盡未來際，恒自受用，廣大法樂。二、他受用。謂諸如來由平等智，示現微妙浄功德身，居純浄土，爲住十地諸菩薩衆現大神通，轉正法輪，决衆疑網，令彼受用大乘法樂。合此二種，名受用身。三變化身。謂諸如來，由成事智，變現無量隨類化身，居浄穢土，爲未登地諸菩薩衆二乘異生，稱彼機宜，現通説法，令各獲得諸利樂事。」

〔二〕參成唯識論卷一〇，文繁不録。

〔三〕出無著造、唐波羅頗蜜多羅譯大乘莊嚴經論卷三。

四身

楞伽經云：一、應佛，二、功德佛，三、智慧佛，四、如如佛〔一〕。

【校注】

〔一〕按：求那跋陀羅譯楞伽阿跋多羅寶經卷一：「爾時大慧菩薩摩訶薩，承佛所聽，頂禮佛足，合掌恭敬，以偈問曰：……云何爲化佛？云何報生佛？云何如如佛？云何智慧佛？」明宗泐、如玘注楞伽阿跋多羅寶經注解卷一上：「問佛身名不同者何？化佛，應身也，謂千百億化身。報生佛，他報身也，謂他機所見。如如佛，法身也，謂體性如如不異。智慧佛，自報身也，謂自己修因感果，以始覺之智，合於本覺，故曰智慧。」

五身

菩薩瓔珞經云：一、如如智法身，二、功德法身，三、自法身，四、變化法身，五、虚空法身〔一〕。

【校注】

〔一〕按：竺佛念譯菩薩瓔珞經卷三識界品：「戒身、定身、慧身、解脱身、解脱知見身，是謂如來五分法身。」然未見要覽所説五身。隋吉藏撰法華玄論卷九：「問：經有種種説，或言虚空法身，或言實相法身，或言感應法身，或言法性生身，或言功德法身，有何等異耶？答：言其大綱則彌綸太虚，故言虚空法身；語其妙則無相無爲，故云實相法身；辨其能應則無感不形，故云感應法身；説其生則本之法性，故云法性生身；明其體則衆德所成，故云功德法身。約其義異故，有衆名不同，考而論之，一法身也。」

十身　華嚴經云：一、無著佛，二、願佛，三、業報佛，四、住持佛，五、涅槃佛，六、法界佛，七、心佛，八、三昧佛，九、性佛，十、如意佛〔一〕。無所發菩薩經及佛地論頗同，有云十重他受用佛，亦名十身。

○已上諸身不同，無出於三身也，三身不同，即不離一身而佛佛具足矣。

【校注】

〔一〕東晉佛陀跋陀羅譯大方廣佛華嚴經卷四二：「有十種見佛。何等爲十？所謂無著佛，安住世間成正覺故；願佛，出生故；業報佛，信故；持佛，隨順故；涅槃佛，永度故；法界佛，無處不至故；心佛，安住故；三昧佛，無量無著故；性佛，決定故；如意佛，普覆故。」

十號

菩薩地持經云：如來有十種名稱功德，謂非不如説故，名如來；得一切義，無上福田，應供養故，名應〔一〕；應字平聲呼，謂具上三義故。若去聲呼，只有應供一義也。如第一義開覺故，曰等正覺；止觀具足，名明行足；第一上升，永不復還故，名善逝；如世界衆生界一切種煩惱及清淨，名世間解；第一調伏心巧便智，一切世間唯一丈夫，名無上士調御丈夫；四種真實智，義法真實故，顯示不了義故，依一切義故，廣説斷一切疑，顯示甚深清白處故，爲一切法導師故，名天人師；三聚具足，一切種平等開覺，名佛；壞一切魔力，名婆伽婆〔二〕。

【校注】

〔一〕應：明刻本作「應供」。

〔二〕曇無讖譯菩薩地持經卷三：「如來有十種名稱功德，隨念功德。云何十？如來、應、等正覺、明行足、善逝、世間解、無上士調御丈夫、天人師、佛、婆伽婆。非不如説，故名如來；得一切義故，無上福田故，應供養故，故名爲應；如第一義開覺故，名等正覺；三明如契經所説行者，止觀具足故，名明行足；第一上昇，永不復還，是名善逝；知世界衆生界一切種煩惱及清浄，是名世間解；第一調伏心巧方便智，一切世間唯一丈夫，是名無上調御士；四種真實智，義法真實故，顯示不了義故，依一切義故，廣宣説故，斷一切疑故，顯示甚深清白處故，爲諸法根故，爲一切法導故，爲一切舍故，脱一切苦師演説法義，正諸天人，是名天人師；義饒益聚，非義饒益聚，非義非非義饒益聚，具足一切種平等開覺，是名爲佛；此三聚是善，不善無記。壞一切魔力故，是名婆伽婆。」

六德　梵音婆伽婆，或云薄伽梵，此含六義：一、自在，二、熾盛，三、端嚴，四、名稱，五、吉祥，六、尊貴。○親光菩薩造佛地論釋云：謂如來永不繫屬諸煩惱故，具自在義；焰猛智火所燒鍊故，具熾盛義；妙三十二大士相等所莊飾故，具端嚴義；一切殊勝，功德圓滿，無不知故，具名稱義；一切世間，親近供養，咸稱讚故，具吉祥義；具一切德，常起方便，利益安樂一切有情，無懈廢故，具尊貴義〔一〕。

【校注】

〔一〕玄奘譯佛地經論卷一：「如是一切如來具有於一切種皆不相離，是故如來名薄伽梵，其義云何？謂諸如來永不繫屬諸煩惱故，具自在義；焰猛智火所燒煉故，具熾盛義；妙三十二大士相等所莊飾故，具端嚴義；一切殊勝功德圓滿無不知故，具名稱義；一切世間親近供養咸稱讚故，具吉祥義；具一切德常起方便，利益安樂一切有情無懈廢故，具尊貴義。或能破壞四魔怨故，名薄伽梵。四魔怨者，謂煩惱魔、藴魔、死魔、自在天魔。」

阿耨多羅三藐三菩提

此云無上正遍知覺〔一〕。

【校注】

〔一〕一切經音義卷二一慧苑撰音新譯大方廣佛花嚴經音義卷上：「阿耨多羅三藐三菩提：耨，奴沃反。藐字，案梵本應音云彌略反。阿，此云無也。耨多羅，上也。三藐，正也。三，遍也，等也。菩提，覺也。總應言無上正等覺也。耨字，古來經論中多作耨，音奴搆反。案：梵語耨音同此方入聲，殊無去聲之勢，故字宜從示，不應從耒。此乃古今鈔寫之無識，非潤色之紕謬。藐字，本音摸角、彌紹二反，此土既無彌略之字，故假藐字而用之耳。」

釋迦牟尼

智度論云：秦言能仁寂默〔一〕。姓、名兼稱也。

【校注】

〔一〕按：智度論未見此説。子璿録金剛經纂要刊定記卷一：「梵音『釋迦牟尼』，此云『能仁寂默』。能仁故不住涅槃，寂默故不住生死。又寂者，現相無相，默者，示説無説，此則即真之應也。」

天中天　佛之小字也。本行經云：淨飯王云：太子生後，諸事皆成，宜字薩婆頞他悉陀。華言一切義成。或云悉達多，此云財成。又諸釋種，立性憍慢、多言，及見太子，悉皆默然，王云：宜名牟尼。此云寂默。又一日抱太子，謁釋迦增長大天神，廟神石爲像，即起禮太子足，王曰：我子於天神中，更爲尊勝，宜名天中天。此並約事而言也〔一〕。○古譯經有稱佛名大仙者，此與天仙不同。般若燈論云：聲聞菩薩等亦名仙，佛於中最尊上故，已有一切波羅蜜多，功德善根彼岸，故名大仙〔二〕。○又大毗婆沙論稱佛爲真人者，謂佛既受人異熟相續，證真實法，故名真人〔三〕。○又本行集經稱佛爲龍者，謂世間有愛皆遠之，繫縛解脱，諸漏已盡，名龍〔四〕。故云：那伽常在定，無有不定時〔五〕。梵音那伽，此云龍，非是世間業報龍，蓋取自在變化無礙義故〔六〕。

右佛寶訖。

【校注】

〔一〕按：隋闍那崛多譯佛本行集經卷七、八、九，説太子俯降王宫、樹下誕生等事。然這裏所引，當據義浄譯根本説一切有部毗奈耶雜事卷二〇：（浄飯王）「告大臣曰：太子生後，諸事皆成，宜與立字，名一切事成。梵云薩婆頞他悉陀。此是菩薩最初立字，號一切事成。是時菩薩乘四寶輿，無量百千人天翊從，入劫比羅城，諸釋迦子體懷憍慢，立性多言，菩薩入城，皆悉默然，牟尼無語。王見是已，報諸臣曰：諸釋迦子體懷傲慢，立性多言，太子入城，皆悉默然牟尼無語，應與太子名曰釋迦牟尼。此是菩薩第二立名。時此城中，有舊住藥叉名釋迦增長，時人敬重，立廟祠祀，但是釋種，生男女已，令浄澡浴，抱至藥叉處而申敬禮。時浄飯王以上酥蜜滿太子口，告大臣曰：可抱太子往禮藥叉。大臣抱至，時彼藥叉遥見太子，即自現身，至菩薩所，頂禮其足。臣歸白王，王聞是已，生希有心：今我太子於天神中更爲尊勝，應與立字，名天中天。此是菩薩第三立名。」

〔二〕唐波羅頗蜜多羅譯般若燈論釋卷一〇：「釋曰：云何名大仙？聲聞、辟支佛、諸菩薩等亦名爲仙，佛於其中最尊上故，名爲大仙。已到一切諸波羅蜜，功德善根彼岸故，名爲大仙。」

〔三〕玄奘譯阿毗達磨大毗婆沙論卷六九：「佛既受人異熟相續，證真實法，故名真人。」

〔四〕隋闍那崛多譯佛本行集經卷三九：「世間有愛皆遠之，繫縛解脱皆悉斷，諸漏已盡無復刺，如是體者名爲龍。」

〔五〕那伽常在定，無有不定時：此句多出現在宋及以後禪宗文獻中，即所謂「那伽定」。龍常止於深淵，静思念攝，來去自由，無不在定中，故喻指佛也。

〔六〕故：底本、大正藏本作「梵」，世界書局本無，據明刻本改。

法寶 梵音達磨，華言法。以軌持爲義，謂軌物生解，任持自性故。○般若燈論云：何名法？若欲得人天善趣及解脱樂，佛知衆生諸根性欲不顛倒故，説人天道及涅槃道故，名法。復次，自他相續所有熏習及無熏習煩惱怨賊，悉能破散，故名法也〔一〕。今就住持法寶分爲三，謂經、律、論焉。

【校注】

〔一〕唐波羅頗蜜多羅譯般若燈論釋卷一一：「云何名法？若欲得人天善趣及解脱樂，佛知衆生諸根性欲不顛倒故，爲説人天道及涅槃道，故名爲法。復次，自他相續所有熏習及無熏習煩惱怨賊，悉能破壞故，是名爲法。」

經 梵音素怛囕，或蘇怛羅者，華言線，蓋取貫穿攝持義也。○又梵云修多羅，或云修妬路者，秦言契，謂上契理，下契根故。今言經者，具三義，謂久通由也。肇云：經，常也〔一〕。謝靈運云：經者〔二〕，由也，津〔三〕也，通也。謂言由理生，理由言顯，學者神悟，從理教而通矣〔四〕。

【校注】

〔一〕後秦釋僧肇選注維摩詰經卷一：「肇曰：經者，常也。古今雖殊，覺道不改，群邪不能沮，衆聖不能異，故曰常也。」

〔二〕者：據明刻本補。

〔三〕律：明刻本作「律」。

〔四〕按：謝靈運此説，出其金剛般若經注，此書已佚。

典 經也，常也，法也。

教 梵音阿含，此云教。○唯識論云：阿含者，謂諸如來所説之教〔一〕。○長阿含經序云：阿含者，秦言法歸。所謂萬善之淵府，總持之林苑也〔二〕。又云阿笈摩〔三〕。新梵語也。○一切經皆以聲、名、句、文四法爲體，克實用佛無漏聲音爲體，故云聲教。○智度論云：若苦行頭陀，初、中、後夜勤心坐禪，觀苦〔四〕而得道者，聲聞教也。若觀法相，無縛無解，心得清浄，菩薩教也〔五〕。

【校注】

〔一〕見元魏般若流支譯唯識論。

〔二〕釋僧肇述長阿含經序：「阿含，秦言法歸。法歸者，蓋是萬善之淵府，總持之林苑。」

〔三〕慧琳撰一切經音義卷五〇：「阿笈摩，梵語，其業反，亦言阿伽摩，此名教法。或言傳，謂展轉傳來，以法相教授也。舊言阿含，訛略也。」

〔四〕坐禪觀苦：坐，諸本無，據文意及大智度論補。苦，底本及餘三卷本皆作「若」，據明刻本改。坐禪、觀苦，都是尋求解脱得道的方式。

〔五〕鳩摩羅什譯大智度論卷六：「苦行頭陀，初中後夜勤心坐禪，觀苦而得道，聲聞教也。觀諸法相，無縛無解，心得清浄，菩薩教也。」

十二分教　亦云十二部經〔一〕：一、修多羅，契經。二、祇夜，應頌。三、和伽羅，授記。四、伽他，諷頌〔二〕。五、尼陀羅，因緣。六、優陀那，自説。七、伊帝目多，本事。八、闍陀伽，本生。九、毗佛略，方廣。十、阿浮達摩，未有。十一、婆陀，譬喻。十二、優波提舍。論議。若小乘，只有九部，無自説、授記、方廣等。

【校注】

〔一〕十二部經：又稱十二分教，是佛陀所説的一切言教，依其内容和形式分爲十二類。

〔二〕諷頌：底本、備要本、大正藏本作「謌頌」，世界書局本作「偈頌」，明刻本作「諷誦」。翻譯名義集卷四十二分教篇：「伽陀，此云孤起。妙玄云：不重頌者名孤起。亦曰諷頌。西域記云：舊曰偈，梵本略也。或曰偈他，梵音訛也。今從正音，宜云伽陀，唐言頌。」

律

梵云毗尼，此翻名律。律，法也，從教爲名，謂斷割輕、重，開〔一〕、遮、持、犯故。○清淨毗尼經云：調伏煩惱，爲知〔二〕煩惱故，名毗尼〔三〕。新梵語云毗奈耶，唐言調伏，謂顯律儀，調伏六根三毒故〔四〕。○薩婆多論云：毗尼有四義：一、是佛法平地，萬善由之生長。二、一切佛弟子皆依戒住，一切衆生依戒而有。三、趣涅槃之初門。四、是佛法瓔珞，能莊嚴佛法故〔五〕。

【校注】

〔一〕開：底本及餘三卷本皆作「聞」，據明刻本改。

〔二〕知：諸本無，據文意及清淨毗尼方廣經補，參下注。

〔三〕鳩摩羅什譯清淨毗尼方廣經：「毗尼者，調伏煩惱。爲知煩惱故，名毗尼。」

〔四〕玄奘譯阿毗達磨俱舍論卷一五：「言調伏者，意顯律儀。由此能令根調伏故，唯除近住，所餘七種別解律儀。」

〔五〕按：薩婆多毗尼毗婆沙卷六：「戒是佛法之平地，萬善由之生。又，戒，一切佛弟子皆依而往，若無戒者，則無所依，一切衆生由戒而有。又，戒，入佛法之初門，若無戒者，則無由入泥洹城也。又，戒是佛法之瓔珞，莊嚴佛法。」四分律删繁補闕行事鈔卷上：「薩婆多云：毗尼有四義，餘經所無。一、戒是佛法平地，萬善由之生長。二、一切佛弟子皆依戒住，一切衆生由戒而有。三、趣涅槃之初門。四、是佛法纓絡，能莊嚴佛法。」

五部律

出三藏記云：一、婆麤富羅〔一〕，即僧祇律〔二〕。二、薩婆多〔三〕，梁云一切有，即十誦部。三、曇無德〔四〕，梁云法鏡，即四分部。四、彌沙塞〔五〕，即五分部。五、迦葉毗〔六〕。未至梁地。

【校注】

〔一〕釋僧祐撰出三藏記集卷三新集律來漢地四部序録：「婆麤富羅者，受持經典，皆説有我，不説空相，猶如小兒，故名爲婆麤富羅，此一名僧祇律。」

〔二〕律：明刻本作「部」。

〔三〕出三藏記集卷三新集律來漢地四部序録：「薩婆多部者，梁言一切有也。所説諸法，一切有相，學内外典，好破異道。所集經書，説無有我所，受難能答，以此爲號。昔大迦葉具持法藏，次傳阿難，至于第五師優波掘。本有八十誦，優波掘以後世鈍根，不能具受故，删爲十誦，以誦爲名，謂法應誦持也。」

〔四〕出三藏記集卷三新集律來漢地四部序録：「曇無德者，梁言法鏡，一音曇摩鞠多。如來涅槃後，有諸弟子顛倒解義，覆隱法藏。以覆法故，名曇摩鞠多，是爲四分律。蓋罽賓三藏法師佛陀耶舍所出也。」

〔五〕出三藏記集卷三新集律來漢地四部序録：「彌沙塞者，佛諸弟子受持十二部經，不作地相、水火風相、虚空識相，是故名爲彌沙塞部。此名爲五分律，比丘釋法顯於師子國所得者也。」

〔六〕出三藏記集卷三新集律來漢地四部序録：「迦葉維者，一音迦葉毗，佛諸弟子受持十二部經，説無有我及以受者，輕諸煩惱，猶如死屍，是故名爲迦葉毗。此一部律，不來梁地。昔先師獻正遠適西域，誓尋斯文，勝心所感，多值靈瑞。而葱嶺險絶，弗果兹典。故知此律於梁土衆僧，未有其緣也。」

律名始 古今譯經圖記云：初是漢靈帝建寧二〔一〕年庚戌，安世高首譯出義決律一卷〔二〕，次有比丘諸禁律一卷。至曹魏世，天竺僧曇摩迦羅，此云法時，到洛陽，見僧全無律範，於嘉平年中，與曇諦譯出羯磨、僧祇戒心圖記，即律名始也〔三〕。

【校注】

〔一〕二：應爲「三」之誤。

〔二〕唐釋靖邁撰古今譯經圖記：「沙門安清，字世高，安息國太子。……自桓帝建初二年歲次戊子，至靈帝建寧三年歲次庚戌，譯出修行道地經，七卷，或六卷。……義決律，一卷。凡譯一百七十六部合一百九十七卷。」安清，高僧傳卷一有傳。

〔三〕古今譯經圖記：「沙門曇柯迦羅者，此云法時，印度人也。……以文帝黄初三年歲次壬寅，遊化許洛，睹魏境僧衆，全無律範，遂以齊王芳嘉平二年歲次庚午，於洛陽更集梵僧，以羯磨受戒，并翻僧祇戒本一卷，此方戒律之始。……沙門曇帝，安息國人，善學律藏，妙達幽微。以高貴鄉公正元元年歲次甲戌，於洛陽譯曇無德羯磨一卷。」按：高僧傳卷一曇柯迦羅傳：「曇柯迦羅，此云法時，本中天竺人。……以魏嘉平中來至洛陽。于時魏境雖有佛法而道風訛替，亦有衆僧未稟歸戒，正以剪落殊俗耳。設復齋懺，事法祠祀。迦羅既至，大行佛法，時有諸僧共請迦羅譯出戒律。迦羅以律部曲制文言繁廣，佛教未昌，必不承用，乃譯出僧祇戒心，止備朝夕。更請梵僧立羯磨法受戒。中夏戒律始自于此。……又有安息國沙門曇帝，亦善律學，以魏正元之中，來遊洛陽，出曇無德羯磨。」

論　梵云阿毗曇，此云無比法。爲分別慧故，而有四種：一、梵云摩怛理迦〔一〕，此云本母，取出生之義也；二、梵云奢薩怛囉〔二〕，此云議論，謂議詳空有，論量假實；三、烏波你舍〔三〕，此云近説，謂略説經中要義，不次第故；四、梵云阿毗達磨〔四〕，此云對法，謂能對所對論也。○又有二論，則攝前四焉：一、宗論，即宗大小乘經造也；二、釋論，釋大小乘經也。

【校注】

〔一〕摩怛理迦：又作「摩怛履迦」等，指經義或戒律的綱目，也是論藏的別稱。一切經音義卷四七玄應撰顯揚聖教論音義卷六：「摩怛理迦，梵言都達反，舊云摩德伽，亦言摩夷，此云行母，亦云本母，云行境界，謂起行所依，能生行故也。」

〔二〕奢薩怛囉：又作「舍薩怛羅」等。釋遁倫集撰瑜伽論記卷一之上：「梵云舍薩怛羅，此云論。釋論云：問答決擇諸法性相故，名爲論。俱舍論云：教誡學徒故，稱爲論。」

〔三〕烏波你舍：又作「優波提舍」、「鄔波題鑠」等。一切經音義卷六七玄應撰阿毗曇毗婆沙論音義卷一：「優波提舍，此云逐分別，所説法門，隨後即釋，舊人義譯爲論義經也。」

〔四〕阿毗達磨：又作「阿鼻達磨」，論部之總名。慧琳撰一切經音義卷一八大乘大集地藏十輪經音卷二：「阿毗達磨，梵語論之總名也。唐云廣説，亦名勝説，或名異説也。」

大乘　梵云摩訶衍，此云大乘。大者，簡小之稱；乘者，運載爲義。○十二門論：龍樹菩薩問：云何名摩訶衍？答：於二乘爲上〔一〕故，諸佛最大是乘能至故，諸佛大人乘是乘故，能盡諸法邊底故，名大乘〔二〕。○菩薩地持經云：有七種大名大乘：一、法大，謂方廣藏最上大故；二、心大，謂發阿耨菩提心故；三、解大，謂解菩薩方等藏故；四、净心大，謂過行解地故；五、衆具大，謂福德衆具故；六、時大，謂三阿僧祇劫故；七、得大，謂得無上菩提故〔三〕。

【校注】

〔一〕按：明刻本「上」前有一「最」字。

〔二〕鳩摩羅什譯十二門論觀因緣門第一：「何故名爲摩訶衍？答曰：摩訶衍者，於二乘爲上，故名大乘。諸佛最大，是乘能至，故名爲大；諸佛大人乘是乘故，故名爲大；又能滅除衆生大苦，與大利益事，故名爲大；又觀世音、得大勢、文殊師利、彌勒菩薩等，是諸大士之所乘故，故名爲大；又以此乘，能盡一切諸法邊底，故名爲大。」

〔三〕曇無讖譯菩薩地持經卷八：「云何名大乘？有七種大，故名爲大乘：一者法大，謂十二部經菩薩方廣藏最上最大；二者心大，謂發阿耨多羅三藐三菩提心；三者解大，謂解菩薩方廣藏；四者净心大，謂過解行地入净心地；五者衆具大，謂福德衆具、智慧衆具，得無上菩提；六者時大，謂三阿僧祇劫得無上菩提；七者得大，謂得無上菩提，身無與等者。」

小乘　小者，簡非大也。謂如來觀根逗機，方便施設也。○文殊問經〔一〕：文殊白佛言：世尊入涅槃後，未來弟子，云何諸部分別？佛言：未來我弟子，有二十部，能令諸法住，並得四果，三藏平等，無下中上。譬如海水，味無有異，如人有二十子。真實如來所說，根本二部，從大乘出，從般若波羅蜜出。聲聞、緣覺、諸佛，皆從般若波羅蜜多出故〔二〕。

【校注】

〔一〕明刻本「文殊問經」下有「云」字。

〔二〕梁僧伽婆羅譯文殊師利問經卷下分部品第一五：「爾時文殊師利白佛言：世尊，佛入涅槃後，未來弟子，云何諸部分別？云何根本部？佛告文殊師利：未來我弟子，有二十部，能令諸法住。二十部者，并得四果，三藏平等，無下中上。譬如海水，味無有異。如人有二十子，真實如來所說。文殊師利，根本二部從大乘出，從般若波羅蜜出。聲聞、緣覺、諸佛，悉從般若波羅蜜出。文殊師利，如地水火風虛空，是一切衆生所住處。如是般若波羅蜜及大乘，是一切聲聞、緣覺、諸佛出處。」

三藏　經、律、論，謂之三藏。又佛藏、菩薩藏、聲聞藏，名三藏。藏者，攝也，謂攝人攝法故。○莊嚴論云：謂攝一切所應知義故〔一〕。○仁王經偈云：佛法衆海三寶藏，無量功德於中攝〔二〕。○阿毗達磨集論云：何故如來建立三藏？爲欲對治疑煩惱故，建立素呾囕藏；欲對治受用二邊隨煩惱故，建立毗奈耶藏；欲對治自見取執隨煩惱故，建立阿毗達磨藏〔三〕。

【校注】

〔一〕無著造、唐波羅頗蜜多羅譯大乘莊嚴經論卷四：「云何名藏？答：由攝故，謂攝一切所應知義。」

〔二〕出仁王護國般若波羅蜜多經卷上菩薩行品第三。

〔三〕出玄奘譯大乘阿毗達磨集論卷六。又玄奘譯大乘阿毗達磨雜集論卷一一：「問：何故如來建立三藏？答：爲欲對治疑隨煩惱故，建立素怛纜藏；爲欲斷除所化有情於種種法發起疑惑，宣説契經、應頌等故，爲欲對治受用二邊隨煩惱故，建立毗奈耶藏。二邊者，謂欲樂行邊，自苦行邊。對治受用者，遮彼受用畜積等故，開彼受用百千如法衣服等故。爲欲對治自見取執隨煩惱故，建立阿毗達磨藏，處處廣釋諸法差別如實相故。」

八藏

菩薩處胎經云：胎化藏、中陰藏、摩訶衍藏、戒律藏、十住菩薩藏、雜藏、金剛藏、佛藏，是爲釋迦文佛經法具是〔一〕矣〔二〕。○若今安置經、律、論處名藏者，梵云俱舍，此言藏，謂庫府之總稱也。

【校注】

〔一〕是：明刻本作「之」，當作「足」。

〔二〕竺佛念譯菩薩處胎經卷七：「最初出經，胎化藏爲第一，中陰藏第二，摩訶衍方等藏第三，戒律藏第四，十住菩薩藏第五，雜藏第六，金剛藏第七，佛藏第八，是爲釋迦文佛經法具足矣。」

法門 肇云：言爲世則謂之法，衆聖所由謂之門〔一〕。○智度論云：智者入三種法門，觀一切佛語，皆是實法不相違：一、蜫勒門，此云篋藏。二、阿毗曇門，三、空門。入蜫勒門，論議則無窮。入阿毗曇門，或佛自説諸法義名字，諸弟子種種集解。入空門者，所謂衆生空、法空。若大乘義，一切諸法，性自常空，不以智慧方便觀故空〔二〕。○八萬四千法門者，賢劫王經云：謂佛最初修行諸波羅蜜多，乃至最後分布佛體波羅蜜，三百五十度，一一皆具六波羅蜜，如是總有二千一百，對治貪、瞋、癡及等分〔三〕，有八千四百，除四大種、六無義，六塵也。所生過失十轉，合有八萬四千法門也〔四〕。

【校注】

〔一〕出釋僧肇選注維摩詰經卷八入不二法門品第九。

〔二〕鳩摩羅什譯大智度論卷一八：「智者入三種法門，觀一切佛語，皆是實法，不相違背。何等是三門？一者昆勒門，二者阿毗曇門，三者空門。」又：「昆勒有三百二十萬言，佛在世時，大迦栴延之所造。佛滅度後，人壽轉減，憶識力少，不能廣誦。諸得道人，撰爲三十八萬四千言。若人入昆勒門，論議則無窮。」又：「云何名阿毗曇門？或佛自説諸法義，或佛自説諸法名，諸弟子種種集述解其義。」又：「空門者，生空、法空。」又：「摩訶衍空門者，一切諸法，性常自空，不以智慧方便觀，故空。」

〔三〕等分：即等分煩惱，謂貪、瞋、癡俱有。

〔四〕見西晉竺法護譯賢劫經卷一諸度無極品第六。文繁不録。法藏述華嚴經探玄記卷一四：「準賢劫經説，佛一代有三百五十度功德法門，謂始從光曜無極度，終至分布舍利度，一一各以六度爲因，便有二千一百，以此對治四大、六衰十種惱患，即成二萬一千。四大是内報身也，六衰是外六塵，衰耗善法，故名也。以此二萬一千，各化四種衆生，一多貪、二多瞋、三多癡、四等分，即成八萬四千諸度法門。」

法輪　大毗婆沙論云：何名法輪？答：是法所成故，法爲自性故，名法輪，如世間呼金輪等輪，是動轉不住義，捨此離彼義，能伏怨敵義。又圓滿義，謂轂、輻、輞三事具足故。輪體法，即八聖道支也。初明小乘法輪者，以戒爲先故，用正語、正業、正命爲轂。轂，根本也。依戒生定故，用正定、正勤、正念爲輞。輞能攝録。依定發慧故，用正見、正思惟爲輻。〇次大乘法輪者，以智爲先，用正見、正思惟爲轂，智惠皆名根本智故。次用正語、正業、正命爲輻，輻依轂立，戒因智浄故。後用正定、正念、正勤爲輞，定因戒得，戒爲定攝故〔一〕。

【校注】

〔一〕見玄奘譯阿毗達磨大毗婆沙論卷一八二，此爲略述。

二諦 一、俗諦，又名安立諦；二、真諦，又名非安立諦，又名勝義諦。〇婆沙論云：諦者，實義，真義，如義，不顛倒義，無虚誑義〔一〕。〇契經云：佛所説法，皆歸二諦〔二〕。

【校注】

〔一〕北涼浮陀跋摩共道泰等譯阿毗曇毗婆沙論卷四〇：「諦是何義？答曰：實義是諦義，審義，如義，不顛倒義，不異義。」

〔二〕唐地婆訶羅等譯金剛般若波羅蜜經破取著不壞假名論卷上：「佛所説法，咸歸二諦：一者俗諦，二者真諦。俗諦者，謂諸凡夫、聲聞、獨覺、菩薩、如來乃至名義智境，業果相屬。真諦者，謂即於此都無所得。」

四諦

一、苦諦，二、集諦，三、滅諦，四、道諦。○毗婆沙論云：逼迫流轉，是苦相；生長能轉業，是集相；寂静止息，是滅相；出離還滅，是道相〔一〕。○又云：一切如來宣説，開示四諦法，拔濟有情，出離生死故。欲顯要由，自勤修道，不由他修故〔二〕。

【校注】

〔一〕玄奘譯阿毗達磨大毗婆沙論卷七七：「問：苦、集、滅、道，各有何相？脅尊者曰：逼迫是苦相，生長是集相，寂静是滅相，出離是道相。尊者世友作如是説：流轉是苦相，能轉是集相，止息是滅相，還滅是道相。復作是説：生依流轉是苦相，能轉生依是集相，生依止息是滅相，能滅生依是道相。」

〔二〕玄奘譯阿毗達磨大毗婆沙論卷七八：「如契經説，佛告苾芻：一切如來應正等覺説拔濟法，謂四聖諦，宣説開示四聖諦法，拔濟有情，出生死故。問：何故説此拔濟法耶？答：欲顯要由，自勤修道，有拔濟義，不由他修。」

正法 婆沙論：正法有二種：一、世俗正法，謂名句文身，即經、律、論也。二、勝義正法，謂聖道，即無漏根、力、覺支、道支也〔一〕。

【校注】

〔一〕玄奘譯阿毗達磨大毗婆沙論卷一八三：「有二種正法：一、世俗正法，二、勝義正法。世俗正法，謂名句文身，即素怛纜、毗奈耶、阿毗達磨。勝義正法，謂聖道，即無漏根、力、覺支、道支。」

佛法壽命 法住經云：佛告阿難，我涅槃後，正法一千年。由女人出家故，減五百年。像法一千年，末法一萬年〔一〕。○鈔云：正法有二：一、證正法，約證聖道，說正猶證也。二、教正法，謂内法文字，總名正法，統像、末說。若正法時，有教、有行、有證故。若像法時，像，似也，有教有行，似正法時，則證果者鮮矣。若末法時，空有教，無修行者〔二〕。○大毗婆沙論云：佛言有二補特伽羅，能住持正法。謂說者、行者。若持教者相續不滅，能令世俗正法久住。若持證者相續不滅，能令勝義正法久住。持正法人有二：一、持教法者，謂讀〔三〕誦解說經律論等。二〔四〕、持正法者，謂能修證無漏聖道〔五〕。

【校注】

〔一〕按：法住經即佛臨涅槃記法住經，唐玄奘譯，爲佛涅槃前爲衆生宣説佛法住世漸漸衰落的情況，今檢此經，未見有此説。宋志磐撰佛祖統紀卷三〇曰：「按法住記：佛告阿難，我滅度後正法一千年，由女人出家，減五百年。像法一千年，末法一萬年。」法住記，全稱大阿羅漢難提蜜多羅所説法住記，亦玄奘譯，然亦未見有此説。

〔二〕四分律删繁補闕行事鈔卷上：「顯理之教，乃有多途，而可以情求，大分爲二：一謂化教。此則通於道俗，但汎明因果，識達邪正。科其行業，沈密而難知。顯其來報，明了而易述。二謂行教。唯局於内衆，定其取捨，立其綱致，顯於持犯，决於疑滯。指事曲宣，文無重覽之義。結罪明斷，事有再科之愆。然則二教循環，非無相濫，舉宗以判，理自彰矣。」又玄奘譯阿毗達磨藏顯宗論卷四〇：「論曰：世尊正法體有二種，一教，二證。教謂契經，調伏勝法。證謂三乘諸無漏道。若證正法住在世間，此所弘持教法亦住，理必應爾。……此二正法依持者、住持者謂何？謂説行者。若教正法依説者住，證正法住唯依行者。然非行者唯證法依，教法亦應依行者。故謂有無倒修行法者，能令證法久住世間，證法住時，教法亦住，故教法住由説行者。但由行者，令證法住，故佛正法隨説行人，住爾所時，便住於世。」又仁王護國般若波羅蜜多經疏卷下三：「有教、有行、有得果證，名爲正法。有教、有行而無果證，名爲像法。唯有其教，無行、無證，名爲末法。」

〔三〕讀：底本及餘三卷本誤爲「續」，據明刻本及阿毗達磨大毗婆沙論改。

〔四〕二：諸本無，據文意補。

〔五〕玄奘譯阿毗達磨大毗婆沙論卷一八三：「行法者亦有二種：一持教法，二持證法。持教法者，謂讀誦解説素怛纜等。持證法者，謂能修證無漏聖道。若持教者相續不滅，能令世俗正法久住。若持證者相續不滅，能令勝義正法久住。」

佛法先後

報恩經云：佛以法爲師，佛從法生，法是佛母，佛依法住。於三寶中，何不以法爲初？佛言：法雖是佛師，而非佛不弘，所謂道由人弘，是故佛先法後也〔一〕。

右法寶訖。

【校注】

〔一〕大方便佛報恩經卷六：「佛以法爲師，佛從法生，法是佛母，佛依法住。問曰：佛若以法爲師者，於三寶中，何不以法爲初？答曰：法雖是佛師，而法非佛不弘，所謂道由人弘，是故佛在初。」

僧寶

法苑珠林云：夫論僧寶者，謂禁戒守真，威儀出俗。圖方外以發心，棄世間而立法。官榮無以動其意，親屬莫能累其想。弘道以報四恩，育德以資三有。高越人天，重逾金玉，稱爲僧寶〔一〕。○順正理論云：僧有五種：一、無耻僧，謂毁戒披法服者；二，瘂羊僧，謂於三藏教不了達，無聽説用；三，朋黨僧，謂於遊散營務鬬諍，善巧結搆。此三種，多分造非法業。四、世俗僧，謂善異生，此通作法、非法業。五、勝義僧，謂四果，此定不容造非法業〔二〕。○十輪經云：僧有二種，一勝義僧，即佛菩薩二乘等〔三〕。般若燈論云四果人〔四〕，謂與戒、定、慧、解脱、解脱知見和合故，名僧也。

【校注】

〔一〕出法苑珠林卷一九敬僧篇第八述意部。

〔二〕玄奘譯阿毗達磨順正理論卷三八：「僧伽差别，略有五種：一、無耻僧，二、啞羊僧，三、朋黨僧，四、世俗僧，五、勝義僧。無耻僧者，謂毁禁戒而被法服補特伽羅。啞羊僧者，謂於三藏無所了達補特伽羅，譬如啞羊，無辯説用。或言啞者，顯無説法，能復説羊言，顯無聽法用，即顯此類補特伽羅，於三藏中，無聽説用。朋黨僧者，謂於遊散營務鬥諍，方便善巧，結搆朋黨補特伽羅。此三多分造非法業。世俗僧者，謂善異生，此能通作法非法業。勝義僧者，謂學無學法及彼所依器補特伽羅。此定無容造非法業，五中最勝，是所歸依。」

〔三〕按：玄奘譯大乘大集地藏十輪經卷五：「有四種僧。何等爲四？一者勝義僧，二者世俗僧，三者啞羊僧，四者無慚愧僧。云何名勝義僧？謂佛世尊，若諸菩薩摩訶薩衆其德尊高於一切法得自在者，若獨勝覺，若阿羅漢，若不還，若一來，若預流，如是七種補特伽羅，勝義僧攝。若諸有情帶在家相，不剃鬚髮，不服袈裟，雖不得受一切出家别解脱戒一切羯磨布薩，自恣悉皆遮遣，而有聖法得聖果故，勝義僧攝。是名勝義僧。云何名世俗僧？謂剃鬚髮被服袈裟，成就出家别解脱戒，是名世俗僧。云何名啞羊僧？謂不了知根本等罪犯與不犯，不知輕重毁犯種種小隨小罪，不知發露懺悔所犯，惷愚魯鈍，於微小罪不見不畏，不依聰明善士而住，不時時間往詣多聞聰明者所親近承事，亦不數數恭敬請問云何爲善、云何不善、云何有罪、云何無罪、修何爲妙、作何爲惡，如是一切補特伽羅，啞羊僧攝，是名啞羊僧。云何名無慚愧僧？謂若有情爲活命故，歸依我法而求出家，得出家已，於所受持别解脱戒一切毁犯，無慚無愧，不見不畏後世苦果，内懷腐敗，如穢蝸螺貝音狗行，常好虚言，曾無一實，慳貪、嫉妒、愚癡、憍慢，離三勝業，貪著利養，恭敬名譽，耽湎六塵，好樂婬泆，愛欲色、聲、香、味、觸境，如是一切補特伽羅，無慚僧攝，毁謗正法，是名無慚愧僧。」

〔四〕唐波羅頗蜜多羅譯般若燈論釋卷一四觀聖諦品：「若無修道，亦無證四果人。」

菩薩　菩薩者，具足應云菩提薩埵，唐言覺有情。覺者，所求果也。有情者，所度境也。言摩訶薩者，此云大有情，即能求能度人也。地持論云薩埵是勇猛義、精進義，求大菩提故，名摩訶薩〔一〕。

【校注】

〔一〕菩薩地持經卷八：「所謂菩薩摩訶薩，勇猛無上。」玄奘譯佛地經論卷二：「所言菩薩摩訶薩者，謂諸薩埵求菩提故。此通三乘，爲簡取大故，須復説摩訶薩言。又緣菩提薩埵爲境故，名菩薩具足自利利他大願，求大菩提，利有情故。又薩埵者，是勇猛義，精進勇猛求大菩提故，名菩薩。」玄奘譯瑜伽師地論釋：「菩薩地者，希求大覺，悲愍有情，或求菩提，志願堅猛，長時修證。永出世間，大行大果，故名菩薩。」按：地持論，全稱菩薩地持論，即北涼曇無讖譯菩薩地持經。開元釋教録卷一二著録「瑜伽師地論一百卷」，注曰：「右此瑜伽論，梁代三藏真諦譯者，名十七地論，只得五卷，緣礙遂輟。北涼三藏曇無讖譯地持論，但成十卷，乃是本地分中菩薩地。此瑜伽論，當第三譯，前之二本，部帙不終，大唐譯者，方具備矣。」

聲聞　聲聞者，瑜伽論云諸佛聖教，聲爲上首，從師友所，聞此聲教，展轉修證，永出世間，小行小果，故名聲聞〔一〕。

【校注】

〔一〕玄奘譯瑜伽師地論釋：「聲聞地者，謂佛聖教，聲爲上首。從師友所，聞此教聲，展轉修證，永出世間，小行小果，故名聲聞。」

獨覺　梵云畢勒支底迦，唐言獨行，此有二：謂部行、麟喻也〔一〕。瑜伽論云：常樂寂静，不欲雜居，修加行滿，無師友教，自然獨出世間，中行中果，故名獨覺。或觀緣悟道，又名緣覺〔二〕。華嚴經云：上品十善道，修治清淨，不從他教，自覺悟故，大悲方便不具足故，悟解甚深因緣法故〔三〕。○二住持僧者，准高僧傳有十科：一、譯經，二、解義，三、習禪，四、明律，五、護法，六、感通，七、遺身，八、讀誦，九、興福，十、聲德。通惠大師〔四〕云：爲僧不預於十科，事佛徒勞於百歲〔五〕。

右僧寶訖。

【校注】

〔一〕按：宋知禮述金光明經文句記卷三上：「然支佛有部行、麟喻之别。部行者，或能説法，今約麟喻爲言也，獨悟孤行，喻麟頭之一角，故名麟喻。」

〔二〕玄奘譯瑜伽師地論釋：「獨覺地者，常樂寂静，不欲雜居，修加行滿，無師友教，自然獨悟。

永出世間，中行中果，故名獨覺。或觀待緣而悟聖果，亦名緣覺。」

〔三〕出實叉難陀譯大方廣佛華嚴經卷三五。

〔四〕通惠大師：即宋釋贊寧。太平興國三年，「沙門贊寧隨吴越王入朝，帝賜號通慧大師。」（釋氏稽古略卷四）。惠，明刻本作「慧」。

〔五〕出贊寧宋高僧傳卷三〇。

福田　彦琮〔一〕法師福田論云：夫福田者何也？三寶之謂也。功成妙智，道登圓覺，佛也；玄理幽微，正教精誠，法也；禁戒守真，威儀出俗，僧也。皆是四生導首，六趣舟航〔二〕。

【校注】

〔一〕琮：底本及餘三卷本作「悰」，據明刻本改。彦悰爲唐代僧人，宋高僧傳卷四有傳。撰福田論者，爲隋釋彦琮。見陳垣中國佛教史籍概論卷三廣弘明集沙門同名易混例。

〔二〕釋道宣撰廣弘明集卷二五釋彦琮福田論：「夫云福田者何耶？三寶之謂也。功成妙智，道登圓覺者，佛也。玄理幽寂，正教精誠者，法也。禁戒守真，威儀出俗者，僧也。皆是四生導首，六趣舟航。」

供養三寶 大方廣不思議境界經云：供養佛者，得大福德，速成阿耨菩提，令諸衆生皆獲安樂。供養法者，增長智慧，證法自在，能了知諸法實性。供養僧者，增長無量福德資糧，致成佛道〔一〕。

【校注】

〔一〕出唐實叉難陀譯大方廣如來不思議境界經。

供養佛 寶積經〔一〕：廣博仙人問：佛滅度後，云何種植獲福報耶？佛言：諸如來者，皆是法身。若在世，或滅後，所有供養，福無有異。又問：福爲積聚耶？佛言：譬如甘蔗未壓之時，汁不可見，彼於一節、二節之中，求汁積聚，了無見者，然彼汁不從外得。福德果報，亦復如是，不在施主手中、心中、身中，亦不相離，猶影隨形〔二〕。○大集經：商主天子問：佛在世日供養，世尊是受者，而施者獲福。世尊滅後，供養形像，誰是受者？佛言：諸佛如來，法身也。若在世，若滅度，所有供養，其福無異〔三〕。○善生經云：佛言：如來即是一切智藏。是故智者，應當志心勤修供給生身、滅身、形像、塔廟。既供養已，於己身中，莫生輕想，於三寶所，亦應如是。若我現在、若涅槃後，等無有異〔四〕。○優婆塞戒經：佛言：有人言供養施於塔像，不得壽命、色力、安樂、辯才，以無受者故。是義不然。有信心故，用施主信心布施，是故得是五常福報，譬如比丘修習慈心，實無受者，而亦獲得無量果報〔五〕。

【校注】

〔一〕明刻本「寶積經」下有「云」字。

〔二〕唐菩提流志譯大寶積經卷一二〇廣博仙人會第四九：「復次大仙，汝先所問：於我滅後，云何種植獲福報者？善男子，諸如來者，皆是法身，非是色身。若復在世、或復滅後，所有供養，福無有異。」又：「復次大仙，如汝所問，福德因緣爲積聚者，如萩葦中因燒出焰。而此光焰，不可得言爲積爲聚。如是施主，積集資糧，猶影隨形，而無見者。亦如蒲萄甘蔗未押之時，汁不可見。彼於一節二節之中，求汁積聚，了無見者，然於彼汁，不從外得。福德果報，亦復如是，不在施主手中、心中及於身中，亦不相離。」

〔三〕曇無讖譯大方等大集經未見此説，然宋張商英述護法論亦引作「大集經云」。

〔四〕按：善生經未見此説，當出優婆塞戒經卷三供養三寶品，此品爲佛陀給善生講供養三寶事：「如來即是一切法藏，是故智者，應當至心勤心供養生身、滅身、形像、塔廟。……既供養已，於己身中，莫生輕想，於三寶所，亦應如是。……若能如是至心供養佛法僧者，若我現在及涅槃後，等無差別。」

〔五〕出優婆塞戒經卷四雜品。

讚佛 菩薩本行經〔一〕：阿難白佛：若使有人以四句偈，讚歎如來，得幾功德？佛言：正使億百千那術無數衆生，皆得辟支佛道。設有人供養是等衣服、飲食、醫藥、牀卧敷具，滿百歲，其功德多否？阿難言：甚多。佛言：若人以四句偈，用歡喜心，讚嘆如來，所得功德，過於上福百千萬倍，無以爲喻〔二〕。○智度論云：若聞諸佛功德，心尊重，恭敬讚嘆，知一切衆生中德無過者，故言尊也。敬畏之心，過於君王、父母、師長利益，故言重也。謙遜畏難，故曰恭也。推其智德，故曰敬也。美其功德爲讚，讚之不足，又稱揚之爲歎〔三〕。

【校注】

〔一〕明刻本「菩薩本行經」下有「云」字。

〔二〕佛説菩薩本行經卷下：「阿難長跪前白佛言：『若使有人四句一頌讚歎如來，當得幾許功德之報？』佛告阿難：『正使億百千那術無數衆生皆得人身，悉得成就辟支佛道。設使有人供養是等諸辟支佛，衣被、飲食、醫藥、牀卧敷具，滿百歲中，其人功德寧爲多不？』阿難白佛言：『甚多，甚多，不可計量。』『若使有人四句一偈以歡喜心讚歎如來，所得功德，過於供養諸辟支佛得福德者，上百千萬倍億億無數倍，無以爲喻。』」

〔三〕鳩摩羅什譯大智度論卷三〇：「尊重者，知一切衆生中，德無過上，故言尊。敬畏之心，過於父母、師長、君王，利益重故，故言重。恭敬者，謙遜畏難故言恭，推其智德故言敬。讚歎者，美其功德爲讚，讚之不足，又稱揚之，故言歎。」

念佛　智度論云：但一稱南無佛，是人亦得畢苦，其福無盡。問：云何但空稱佛名字，便得畢苦，其福不〔一〕盡？答：是人曾聞佛功德，能度人老病死，若少供養及稱名字，得福無量，亦至畢苦〔二〕。○楞嚴經：大勢至菩薩云：超日月光如來，教我念佛三昧，譬如有人，一人專憶，一人專忘〔三〕。如是二人，若逢不逢，或見非見，二人相憶，二憶〔四〕念深，如是乃至從生至生，同於形影，不相乖異。十方如來憐念衆生，如母憶子。若子逃逝，雖憶何爲？子若憶母，如母憶時，母子歷生，不相違遠。若衆生心，憶佛念佛，現前當來，必定見佛，去佛不遠，不假方便，自得心開。如染香人，身有香氣，此則名爲香〔五〕光莊嚴。我本因地，以念佛心，入無生忍。今於此界，攝念佛人，歸於淨土〔六〕。

【校注】

〔一〕不：明刻本作「無」。

〔二〕鳩摩羅什譯大智度論卷八四：「但一稱南無佛，是人亦得畢苦，其福不盡。問曰：云何但空稱佛名字，便得畢苦，其福不盡？答曰：是人曾聞佛功德，能度人老病死。若多若少供養及稱名字，得無量福，亦至畢苦不盡。」

〔三〕一人專憶，一人專忘：底本及餘三卷本皆作「一專憶人一專忘」，據明刻本改。

〔四〕二憶：底本無，據明刻本補。

〔五〕爲：明刻本作「曰」。香：底本、永田文昌堂本、擁萬閣本、出雲寺本、江户刊本作「齊」，備要本作「齊」，據明刻本、世界書局本及楞嚴經改。

〔六〕出唐般刺蜜諦譯大佛頂萬行首楞嚴經卷五。

觀佛 護國經：佛問波斯匿王言：汝以何相而觀如來？王言：觀身實相，觀佛亦然，無前際、無後際、無中際，不住三際，不離三際。不住五蘊，不離五蘊。不住四大，不離四大。不住六處，不離六處。不住三界，不離三界。乃至非見聞覺知，心行處滅，言語道斷，同真際等法性，我以此相觀如來。佛言：善男子，如汝所説，諸佛如來力無畏等，河沙功德，諸不共法，悉皆如是。修般若波羅蜜多者，應如是觀。若他觀者，名爲邪觀〔一〕。

【校注】

〔一〕不空譯仁王護國般若波羅蜜多經卷上：「爾時世尊告波斯匿王言：汝以何相而觀如來？波斯匿王言：觀身實相，觀佛亦然。無前際、無後際、無中際，不住三際，不離三際。不住五蘊，不離五蘊。不住四大，不離四大。不住六處，不離六處。不住三界，不離三界。不住方，不離方。明、無明等非一非異，非此非彼，非浄非穢，非有爲非無爲，無自相無他相，無名無相，無强無弱，無示無説，非施非慳，非戒非犯，非忍非恚，非進非怠，非定非亂，非智非愚，非來非去，非入非出，非福田非不福田，非相非無相，非取非捨，非大非小，非見非聞，非覺非知，心行處滅，言語道斷，同真際，等法性，我以此相而觀如來。佛言：善男子，如汝所説。諸佛如來，力無畏等，恒沙功德，諸不共法，悉皆如是。修般若波羅蜜多者，應如是觀。若他觀者，名爲邪觀。」

禮佛 大方廣寶篋經：智燈聲聞問文殊言：云何禮佛？文殊言：若見法浄，名見佛浄。若身若心，不低不昂，正直而住，不動不摇，其心寂静，行寂静行，是名禮佛〔一〕。○法苑：齊有天竺三藏勒那，譯出七種禮法：一、我慢禮〔二〕。謂依位次，心無恭敬，心馳外境，五輪不具，如碓上下。二、唱和禮〔三〕。謂粗正威儀，心無浄想，見人則身輕急禮，人去則身墮心疲，蓋心散而口唱也。三、身心恭敬禮。謂聞唱佛名，便念佛相，身心恭敬，情無厭怠。四、發智清浄禮。謂達佛境界，隨心現量，禮一佛則禮一切佛，禮一拜則禮法界，以佛法身融通故。五、遍入法界禮，謂自觀身心等法，從本以來，不離法界，佛我平等，今禮一佛，即是遍禮法界諸佛。六、正觀禮〔四〕。謂禮自佛，不緣他佛。何以故？一切衆生，各有佛性，平等正覺。七、實相平等禮。謂前猶有禮有觀，自他兩異，今此一禮，無自無他，凡聖一如，體用如如平等故。文殊云：能禮所禮性空寂[五]。此七禮，前三約事，後四就理。○凡禮佛，須自展尼師壇，不得令他人展。或至塔殿上，先有地席，便就上禮。先無，不得立佇布席，不得於低牀上禮，須脱屣履，勿以無儀，自招深罪矣。

【校注】

〔一〕劉宋求那跋陀羅譯大方廣寶篋經卷上：「智燈問言：文殊師利，云何名爲清淨見佛？云何禮佛？云何親近？云何問訊？云何請問？文殊師利言：大德智燈，若見法淨，名見佛淨。若身若心不低不仰，若不低仰正直而住，不動不摇，其心寂静，行寂静行，大德智燈，是名禮佛。」

〔二〕按：法苑珠林作「我慢憍心禮」。

〔三〕按：法苑珠林作「唱和求名禮」。

〔四〕按：法苑珠林作「正觀修誠禮」。

〔五〕見法苑珠林卷二〇致敬篇第九儀式部。

親近佛　勝思惟梵天問經云：梵天問文殊言：比丘云何親近於佛？答云：若比丘

於諸法中，不見有法，若近若遠，是則名親近於佛〔一〕。○大集經云：不覺一法微相者，乃能了知如來出世，常見諸佛〔二〕。

【校注】

〔一〕出鳩摩羅什譯思益梵天所問經卷三談論品第七。

〔二〕曇無讖譯大方等大集經卷一三：「善能分別如來出世，若有能信如是佛出，是人不覺一法微相。若不覺者，乃能了知如來出世。」

一切恭信〔一〕　凡禮佛，首唱此言者，收攝衆心，不馳散故。一者，普及爲言。切者，盡際爲語。恭者，束身翹仰。信者，心無異心〔二〕。信本爲敬，避廟諱也〔三〕。○智度論云：一切有二：一、名字一切，二、實一切〔四〕。今以名字歸實理也。或問禮拜，三業何攝？答：通三業。若五輪著地，是身業。稱佛名號，是口業。緣想聖境，專注不散，是意業。

【校注】

〔一〕信：明刻本作「敬」。

〔二〕「信者，心無異心」，明刻本作「敬者，束心謹肅，心無異心，敬爲信本」。

〔三〕按：宋諱「敬」，宋太祖趙匡胤祖父名趙敬。又，明刻本此句無。諱：底本及大正藏本誤作「諦」，據備要本、世界書局本改。

〔四〕鳩摩羅什譯大智度論卷七二：「一切有二種：一者名字一切，二者實一切。如此中説名字一切，以多不信，故言一切。」

南無

悲華經云：佛言南無者，此決定諸佛世尊名號音聲〔一〕。○唯識鈔云：梵語南無，此翻爲名，即是歸趣之義也〔二〕。或云那摩，或曩謨〔三〕，皆梵音訛也。

【校注】

〔一〕按：悲華經（北涼曇無讖譯）未見此説。當出高齊那連提耶舍譯大悲經卷三禮拜品第八：「佛言：阿難，所言南無佛者，此是決定諸佛世尊名號音聲。」

〔二〕按：未見此説。四分律行事鈔資持記下三：「南無，經音義中翻爲歸禮，或云歸敬，或云度我。」

〔三〕法崇述佛頂尊勝陀羅尼經疏卷下：「曩謨，唐云歸命也。解曰：歸命者，稽首之稱。稽者，至也。首者，頭也。世尊敬禮也，以頭至地，故云稽首。通三業敬，意顯福田摧我慢故，敬跪之極，令物生善故。又：曩謨者，敬禮之名。歸命者，依投義，歸還本源，依令證實。」

遶佛 又云旋遶，此方稱行道。◯西域記云：西天隨所宗事，禮後皆須旋遶〔一〕。蓋歸敬之至也，唯佛法右遶。法苑云：順天行也，若匝數則不定。若三匝，表三業也〔二〕。七匝，表七支。如經云百千匝、無數匝，但以多爲數，表敬之極也。◯賢者五戒經〔三〕云：旋塔三匝，表敬三尊，爲滅三毒故。◯提謂經〔四〕：問：散華、燒香、燃燈、禮拜，是爲供養，旋遶得何等福？佛言：有五福：一、後世得端正好色，二、好聲，三、得生天上，四、生王侯家，五、得泥洹道。◯三千威儀經云：旋遶有五事：一、低頭視地，二、不得蹈蟲，三、不得左右視，四、不得唾地，五、不得與人語話〔五〕。

【校注】

〔一〕大唐西域記卷二印度總述：「出家沙門，既受敬禮，唯加善願，無止跪拜。隨所宗事，多有旋繞，或唯一周，或復三匝。宿心別請，數則從欲。」

〔二〕法苑珠林卷三七敬塔篇第三五旋遶部第五：「今時行事者，順於天時，面西北轉，右肩袒膊，向佛而恭也。或旋百匝、十匝、七匝、三匝，各有所表。且論常行三匝者，表供養三尊，止三毒，淨三業，滅三惡道，得值三寶故。」

〔三〕按：大唐内典録卷三：「賢者五戒經，或云賢者威儀經。」此經已佚。

〔四〕按：提謂經，已佚。湯用彤漢魏兩晉南北朝佛教史第一九章北方之禪法、淨土與戒律曰：「梁僧祐、隋法經二録均謂提謂經有二種。一爲一卷本，是真典。一爲二卷者，乃宋孝武帝時北國沙門曇靖所僞造。」續高僧傳卷一曇曜傳曰：「時又有沙門曇靖者，以創開佛日舊譯諸經並從焚蕩，人間誘道，憑准無因，乃出提謂波利經二卷，意在通悟而言多妄習。……舊録別有提謂經一卷，與諸經語同，但靖加五方五行，用石糅金，疑成僞耳。」

〔五〕安世高譯大比丘三千威儀卷上：「繞塔有五事：一者低頭視地，二者不得蹈蟲，三者不得左右顧視，四者不得唾塔前地上，五者不得中住與人語。」

造像

大乘造像功德經云：優陀延王雕像始，夜自思惟，但其像爲坐爲立？時有智臣白王：當作坐像。何以故？一切諸佛得大菩提乃至轉法輪、現神變，皆悉坐故，是故應作師子座結加之像。王雕像訖，以頂戴像，至如來所，白佛言：如來最上微妙之身，無與等，我所造像，不似於佛，竊自思惟，深爲過咎。佛告王言：非爲過咎，汝已作無量利益，更無與汝等者。汝今於佛法中，初爲軌則，未來世中，有信之人，皆因王故，造佛形像而獲大福〔一〕。○佛在金棺敬福經〔二〕云：造經像主，莫論雇匠，匠人不得飲酒食肉。不依聖教，雖造經像，其福甚少。若匠人造像，不具相好者，五百萬世，諸根不具。○五百問經云：治生破戒，得財造佛，尚不免地獄，何況得福〔三〕？○罪福決疑經〔四〕云：僧尼白衣，或自捨〔五〕財，或勸化得財，擬作佛像用，經營人〔六〕將此錢造作鳥獸形，安佛盤上，計損五錢，犯逆罪，究竟不還，一劫墮阿鼻地獄。若用贖香油供養者，不犯。○宣律師云：造像梵相，宋齊間皆唇厚、鼻隆、目長、頤豐，挺然丈夫之相。自唐來，筆工皆端嚴柔弱，似妓女之貌，故今人誇宮娃如菩薩也。又云：今人隨情而造，不追本實，得在信敬，失在法式。但論尺寸長短，不問耳目全具。或争價利，計供厚薄，酒肉餉遺，身無潔淨。致使尊像雖樹，無復威靈，乃至抄寫經卷，惟務賤得，弱筆麤紙，使前工無敬，自心有慢，彼此通賤，法儀滅矣。若使道俗存法，造得真儀，鳥獸尚不敢污，何況人乎〔七〕？鈔文多，但撮要言，故不次第焉。

【校注】

〔一〕參見唐提雲般若譯佛説大乘造像功德經卷上，文繁不録。

〔二〕佛在金棺敬福經：又名如來在金棺囑累清浄莊嚴敬福經、敬福經、佛説敬福經等，「中國僧人所撰，著者不詳，一卷。該經以釋迦牟尼涅槃前坐在金棺上回答須菩提提問的形式闡述現世僧俗寫經造像所應遵循的原則。」「編成的具體年代尚難確定。」見侯旭東如來在金棺囑累清浄莊嚴敬福經題解，收入方廣錩主編藏外佛教文獻第四輯（宗教文化出版社）。又，此經今有藏外佛教文獻第四輯中侯旭東之整理本，要覽所引文字，與經文差異較大。

〔三〕佛説目連問戒律中五百輕重事經卷上：「問：比丘自手斷樹掘地，作佛塔寺及造形像，有福不？答：尚不免地獄受大罪苦，有何福耶？以故犯戒故。」

〔四〕罪福決疑經，已佚。法苑珠林卷三三興福篇第二七之一修造部亦引：「罪福決疑經云：僧尼白衣等或自捨財，及勸化得物，擬佛受用。經營人將此物造作鳥獸形像，安佛槃上者，計損滿五錢，犯逆罪。究竟不還，一劫墮阿鼻地獄。贖香油燈供養者，無犯。」

〔五〕捨：諸本無，據法苑珠林引補。

〔六〕營：諸本無；人：底本、明刻本、永田文昌堂本、擁萬閣本、出雲寺本、江户刊本、大正藏本、備要本作「久」，世界書局本作「文」。據法苑珠林補、改。

〔七〕四分律删繁補闕行事鈔卷下之三：「今人隨情而造，各生奇薄，不追本實，競封世染，所以中國傳像在嶺東者，並皆風骨勁壯，儀肅隆重，每發神瑞，光世生善。逮于漢世，彷佛入真，流之晉宋，頗皆近實，並由敬心殷重，意存景仰，準聖模樣，故所造靈異。今隨世末，人務情巧，得在福敬，失在法式，但問尺寸短長，不論耳目全具。或争價利鈍，計供厚薄，酒肉餉遺，貪婬俗務，身無潔浄，心唯涉利，致使尊像雖樹，無復威靈。菩薩立形，譬類婬女之像。金剛顯貌，等逾妒婦之儀。乃至抄寫經卷，唯務賤得。弱筆麤紙，惡匠鄙養。致使前工無敬，自心有慢，彼此通賤，法儀滅矣。致令經像訓世，爲諸信首，反自輕侮，威靈焉在？故致偷盜毁壞，私竊治鑄，焚經受用，多陷罪咎。並由違背世出世法，現在未來受無量苦，皆由失法之所致也。若使道俗存法，造得真儀，鳥獸不敢污踐，何況人乎？」

師子座　智度論問：云何名師子座？爲佛化作，爲實師子，爲金銀木石作耶？答云：是號師子座，非實也。佛爲人中師子，凡佛所坐，若牀、若地，皆名師子座。夫師子，獸中獨步無畏，能伏一切。佛亦如是。於九十六種外道，一切人天中，一切降伏，得無所畏，故稱人中師子〔一〕。

【校注】

〔一〕鳩摩羅什譯大智度論卷七：「問曰：何以名師子座？爲佛化作師子，爲實師子來，爲金銀木石作師子耶？又師子非善獸故，佛所不須，亦無因緣故不應來？答曰：是號名師子，非實師子也。佛爲人中師子，佛所坐處，若牀若地，皆名師子座。」

蓮花座　智〔一〕論問云：諸牀可坐，何必蓮華？答：諸牀爲世間白衣坐法，又蓮華濡浄柔脆，欲現神力，能坐其上，令華不壞故，又以莊嚴妙法座故〔二〕。

【校注】

〔一〕智論：明刻本作「智度論」。

〔二〕鳩摩羅什譯大智度論卷八：「問曰：諸牀可坐，何必蓮華？答曰：牀爲世界白衣坐法，又以蓮華軟浄，欲現神力，能坐其上，令花不壞故。又以莊嚴妙法座故。」

火焰 長阿含經云：佛在摩竭國毗陀山中，入火焰三昧。又，昔在舍衛婆羅舍，入火焰三昧〔一〕。今則象〔二〕之。

【校注】

〔一〕佛説長阿含經卷一〇：「至摩竭國北毗陀山中。爾時，世尊入火焰三昧，彼毗陀山同一火色。」又：「一時，佛在舍衛國婆羅門舍。爾時世尊，入火焰三昧。」

〔二〕象：明刻本作「像」。

雕像始 增壹阿含經云：優填王用牛頭旃檀雕佛形像，高五尺〔一〕。此爲始也。

【校注】

〔一〕參「鑄像」條注。

鑄像 經云：時波斯匿王聞優填王用香雕像，乃用紫磨黄金鑄佛形〔一〕像，亦高五尺〔二〕。此爲始也。

【校注】

〔一〕形：據明刻本補。

〔二〕增一阿含經卷二八：「是時，優填王即以牛頭栴檀作如來形像，高五尺。是時，波斯匿王聞優填王作如來形像，高五尺而供養。是時，波斯匿王復召國中巧匠而告之曰：我今欲造如來形像，汝等當時辦之。時波斯匿王而生此念：當用何寶，作如來形像耶？斯須復作是念：如來形體，黄如天金，今當以金作如來形像。是時，波斯匿王純以紫磨金作如來像，高五尺。爾時，閻浮里内，始有此二如來形像。」

畫像　唐内典録云：後漢明帝永平七年，使秦景往月支國，得優填王雕像師第四畫樣。此西域始也。至洛陽，敕圖於西陽城門及顯節陵上供養。此土爲始也〔一〕。

【校注】

〔一〕大唐内典録卷一：「又秦景使還於月支國，得優填王栴檀像師第四畫像樣來至雒陽，帝敕圖之於西陽城門及顯節陵上供養。自爾丹素流演于今。」

浴佛　摩訶刹頭經云：佛告大衆：十方諸佛，皆用四月八日夜半子時生，所以者何？爲春夏之際，殃罪悉畢，萬物普生，毒氣未行。不寒不熱，時氣和適。今是佛生日，人民念佛功德，浴佛形像〔一〕。而今江浙用四月八日浴佛。〇譬喻經云：佛以臘月八日現神變，降伏六師，六師負墮，遂投水而死。徒黨有存者，佛爲説法開悟，同白佛言：世尊以法水洗我心垢，今我請佛僧洗浴身垢〔二〕。今淮北乃至三京，皆用臘八浴佛。〇浴佛功德經：清净慧菩薩白佛言：世尊，若佛在世及滅度諸未來世中，諸衆生云何浴像？佛言：不作空有想。於諸善品，心懷渴仰，不生疲厭。何以故？爲成就如來法報身故。我今爲汝説浴像法，諸供養中，最爲殊勝。爲衆香湯，置净器中，先作方壇，敷妙牀座，於上置佛，以諸香湯次第浴之。用香水畢，復以净水淋洗其像。人各取少許洗像水，置自頭上。彼經有用香煎湯設壇法式。初於像上淋水時，應誦此偈云：我今灌沐諸如來，净智功德莊嚴聚。五濁衆生令離垢，願證如來净法身〔三〕。〇摩訶刹頭經云：浴像得錢，當分作三分：一分屬佛，一分屬法，一分屬僧。若佛錢，得作佛像用；若法錢，得造寺、樓、塔、籬落、牆壁、内外屋舍等用；若僧錢，各給與比丘用〔四〕。

【校注】

〔一〕西秦釋聖堅譯佛説摩訶刹頭經：「佛告天下人民：十方諸佛，皆用四月八日夜半時生。

十方諸佛，皆用四月八日夜半時去家入山行學道。十方諸佛，皆用四月八日夜半時得佛道。十方諸佛，皆用四月八日夜半時般泥洹。佛言：所以用四月八日者何？春夏之際，殃罪悉畢。萬物普生，毒氣未行。不寒不熱，時氣和適。今是佛生日故，諸天下人民，共念佛功德，浴佛形像，如佛在時。」

〔二〕按：法苑珠林卷三三興福篇第二七之一洗僧部：「如譬喻經云：佛以臘月八日神通降伏六師，六師不如，投水而死。仍廣説法，度諸外道。外道伏化，白佛言：佛以法水洗我心垢，我今請僧洗浴，以除身穢，仍爲常緣也。今臘月八日洗僧，唯出此經文。」周叔迦、蘇晉仁校注曰：「此經已佚。」

〔三〕唐寶思惟譯佛説浴像功德經：「爾時清淨慧菩薩聞佛世尊説是頌已，而白佛言：世尊，若佛在世及滅度後，未來世中諸衆生等，云何浴像？唯願如來爲衆生故，開示演説。佛言：清淨慧，如佛在世，諸衆生等發起淨心，於佛滅後，亦應如是，不作執空有想，於諸善品，心懷渴仰，不生疲厭。何以故？爲成就如來法報身故。我已曾爲汝説四真諦法、十二因緣、六波羅蜜，我今爲汝説浴像法。諸供養中，最爲殊勝。善男子，若欲沐像，應以牛頭栴檀、紫檀、多摩羅香、甘松芎藭、白檀、鬱金龍腦、沈香、麝香、丁香，以如是等種種妙香，隨所得者，以爲湯水，置淨器中，先作方壇，敷妙牀座，於上置佛，以諸香水，次第浴之。用諸香水周遍訖已，復以淨水於上淋洗，其浴像者，各取少許洗像之水，置自頭上，燒種種香，以爲供養。初於像上下水之時，應誦以偈：我今灌沐諸如來，浄智功德莊嚴聚，五濁衆生令離垢，願證如來浄法身。」

〔四〕西秦釋聖堅譯佛説摩訶刹頭經：「灌佛形像所得多少，當作三分分之：一者爲佛錢，二者爲法錢，三者爲比丘僧錢。佛錢繕作佛形像，若金、若銅、若木、若泥、若塑、若畫，以佛錢修治之。法錢者，架立樓、塔、精舍、籬落、牆壁、内外屋，是爲法錢。比丘僧有萬錢，千比丘當共分之。」

三寶物　佛物有四種：一、佛受用物，謂殿堂、衣服、牀帳等，不得互用。若曾佛用者，只得著塔内供養，不得移易使用。○五百問經云：佛堂柱木壞，有施主修換訖，其故者施僧，僧不得用之〔一〕。二、施屬佛物。五百問云：佛物不得移至他寺，犯棄。若僧盡去，當白僧，僧聽將去，無罪〔二〕。又云：佛物得賣，買取供養具〔三〕。○十誦律云：以佛塔物出息，聽之〔四〕。三、供養佛物。僧祇云：供養佛華，多聽賣，買香油。猶多者，更賣，著佛無盡財中〔五〕。即長生錢，謂子母滋生，故無盡。○五百問云：佛幡多，欲作餘事者，若施主不許，不得〔六〕。四、獻佛物。律云：供養佛塔食，治塔人得食。○善見律云：佛前獻飯，侍佛比丘得食。或白衣侍佛者，亦得食〔七〕。侍佛比丘，即今殿主。白衣，即浄人也。○茶毗經云：佛滅度後，一切信施物，應用造佛像，及佛衣幡蓋，買香油、華，以供養佛，餘不得用。餘用者，犯盜罪〔八〕。次法物者，如箱函、篚巾、帊欕等，本是經物，不可回改別用。後僧物者，若二常住物，局本處已定，不得移往他處。又佛堂内設僧席，僧房安佛像經卷，妨僧受用，並是互用，由三寶位別故，各攝分齊故。若無妨，暫安著，即無損。○五百問云：本非佛堂，今設僧席在中，比丘共佛宿。若作障隔者，不犯，由佛在世，亦與弟子同房故〔九〕。

【校注】

〔一〕佛説目連問戒律中五百輕重事經卷上：「問：先佛堂壞，主人更出私財作堂，用故財施比丘，比丘可取不？答言：不得。」

〔二〕佛説目連問戒律中五百輕重事經卷上：「問：佛物先在一處，有比丘齎至餘處作佛事，犯何事？答：犯棄。一切佛物，都不得移動。若有事難，衆僧盡去，當白衆。若衆聽，得齎至餘處，無罪。」

〔三〕佛説目連問戒律中五百輕重事經卷上：「問：佛物得買供養具不？答：得。」

〔四〕十誦律卷五六：「聽僧坊浄人，若優婆塞，出息塔物，得供養塔，是名塔物。」

〔五〕摩訶僧祇律卷三三：「若佛花者，應上佛。若僧花者，隨意供養，若轉易，若花多者，可與華鬘家。語言：汝日日與我爾許鬘，餘者與我爾許直。得直已，得用作別房衣。若前食後食，若猶多者，當著無盡財中。」

〔六〕佛説目連問戒律中五百輕重事經卷上：「問：先上佛旛，得取用作佛事不？答：佛事得用，檀越不聽，不得。」

〔七〕蕭齊僧伽跋陀羅譯善見律毗婆沙卷一七：「佛飯誰得食？若有侍佛比丘，得食。若無侍佛比丘，有白衣侍佛，亦得食。」

〔八〕唐若那跋陀羅譯大般涅槃經後分卷上憍陳如品餘：「佛告阿難：若佛現在，所施佛物，僧衆應知。若佛滅後，一切信心所施佛物，應用造佛形像，及造佛衣七寶幡蓋，買諸香油、寶花以供養佛。除供養佛，餘不得用。用者即犯盗佛物罪。」

〔九〕佛説目連問戒律中五百輕重事問佛事品第二：「問：非佛堂，佛像在中，可在前食臥不？答：得。若佛在世，猶於前食臥，況像不得耶？但臥須障。」按：此條所引諸經，當均據四分律删繁補闕行事鈔卷中。

盗三寶物結罪處

大毗婆沙論問云：若盗佛塔物，於誰處得根本業道？答：於國王施主及守護人天處結罪，有説於佛邊結罪，此物爲佛攝受故。若盗亡僧物者，若已作羯磨，於羯磨衆處得。若未作羯磨者，普於一切善説法衆處，得根本業道〔一〕。

【校注】

〔一〕玄奘譯阿毗達磨大毗婆沙論卷一一三：「問：若盗如來窣堵波物，於誰處得根本業道？有説亦於國王處得，有説於施主處得，有説於守護人處得，有説於能護彼天龍藥叉非人處得。如是説者，於佛處得。所以者何？……一切世間恭敬供養，佛皆攝受。」又：「問：若盜命過苾芻財物，於誰處得根本業道耶？答：若已作羯磨者，於羯磨衆處得。若未作羯磨者，普於一切善説法衆處得。」

受用自體物福　般若燈論云：云何受用自體？謂檀越所捨，房舍、園林、衣服、飲食、卧具、湯藥，資身具等。云何名福？謂撈摝義也。見諸衆生没溺煩惱河中，起大悲心，摝出生死，置涅槃岸，故名福〔一〕。

【校注】

〔一〕出唐波羅頗蜜多羅譯般若燈論釋卷一〇觀業品第一七。

令佛法速滅有五法　四分律：有長老波摩那白佛言：以何因緣，如來正法疾滅而不久住？息用名滅，非死滅也。佛言：有五因緣，若如來滅後，比丘不敬佛、法、僧、戒、定，以是正法不得久住〔一〕。○南山鈔云：佛像、經教、住持、靈儀，並是我等所尊故。今僧尼多不奉佛法，内無正信，見不高遠，致虧大節。或在形像前，更相戲弄，出非法語，舉目攘臂，遍指聖像。或端坐踞傲，情無畏憚，雖見經像，不起迎奉，致令俗人輕笑，損滅正法，既知多過，彌須大慎。凡至殿〔二〕塔，覩形像，必懾然加敬。如對王臣，亦可知矣〔三〕。

【校注】

〔一〕四分律卷五九：「爾時世尊在迦陵伽國薂羅林中。時長老波摩那詣世尊所，頭面禮足，卻坐一面，白世尊言：大德，以何因緣，如來滅後正法疾滅而不久住？……佛告波摩那言：如來滅後，比丘不敬佛、法、僧，及戒、定，以是因緣，正法疾滅而不久住。」

〔二〕殿：據明刻本補。

〔三〕四分律刪繁補闕行事鈔卷下之三：「佛像、經教、住持、靈儀，並是我等所尊敬，則至真齊觀。今流俗僧尼，多不奉佛法，並愚教網，内無正信，見不高遠，致虧大節。或在形像之前，更相戲弄，出非法語，舉目攘臂，遍指聖儀。或端坐倨傲，情無畏憚，雖見經像，不起迎奉，致令俗人輕笑，損滅正法。故僧祇中，禮人不得對於佛法，乃至懸施旛蓋不得蹈像，別施梯蹬。以此文證，明敬處别。既知多過，彌須大慎。至堂殿塔廟，如覆冰臨深，覩形像經教，必懾然加敬。此則道俗通知奉法，賢聖達其信心，且如對王臣令長，事亦可會。」

恩　孝

凡釋氏晨暮〔一〕祝香禮佛，乃至作一毫善事，皆迴向四恩三有〔二〕者，蓋是廣大心報恩、申孝之至也。

【校注】

〔一〕暮：明刻本作「昏」。

〔二〕四恩：即父母恩、衆生恩、國王恩、三寶恩，參「恩」條。三有：欲有、色有、無色有，即三界。

恩　有四焉：一、父母恩，二、師長恩，三、國王恩，四、施主恩。○大乘本生心地觀經：佛言：世間恩有四種：一、父母恩，二、衆生恩，三、國王恩，四、三寶恩。如是四恩，一切衆生，平等荷負。父母者，父有慈恩，母有悲恩。若我住世一劫，説不能盡。二、衆生恩者，無始已來，一切衆生，輪轉五道，互爲父母，各有大恩故。三、國王恩者，福德最勝，雖生人間，得大自在。三十三天，常以其力，護持國界，山河大地，盡屬國王，是故大聖王以正法化，能使衆生悉皆安樂〔一〕。○後譯華嚴經云：國有君王，一切獲安，是故人王爲一切衆生安樂之本。在家出家，精心道撿，皆依王〔二〕國而得住持，演化流布。若無王力，功行不成，法滅無餘，況能利濟？是故所修一切功德，六分之一常屬國王，願王福山崇固難壞〔三〕。○薩遮經云：王者，民之父母，以法攝護衆生，令安樂故〔四〕。○又禮佛時，常爲諸天龍神，願風雨順時，文武百官，常居禄位者〔五〕。西域記云：大臣者，國之重鎮。農務者，人之命食。國失鎮則危，人絶食則死〔六〕。又佛法付囑國王大臣故，常須繫心祝願也〔七〕。四、三寶恩者，佛、法、僧寶，具足無量神通變化，利樂有情，暫無休息。○正法念經云：如來三界最勝，度脱生死，此恩難報。若於佛法深心，得不壞信，是名報恩〔八〕。○華嚴經偈云：如來無數劫，勤苦爲衆生。云何諸世間，不報大師恩〔九〕？○報恩經云：父母者，三界最勝福田〔一〇〕。○毗奈耶律云：父母於子，有大勞苦。護持長養，資以乳哺。假使一肩持母，一肩持父，經於百劫，徒自疲勞。或持七寶，種種供養，令得富樂，亦未報父母恩。若其父母無信者，令起信心；若無戒者，令住禁戒；若性慳者，令行惠施；若無智慧者，令起智慧。子能如是，方曰報恩〔一一〕。○不思議光經云：非飲食及寶，能報父母恩，引導向正法，便爲供二親〔一二〕。○彌沙塞律云：佛言：從今聽比丘盡心盡壽，供養父母。若不供養，得重罪〔一三〕。又云：我聽五處縱極破戒，應供養：所謂父母、親教師、受業和尚也。軌範師及病人〔一四〕。又云：出家人於父母，應供養供給，於三衣外，自餘物，或從施主乞，或從僧得利，或僧所常食之分，減半供給。若常乞食，亦與己所滿腹食内，應取其半，濟其父母〔一五〕。○中心經云：佛言：知師恩者，見師則承事，不見則思惟教誡，如孝子之念父母，如人念飲食等〔一六〕。○大方廣不思議境界經云：當供養父母、和尚及世間曾致饒益，賴其恩者，應念倍增報恩。何以故？知恩者，雖在生死，不壞善根。不知恩者，善根斷滅。是故諸佛稱讚知恩報恩者〔一七〕。○或問：釋氏爲俗人作疏子，亦有云奉爲四恩者，其國王父母可知，其師長施主何耶？答：經不云「及世間曾致饒益，賴其恩者」，若教授經書、伎術、事業，或令避惡從善者，皆師長也。夫師者，教以道之稱也。若假借財本，拯苦與樂者，皆施主也。夫施者有三種：一、財施，謂與人財；二、心施，謂慈悲心與人樂；三、法施，謂説法利人等〔一八〕。

【校注】

〔一〕見唐般若譯大乘本生心地觀經卷二。

〔二〕王：底本及餘三卷本皆誤爲「正」，據明刻本校改。

〔三〕般若譯大方廣佛華嚴經卷一二：「如是種種邪宗正宗，在家出家，精心道檢，皆依王國而得住持，並因我王演化流布故。諸學者，如世輪繩；藝業所修，如聚泥土；王行正化，如匠埏埴；巧益自他，如成衆器。若無王力，功行不成，法滅無餘，況能利濟？又彼所修一切功德，六分之一常屬於王，王之福山，崇固難壞。」

〔四〕元魏菩提流支譯大薩遮尼乾子所説經卷三：「王者民之父母。以能依法攝護衆生，令安樂故，名之爲王。」

〔五〕按：隋灌頂纂國清百録卷一亦云：「爲諸龍王等，願風雨順時，含生蒙潤，敬禮常住諸佛。」

〔六〕出大唐西域記卷一二瞿薩旦那國。

〔七〕明曠天台菩薩戒疏中：「末代佛法付囑國王、大臣、官長、貴勢之人，外護之恩，常須頂荷。」

〔八〕元魏般若流支譯正法念處經卷六一：「如來應等正覺，三界最勝。度脱生死，無上大師。此恩難報，唯有一法，能報佛恩。若於佛法深心，得不壞信，是名報恩。」

〔九〕出實叉難陀譯大方廣佛華嚴經卷六〇。

〔一〇〕大方便佛報恩經卷三：「衆僧者，出三界之福田。父母者，三界内最勝福田。」

〔一一〕義浄譯根本説一切有部毗奈耶卷三：「父母於子，有大勞苦，護持長養，資以乳哺，贍部洲中，爲教導者。假使其子一肩持母，一肩持父，經於百年，不生疲倦。或滿此大地，末尼、真珠、琉璃、珂貝、珊瑚、瑪瑙、金銀、璧玉、牟薩、羅寶、赤珠、右旋，如是諸寶，咸持供養，令得富樂。或居尊位，雖作此事，亦未能報父母之恩。若其父母無信心者，令住正信；若無戒者，令住禁戒；若性慳者，令行惠施；無智慧者，令起智慧。子能如是，於父母處，善巧勸喻，令安住者，方曰報恩。」

〔一二〕出後秦鳩摩羅什譯不思議光菩薩所説經。

〔一三〕出五分律卷二〇、彌沙塞羯磨本。

〔一四〕義浄譯根本説一切有部尼陀那卷三：「凡是父母於其子處，能爲難事，荷負衆苦。假令父母是極破戒，其子亦應爲作供侍。是故我聽於其五處縱極破戒，應爲供給：所謂父母、親教師、軌範師及諸病人。」

〔一五〕義浄譯根本説一切有部尼陀那卷四：「佛言：父母於子，能爲難事，荷負衆苦。假令出家，於父母處，應須供給。時彼不知何物應與。佛言：應除衣鉢，餘物供給。若無餘物，可從施主隨時乞求。若乞求難得，應以僧常所得利物共相供結（校注者按：結，當爲「給」之誤）。若無利物，應以僧常所食之分，減取其半而爲供濟。若常乞食隨他活者，以己所須滿腹食内，應取其半，濟於父母。」

〔一六〕東晉竺曇無蘭譯佛説忠心經：「道成乃知師恩，見師即承事，不見者思惟其教誡，如孝子念父母。」又「常念師恩，事佛如人念父母，如獄中死罪囚，有賢者往請囚出囚，黠慧者常念賢者恩。比丘已得道者，當念佛，如是念經，當如人念飲食。」

〔一七〕唐實叉難陀譯大方廣如來不思議境界經：「供養父母、和上、尊師及世間中曾致饒益，賴其恩者，應念倍增報恩供養。何以故？以知恩者，雖在生死，不壞善根。不知恩者，善根斷滅，作諸惡業。故諸如來，稱讚知恩。」

〔一八〕後秦釋僧肇選注維摩詰經卷四：「施有三種：一、財施，二、心施，三、法施。以財施人爲布施，慈心等心與人樂爲心施，説法利人名爲法施。」

孝

爾雅云：善事父母曰孝〔一〕。○謚法云：慈愛忘勞曰孝〔二〕。○雜記云：養德順理，不逆於時曰孝〔三〕。○四天王經云：佛告諸弟子：慎汝心念，無受五欲。漱情去垢，無求爲首。内以清浄，外當盡孝〔四〕。○梵網經云：佛初坐道樹，成無上覺，初結菩薩波羅提木叉，以孝順父母、師僧、三寶，孝順至道之法，孝名爲戒〔五〕。○盂蘭盆經云：佛令比丘爲七世父母設盆，供養佛及自恣僧〔六〕。世人行孝，只〔七〕於一身。釋氏行孝，兼爲七世父母，可謂孝矣！○法苑云：持戒即是行孝。謂一切衆生，皆曾爲我父母宗親，今持戒不殺生、不偷盗等，是名行〔八〕孝〔九〕。

【校注】

〔一〕出爾雅釋訓。

〔二〕出唐會要卷七九謚法上。

〔三〕唐釋法琳撰辯正論卷七品藻衆書篇：「雜記云：畜者爲孝之道，養德順理，不逆於時，是名爲畜。」

〔四〕劉宋智嚴共寶雲譯佛説四天王經：「佛告諸弟子：慎爾心念，無愛六欲。漱情去垢，無求爲首。内以清淨，外當盡孝。」

〔五〕鳩摩羅什譯梵網經盧舍那佛説菩薩心地戒品第十卷下：「爾時釋迦牟尼佛初坐菩提樹下，成無上覺，初結菩薩波羅提木叉，孝順父母、師僧、三寶，孝順至道之法，孝名爲戒，亦名制止。」

〔六〕竺法護譯佛説盂蘭盆經：「若有比丘、比丘尼、國王、太子、王子、大臣、宰相、三公、百官、萬民、庶人，行孝慈者，皆應爲所生現在父母、過去七世父母，於七月十五日，佛歡喜日，僧自恣日，以百味飲食安盂蘭盆中，施十方自恣僧。」

〔七〕只：明刻本作「止」。

〔八〕行：明刻本作「爲」。

〔九〕今法苑珠林未見，出處俟考。按：宋張商英述護法論亦曰：「佛以持戒當行孝，不殺、不盜、不淫、不妄、不茹葷酒，以此自利利他，則仁及含靈耳，又豈現世父母哉！蓋念一切衆生無量劫來，皆曾爲己父母宗親故，等之以慈，而舉期解脱。以此爲孝，不亦優乎？」

界趣

界謂三界，趣謂六趣。○祐法師序云：夫三界定位，六道區分，麤妙異容，苦樂殊迹。

觀其源始，不離色心。撿其會歸，莫非生滅。生滅輪迴，是曰無常。色心影幻，斯爲苦本。故涅槃喻之大河〔一〕，法華方之火宅〔二〕。聖人超悟，息駕反源。拔出三界，然後爲道〔三〕。

【校注】

〔一〕大河：即生死大河，比喻衆生六道輪迴之所。北涼曇無讖譯大般涅槃經卷二一：「汝今欲度生死大河，我能爲汝作大船師。」

〔二〕火宅：比喻人間世。妙法蓮華經卷二譬喻品：「三界無安，猶如火宅，衆苦充滿，甚可怖畏。」

〔三〕見出三藏記集卷一二釋僧祐撰世界記目録序。

三界 界者何義？瑜伽論云：種性義、因義、住持義〔一〕。婆沙論云：分段義。聲論云：趣義〔二〕。俱舍論云：種族義。因果不同，故有三焉〔三〕。

【校注】

〔一〕玄奘譯瑜伽師地論卷五六：「問：何等是界義？答：因義、種子義、本性義、種性義、微細義、任持義，是界義。」

〔二〕北涼浮陀跋摩共道泰等譯阿毗曇毗婆沙論卷三八：「何故名界？界是何義？答曰：性

義是界義，段義、分義、別義、種種相義、不相似義、分齊義是界義。種種所依，是界所作。聲論者説曰：趣義是界義，持養義是界義，性義是界義。」

〔三〕玄奘譯阿毗達磨俱舍論卷八：「何故名爲欲等三界？能持自相，故名爲界。或種族義，如前已釋。欲所屬界，説名欲界。色所屬界，説名色界。……彼體非色，立無色名，非彼但用，色無爲體，無色所屬界，説名無色界。」

欲界　欲有四種：一情、二色、三食、四婬欲，以希須爲義，謂此界四欲具足，故名欲界。此有六天，謂四王〔一〕、忉利〔二〕、夜摩〔三〕、兜率〔四〕、化樂〔五〕、他化自在〔六〕。

【校注】

〔一〕四王：即四天王天，諸天中離世間最近的一層天，分别爲多聞天、持國天、增長天、廣目天。

〔二〕忉利：即三十三天，欲界第二層天。佛地經論卷五：「三十三天，謂此山頂四面各有八大天王，帝釋居中，故有此數。」

〔三〕夜摩：又作「焰摩」等，欲界六天中的第三層天，意譯「善時」、「妙善」，此天之天人，身體輕盈潔淨，相親相愛，享受種種歡樂。

〔四〕兜率：意譯妙足天、喜樂天等，欲界六天的第四層天。此天的内院，即是彌勒菩薩弘法度生之處。

〔五〕化樂：又稱樂變化天，欲界的第五層天。此天之天衆，可以隨心所欲地變化各種妙樂，故名。

〔六〕他化自在：爲欲界的第六層天。此界天衆自己不能變化出欲樂，卻能隨意受用其他天人化現的欲樂。按：大智度論卷九：「問曰：何以名他化自在？答曰：此天奪他所化而自娱樂，故言他化自在。化自樂者，自化五塵而自娱樂，故言化自樂。兜率名知足天，夜摩名善分天，第二名三十三天，最下天是四天王諸天。」

色界

婆沙論云：有色可了施設，故名色界〔一〕。有一十八天，謂初禪有三天：梵衆、梵輔、大梵，二禪有三天：少光、無量光、光音，三禪有三天：少浄、無量浄、遍浄，四禪有九天：福生、福愛、廣果、無想、無煩、無熱、善現、善見、色究竟。

【校注】

〔一〕玄奘譯阿毗達磨大毗婆沙論卷一三七：「有色者，謂彼有情，有色可了。有色身，有色界處蘊，有色施設，故名有色。」

無色界　婆沙〔一〕云：無色可了施設，故名無色〔二〕。有四天：謂空處、識處、無所有處、非想非非想處。婆沙論：問：何故世尊於四無色立處名？答：爲破外道。執空處，爲無身涅槃；執識處，爲無邊意涅槃；執無所有處，名浄聚涅槃；執非想非非想處，名世間空窣堵波涅槃。佛説爲生處，非真解脱故〔三〕。

【校注】

〔一〕明刻本「婆沙」下有「論」字。

〔二〕玄奘譯阿毗達磨大毗婆沙論卷一三七：「諸無色者，謂彼有情無色可了，無有色身，無色界處蘊無色施設，故名無色。」

〔三〕玄奘譯阿毗達磨大毗婆沙論卷七四：「如契經説，有四無色處，謂空無邊處、識無邊處、無所有處、非想非非想處。問：何故世尊，於四無色以處聲説？答：爲破外道，解脱執故。謂諸外道，執四無色爲四涅槃：一、執空無邊處，名無身涅槃。二、執識無邊處，名無邊意涅槃。三、執無所有處，名浄聚涅槃。四、執非想非非想處，名世間窣堵波涅槃。爲破如是外道涅槃執故，説四無色名爲生處，非真解脱。真解脱者，乃名涅槃。」

九地　一、五趣雜居地，攝欲界三惡道，四洲〔一〕六天。二、離生喜樂地，攝初禪三天。三、定生喜樂地，攝二禪三天。四、離生妙樂地，攝三禪三天。五、捨念清浄地，攝四禪九天。六、空處地，

七、識處地，八、無所有處地，九、非想非非想處地。地有四義，謂住、處、攝、治。

【校注】

〔一〕四洲：又稱須彌四洲、四大部洲、四天下等，位於須彌山的四方，乃衆生所居住之處。東爲弗婆提、南爲閻浮提、西爲瞿耶尼、北爲欝單越，又稱東勝神洲、南贍部洲、西牛貨洲、北俱盧洲。

三有

婆沙論云：一、欲有，二、色有，三、無色有。有者何義？謂一切有漏法是。佛言：若業能令後生相續是有。又云：生滅故名有，墮苦集諦中是有〔一〕。

【校注】

〔一〕見北涼浮陀跋摩共道泰等譯阿毗曇毗婆沙論卷三二：「云何有法？答言：有漏法，是此中說，一切有漏法是有。」又：「佛告阿難：若業能令後生相續是有，是亦名有」。又：「問曰：何故名有？答曰：生滅故名有。」又：「在有墮苦集諦中者是有。」按：鳩摩羅什譯大智度論卷三：「三種有：欲有、色有、無色有。云何欲有？欲界繫業取因緣，後世能生，亦是業報，是名欲有。色有、無色有亦如是，是名爲有。」

二十五有

阿毗曇云：欲界有十四，謂四惡趣、四洲、六欲天，色界有七，謂四禪天，又於初禪中取大梵天，第四禪中取五淨居天并無想天，無色界有四，即四定處也。法苑：問云：未知何義，初禪中大梵天别立爲有？答：謂外道人計常者，以大梵天王爲能生萬物之主。違則受生死，順則得解脱。又大梵天王亦自計己身能爲造化之主，是常，是真解脱，如來爲破彼情見故，立爲一有也。又無想天者，爲彼天衆生定壽五百劫無心之報，外道計爲真實涅槃，如來爲破彼見，顯非涅槃故，别立爲一有。又取五淨居天者，謂彼天主摩醯首羅，彼外道計彼爲能造化主，歸之則得真解脱，爲破彼見故，别立爲一有。又人趣四洲，各立爲有者，謂四趣苦多，衆生不樂著，故别立有。人趣次勝，衆生樂著深重，四洲受報不同，故各立一有〔一〕。

【校注】

〔一〕法苑珠林卷七〇住處部第一二二十五有住處：「問曰：二十五有云何分别？答曰：如舍利弗阿毗曇論説，欲界之中具十四有，色界有七，無色有四，三界合論，故有二十五。欲界十四者，謂四惡趣，即以爲四；又取四天下人，復以爲四，帖前爲八；又取六欲諸天，以六帖前，便爲十四有也。色界七者，所謂四禪即以爲四，又於初禪之中取大梵天，第四禪中取五淨居并無想天，即爲其七。將七帖前十四，即爲二十一有也。無色界中四者，謂四無色定。以四帖前，即爲二十五有。是故彼論偈云：四洲四惡趣，梵王六欲天。無想五淨居，四空及四禪。問曰：未知以何義故，於初禪中别取梵王，於第四禪中别取無想天并五淨居，立爲三有？别於初四禪者，有何義耶？答曰：有以謂彼初禪大梵天者，外道人等常計以爲能生萬物之本。違之則受生死，順之則得解脱。又彼梵王亦復自計己身能爲造化之主，是一，是常，是真解脱。如來爲欲破彼情見，是故别標説爲有也。第二無想天者，謂彼天中悉得定壽五百大劫無心之報。外道人等於此不達，而復計爲真實涅槃。是故樂修無想之定，求生彼處。如來爲欲破彼情見，是故别標説爲有也。第三五淨居者，於中有彼摩醯首羅天王處。外道人等亦復計彼天王能爲造化之本，歸之則得解脱。爲破此見，是故如來别標説有。别説之意，義顯斯也。」

三千大千世界

即釋迦牟尼佛所化境也。世界何義？○首楞嚴經云：世爲遷流，界爲方位。又云：東、西、南、北、四維、上、下名界，過去、未來、現在名世〔一〕。又文殊問經云：有二世：一、衆生世，即一切衆生也。二、行世，即衆生住處〔二〕。○長阿含并起世因本經等云：四洲地心，即須彌山。梵音正云蘇迷盧，此名妙高。此山有八山遶外，有大鐵圍山，周迴圍繞，并一日月晝夜回轉，照四天下，名一國土。積一千國土，名小千世界。積千箇小界，名中千世界。積一千中千界，名大千界。以三積千故，名三千大千世界〔三〕。

【校注】

〔一〕唐般剌蜜帝譯大佛頂萬行首楞嚴經卷四：「云何名爲衆生世界？世爲遷流，界爲方位。汝今當知東、西、南、北、東南、西南、東北、西北、上、下爲界，過去、未來、現在爲世。」

〔二〕梁僧伽婆羅譯文殊師利問經卷上：「世者二種：一衆生世，二者行世。衆生世者，一切諸衆生。行世者，衆生住處，一切世界，可知悉知。」

〔三〕按：見劉宋求那跋陀羅譯雜阿含經卷一六，隋闍那崛多等譯起世經卷一閻浮洲品第一。文繁不録。

趣　即五趣也。一、天，二、人，三、地獄，四、畜生，五、餓鬼。謂修羅四趣皆攝故，今開爲一趣，故云六趣也。趣者何義？毗婆沙論云：所往義。是諸有情，所應往結生之處，故名趣也〔一〕。○毗曇論云：趣，到義。謂彼善惡業因，能令有情到其生處。又道義，故名六道矣〔二〕。

【校注】

〔一〕玄奘譯阿毗達磨大毗婆沙論卷一七二：「問：何故名趣？趣是何義？答：所往義是趣義，是諸有情所應往、所應生結生處，故名趣。」

〔二〕法苑珠林卷五六道篇第四會名部：「問曰：云何名六趣？依毗曇論云：趣者名到，亦名爲道。謂彼善惡業因道，能運到其生趣處，故名爲趣。亦可依所造之業，趣彼生處，故名爲趣。又趣者歸向之義，謂所造業能歸向於天，乃至地獄也。」

天趣 毗婆沙論云：諸趣最勝故，光明照耀故，名天也〔一〕。○智度論云：有四種天，一、生天，謂四天王等已上天也。二、名天，謂今國王稱天子。三、淨天，謂人中生諸聖人。四、生淨天，即上界生諸聖人也〔二〕。

【校注】

〔一〕玄奘譯阿毗達磨大毗婆沙論卷一七二：「問：何故彼趣名天？答：於諸趣中，彼趣最勝、最樂、最善、最妙、最高故，名天趣。有説先造作增長上身語意妙行，往彼生彼，令彼生相續故，名天趣。有説天者是假名，假想乃至廣説。有説光明增故，名天，以彼自然身光，恒照晝夜等故。」

〔二〕鳩摩羅什譯大智度論卷二二：「有四種天，名天、生天、淨天、生淨天。名天者，如今國王名天子。生天者，從四天王乃至非有想非無想天。淨天者，人中生諸聖人。生淨天者，三界天中生諸聖人。」

生天因　業報差別經云：具修增上十善，得生欲界散地天。若修有漏十善，以定相應，生色界天。若離色修，遠離身口，以定相應，生無色界〔一〕。○正法念處經云：因持戒，不殺、不盜、不婬，由此三善，得生天〔二〕。○辯意長者子經云：有五事得生天：一、不殺物命，令衆生安樂；二、賢良不盜，布施無貪，濟諸窮乏；三、貞潔，不犯外色，男女護戒，奉齊精進；四、誠信不欺，護口四過；五、不飲酒〔三〕。

【校注】

〔一〕隋法智譯佛爲首迦長者説業報差別經：「復有十業，能令衆生得欲天報，所謂具足修行，增上十善。復有十業，能令衆生得色天報，所謂修行有漏十善，與定相應。復有四業，能令衆生得無色天報：一者過一切色想，滅有對想等，入於空處定。二者過一切空處定，入識處定。三者過一切識處定，入無所有處定。四者過無所有處定，入非想非非想定。以是四業，得無色天報。」

〔二〕元魏般若流支譯正法念處經卷二五：「以何等戒，有幾種戒，生於天中，以何相生？見七種戒，化生天中，有上中下。不殺生戒，生四天王處。不殺，不盜，生三十三天。不殺，不盜，不行邪婬，生夜摩天。不殺，不盜，不邪婬，不妄語，不兩舌，惡口，綺語，生兜率陀天。受世間戒，信奉佛戒，不殺，不盜，不邪婬，不妄語，兩舌，惡口，綺語，生化樂天。他化自在天亦如是。」

〔三〕元魏法場譯辯意長者子經：「有五事行，得生天上。何謂爲五？一者慈心，不殺群生，悉養物命，令衆得安；二者賢良，不盜他物，布施無貪，濟諸窮乏；三者貞潔，不犯外色，男女護戒，奉齋精進；四者誠信，不欺於人，護口四過，無得貪欺；五者不飲酒，不過口行。」

人趣　大毗婆沙論云：梵云末奴沙，以能用意思惟，觀察所作事故。或多憍慢，或能寂静意，故名人〔一〕。○阿毗曇論云：何故人道名摩㝹沙？此有八義：一、聰明，二、爲勝，三、意微細，四、正覺，五、智慧增上，六、能别虚實，七、聖道正器，八、聰明業所生〔二〕故〔三〕。

【校注】

〔一〕玄奘譯阿毗達磨大毗婆沙論卷一七二：「以能用意思惟，觀察所作事故，名末奴沙。」又：「有説多憍慢故名人，以五趣中，憍慢多者，無如人故。有説能寂静意故名人，以五趣中，能寂静意，無如人者。」

〔二〕生：底本、永田文昌堂本、擁萬閣本、出雲寺本、大正藏本、備要本、世界書局本作「主」，據明刻本、江户刊本改。

〔三〕真諦譯佛説立世阿毗曇論卷六云何品第二〇：「云何人道説名摩菟沙？一、聰明故，二者勝故，三、意微細故，四、正覺故，五、智慧增上故，六、能別虚實故，七、聖道正器故，八、聰慧業所生故。」

人因　業報差別經云：由先造增上、下品身語意妙行故，生人道〔一〕。○辯意經云：有五事，得生人中，得人尊貴：一、施惠普廣，二、敬禮三寶及長者，三、忍辱無嗔，四、柔和謙下，五、博聞經戒。又有五事：一、布施貧窮，二、持戒不犯十惡，三、忍辱不亂，四、精進勸化，五、一心奉孝盡忠。此五事生人中，大富長壽，端正威德，爲人敬仰。有五事生人中卑賤：一、憍慢，二、於二親剛强無恪，三、放逸不禮事三寶，四、盜竊以爲生活，五、負債不償。又有五事生人中，口氣香潔，身心安樂，爲人稱譽，不爲誹謗：一、至誠不欺於人，二、誦經，三、護戒，四、教人遠惡就善，五、不求人長短。又有五事，生人中常被誹謗，爲人所憎，形體醜惡，心意不安，常懷恐怖：一、常無至誠，欺詐於人，二、衆中説法者而誹謗之，三、見諸同學而輕試之，四、不見他事而爲作過，五、鬭亂兩舌〔二〕。○人道三勝：一、勇猛，二、憶念，三、梵行。此三勝，生天人。

【校注】

〔一〕按隋法智譯佛爲首迦長者説業報差别經：「復有十業，能令衆生得人趣報：一者不殺，二者不盜，三者不邪婬，四者不妄語，五者不綺語，六者不兩舌，七者不惡口，八者不貪，九者不瞋，十者不邪見。於十善業，缺漏不全。以是十業，得人趣報。」

〔二〕元魏法場譯辯意長者子經：「又有五事，得爲尊貴，衆人所敬。何謂爲五？一者布施，周惠普廣；二者禮敬佛法三寶及諸長老；三者忍辱，無有瞋恚；四者柔和謙下；五者博聞，學誦經戒。」又：「復有五事，得生人中。何謂爲五？一者布施，恩潤貧窮。二者持戒，不犯十惡。三者忍辱，不亂衆意。四者精進，勸化懈怠。五者一心，奉孝盡忠。是爲五事，得生人中，大富長壽，端正威德。得爲人主，一切敬侍。」又：「又有五事，常生卑賤，爲人奴婢。何謂爲五？一者憍慢不敬二親。二者剛强無恭恪心。三者放逸不禮三尊。四者盜竊以爲生業。五者負債逃避不償。」又：「又有五事，得生人中，口氣香潔，身心常安。爲人所譽，不被誹謗。何謂爲五？一者至誠不欺於人。二者誦經無有彼此。三者護口不謗聖道。四者教人遠惡就善，五者不求人之長短。」又：「又有五事，若在人中，常被誹謗，爲人所憎，形體醜惡，心意不安，常懷恐怖。何謂爲五？一者常無至誠，欺詐於人；二者大會有説法處而誹謗之；三者見諸同學而輕試之；四者不見他事而爲作過；五者兩舌，鬥亂彼此。」

人道十苦　菩薩藏經云：人有十苦之所逼迫：一、生苦，二、老苦，三、病苦，四、死苦，五、愁苦，六、怨苦，七、苦受，八、憂苦，九、病惱，十、流轉大苦〔一〕。○人胎藏八位，瑜伽論云：一、羯羅籃，託胎凝結位。二、遏部曇，表裏如酪。三、閉〔二〕尸，已至肉位，仍極柔軟。四、鍵南，堅厚。五、鉢羅奢佉，支分相現。六、毛髮爪位，七、根位，諸根顯現。八、形位〔三〕。所依處分明現。○又，十時：膜時、泡時、皰時、肉團時、五枝時，胎中五時。嬰孩時、童子時、少年時、盛壯時、衰老時〔四〕。人中五時。

【校注】

〔一〕出玄奘譯大寶積經卷三五菩薩藏會第一二之一開化長者品第一：「世間一切衆生，爲十苦事之所逼迫。何謂爲十？一者生苦逼迫，二者老苦逼迫，三者病苦逼迫，四者死苦逼迫，五者愁苦逼迫，六者怨恨逼迫，七者苦受逼迫，八者憂受逼迫，九者痛惱逼迫，十者生死流轉大苦之所逼迫。」

〔二〕閉：諸本作「閑」，據文意及瑜伽師地論等改。

〔三〕玄奘譯瑜伽師地論卷二：「此之胎藏，八位差別。何等爲八？謂羯羅藍位，遏部曇位，閉尸位，鍵南位，鉢羅賒佉位，髮毛爪位，根位，形位。若已結凝，箭內仍稀，名羯羅藍。若表裏如酪，未至肉位，名遏部曇。若已成肉，仍極柔軟，名閉尸。若已堅厚，稍堪摩觸，名爲鍵南。即此肉摶增長，支分相現，名鉢羅賒佉。從此以後，髮毛爪現，即名此位。從此以後，眼等根生，名爲根位。從此以後，彼所依處，分明顯現，名爲形位。」

〔四〕北涼曇無讖譯大般涅槃經卷三八：「若未來色，非無常者，不得言色，有十時差別。云何十時？一者膜時，二者泡時，三者皰時，四者肉團時，五者肢時，六者嬰孩時，七者童子時，八者少年時，九者盛壯時，十者衰老時。」

凡夫 大威德陀羅尼經云：於生死迷惑流轉，住不正道，故名凡夫〔一〕。梵云婆羅，隋言毛道〔二〕，謂行心不定，猶如輕毛，隨風東西故。又有二種：一、嬰兒凡夫，謂無智慧故；二、愚暗凡夫，頑鈍不可教故〔三〕。○佛性論云：凡夫以身見爲性〔四〕。

【校注】

〔一〕隋闍那崛多譯大威德陀羅尼經卷一三：「以於生死迷惑流轉，住不正道，故名凡夫。」

〔二〕隋闍那崛多譯大威德陀羅尼經卷九：「梵云婆羅，隋云毛道。」

〔三〕慧琳撰一切經音義卷一二大寶積經音義之二：「異生，或云愚異生，言愚癡闇冥，不生無漏故也。舊譯云小兒別生，以癡如小兒也。或云小兒凡夫，又作嬰愚凡夫，或云毛道凡夫，或云毛頭凡夫，義雖是一，失之遠矣。初釋爲正。」

〔四〕真諦譯佛性論卷三：「以凡夫性爲本。凡夫性者，即是身見故。」

人有爲四相　長阿含經云：一、生相，謂五陰興起，已得命根。二、老相，謂生壽向盡，餘命無幾。三、病相，謂衆痛迫切，存亡無期。四、死相，謂盡也，風先火次，諸根敗壞，存亡異趣故〔一〕。

【校注】

〔一〕見佛説長阿含經卷一。

人間四事必定别離　正法念經云：一、少年，二、安隱，三、壽命，四、具足。具足即是富貴。如是四法，必定别離，智者常須觀察〔一〕。

【校注】

〔一〕元魏般若流支譯正法念處經卷五二：「此有四法，必定離别。何等爲四？一者少年，二者安隱，三者壽命，四者具足。如是四種，必定離别，智者常觀如是四種。」

地獄趣　立世論云：梵音泥黎耶，此云無喜樂〔一〕。○毗婆沙論云：泥犁迦，秦言無去處〔二〕。○大毗婆沙論云捺洛迦，此云不可樂。論：問：何故名捺洛迦？答：是那洛迦所趣故，是中有那洛迦故，名捺洛迦。彼諸有情，無悦、無愛、無味、無利、無喜樂故，名那洛迦也〔三〕。今稱地獄者，地，底也，下也，謂萬物之中，最在底下也。獄，局也，謂拘局不得自在故〔四〕。○三法度人經云：地獄有三種。一、熱，有一十八所。二、寒，有一十八所。此是根本。三、邊，又名輕繫，又名孤獨，此有三別：一、山間，二、水中，三、曠野〔五〕。

【校注】

〔一〕真諦譯佛説立世阿毗曇論卷六：「云何地獄名泥犁耶？無戲樂故，無喜樂故，無行出故，無福德故。因不除離業，故於中生。復説此道於欲界中，最爲下劣，名曰非道。因是事故，故説地獄名泥犁耶。」

〔二〕北涼浮陀跋摩共道泰等譯阿毗曇毗婆沙論卷七：「泥犁迦，秦言無去處。所以者何？生彼衆生，無有去處，無有依處，無有救處，故名無去處。」

〔三〕玄奘譯阿毗達磨大毗婆沙論卷一七二：「問：何故彼趣名奈落迦？答：是奈落迦所趣處故，以奈落迦爲所有故，名奈落迦。彼諸有情，無悦、無愛、無味、無利、無喜樂故，名奈落迦。」

〔四〕法苑珠林卷七六道篇第四之三地獄部會名部：「地者底也，謂下底，萬物之中地最在下，故名爲底也。獄者局也，謂拘局不得自在，故名地獄。又名泥犁者，梵音，此名無有，謂彼獄中，無有義利，故名無有也。」

〔五〕見東晉僧伽提婆譯三法度論卷下。按：釋僧祐撰出三藏記集卷一〇載釋慧遠三法度經序：「三法度經者，蓋出四阿含。」

落地獄因 婆沙論云：由先時造作增上暴惡、身語意惡行生彼〔一〕。○辯意經云：有五事，死入地獄：一、不信三寶而行誹謗，輕毁聖道；二、破壞佛寺；三、四輩轉相誹謗，不計殃罪，無敬順意；四〔二〕、無有君臣父母；五、已得爲道，不順師教而自貢高，輕慢謗師〔三〕。地獄因果，廣有章門，此但梗概耳。

【校注】

〔一〕出玄奘譯阿毗達磨大毗婆沙論卷一七二。

〔二〕四：底本及餘三卷本皆無，據明刻本補。

〔三〕元魏法場譯辯意長者子經：「佛復告辯意，有五事行，死入地獄，億劫乃出。何謂爲五？一者不信有佛法衆而行誹謗，輕毁聖道。二者破壞佛寺尊廟。三者四輩轉相謗毁，不信殃罪，無敬順意。四者反逆無有上下，君臣父子，不相順從。五者當來有欲爲道者，已得爲道，便不順師教而自貢高，輕慢謗師。」

畜生趣 立世論云：梵語底都履切。栗車，此云畜生〔一〕。○大婆沙論云傍生，謂其形傍〔二〕故〔三〕。

【校注】

〔一〕真諦譯佛說立世阿毗曇論卷六：「云何禽獸名底都履反。栗車？因諂曲業，於中受生。復說此道衆生，多覆身行故，說名底栗車。」

〔二〕傍：底本及餘三卷本皆作「謗」，據明刻本改。

〔三〕玄奘譯阿毗達磨大毗婆沙論卷一七二：「問：何故彼趣名傍生？答：其形傍故行亦傍，以行傍故形亦傍，是故名傍生。」

畜生因 業報差別經云：具造十業，生畜生：一、身惡，二、口惡，三、意惡，四、從貪起惡，五、從嗔起惡，六、從癡起惡，七、毀駡衆生，八、惱害衆生，九、施不净物，十、邪婬〔一〕。○辯意經云：有五事作畜生：一、犯戒私竊，二、負債不還，三、殺生，四、不喜聽受經法，五、常以因緣艱難齋會〔二〕。

【校注】

〔一〕隋法智譯佛爲首迦長者說業報差別經：「復有十業，能令衆生得畜生報：一者身行中惡業，二者口行中惡業，三者意行中惡業，四者從貪煩惱起諸惡業，五者從瞋煩惱起諸惡業，六者從癡煩惱起諸惡業，七者毀駡衆生，八者惱害衆生，九者施不浄物，十者行於邪婬。」

〔二〕元魏法場譯辯意長者子經：「又有五事，作畜生行，墮畜生中。何謂爲五？一者犯戒私竊偷盜，二者負債觝而不償，三者殺生以身償之，四者不喜聽受經法，五者常以因緣，艱難齋戒施會，以俗爲緣。」

三塗　西域記云：俗書春秋有三塗危險之處，借此名也。塗猶道，非謂塗炭之義。若依梵語，云阿波那伽低，此云惡道。道是因義，由履而行〔一〕。

【校注】

〔一〕按：此説未見西域記。一切經音義卷三四玄應撰賢劫經音義卷一：「三塗，又作途、辻，二形同，達胡反，言三塗者，俗書春秋有三塗危險之處，借此爲名。塗猶道也，非謂塗炭之義。若依梵本，則云阿波那伽低，此云惡趣，不名惡道。道是因義，由履而行。趣是果名，已到之處，故不名惡道也。」又按：左傳昭公四年孔穎達正義曰：「服虔云：三塗，太行、轘轅、崤澠也。謂三塗爲三處道也。」

八難　一、地獄，二、餓鬼，三、畜生，四、北洲，五、無想天，六、佛前〔一〕後，七、世智辯聰，八、生盲瘖瘂〔二〕。

【校注】

〔一〕明刻本「佛前」下有「佛」字。

〔二〕按：「八難」之具體含義，參見增壹阿含經卷三六八難品。圓測撰仁王經疏卷下之本護國品第五將其概括爲：「增一阿含經八難品云：比丘當知，有八不聞之節。何等爲八？一、地獄；二、畜生；三、餓鬼；四、長壽天；五、生在邊地，誹謗賢聖，造諸惡業；六、生中國，六情不具，不別善惡；七、雖生中國六情具足，心識邪見；八、生中國，六情具，佛不出世，亦不説法。」

脩羅趣　又云阿須倫〔一〕。○海龍王經：此云無善神〔二〕。○大毗婆沙論云阿素洛，此云非天。又素洛是端正義，阿是非義，謂身形不端正故〔三〕。○楞嚴經云：若於鬼道以護法力，成通入空，從卵而生，鬼趣攝。若天中降德貶墜，其所卜居，鄰於日月，從胎而生，人趣所攝。若執持世界，力洞〔四〕無畏，能與梵王及天帝釋、四天爭權，因變化有，天趣所攝。有一類下劣，生大海心，沉水穴口，旦遊虛空，暮歸水宿，因濕氣生，畜生趣攝〔五〕。

【校注】

〔一〕法苑珠林卷五六道篇第四脩羅部會名部：「云何名阿脩羅道者？依立世阿毗曇論釋

云：阿脩羅者，以不能忍善，不能下意，諦聽種種教化，其心不動。以憍慢故，非善健兒。又非天故，名阿脩羅。餘經亦云阿須倫。」

〔二〕見西晉竺法護譯佛説海龍王經。

〔三〕玄奘譯阿毗達磨大毗婆沙論卷一七二：「問：何故名阿素洛？答：素洛是天。彼非天故，名阿素洛。復次，素洛名端政，彼非端政故，名阿素洛。以彼憎嫉諸天，令所得身形不端政故。」按：一切經音義卷二一唐慧苑撰音新譯大方廣佛花嚴經音義卷上：「阿修羅，或云阿素羅。阿，此云無也；素，極也，妙也；羅，戲也。言此類形雖似天而無天之妙戲也。案婆沙論譯爲非天，以此類雖天趣所攝，然多諂詐，無天實德，故曰非天，如人行惡，名曰非人。舊翻爲不酒者，譯人謬言也，謂梵語中窣利名酒，而與素囉聲近，即訓阿字爲不，故云不酒，斯乃失之甚也。案梵本中阿修羅是多聲呼之，阿素洛是少聲呼之，然皆同一稱謂也。」

〔四〕洞：明刻本作「同」。按：明交光真鑑述大佛頂首楞嚴經正脉疏卷九：「洞，通也，徹也。力洞無畏者，言其威力通徹諸天，無所恐怖也。」

〔五〕唐般剌蜜帝譯大佛頂萬行首楞嚴經卷九：「若於鬼道以護法力成通入空，此阿修羅，從卵而生，鬼趣所攝。若於天中降德貶墜，其所卜居，鄰於日月，此阿修羅，從胎而出，人趣所攝。有修羅王執持世界，力洞無畏，能與梵王及天帝釋、四天争權，此阿修羅，因變化有，天趣所攝。阿難，别有一分下劣修羅，生大海心，沈水穴口，旦遊虚空，暮歸水宿，此阿修羅因濕氣有，畜生趣攝。」

脩羅因　諸經論多由瞋、慢及疑三種因生〔一〕。

【校注】

〔一〕隋法智譯佛爲首迦長者説業報差别經：「復有十業，能令衆生得阿修羅報：一者身行微惡業，二者口行微惡業，三者意行微惡業，四者憍慢，五者我慢，六者增上慢，七者大慢，八者邪慢，九者慢慢，十者迴諸善根，向修羅趣。以是十業，得阿修羅報。」

閻羅王　梵音閻摩羅，此云遮，謂遮令不造惡故〔一〕。○瑜伽論問：琰摩王爲能損害，爲能饒益，名法王？答：由饒益衆生故。若諸衆生執到王所，令憶念故，遂爲現彼相似之身，告言：汝等自作，當受其果。由感那洛迦，新業更不積集，故業盡已，脱那洛迦，是故琰摩，由能饒益諸衆生故，名法王〔二〕。

【校注】

〔一〕法雲編翻譯名義集卷二：「琰以再魔，或云琰羅，此翻靜息，以能靜息造惡者不善業故。

或翻遮，謂遮令不造惡故。或閻磨羅。經音義應云夜磨盧迦，此云雙。世鬼官之總司也。亦云閻羅、焰魔，聲之轉也。亦云閻魔羅社，此云雙王，兄及妹皆作地獄主，兄治男事，妹治女事，故曰雙王。或翻苦樂並受，故云雙也。」

〔二〕玄奘譯瑜伽師地論卷五八：「問：何故焰摩名爲法王？爲能損害諸衆生故，爲能饒益諸衆生故？若由損害衆生，名爲法王，不應道理。若由饒益衆生，今應當説云何饒益？答：由能饒益不由損害。何以故？若諸衆生執到王所，令憶念故，遂爲現彼相似之身，告言：汝等自所作業，當受其果。由是因緣，彼諸衆生各自了知自所作業，還自受果。便於焰摩使者衆生業力增上所生，猶如變化非衆生所，無反害心，無瞋恚心，不懷怨恨。乃由此故感那落迦，新業更不積集，故業盡已，脱那落迦趣。是故焰摩由能饒益諸衆生故，名爲法王。」

衆生

梵云僕呼善那，此云衆生，謂衆緣所生故〔一〕。○祐法師云：衆共生世，故名衆生〔二〕。○唐三藏譯名有情，謂一切無情物，皆假衆緣生，今簡去無情，故云有情〔三〕。○證契大乘經云：衆生者何義？佛言：是情想和合，所謂地、水、火、風、空、識、名、色、界、入、緣起及因、業、果，會對而生故〔四〕。○楞伽經云：一切衆生〔五〕，無明爲根，住〔六〕於愛，隨業流運〔七〕。

【校注】

〔一〕子璿録金剛經纂要刊定記卷四：「梵語僕呼繕那，此云衆生。智度論云：五蘊和合中生，故云衆生。瑜珈論云：思業爲因，卵、胎、濕、化爲緣，五蘊初起名之爲生。」

〔二〕按：佛説長阿含經卷二二：「爾時無有男女、尊卑、上下，亦無異名，衆共生世，故名衆生。」梁釋僧祐撰釋迦譜卷一釋迦始祖劫初刹利相承姓譜第一亦引，這裏誤爲僧祐之説。

〔三〕按：有情即有情識者，意同衆生。玄奘譯經，多作「有情」。

〔四〕唐地婆訶羅譯證契大乘經卷上：「毗毗産主蒙佛聽許，即白佛言：世尊，衆生，梵音薩埵，舊譯爲衆生，或爲有情。衆生者是何義？佛告楞迦主言：衆生者，是有性想衆和合故，所謂地、水、火、風、空、識、名、色、界、入、緣起及因、業、果，會對而生。」

〔五〕生：據明刻本補。

〔六〕住：底本及餘三卷本皆作「本」，據明刻本改。

〔七〕按：出唐地婆訶羅譯證契大乘經卷上：「毗毗産復白佛言：世尊，彼諸衆生，以何爲根？何所止住？復何流運？佛言：一切衆生，無明爲根，止住於愛，隨業流運。」證契大乘經是佛爲楞迦大城毗毗産主説法的經典，道誠或因「楞迦大城」而有此誤。

心

梵音質多，又唧多，此是緣慮義〔一〕。唯識論云：集起名心，即第〔二〕八識也〔三〕。

○正法念經云：心爲人毒本，善惡隨其形。行善即趣善，行惡即趣惡〔四〕。○中陰經偈云：一切善不善法，心爲根本〔六〕。○心地者，佛言云：一切法行主，所謂彼心是〔五〕。又云：三界之中，以心爲主。衆生之心，猶如大地，五穀五果，從大地生。如是心法，生世出世善惡五趣三乘，以是因緣，三界唯心，故名心地〔七〕。

【校注】

〔一〕真諦譯攝大乘論釋卷一：「論曰：云何此意復説爲心？多種熏習種子所聚故。釋曰：第一識，或名質多。質多名有何義？謂種種義及滋長義。」

〔二〕第：據明刻本補。

〔三〕玄奘譯成唯識論卷五：「集起名心，思量名意，了别名識，是三别義。如是三義，雖通八識，而隨勝顯。第八名心，集諸法種，起諸法故。」

〔四〕出後秦竺佛念譯中陰經卷上。

〔五〕出元魏般若流支譯正法念處經卷四二。

〔六〕出正法念處經卷六一。

〔七〕唐般若譯大乘本生心地觀經卷八觀心品第一〇：「三界之中，以心爲主。能觀心者，究竟解脱。不能觀者，究竟沈淪。衆生之心，猶如大地，五穀五果，從大地生。如是心法，生世出世善惡五趣，有學無學，獨覺菩薩，及於如來，以是因緣，三界唯心，心名爲地。」

志學

學　效也。白虎通云：學，覺也，覺悟所不知也〔一〕。○中論云：昔之君子，成德立身，身没而名不朽，其故何也？學也。學者，所以疏神達思，怡情治性，聖人之上務也。學猶飾也，器不飾則無以爲美觀，人不學則無以有懿德。志者，學之師也。學者，患志之不立〔二〕。故篇目志學焉。○僧史略云：夫學不厭博，有所不知，蓋闕如也。此土高僧，能攝異宗者，率由博學之故也〔三〕。

【校注】

〔一〕白虎通卷六辟雍：「學之爲言覺也，以覺悟所不知也。」

〔二〕徐幹中論卷上治學：「昔之君子，成德立行，身没而名不朽。其故何哉？學也。學也者，所以疏神達思，怡情理性，聖人之上務也。……學猶飾也，器不飾則無以爲美觀，人不學則無以有懿德。……志者，學之師也。才者，學之徒也。學者不患才之不贍，而患志之不立，是以爲之者億兆而成之者無幾，故君子必立其志。」

〔三〕大宋僧史略卷上：「夫學不厭博，有所不知，蓋闕如也。吾宗致遠，以三乘法而運載焉。

然或魔障相陵，必須禦侮。禦侮之術，莫若知彼敵情。敵情者，西竺則韋陀，東夏則經籍矣。故祇洹寺中有四韋陀院，外道以爲宗極。又有書院，大千界内所有不同文書並集其中，佛俱許讀之，爲伏外道，而不許依其見也。此土古德高僧能攝伏異宗者，率由博學之故。」

二學　毗奈耶云：佛説有二種學業：一、讀誦，二、禪思〔一〕。○鈔云：五夏已前，依人受學律藏。五夏已後，應學無人我法〔二〕。

【校注】

〔一〕義浄譯根本説一切有部毗奈耶卷三一：「如佛所説，有二種業：一者讀誦，二者禪思。」

〔二〕四分律删繁補闕行事鈔卷下之四：「五夏已前，依人受學律藏。五夏已後，具知應學無我人法。」

三學　僧祇律云：學有三種：一、增上戒學，二、增上定學，三、增上慧學〔一〕。又學經律論爲三學。

【校注】

〔一〕摩訶僧祇律卷二一：「學有三種：有增上戒學、增上意學、增上慧學。增上戒學者，謂波羅提木叉廣略説。增上意學者，所謂九次第正受。增上慧學者，所謂四真諦。」

開外學

毗奈耶云：因舍利子降伏撥無後世外道，佛聽比丘學外論，仍須是明慧强記者方可。於一日分三時，初中二分，讀誦佛經，至晚讀外書〔一〕。是故祇洹中有書院，其中置大千界不同文書。佛許比丘遍讀，爲降外道故，不許依其見解。地持論云：若聰明上智，能速受學者，於日月中，常以二分學佛法，一分學外典〔二〕。

【校注】

〔一〕義淨譯根本説一切有部毗奈耶雜事卷六：「佛告諸苾芻：非一切處有舍利子，其相似者，亦不可求，是故我今聽諸苾芻學盧迦耶等諸外俗論。時諸苾芻聞佛世尊許學書論，遂無簡別，愚昧之願，亦學外書。佛言：不應愚癡、少慧、不分明者，令學外書。自知明慧多聞强識能摧外道者，方可學習。諸明慧者，鎮學外典，善品不修。佛言：不應如是常習外典。佛言：當作三時，每於兩時讀佛經，一時習外典。苾芻遂於年月分作三時，以緣白佛。佛言：人命迅速，剎那無定，不應年月分作三時，可於一日分爲三分，苾芻朝習外典，暮讀佛經。佛言：於日初分及以中後，可讀佛經。待至晚時，應披外典。苾芻即便暫時尋讀，不誦其文，尋還廢忘。佛言：應誦。彼皆不知何時應誦。佛言：如晝三節，夜亦三時。」

〔二〕北涼曇無讖譯菩薩地持經卷五：「若上聰明能速受學，若久學不忘，若思惟知義，若於佛法具足觀察得不動智，若於日日常以二分受學佛經，一分外典，是名不犯。」

學書

五分律云：比丘差次，不知書記。佛聽學書，不得爲好而廢道業〔一〕。魏韋誕，字仲將，誡子孫曰：書但記姓名而已〔二〕。

【校注】

〔一〕五分律卷二六：「諸比丘差會次，不知書記，隨忘。佛言：聽學書，但不聽爲好廢業。」

〔二〕按：張懷瓘書斷卷中：「韋誕，字仲將，京兆人，太僕端之子，官至侍中。服膺於張芝，兼邯鄲淳之法，諸書並善，尤精題署。明帝時，凌雲臺初成，令誕題榜。高下異好，宜就加點正。因致危懼，頭鬢皆白，既以下，戒子孫，無爲大字楷法。」

二智

般若經云：禪學謂開智，講學謂之演智〔一〕。

【校注】

〔一〕玄奘譯大般若波羅蜜多經卷三〇三：「能説法者，成就開智，不樂廣説。能聽法者，成就演智，不樂略説。」又：「能聽法者，成就開智，唯樂略説。能説法者，成就演智，唯樂廣説。」

視肉 法苑云：莊子曰：人而不學，謂之視肉。學而不行，謂之撮囊〔一〕。

【校注】

〔一〕法苑珠林卷五四惰慢篇第六一感應緣：「莊子曰：人而不學，謂之視肉。學而不行，命之曰撮囊。」按：此引文不見今本莊子。

府庫 齊高僧僧範，善解群書，號府庫〔一〕。

【校注】

〔一〕法苑珠林卷二四説聽篇第一六之二：「齊鄴東大覺寺沙門僧範，姓李，平鄉人也，善解群書，時稱府庫。」又僧範，續高僧傳卷八有傳。

智囊 吴支謙，字恭明，號智囊〔一〕。高僧傳云：祇洹寺〔二〕三千僧，皆號奘法師爲智囊〔三〕。

【校注】

〔一〕高僧傳卷一康僧會傳：「支謙，字恭明，一名越，本月支人，來遊漢境。初漢桓靈之世有支讖，譯出衆經。有支亮，字紀明，資學於讖，謙又受業於亮。博覽經籍，莫不精究。世間伎藝，多所綜習。遍學異書，通六國語。其爲人細長黑瘦，眼多白而睛黄，時人爲之語曰：支郎眼中黄，形軀雖細是智囊。」

〔二〕寺：世界書局本作「等」。

〔三〕續高僧傳卷四釋玄奘傳：「西華餘論，深尚聲明。奘乃卑心請決，隨授隨曉，致有七變其勢，動發異蹤。三循廣論，恢張懷抱。故得施無厭寺三千學僧，皆號智囊。」

義龍

陳高僧惠榮，講學縱横，號義龍〔一〕。

【校注】

〔一〕續高僧傳卷八釋慧榮傳：「釋慧榮，姓顧氏，會稽山陰人也。梁高祖大通年，辭親出聽。時建初彭城，盛弘成實，素未陳略，即盡清辯。一衆同嗟，便開令望。而稟性虚廓，不指世務，惟以法事，餘全無叙。……如此積功三十餘載，不號義龍，誓無返迹。自是專業勇鎧，聲稱彌遠。」

義虎 高僧道光，在江東研窮義理，號義虎〔一〕。

【校注】

〔一〕宋高僧傳卷一四釋道光傳：「釋道光，姓褚氏，踰齔出家。方冠受具，詣光州和尚學通毗尼。於時夏淺德崇，壇場屬望，蓋天賚真士，爲東南義虎，雲雨慈味，笙鏞道聲。」

律虎 隋高僧法願，大明律藏，詞辯高亮，彭亨難敵，號律虎〔一〕。

【校注】

〔一〕續高僧傳卷二一釋法願傳：「釋法願，姓任，西河人也。性警達，頗自高上，而拔致窮玄，不偶儕侶。……法願霜情啓旦，孤映群篇，挫拉言初，流威滅後，所以履歷談對，衆皆杜詞，故得立破衆家，百有餘計，並莫敢當其鋒鋭也。時以其彭亨罕敵，號之爲律虎焉。」

僧英 高僧智琰，與安法師及遍知三藏結交，慧解相敵，號三〔一〕英〔二〕。才兼百人曰英。

【校注】

〔一〕三：明刻本作「僧」。

〔二〕續高僧傳卷一四釋智琰傳：「釋智琰，字明璨，俗姓朱氏，吴郡吴人。……非義理而不履，非法言而不談。美貌奇姿，乃超衆表。牆岸整肅，冰雪凜懷。陳臨海王弟道安法師，厭世出家，内外通博。沙門遍知學優業淨，交遊二子，時號三英。」

僧傑 高僧僧慧，與暢法師長講三藏，號二傑〔一〕。○隋高僧敬脱，號僧傑〔二〕。才兼萬人曰傑。

【校注】

〔一〕高僧傳卷八釋僧慧傳：「釋僧慧，姓皇甫，本安定朝那人，高士謐之苗裔。……與玄暢同時，時謂黑衣二傑。」

〔二〕續高僧傳卷一二釋敬脱傳：「釋敬脱，不詳姓氏，汲郡人也。童少出家，以孝行清直知名。雖該覈小大，偏明成實，講解周鏡，不虧聲問，開張衢術，章疏惟新，爲後學宗仰。又善聲韻，兼通字體，蒼雅林統，識其科蹤，文章篇什，頗豫倫伍。同住房院，罕見餘談。手不輟卷，專師廣瞻。威儀修整，未曾反顧。身極長大，充滿圓成。時共目之以爲僧傑。」

彌天釋 道安法師在襄陽，因習鑿齒來謁云：四海習鑿齒，答云：彌天釋道安〔一〕。

【校注】

〔一〕高僧傳卷五釋道安傳：「釋道安，姓衛氏，常山扶柳人也。……時襄陽習鑿齒鋒辯天逸，籠罩當時，其先聞安高名，早已致書通好。……及聞安至止，即往修造。既坐，稱言：「四海習鑿齒。」安曰：「彌天釋道安。」

釋門千里駒 長安常、辯二法師爲上京之法匠，嗟賞奘法師曰：「汝可謂釋門千里駒也〔一〕。」

【校注】

〔一〕大慈恩寺三藏法師傳卷一：「時長安有常、辯二大德，解究二乘，行窮三學，爲上京法匠，緇素所歸。道振神州，聲馳海外。負笈之侶，從之若雲。雖含綜衆經，而偏講攝大乘論。法師既曾有功吴、蜀，自到長安，又隨詢採，然其所有深致，亦一拾斯盡。二德並深嗟賞，謂法師曰：汝可謂釋門千里之駒。」按：常、辯二法師，即唐京師普光寺釋法常和弘福寺釋僧辯，俱見續高僧傳卷一五。

義天 婆沙論云：能解諸法義，見一切法空義，名義天〔一〕。

【校注】

〔一〕按：出北涼曇無讖譯大般涅槃經卷二二：「義天者，十住菩薩摩訶薩等。以何義故，十住菩薩名爲義天？以能善解諸法義故。云何爲義？見一切法是空義故。」

學海　高僧曇顯，山東、江表，號爲學海〔一〕。

【校注】

〔一〕續高僧傳卷一菩提流支傳：「令沙門曇顯等，依大乘經撰菩薩藏衆經要及百二十法門，始從佛性，終盡融門，每日開講，即恒宣述，以代先舊。五時教迹，迄今流行。香火梵音，禮拜唱導，咸承其則。雖山東、江表，乃稱學海。」

經笥、法將　並五印度學人稱奘法師〔一〕。

【校注】

〔一〕大唐西域記卷一二記讚：「印度學人，咸仰盛德，既曰經笥，亦稱法將。」

釋門瑚璉　隋虎丘惠聚法師，汝南周弘正常嘉歎也〔一〕。

【校注】

〔一〕續高僧傳卷一〇釋智聚傳：「釋智聚，姓朱氏，住蘇州虎丘東山寺。……纔踰弱冠，便弘講説。莊嚴曒師，新實一家，鷹揚萬代。遂伏膺諮質，百舍非遠。斐發既精，疑滯咸折。汝南周弘正，博通内外，鑒賞人倫，常歎嘉之，以爲釋門之瑚璉也。」

慧苑琳瑯

隋高僧志念有學名，當時號也〔一〕。

【校注】

〔一〕續高僧傳卷一一釋志念傳：「釋志念，俗緣陳氏，冀州信都人，其先潁川寔蕃之後胤也。……流聞西秦有高昌國慧嵩法師，統解小乘，世號毗曇孔子。學匡天下，衆侶塵隨。沙門道猷、智洪、晃覺、散魏等，並稱席中杞梓，慧苑琳琅。念顧眄從之，成名猷上，皆博通玄極，堪爲物依。乃旋踵本鄉，將弘法澤。」

寫〔一〕瓶傳器

經云：阿難領受佛法，如寫瓶水，傳之别器，更無遺餘。瓶器雖殊，水則無别〔二〕。

【校注】

〔一〕寫：明刻本、大正藏本、世界書局本作「瀉」。下「寫」字同。

〔二〕北涼曇無讖譯大般涅槃經卷四〇：（阿難）「自事我來，持我所説十二部經，一經於耳，曾不再問，如寫瓶水置之一瓶，唯除一問。」

傳燈　肇云：自行化彼，則功德彌增，法光不絶，亦名無盡燈〔一〕。

【校注】

〔一〕後秦釋僧肇選注維摩詰經卷四：「肇曰：自行化彼，則功德彌增，法光不絶，名無盡燈也。」

投針　西域記云：西天十五祖迦那提婆初謁龍猛菩薩，猛以鉢滿盛〔一〕水，令弟子持示之。提婆見，默以針投之。弟子持返。猛問：彼何辭乎？答：默，但投針。猛曰：智矣，若人也！宜速命入，於斯際會〔二〕。

【校注】

〔一〕按：「猛以鉢滿盛」數字，底本、備要本、大正藏本、世界書局本作「菩薩本滿猛以金盛」，且底本及餘三卷本皆爲小字注文，據明刻本改。

〔二〕大唐西域記卷一〇憍薩羅國：「時此國王號娑多婆訶，唐言引正。珍敬龍猛，周衛門廬。時提婆菩薩自執師子國來求論義，謂門者曰：幸爲通謁。時門者遂爲白。龍猛雅知其名，盛滿鉢水，命弟子曰：汝持是水，示彼提婆。提婆見水，默而投針。弟子持鉢，懷疑而返。龍猛曰：彼何辭乎？對曰：默無所説，但投針於水而已。龍猛曰：智矣哉！若人也。知幾其神，察微亞聖。盛德若此，宜速命入。對曰：何謂也？無言妙辯，斯之是歟？曰：夫水也者，隨器方圓，逐物清濁。彌漫無間，澄湛莫測。滿而示之，比我學之智周也。彼乃投針，遂窮其極。此非常人，宜速召進。」

三絶

高僧法安，身長八尺，有三絶：一、風儀挺特，二、解義窮深，三、精進潔己〔一〕。

【校注】

〔一〕續高僧傳卷九釋法安傳：「釋法安，姓田，枝江人。神彩俊越，見稱僮幼。年十八，遊學金陵，初聽成實，後學中觀於興皇座下。十有餘年，庶乎屢空，智乎特秀，三千學侶，獨標三絶之名：形長八尺，風儀挺特，一也；解義窮深，二也；精進潔己，三也。」

四絶

高僧洪偃，博學内外。凡所著述，皆封入秘閣，時號四絶：一、貌，二、義，三、詩，四、書〔一〕。

【校注】

〔一〕續高僧傳卷七釋洪偃傳：「釋洪偃，俗姓謝氏，會稽山陰人。……故貌、義、詩、書，號爲四絶，當時英傑皆推賞之。……然偃始離俗迄于遷化，唯學是務，儉節掃衣，弗事華廣。每緣情觸，興輒叙其致，而文彩灑落，罕有嗣者。綴述篇章，隨手散失，後人掇聚集之，成二十餘卷。值亂零失，猶存八軸。陳太建年，學士何儁上之，封於祕閣。」

五備 羅什答遠法師書云：夫財有五備，謂福、戒、博聞、辯才、深智，兼之者〔一〕道隆，未具者凝滯，仁者備之〔二〕。成聖化物之資用，故名財也。

【校注】

〔一〕者：據明刻本補。

〔二〕高僧傳卷六釋慧遠傳：「釋慧遠，本姓賈氏，雁門婁煩人也。」後「聞羅什入關，即遣書通好」，什答書中有云：「夫財有五備，福、戒、博聞、辯才、深智。兼之者道隆，未具者疑滯，仁者備之矣。」

八備 隋彦琮法師云：夫預翻譯，有八備、十條：一、誠心受法，志在益人；二、將踐勝場，先牢戒足；三、文詮三藏，義貫五乘；四、傍涉文史，工綴典詞，不過魯拙；五、襟抱平恕，器量虛融，不好專執，沉於道術，淡於名利，不欲高衒；六、要識梵言；七、不墜彼學；八、博閱蒼雅，粗諳篆隸，不昧此文。十條者：一、句韻，二、問答，三、名義，四、經論，五、歌頌，六、呪功，七、品題，八、專業，九、字部，十、字聲〔一〕。

【校注】

〔一〕續高僧傳卷二釋彥琮傳：「宣譯之業，未可加也。經不容易，理藉名賢。常思品藻，終慚水鏡。兼而取之，所備者八：誠心愛法，志願益人，不憚久時，其備一也；將踐覺場，先牢戒足，不染譏惡，其備二也；筌曉三藏，義貫兩乘，不苦闇滯，其備三也；旁涉墳史，工綴典詞，不過魯拙，其備四也；襟抱平恕，器量虛融，不好專執，其備五也；沈於道術，澹於名利，不欲高衒，其備六也；要識梵言，乃閑正譯，不墜彼學，其備七也；薄閱蒼雅，粗諳篆隸，不昧此文，其備八也。」又：「其間曲細，猶或未盡，更憑正文，助光遺迹，粗開要例，則有十條：字聲一，句韻二，問答三，名義四，經論五，歌頌六，呪功七，品題八，專業九，異本十。各疏其相，廣文如論。」

因人顯名　晉吉友法師永嘉中到江左，丞相王導一見奇之，以爲吾之徒也。因此名顯〔一〕。

【校注】

〔一〕高僧傳卷一帛尸梨密：「帛尸梨密多羅，此云吉友，西域人，時人呼爲高座。……晉永嘉中，始到中國，值亂，仍過江，止建初寺。丞相王導一見而奇之，以爲吾之徒也。由是名顯。」

紙貴如玉 高僧無垢眼，又云青眼律師，初譯出十誦律，京師僧尼競寫，諺云：都人繕寫，紙貴如玉〔一〕。

【校注】

〔一〕高僧傳卷二卑摩羅叉傳：「卑摩羅叉，此云無垢眼，罽賓人，沈靖有志力。出家履道，苦節成務。先在龜兹弘闡律藏，四方學者，競往師之。……既通漢言，善相領納。無作妙本，大闡當時。析文求理者，其聚如林。明條知禁者，數亦殷矣。律藏大弘，叉之力也。道場慧觀，深括宗旨，記其所制内禁輕重，撰爲二卷，送還京師，僧尼披習，競相傳寫。時聞者諺曰：卑羅鄙語，慧觀才録。都人繕寫，紙貴如玉。」

標領 僧叡年二十二，博解經論禪觀，能講説，司徒姚崇重之。時姚興猶未識，問崇曰：叡也如何？崇曰：可謂鄴衛松柏。及興相見語論，觀之才器，興曰：乃是四海標領〔一〕。

【校注】

〔一〕高僧傳卷六釋僧叡傳：「釋僧叡，魏郡長樂人也。少樂出家。至年十八，始獲從志。……至年二十二，博通經論。……至二十四，遊歷名邦，處處講說，知音之士，負袠成群。……僞司徒公姚嵩深相禮貴。姚興問嵩：叡公何如？嵩答：實鄴衛之松柏。興敕見之，公卿皆集，欲觀其才器。叡風韻𨕖流，含吐彬蔚。興大賞悦，即敕給俸卹吏力人輿。興後謂嵩曰：乃四海標領，何獨鄴衛之松柏？於是美聲遐布，遠近歸德。」

領袖

高僧慧約學窮内外，何尚之所重。竟陵文宣王出鎮禹穴，時有名僧在座，約年夏未隆，王見，斂躬盡禮。衆不悦，王曰：此上人方爲釋門領袖〔一〕。

【校注】

〔一〕續高僧傳卷六釋慧約傳：「釋慧約，字德素，姓婁，東陽烏場人也。……時年十七，事南林寺沙門慧静。静於宋代，僧望之首，律行總持，爲特進顔延年、司空何尚之所重。……齊竟陵王作鎮禹穴，聞約風德，雅相嘆屬。時有釋智秀、曇纖、慧次等，並名重當鋒，同集王坐。約既後至，年夏未隆，王便斂躬盡敬，衆咸懷不悦之色。王曰：此上人方爲釋門領袖，豈今日而相待耶？故其少爲貴勝所崇也如此。」

八達　高僧支孝〔一〕龍，博通内外，阮瞻等名士，並爲知己，呼爲八達〔二〕。

【校注】

〔一〕孝：底本及餘三卷本皆作「學」，據明刻本改，參下注。

〔二〕高僧傳卷四支孝龍傳：「支孝龍，淮陽人。少以風姿見重，加復神彩卓犖，高論適時。常披味小品以爲心要。陳留阮瞻、潁川庾凱，並結知音之交，世人呼爲八達。」

八能　高僧真觀，有八能，謂義、導、書、詩、辯、貌、聲、棊〔一〕。

【校注】

〔一〕續高僧傳卷三〇釋真觀傳：「釋真觀，字聖達，吴郡錢唐人，俗姓范氏。……沙門洪偃，才邁儒英，鈎深釋傑，面相謂曰：權高多智，耳目有名。我有四絶，爾具八能。謂義、導、書、詩、辯、貌、聲、棊是也。由此王公貴遊，多所知識。」

辯鼎　道安號彌天釋，學贍内外。符堅於藍田獲一大鼎，邊有篆字，朝廷人不識，乃問於安。安曰：魯襄公所鑄。堅敕三館，有疑皆問安師〔一〕。

【校注】

〔一〕高僧傳卷五釋道安傳：「時藍田縣得一大鼎，容二十七斛，邊有篆銘，人莫能識，乃以示安。安云：此古篆書，云魯襄公所鑄。乃寫爲隸文。……其多聞廣識如此。堅敕學士內外有疑皆師於安。」

擔筆 高僧敬脱，遊學時擔一筆，長三尺，大〔一〕如臂。有人乞書，大小字隨筆而成，曾無脩飾，觀者無厭〔二〕。

【校注】

〔一〕尺，大：底本及餘三卷本皆闕，據明刻本補。

〔二〕續高僧傳卷一二釋敬脱傳：「釋敬脱，不詳姓氏，汲郡人也。……自脱之聽學也，常施荷擔，母置一頭，經書及筆又置一頭，若至食時，留母樹下，入村乞食，用以充繼。其筆絶大，麤管如臂，可長三尺。方丈一字，莫不高推。人有乞書者，紙但一字耳。風力遒逸，覩之不厭。」

談諧上首 支遁，字道林。晉哀帝請住東安寺。郄超、孫綽等一代名士，皆爲塵外之交。日造其室，皆推遁談諧爲上首〔一〕。

【校注】

〔一〕高僧傳卷四支遁傳：「支遁，字道林，本姓關氏，陳留人，或云河東林慮人。……年二十五出家。每至講肆，善標宗會，而章句或有所遺，時爲守文者所陋。謝安聞而善之曰：此乃九方堙之相馬也，略其玄黄而取其駿逸。王洽、劉恢、殷浩、許詢、郗超、孫綽、桓彦表、王敬仁、何次道、王文度、謝長遐、袁彦伯等，並一代名流，皆著塵外之狎。……至晉哀帝即位，頻遣兩使徵請出都，止東安寺講道行波若。白黑欽崇，朝野悦服。」

義解名知　高僧法開，以義解知名天下，與謝安、王文度等爲文學之友。孫綽曰：深通内外，才華贍逸，其在開乎〔一〕？

【校注】

〔一〕高僧傳卷四于法開傳：「于法開，不知何許人，事蘭公爲弟子。深思孤發，獨見言表。善放光及法華。又祖述耆婆，妙通醫法。……謝安、王文度悉皆友善。或問：法師高明剛簡，何以醫術經懷？答曰：明六度以除四魔之病，調九候以療風寒之疾。自利利人，不亦可乎？年六十卒於山寺。孫綽爲之目曰：才辯縱横，以數術弘教，其在開公乎？」

寒松　惠隆，學窮義理，宋代名賢多爲交友。而節操容貌，有若寒松。時周顒謂曰：隆法師蕭散森疏，若霜下松竹〔一〕。

【校注】

〔一〕高僧傳卷八釋慧隆傳：「釋慧隆，姓成，陽平人。少而居貧，學無師友，卓然自悟。……宋明帝請於湘宫開講成實，負帙問道，八百餘人。其後王侯貴勝，屢招講説。凡先舊諸義盤滯之處，隆更顯發開張，使昭然可了，乃立實法斷結義等。汝南周顒目之曰：隆公蕭散森疏，若霜下之松竹。」

碧雲　慧休，姓湯，工於風雅，嘗吟詩曰：日暮碧雲合，佳人殊未來〔一〕。文選中沙門詩，惟休一也〔二〕。

【校注】

〔一〕按：此詩句出江淹休上人怨别。休上人，即惠休。道誠或因詩題而有此誤。宋書卷七一徐湛之傳：「時有沙門釋惠休，善屬文，辭采綺豔，湛之與之甚厚。世祖命使還俗。本姓湯，位至揚州從事史。」其詩今存十一首，怨詩行最爲著名。江淹休上人怨别，即爲此詩之擬作。

〔三〕按：文選未收惠休之作。參前注。

立雪　此土第二祖，本名神光，更名惠可。初參達磨，立在雪中〔一〕。

【校注】

〔一〕曆代法寶記：「北齊朝第二祖惠可禪師，俗姓姬，武牢人也。時年四十，奉事大師六年。先名神光。初事大師，前立，其夜大雪至腰，不移。」慧可，續高僧傳卷一六有傳。

撤〔一〕被　高僧惠韶，學於綽公，獨貧于衆，撤被寫論，忍寒聽講，大曉文義〔二〕。

【校注】

〔一〕撤：疑當作「撤」，參注二。下「撤」字同。

〔二〕續高僧傳卷六釋慧韶傳：「釋慧韶，姓陳氏，本潁川太丘之後，避亂居於丹陽之田里焉。性恬虛，寡嗜慾，沈毅少言。……有龍光寺綽公，繼踵傳業，便迴聽焉。既闕論本，制不許住，惟有一帔，又屬嚴冬，便撤之用充寫論，忍寒連噤，方得預聽文義。」

擁塵　道超苦學，獨居一室，以儒釋經典環座，手不釋卷，任塵擁室。時中書吴郡張率〔一〕問曰：蟲鳴塵擁，安得無忤？超曰：蟲聲足代蕭管，塵土滿室，未暇掃也〔二〕。

【校注】

〔一〕按：各本「郡」皆作「群」，闕「張率」，據文意改、補。參下注。

〔二〕續高僧傳卷六釋道超傳：「釋道超，姓陸，吴郡吴人，吴丞相敬風之六世也。……自超處獨房，屏絶賓倖，内外墳典，常擁膝前，而手不釋卷。加以塵埃滿屋，蟋蟀鳴壁，中書郎吴郡張率謂曰：虫鳴聒耳，塵土埋膝，安能對此而無忤耶？答曰：時聞此聲，足代簫管。塵隨風來，我未暇掃。致忤名賓，爲愧多矣。時人高其放達。」

擬書 高僧法雅，善内外學，多俗士咨禀，以經義難解，雅將比擬外書，爲生解之例，謂之格〔一〕義〔二〕。

【校注】

〔一〕格：底本及餘三卷本皆作「挌」，據明刻本改。

〔二〕高僧傳卷四竺法雅傳：「法雅，河間人，凝正有器度。少善外學，長通佛義。衣冠士子，咸附諮禀。時依門徒，並世典有功，未善佛理。雅乃與康法朗等以經中事數，擬配外書，爲生解之例，謂之格義。」

德香　增一經云：有妙香三種，謂多聞香、戒香、施香。此三香，逆風、順風，無不聞之，最勝無等〔一〕。

【校注】

〔一〕增壹阿含經卷一三：「阿難言：何等爲三？世尊告曰：戒香、聞香、施香，是謂。阿難，有此香種，然復此逆風香，亦順風香，亦逆順風香，諸世間所有之香，此三種香最勝、最上，無與等者，無能及者。」

道風　寶林傳〔一〕云：祖師難提〔二〕至摩提國，一日，有風西來，占曰：此道風也，必有道人至。果得伽耶舍多〔三〕至。

【校注】

〔一〕見寶林傳卷三。

〔二〕難提：僧伽難提尊者，禪宗第十七祖。景德傳燈録卷二：「第十七祖僧伽難提者，室羅閥城寶莊嚴王之子也。」

〔三〕伽耶舍多：禪宗第十八祖。景德傳燈録卷二：「第十八祖伽耶舍多者，摩提國人也，姓鬱頭藍。父天蓋，母方聖。」

變薤 法苑云：弘始三年，姚興園中植葱。一日，皆變爲薤。占之，合有智人至。果得羅什法師來〔一〕。

【校注】

〔一〕法苑珠林卷二五見解篇：「興弘始三年三月，有樹連理生廟庭，逍遥園葱變爲薤，以爲美瑞，謂智人應入。至五月，興遣隴西公碩德西伐吕隆，隆軍大破。至九月，隆上表歸降，方得迎什入關。」

學者二患 肇法師云：雖解深義，未爲心用，尊己慢人，不能誨益，此學者之外患也。因其所解而取相分别，雖曰爲解，未合真解，此學者之内患也〔一〕。

【校注】

〔一〕出後秦釋僧肇選注維摩詰經卷一〇。

無錢决貨 法苑云：論衡曰：手中無錢，之市决貨，貨主必不與也。夫胸中無學，亦猶手中無錢也〔一〕。

【校注】

〔一〕出法苑珠林卷五四。按：論衡卷一二量知篇：「手中無錢，之市決貨，貨主問曰：錢何在？對曰：無錢。貨主必不與也。夫胸中無學，猶手中無錢也。」

炳燭　説苑云：晉平公問師曠曰：吾年七十，欲學，恐已暮矣。對曰：暮，何不炳燭乎？臣聞少而學者，如日出之陽。壯而學者，如日中之光。老而學者，如炳燭之明，孰與昧行乎？平公曰：善哉〔一〕。

【校注】

〔一〕説苑卷三建本：「晉平公問於師曠曰：吾年七十，欲學，恐已暮矣。師曠曰：暮何不炳燭乎？平公曰：安有爲人臣而戲其君乎？師曠曰：盲臣安敢戲其君乎？臣聞之：少而好學，如日出之陽；壯而好學，如日中之光；老而好學，如炳燭之明。炳燭之明，孰與昧行乎？平公曰：善哉。」

誡　法苑云：今有淺學之人，自謂智出於衆，起大憍慢，放誕形容，陵滅一切，籠罩天地，箕踞於師長之前，叱吒於尊者之側。道本和合，恭順爲僧。既心貌乖返，豈成寶也〔一〕？

慎之哉！

【校注】

〔一〕法苑珠林卷二三慚愧篇第一四引證部第二：「中下之人，薄學淺識，謂智過人。起大憍慢，放誕形容，陵蔑一切，籠罩天地。踑踞師長之前，叱吒尊人之側。道本和合，恭順爲僧。既心形乖反，豈成僧寶也。」

釋氏要覽卷下

錢塘月輪山居講經論賜紫沙門釋道誠　述

說聽　躁静　諍忍　入衆　擇友　住持　雜紀　瞻病　送終

說　聽

說　毗奈耶律云：說者，彰表、開導之義也〔一〕。今稱講者，說文云：講，和解、論議〔二〕。廣雅云：讀也〔三〕。顧野王云：解說、談議也，訓誥也〔四〕。

【校注】

〔一〕義浄譯根本説一切有部毗奈耶卷三九：「説者，開導義。」又根本説一切有部苾芻尼毗奈耶卷一五：「説是彰表義。」又：「説者，開導義。」

〔二〕説文解字卷三：「講，和解也。」

〔三〕按：廣雅疏證卷二下：「誦、説、精、講，論也。」又，卷五下：「講，讀也。」見初學記、太平御覽。」

〔四〕按：初學記卷二一文部講論第四：「廣雅曰：講，讀也。論，道也。説文曰：講，和解也，論議也。又鄭玄云：論，倫也。見詩箋。賈逵曰：論，釋也。見國語注。皆解説、談議、訓詁之謂也。見顧野王玉篇。」這裏道誠所引説文等，或即據初學記，非直接徵引原書也。

聽　唯識論云：謂耳根發識，領受曰聞也〔一〕。即沉思静意，屬耳於法也。○法苑云：有三品，以神聽爲上，以心聽爲中，以耳聽爲下〔二〕。

【校注】

〔一〕按：玄奘譯佛地經論卷一：「聞謂耳根發識聽受。」

〔二〕法苑珠林卷五四惰慢篇第六一：「文子曰：上學以神聽之，中學以心聽之，下學以耳聽之。」按：文子卷五道德：「故上學以神聽，中學以心聽，下學以耳聽。以耳聽者，學在皮膚。以心聽者，學在肌肉。以神聽者，學在骨髓。」

説聽二難　中觀論云：真法及説者、聽者難得故〔一〕。○涅槃經云：一、樂説難，二、樂聞難〔二〕。

【校注】

〔一〕出後秦鳩摩羅什譯中論卷四。

〔二〕按：北涼曇無讖譯大般涅槃經卷二六曰：「世有二人，甚爲希有，如優曇花。」其中有云：「一、樂聞法，二、樂説法。」要覽之説，當出此。

法師升高座　十住婆沙論云：欲升高座，先應恭敬禮拜大衆，然後升〔一〕。

【校注】

〔一〕鳩摩羅什譯十住毗婆沙論卷七：「説法者處師子座，復有四法。何等爲四？一者欲昇高座，先應恭敬禮拜大衆，然後昇座。二者衆有女人，應觀不浄。三者威儀視瞻，有大人相。敷演法音，顔色和悦，人皆信受。不説外道經書，心無怯畏。四者於惡言問難，當行忍辱。」

法師心　大法炬陀羅尼經云：夫法師者，常應如是思〔一〕惟：我今所處，即如來師子之座，宜應忍默慈愍，愛語謙下，將護衆心。若懷嗔妬，心存勝負，獲大重罪。慈心説法，成大功德，能令佛法久住於世。凡所生處，常得值佛，能消種種供養，應〔二〕慚愧，勿生貪心，不得我慢，無令消滅施主善根〔三〕。

【校注】

〔一〕思：底本及餘三卷本皆作「用」，據明刻本改。

〔二〕按：明刻本「應」下有「當」字。

〔三〕隋闍那崛多等譯大法炬陀羅尼經卷六法師相品第一三：「夫法師者，常應慈愍，愛語謙下，將護衆心。何以故？若懷瞋妒，心存勝負，獲大重罪。慈心説法，成大功德，能令佛法久住於世。凡所生處，常得值遇諸佛菩薩及衆聖賢，能消世間種種供養。假以高大師子寶座，又以億數無價名衣奉上法師，豈能報彼法師恩德？而彼法師雖受是事，應深慚愧，勿起貪心，應生慈愍，不得我慢。無令消滅施主善根，當令衆生咸得歡喜。」

法師八種言　瑜伽論云：一、可喜樂言，二、善開發言，三、善釋〔一〕難言，四、善分析言，五、善順入言，六、引餘證言，七、勝辯才言，八、隨宗言〔二〕。

【校注】

〔一〕釋：底本及餘三卷本皆作「識」，據明刻本改。參下注。

〔二〕玄奘譯瑜伽師地論卷八一：「説衆者，謂處五衆，宣八種言。何等爲八？一者可喜樂言，二者善開發言，三者善釋難言，四者善分析言，五者善順入言，六者引餘證言，七者勝辯才言，八者隨宗趣言。」

語有八支　顯揚論云：一、美妙語，二、顯了語，三、易解語，四、樂聞語，五、無依語，謂無望也。六、不逆語，知量故。七、無邊語，善巧多故。八、上首語。趣涅槃宫〔一〕。

【校注】

〔一〕玄奘譯顯揚聖教論卷一二：「語者當知，略有八分，謂上首、美妙等，由彼語言，具足相應，乃至常委分資糧等德故，能説正法。上首語者，趣涅槃宫，爲先首故。美妙語者，清美音故。顯了語者，文辭善故。易解語者，巧辯説故。樂聞語者，引法義故。無依語者，不依希望他信己故。不逆語者，言知量故。無邊語者，善巧多故。」

説者過罪　佛藏經云：自未證法而在高座爲人説者，法墮地獄〔一〕。○十誦律云：若自解未明，於法有疑者，則不得爲人説，恐有錯傳之失，彼此得罪〔二〕。○華嚴經云：於甚深法，心生慳悋，有堪化者，而不爲説，若得財利，恭敬供養，雖非法器，而强爲説〔三〕。

【校注】

〔一〕鳩摩羅什譯佛藏經卷中：「身未證法而在高座，身自不知而教人者，必墮地獄。」

〔二〕按：十誦律未見此說。法苑珠林卷二四說聽篇第一六之二簡衆部第五引十誦律後云：「若自解未明，或於法有疑者，則不得爲說。恐令前人有錯傳之失，彼此得罪。」要覽或因據法苑珠林引而致誤。

〔三〕出實叉難陀譯大方廣佛華嚴經卷五八。

自大憍人 未曾有經云：若多少有聞〔一〕，自大以憍人，如彼盲執燭，照彼不自明〔二〕。

【校注】

〔一〕聞：諸本皆作「德」，據文意及佛說未曾有因緣經、法句經、法句譬喻經等改。

〔二〕出蕭齊釋曇景譯佛說未曾有因緣經卷下，亦見法句經卷上，法句譬喻經卷一等。

講説三益 十地論云：說法利他，有三時益：一、聞時，二、修行時，三、轉生時〔一〕。

【校注】

〔一〕見元魏菩提流支譯十地經論初歡喜地卷二。

說者五福報　賢者五福經云：說法得五福：一、當生長壽，由聽者不殺故；二、得大富，由聽者不盜故；三、得端正，由聽者和氣故；四、得名譽，由聽者皈依三寶故；五、得聰明，由聽者曉了妙慧故〔一〕。

【校注】

〔一〕西晉白法祖譯佛說賢者五福德經：「賢者說法時，有五福德。何謂爲五？其人所生，則得長壽，是爲一福德；其人所生，即得大富，饒財多寶，是爲二福德；其人所生，即端正無比，是爲三福德；其人所生，即名譽遠聞，是爲四福德；其人所生，即聰明大智，是爲五福德。」「好殺之人聞法，即止不殺，用是故得長壽。」「盜竊之人聞經，即止不盜，便能施與，用是故得大富。」「令聞法者和氣安之，即顔色悦，自生光澤，用是故得端正。」「令聞法者，敬佛、敬法、敬比丘僧，用是故得名聞。」「令聞法者曉了妙慧，用是故得聰明大智。」

講堂制　佛本行經云：時諸〔一〕比丘集一堂内，有二比丘說法，是故相妨，即造二堂。以比近故，迭相誘引，往來交雜亂衆。佛制：今後不得共一堂及一堂相近，亦不得彼堂來此堂，此堂詣彼堂，不得憎惡法門〔二〕。若今三學，迭相是非也。

【校注】

〔一〕諸：據明刻本補。

〔二〕隋闍那崛多譯佛本行集經卷五〇：「時諸比丘集一堂內，有二比丘演説經法，是故相妨，即造二堂。二堂之内，各別説法，猶故相妨。此堂之内，將引比丘往詣彼堂。彼堂之處，有諸比丘，迭相誘接，令詣此堂。往來交雜，遂乃亂衆。人或去來，法事斷絶。或有比丘，於此法門，不喜聞説。時諸比丘，具以白佛。佛告諸比丘：自今已去，不得一堂二人説法，亦復不得二堂相近，使聲相接，以相妨礙。亦復不得彼詣此衆，此詣彼衆。亦復不得憎惡法門，不喜聞説。」

講堂置佛像 大法炬陀羅尼經云：法師説法時，有羅刹女名愛欲，常來惑法師，令心散亂。是故説法處，常須置如來像，香華供養，勿令斷絶。彼羅刹女見已，即自迷亂，不能爲障〔一〕。

【校注】

〔一〕隋闍那崛多譯大法炬陀羅尼經卷一三供養法師品：「有羅刹女，名曰愛欲。爲欲惑亂彼法師故，處虚空中，以諸異言，令法師惑。若彼法師心迷亂者，應當一心專念彼咒。於説法處，常須安置如來形像，莫令廢闕，亦勿斷絶種種香花。彼女見已，即自迷没。乃至説此三言教訖，令彼法師及聽誦者，皆得明了，無有障礙。」

講處念經 梁僧旻法師講次謂衆曰：昔彌天道安每講，於定座後，常使都講爲含靈轉經，此事久廢。既是前脩勝業〔一〕，欲屈大衆各誦觀音經一卷，於是闔座忻然，遠近相習耳。今亦念佛是也〔二〕。

【校注】

〔一〕勝業：諸本無，然文意不足，據續高僧傳補。

〔二〕續高僧傳卷五釋僧旻傳：「釋僧旻，姓孫氏，家於吴郡之富春，有吴開國大皇帝，其先也。……嘗於講日謂衆曰：昔彌天釋道安每講，於定坐後，常使都講等爲含靈轉經三契，此事久廢。既是前脩勝業，欲屈大衆各誦觀世音經一遍，於是合坐欣然，遠近相習。爾後道俗捨物乞講前誦經，由此始也。」

學肆 肆者，所以陳貨鬻之物也。因後漢張楷，字公超，學徒隨之，所居爲市〔一〕，故今學處稱肆焉〔二〕。

【校注】

〔一〕後漢書卷三六張霸傳附張楷傳：「楷字公超，通嚴氏春秋、古文尚書，門徒常百人，賓客慕之，自父黨夙儒，偕造門焉。……隱居弘農山中，學者隨之，所居成市，後華陰山南遂有公超市。」

〔三〕按：釋元康作肇論疏卷下曰：「學肆謂學問之處也。周禮云：司市常以陳肆辨物。而學中陳引書史，如市肆列萬物也。肆，陳也。今謂習學之處，名爲學肆耳。」

省　釋氏呼學院爲省者，高僧傳云：佛陀耶舍初至，姚興別立新省於逍遥園待之〔一〕。韻注云：省，署也〔二〕。

【校注】

〔一〕高僧傳卷二佛陀耶舍傳：「佛陀耶舍，此云覺明，罽賓人也，婆羅門種。……方至長安，興自出候問，別立新省於逍遥園中，四事供養，並不受。」

〔二〕出處俟考。

絳帳　絳，赤色也。范曄後漢書云：馬融達生任性，不拘儒者之節。常坐高堂，施絳帳，前授生徒，後列女樂，或稱馬帳〔一〕。〇又晉書宣文君宋氏，即韋逞母也，立講堂，隔絳紗幔授學徒〔二〕。今釋子稱絳帳等，有所不宜，智者思之。

【校注】

〔一〕後漢書卷六〇馬融傳：馬融「達生任性，不拘儒者之節。居宇器服，多存侈飾。常坐高堂，施絳紗帳，前授生徒，後列女樂。弟子以次相傳，鮮有入其室者。」

〔二〕晉書卷九六列女傳：「太常韋逞母宋氏，世學家女，傳其父業，得周官音義。今年八十，視聽無闕，自非此母，無可以傳授後生。於是就宋氏家立講堂，置生員百二十人，隔絳紗幔而受業，號宋氏爲宣文君，賜侍婢十人。周官學復行於世，時稱韋氏宋母焉。」按：幔，底本及備要本作「慢」，據明刻本、世界書局本改。

龍門 高僧慧持，即遠法師之弟也，性格清峻，解行並高，領徒千人。凡有升堂、入室者，皆號登龍門〔一〕。

【校注】

〔一〕高僧傳卷六釋慧持傳：「釋慧持者，慧遠之弟也，沖默有遠量。……廬山徒屬，莫匪英秀。往反三千，皆以持爲稱首。……時有沙門慧巖、僧恭，先在岷蜀，人情傾蓋，及持至止，皆望風推服。有昇持堂者，皆號登龍門。」

籌室 寶林傳云：西天第五祖優波毱多〔一〕有石室，縱十八肘，肘長尺八，南北三丈二尺四寸。廣十二肘，東西二丈一尺六寸。受學者有一得道，則擲一四寸籌於室中，籌遂滿室。至毱多滅度，將室中籌荼毗之〔二〕。

【校注】

〔一〕優波毱多：亦作優波崛多、優波崛、鄔波鞠多等，吒利國人。祖堂集卷一、景德傳燈録卷一、付法藏因緣傳卷一等，均曰「第四祖」。按：出三藏記集卷九釋慧遠廬山出修行方便禪經統序：「如來泥曰未久，阿難傳其共行弟子末田地，末田地傳舍那婆斯……其後有優波崛，弱而超悟，智絶世表，才高應寡，觸理從簡。八萬法藏，所在唯要，五部之分，始自於此。」又出三藏記集卷一二僧祐薩婆多部師資記目録序等，優波崛多爲大迦葉下第五代。

〔二〕見寶林傳卷二。

函丈　曲禮云：非飲食之客，席間函丈。注：函，容也。謂講問宜相對容丈，足以指劃也〔一〕。

【校注】

〔一〕禮記曲禮上：「若非飲食之客，則布席，席間函丈。」鄭注曰：「謂講問之客也。函，猶容也。講問宜相對容丈，足以指畫也。」

都講　即法師對揚之人也。梁武帝每講經，詔枳園寺法彪爲都講。彪先舉一問，帝方鼓舌端。載索載徵，隨問隨答〔一〕。○晉支遁至越，王羲〔二〕之請講維摩經，以許詢爲都講。詢發一問，衆謂遁無以答。遁答一義，衆謂詢無所難〔三〕。今之都講，但舉唱經文，而亡擊問也。

【校注】

〔一〕大宋僧史略卷上都講：「敷宣之士，擊發之由，非旁人而啓端，難在座而孤起。故梁武講經，以枳園寺法彪爲都講。彪公先一問，梁祖方鼓舌端。載索載徵，隨問隨答。此都講之大體也。」宋志磐撰佛祖統紀卷三七云：天監「三年，帝御重雲殿講經，以枳園寺法彪爲都講。彪先一問，帝方酬答。載索載徵，並通玄妙。」

〔二〕羲：底本、大正藏本作「義」，據備要本、世界書局本、明刻本改。

〔三〕高僧傳卷四支遁傳：「支遁字道林，本姓關氏，陳留人，或云河東林慮人。幼有神理，聰明秀徹。……晚出山陰，講維摩經，遁爲法師，許詢爲都講。遁通一義，衆人咸謂詢無以厝難。詢設一難，亦謂遁不復能通。如此至竟，兩家不竭。」

講僧始　講經，即曹魏時朱士行講道行般若爲始也〔一〕。尼講，以東晉道馨講法華、維摩二經爲始也〔二〕。講律，即元魏世法聰爲始。聰但手披目閱，敷揚四分律。有門人道覆，旋聽旋抄，漸成疏焉〔三〕。講論，即羅什授嵩法師成實論爲始也〔四〕。

【校注】

〔一〕高僧傳卷四朱士行傳：「朱士行，潁川人。……士行嘗於洛陽講道行經。」大宋僧史略卷上僧講：「士行曹魏時講道行經，即僧講之始也。」

〔二〕釋寶唱撰比丘尼傳卷一道馨尼傳：「竺道馨，本姓羊，太山人也。……及年二十，誦法華、維摩等經。具戒後，研求理味，蔬食苦節，彌老彌至。住洛陽東寺，雅能清談，尤善小品。貴在理通，不事辭辯，一州道學所共師宗。比丘尼講經，馨其始也。」

〔三〕續高僧傳卷二二：「自初開律釋，師號法聰，元魏孝文北臺楊緒，口以傳授，時所榮之。沙門道覆，即紹聰緒，纘疏六卷，但是長科，至於義舉，未聞于世。」

〔四〕釋道宣撰廣弘明集卷二：魏孝文帝「太和十九年，常幸徐州白塔寺。顧諸王侍臣曰：此寺近有名僧嵩法師者，受成實論於羅什。」

法器　廣百論云：要具三德，名法器：一、禀性柔和，無有偏黨。常自審察，不貪己利。二、常希勝解，求法無厭，不守己分而生喜足。三、爲性聰惠，於善惡言，能正了知得失差別。若無如是三德，雖有師資，終無勝利〔一〕。

【校注】

〔一〕玄奘譯大乘廣百論釋論卷六：「要具三德，名爲法器：一者禀性柔和，無有偏黨。恒自審察，不貪己見。二者常希勝解，求法無厭，不守己分而生喜足。三者爲性聰慧，於善惡言，能正了知得失差別。若無如是所説三德，雖有師資，終無勝利。言勝利者，所謂師資開悟，證得如其次第。」

人中師子　治禪經後序云：天竺大乘沙門佛陀斯那天才特拔，諸國獨步，内外綜博，無籍不練，世人咸曰「人中師子」〔一〕。

【校注】

〔一〕沮渠京聲譯治禪病祕要法後序：「天竺比丘大乘沙門佛陀斯那，其人天才特拔，國中獨步。口誦半億偈，兼明禪法。内外綜博，無籍不練。故世人咸曰『人中師子』。」

法匠　齊高僧僧印，善講經論，稱法匠〔一〕。

【校注】

〔一〕高僧傳卷八釋僧印傳：「釋僧印，姓朱，壽春人。……宋大明中，徵君何點招僧大集，請印爲法匠。」

義少　少字去聲。法安，年十八，講涅槃經。張永問年幾，永歎曰：昔扶風朱勃年十二，能讀書，人號才童。今安公，可曰義少〔一〕。

【校注】

〔一〕高僧傳卷八釋法安：「釋法安，姓畢，東平人，魏司隸校尉軌之後也。七歲出家，事白馬寺慧光爲師。光幼而爽拔，博通内外，多所參知。安年在息慈，便精神秀出。時張永請斌公講，并屈召名學。永問斌云：京下復有卓越年少不？斌答：有沙彌道慧、法安、僧拔、慧熙。永即要請，令道慧覆涅槃，法安述佛性，神色自若，序瀉無遺。永問並年幾？慧答十九，安答十八。永歎曰：昔扶風朱勃，年十二，能讀書詠詩，時人號才童。今日二道，可曰義少也。」

四海論主　隋高僧敬脱稱也〔一〕。

【校注】

〔一〕按：續高僧傳卷一二：「釋敬脱，不詳姓氏，汲郡人也。」未見有稱「四海論主」者。疑「敬脱」爲「智脱」之誤。續高僧傳卷九釋智脱傳：「釋智脱，俗姓蔡氏，其先濟陽考城人也，後因流宦故，復爲江都郡人焉。……隋祖留心法寶，闡揚至教，於岐陽宫建齋發講，有詔於脱，先昇寶座，乃遣舍人崔君德宣旨曰：昔獨步一方，未足爲貴，今爲四海論主，始見英才云云。」

三國論師

齊僧粲號也〔一〕。三國謂齊、陳、周。

【校注】

〔一〕續高僧傳卷九釋僧粲傳：「釋僧粲，姓孫氏，汴州陳留人也。幼年尚道，遊學爲務，河北江南，東西關隴，觸地皆履，靡不通經。故涉歷三國，備齊、陳、周。諸有法肆，無有虚踐，工難問，善博尋，調逸古今，風徽遐邇，自號爲『三國論師』。」

毗曇孔子

西秦惠嵩善阿毗曇論，時重號之〔一〕。

【校注】

〔一〕續高僧傳卷一一釋志念傳：「西秦有高昌國慧嵩法師，統解小乘，世號『毗曇孔子』。學匡天下，衆侶塵隨。」慧嵩，續高僧傳卷七有傳。

壽光學士　梁惠超學經論，明解宏達，博贍内外，武帝敕爲壽光殿學士〔一〕。

【校注】

〔一〕續高僧傳卷六釋惠超傳：「釋惠超，姓王，太原人。永嘉之亂，寓居襄陽。……又從智藏採習經論，藏曰：此子秀發，當成美器。藏之出處，多與同遊。備通諸部，名動京邑。後從慧集，餐聽毗尼，裁得數遍，集乃嘆曰：不謂始學，已冰寒於水矣。後還鄉定省，合境懷之，武帝敕還，爲壽光學士。」

經論元匠　梁僧盛，講衆經論，爲時元匠，特精外典，爲群儒所憚〔一〕。

【校注】

〔一〕高僧傳卷八釋僧盛傳：「釋僧盛，本姓何，建鄴人。少而神情聰敏，加又志學翹勤，遂大明數論，兼善衆經，講説爲當時元匠。又特精外典，爲群儒所憚。」

菩薩戒師　慧約爲梁武帝戒師〔一〕。

【校注】

〔一〕續高僧傳卷六釋慧約傳：「釋慧約，字德素，姓婁，東陽烏場人也。……天監十一年始敕引見，事協心期，道存目擊。自爾去來，禁省禮供優給。至十八年己亥四月八日，天子發弘誓心，受菩薩戒，乃幸等覺殿，降彫玉輦，屈萬乘之尊，申在三之敬，暫屏衮服，恭受田衣，宣度浄儀，曲躬誠肅。于時日月貞華，天地融朗。大赦天下，率土同慶。自是入見，別施漆榻，上先作禮，然後就坐。」

講經天花墜　梁法雲講次，天華散墜〔一〕。又唐西京勝光寺道宗講時，天華旋〔二〕遶講堂，飛流户内，但不委地，久之還無〔三〕。

【校注】

〔一〕續高僧傳卷五釋法雲傳：「釋法雲，姓周氏，宜興陽羡人。……初雲年在息慈，雅尚經術，於妙法華研精累思，品酌理義……嘗於一寺講散此經，忽感大華狀如飛雪，滿空而下，延于堂内，昇空不墜，訖講方去。」

〔二〕旋：底本作「施」，據備要本、世界書局本、明刻本改。

〔三〕續高僧傳卷一一釋道宗傳：「釋道宗，俗姓孫氏，萊州即墨人。……晚住州中遊德寺，寺即宗之所造。房堂園圃，悉是經論。聲名雄遠，玄素攸仰。及講大論，天雨衆花，旋遶講堂，飛流户内，既不委地，久之還去。」

説律山峰落 智文善講律，方舉塵尾，兩箇山峰俱落〔一〕。

【校注】

〔一〕續高僧傳卷二一釋智文傳：「釋智文，姓陶，丹陽人。……文昔夢泛舟海釣，獲二大魚，心甚異之。及於東安寺講，塵尾纔振，兩峰俱落。」

聰明釋子 羅什謂姚興曰：融公是聰明釋子〔一〕。

【校注】

〔一〕高僧傳卷六釋道融傳：「釋道融，汲郡林慮人。……聞羅什在關，故往諮稟。什見而奇之，謂姚興曰：昨見融公，復是奇特聰明釋子。」

標表道人 曇影，姚興禮重，見其超拔群士，每謂羅什曰：影法師真爲此國風流標表之道人矣〔一〕。

【校注】

〔一〕高僧傳卷六釋曇影傳：「釋曇影，或云北人，不知何許郡縣。性虚靖，不甚交遊，而安貧志學，舉止詳審。……後入關中，姚興大加禮接。及什至長安，影往從之。什謂興曰：昨見影公，亦是此國風流標望之僧也。」

優賞 西域記云：講宣一部，乃免知事。今浙右律寺，有比丘聽〔一〕學成名，便免知事，以此爲證。講二部，加上房資具。講三部，差侍者祇承。講四部，給浄人。講五部，乘輿〔二〕。

【校注】

〔一〕聽：明刻本作「所」。

〔二〕大唐西域記卷二印度總述：「無云律論，絓是佛經。講宣一部，乃免僧知事。二部，加上房資具。三部，差侍者祇承。四部，給浄人役使。五部，則行乘象輿。六部，又導從周衛。道德既高，旌命亦異。」

金師子座 鳩摩羅什，秦云童壽。昔在龜兹，王爲造金師子座，以大秦錦褥鋪之，請什坐説法〔一〕。

【校注】

〔一〕高僧傳卷二鳩摩羅什傳：「鳩摩羅什，此云童壽，天竺人也。……龜兹王爲造金師子座，以大秦錦褥鋪之，令什升而説法。」

學者爲四事墮落

法律三昧經云：一、學不知善權方便，輕慢師友，無有一心，其意數轉。二、學不精進，無有道力，但貪名譽，望人敬待。三、學所事師，不念勤苦，當得成就，虚飾貢高。四、好學外道〔一〕，反持異術，比佛深經，言道同等〔二〕。○菩薩戒經云：爲名譽聚徒，名魔弟子〔三〕。

【校注】

〔一〕好學外道：底本及餘三卷本皆作「學好道」，明刻本作「好學道」，據佛説法律三昧經校改。參下注。

〔二〕吴支謙譯佛説法律三昧經：「阿難復問：已發大意，何以墮落？佛言：用四事故：一者，學本不知善權方便，輕慢師友，無有一心，其意數轉。二者，學不精進，無有道力。但貪名譽，望人敬待。三者，學所事師，不念勤苦。當得成就，虚飾貢高，無有至心。四者，好學外道，習邪見人，反持異術，比佛深經，言道同等。」

〔三〕求那跋摩譯菩薩善戒經卷四：「爲名譽故，聚畜徒衆，是名邪見，名魔弟子。」

躁　静

貪　瑜伽論云：於諸境界，深起耽著，名貪。諸煩惱中，貪爲最勝〔一〕。○阿毗達磨論云：貪者，三界愛爲體，生衆苦爲業〔二〕。業，用也。○法蘊足論云：佛言：汝等若能永斷一法，保汝定得不還果。一法者，貪也〔三〕。○六度集經云：佛因中曾作鴿王，誡諸鴿曰：佛經衆戒，貪爲元首。貪以致榮者，猶餓夫獲毒饍，得志之樂，其久若電。衆苦困己，其有億載〔四〕。

【校注】

〔一〕玄奘譯瑜伽師地論卷八九：「於諸境界，深起耽著，説名爲貪。」又卷一一：「諸煩惱中，貪最爲勝。」

〔二〕玄奘譯大乘阿毗達磨集論卷一：「何等爲貪？謂三界愛爲體，生衆苦爲業。」

〔三〕玄奘譯阿毗達磨法蘊足論卷九雜事品第一六：「爾時世尊告苾芻衆：汝等若能永斷一法，我保汝等定得不還。一法謂貪。」

〔四〕吴康僧會譯六度集經卷六：「昔者菩薩身爲鴿王，徒衆五百，於國王苑翱翔索食。國王睹之，敕令牧夫率網張捕。其衆巨細無有孑遺，籠而閉之，食以粳米肥肉，太官以供肴膳。鴿王見拘，一心念佛，悔過興慈。願令衆生拘者得解，疾離八難，無如我也。謂諸鴿曰：佛經衆戒，貪爲元首。貪以致榮者，猶餓夫獲毒飲矣。得志之樂，其久若電。衆苦困己，其有億載。」

欲　希須爲義。雜阿含經云：佛言：若衆生所有苦生，彼一切皆以欲爲本〔一〕。○增一經云：欲生諸煩惱，欲爲生苦本〔二〕。○瑜伽云：諸煩惱中，貪爲最勝。於貪中，欲貪爲勝，生諸苦故〔三〕。集論云：此法生時，相不寂静。由此生故，身心相續，不寂静轉〔四〕。由是義故，束此二法名躁，蓋取不安之義也。

【校注】

〔一〕求那跋陀羅譯雜阿含經卷三二：「若衆生所有苦生，彼一切皆以欲爲本。」

〔二〕出雜阿含經卷四八。

〔三〕出玄奘譯瑜伽師地論卷一一。

〔四〕玄奘譯大乘阿毗達磨集論卷四：「若法生時，相不寂静，由此生故，身心相續，不寂静轉，是煩惱相。」

出家人三欲　涅槃經云：一、惡欲。若比丘欲爲一切大衆上首，令一切僧隨我，令四衆皆供養恭敬、讚歎尊重我。若爲説法，皆信受，令我大得衣食屋宅等。二、大欲。若比丘生欲心，當令四衆知我得初住，乃至四無礙智，爲利養故。三、欲欲。若比丘欲生梵天，乃至刹利家，得自在故〔一〕。

【校注】

〔一〕北涼曇無讖譯大般涅槃經卷二七：「欲者有三：一者惡欲，二者大欲，三者欲欲。惡欲者，若有比丘心生貪欲，欲爲一切大衆上首，令一切僧隨逐我後，令諸四部悉皆供養、恭敬、讚歎、尊重於我，令我先爲四衆説法，皆令一切信受我語，亦令國王、大臣、長者皆恭敬我，令我大得衣服、飲食、卧具、醫藥、上妙屋宅，爲生死欲，是名惡欲。云何大欲？若有比丘生於欲心，云何當令四部之衆，悉皆知我得初住地乃至十住，得阿耨多羅三藐三菩提，得阿羅漢果乃至須陀洹果，我得四禪乃至四無閡智，爲於利養，是名大欲。欲欲者，若有比丘，欲生梵天、魔天、自在天轉輪聖王，若刹利居士，若婆羅門，皆得自在。爲利養故，是名欲欲。」

五欲　謂色、聲、香、味、觸也。智論云：五欲名華箭，又名五箭，破種種善事故。行者當訶云：哀哉衆生，常爲五欲所惱而求不已！將墜大坑，得之轉劇，如火炙疥。五欲無益，如狗咬骨。五欲增諍，如鳥競肉。五欲燒人，如逆風執炬。五欲害人，如踐毒蛇。五欲無實，如夢所得。五欲不久，如假借須臾。此五欲，得暫時樂，失時大苦〔一〕。○雜阿含云：聞陀梵志問阿難言：汝以何義於佛教出家？答：爲斷惡生善故。又問：斷何惡？答：斷貪欲瞋癡。問：此有何過患？答：欲愛染著，能生惱亂。於現在世，增長惡法，憂悲苦惱，由之而生。未來世中，亦復如是〔二〕。

【校注】

〔一〕大智度論卷五：「諸外道人輩，言是名欲主，亦名華箭，亦名五箭，破種種善事故。」又，卷一七：「云何卻五事？當呵責五欲：哀哉衆生，常爲五欲所惱而猶求之不已！此五欲者，得之轉劇，如火炙疥。五欲無益，如狗咬骨。五欲增諍，如鳥競肉。五欲燒人，如逆風執炬。五欲害人，如踐惡蛇。五欲無實，如夢所得。五欲不久，如假借須臾。世人愚惑，貪著五欲，至死不捨，爲之後世受無量苦。譬如愚人，貪著好果，上樹食之，不肯時下。人伐其樹，樹傾乃墮，身首毁壞，痛惱而死。又此五欲，得時須臾樂，失時爲大苦。」

〔二〕別譯雜阿含經卷一一：「時有梵志，名曰聞陀，詣阿難所，問訊已訖，在一面坐，而作是言：汝以何事，於彼沙門瞿曇法中，出家學道？阿難答言：我今爲欲斷惡生善，以是義故，於佛法中出家學道。梵志復言：斷何等惡？阿難答言：我今欲爲斷除貪欲瞋恚愚癡。梵志復言：汝等亦知斷除貪欲瞋恚癡耶？阿難答曰：唯佛法中，有斷如是貪欲瞋恚愚癡之法，禁制身心。梵志又言：如此貪欲瞋恚愚癡，有何過患，汝等法中禁制之耶？阿難對曰：欲愛染著，能生惱亂。於現在世，增長惡法。憂悲苦惱，由之而生。未來世中，亦復如是。」

苦　逼迫爲性，由彼貪欲，乃生苦故。○佛地論云：惡事有二種：一者衆生，二者土地。且衆生有八苦：一、生苦，二、老苦，三、病苦，四、死苦，五、愛别離苦，六、所求不得苦，七、冤憎會苦，八、憂悲苦；二土地者，如説國土多寒、多熱、無救護、多飢、多病等〔一〕。○法句經云：天下之苦，莫過有身。飢渴寒熱，瞋恚驚怖，色欲怨禍，皆由於身。夫身者，衆苦之本，禍患之源。勞心極慮，憂畏萬端。三界蠕動，更苦殘害。吾我縛著，生死不息，皆由於身與欲。離世當求寂滅，攝心守正，泊〔二〕然無想，可得泥洹，此最爲樂〔三〕。○身苦偈云：乘騎疲極故，求索住立處。住立疲極故，求索坐息處。坐久疲極故，求索安卧處。衆苦從作生，初樂後則苦。視瞬息出入，屈身坐卧起，行立及往來，此事無不苦〔四〕。

【校注】

〔一〕大智度論卷二三：「惡事有二種：一者衆生，二者土地。衆生有八苦之患：生、老、病、死、恩愛别離、怨憎同處、所求不得。略而言之，五受衆苦。……土地惡者，一切土地，多衰無吉，寒熱飢渴，疾病惡疫，毒氣侵害，老病死畏，無處不有。身所去處，衆苦隨之，無處得免。雖有好國豐樂安隱，多爲諸煩惱所惱，則不名樂土。」

〔二〕泊：底本、永田文昌堂本、擁萬閣本、出雲寺本、江户刊本及備要本等皆誤爲「怕」，據世界書局本改。

〔三〕晉法炬共法立譯法句譬喻經卷三安寧品第二三：「天下之苦，莫過有身。飢渴、寒熱、瞋恚、驚怖、色欲、怨禍，皆由於身。夫身者，衆苦之本，患禍之元。勞心極慮，憂畏萬端。三界蠕動，更相殘賊。吾我縛著，生死不息，皆由於身。欲離世苦，當求寂滅。攝心守正，怕（校注者按：當作「泊」）然無想。可得泥洹，此爲最樂。」

〔四〕見大智度論卷二三。

五畏　佛地論云：一、不活畏，二、惡名畏，三、死畏，四、趣畏，五、怯畏〔一〕。畏亦怖也。○妙色王〔二〕經云：由愛故生憂，由愛〔三〕故生怖。別離於愛者，無憂亦無怖〔四〕。

【校注】

〔一〕玄奘譯佛地經論卷二：「五怖畏者：一、不活畏，二、惡名畏，三、死畏，四、惡趣畏，五、怯衆畏。」

〔二〕王：永田文昌堂本、擁萬閣本、出雲寺本、備要本誤爲「三」。

〔三〕愛：明刻本作「憂」。

〔四〕義浄譯佛説妙色王因緣經：「由愛故生憂，由愛故生怖。若離於愛者，無憂亦無怖。」

七情　喜、怒、憂、懼、愛、憎、欲。情者，是非之主，利害之根。

八風　利、衰、毀、譽、稱、譏、苦、樂。又云世八法。○佛地論云：得可意事名利，失可意事名衰，不現前誹撥名毀，不現前讚美名譽，現前讚美名稱，現前誹撥名譏，逼惱身心名苦，適悦身心名樂〔一〕。

【校注】

〔一〕出玄奘譯佛地經論卷五。

少欲知足　師子吼菩薩問云：少欲知足，有何差别？佛言：少欲者，不求不取。知足者，得少不悔恨〔一〕。○正法念處經云：沙門法中第一勝者，所謂知足〔二〕。○婆沙論云：佛法以少欲爲本，爲俗利故，則道利不成〔三〕。○遺教經云：比丘當知，多欲之人，多求利故，苦惱亦多。少欲之人，無求無取，則無此患。少欲能生諸功德，則無諂曲以求人意。少欲者，心則坦然，無所憂懼，觸事有餘。比丘爲脱諸苦惱，當觀知足之法，則是富樂安隱之處〔四〕。

【校注】

〔一〕北涼曇無讖譯大般涅槃經卷二七：「師子吼菩薩言：『世尊，少欲知足，有何差别？』『善男子，少欲者，不求不取。知足者，得少之時，心不悔恨。』」

〔二〕出元魏般若流支譯正法念處經卷三三。

〔三〕見薩婆多毗尼毗婆沙卷四，文繁不録。

〔四〕鳩摩羅什譯佛遺教經：「汝等比丘，當知多欲之人，多求利故，苦惱亦多。少欲之人，無求無欲，則無此患。直爾少欲，尚應修習，何況少欲能生諸善功德？少欲之人，則無諂曲以求人意，亦復不爲諸根所牽。行少欲者，心則坦然無所憂畏。觸事有餘，常無不足。有少欲者，則有涅槃，是名少欲。汝等比丘，若欲脱諸苦惱，當觀知足。知足之法，即是富樂安隱之處。」

四歡喜法　一、儉素歡喜，能引少欲樂。二、積集梵行歡喜，能引遠離樂。三、無〔一〕悔歡喜，能引三摩地樂。四、樂斷樂修歡喜，能引三菩提樂〔二〕。

【校注】

〔一〕無：底本及餘三卷本皆誤爲「元」，據明刻本校改。

〔二〕玄奘譯瑜伽師地論卷七〇：「有四種歡喜：一、儉素歡喜，二、積習梵行歡喜，三、無悔歡喜，四、樂斷樂修歡喜。第一歡喜能引少欲樂，第二歡喜能引遠離樂，第三歡喜能引三摩地樂，第四歡喜能引三菩提樂。」

釋子須信唯識相分 凡富貴、貧賤、好醜、得失，皆是過去自造善惡業種子，總別依正果也，皆由第八識相分所變。故云相分已定，鬼神不能移也。○優婆塞戒經云：智者了知是業果，云何說言時節星宿，自在天作耶？若是時節星宿因緣者，天下有同時同宿生，云何復有一人受苦，一人受樂，一人是男，一人是女耶〔一〕？○正法念經云：善不善業，衆生自作，非星宿作〔二〕。

【校注】

〔一〕北涼曇無讖譯優婆塞戒經卷五：「智者了了，知是業果。云何說言時節星宿，自在作耶？若以時節星宿因緣受苦樂者，天下多有同時同宿，云何復有一人受苦，一人受樂，一人是男，一人是女？」

〔二〕元魏般若流支譯正法念處經卷七〇：「善不善業，衆生自業，非星曜作。」

静 能斷金剛論云：定名静，以得禪者，說名寂静〔一〕。寂静有二種：一、心寂静，二、身寂静。今以四句料簡〔二〕：一、有身欲寂静而心不寂静，謂貪欲比丘林下坐禪。二、有心寂静而身不寂静，謂無貪瞋比丘親近王臣。三、有身心俱寂静，謂諸聖人。四、身心俱不寂静，謂凡夫。

【校注】

〔一〕隋達磨笈多譯金剛般若論卷下：「定名爲静，以得禪者，説名寂静者故。又復禪名思惟修故。於中思者，意所攝。修者，識所攝。言寂静者，即説意及識。」

〔二〕料簡：謂分析研判、揀擇要點。

三摩提　智論云：一切禪定攝心，皆名三摩提，秦言正心行處，謂是心從無始已來，常曲不端，得是正心行處，心則端直，如蛇入竹筒内〔一〕。

【校注】

〔一〕大智度論卷二三：「一切禪定攝心，皆名爲三摩提，秦言正心行處。是心從無始世界來，常曲不端，得是正心行處，心則端直，譬如蛇行常曲，入竹筒中則直。」

禪　阿毗曇論云：何名禪？答：謂以斷結正觀名禪〔一〕。

【校注】

〔一〕北涼浮陀跋摩共道泰等譯阿毗曇毗婆沙論卷四一：「以正觀名禪。問曰：若然者，欲界亦有正觀，應名爲禪。答曰：若定能正觀，亦能斷結者名禪。」

坐禪 三千威儀經云：坐禪有十事：一、當隨時，謂四時也。二、得安牀，謂禪牀也。三、軟座，毛座也。四、閑處，謂山間樹下也。五、得善知識，謂好伴也。六、善檀越，謂不外求也。七、善意，謂能觀也。八、善藥，謂伏意也。九、能服藥，謂不念萬物也。十、得善助，謂畜禪帶也〔一〕。

【校注】

〔一〕安世高譯大比丘三千威儀卷上：「欲坐禪，復有五事：一者當隨時，二者當得安牀，三者當得端坐，四者當得閑處，五者當得善知識。復有五事：一者當得好善檀越，二者當有善意，三者當有善藥，四者當能服藥，五者當得助，爾乃得猗。隨時者，謂四時。安牀者，謂繩牀。軟座者，謂毛坐。閑處者，謂山中樹下，亦謂私寺中不與人共。善知識者，謂同居。善檀越者，謂令人無所求。善意者，謂能觀善。善藥者，謂能伏意。能服藥者，謂不念萬物。善助者，謂禪帶。」

禪帶 此坐禪資具也。經云：用韋爲之，熟皮曰韋。廣一尺，長八尺。頭有鈎，從後轉向前，拘兩膝令不動。故爲乍習坐禪，易倦，用此檢身助力，故名善助。㓠罷，屏處藏之〔一〕。

【校注】

〔一〕安世高譯大比丘三千威儀卷上：「禪帶有五事：一者當廣一尺，二者當長八尺，三者當頭有鉤，四者當三重，五者不得用生草，亦不得用金鉤。」四分律删繁補闕行事鈔卷下一：「廣一尺，長八尺，頭有鉤，三重用熟韋。餘法如彼，應私屏處著之。」

禪鎮　木版爲之，形量似笏。中作孔，施細串於耳下。頭戴，去額四指。坐禪人若昏睡頭傾，則墮以自警〔一〕。

【校注】

〔一〕四分律行事鈔資持記下二：「禪鎮如笏，坐禪時鎮頂，須作孔，施紐串耳上，睡時即墮地。佛言：一墮，聽舒一足。二墮，舒二足。三墮，應起經行。」

倚版　今呼禪版。毗奈耶攝頌曰：倚版爲除勞，僧私皆許畜〔一〕。僧即衆，私即己。

【校注】

〔一〕義净譯根本説一切有部毗奈耶頌卷下：「倚版爲除勞，僧私皆悉許。」

骨人 智度論云：更與骨人，令坐禪者觀之。即今畫作枯骨幀子是也〔一〕。

【校注】

〔一〕大智度論卷九一：「菩薩供給坐禪者衣服、飲食、醫藥、法杖、禪毱、禪鎮，令得好師教照，令得好弟子受化。與骨人令觀，與禪經令人爲説禪法。」四分律行事鈔資持記下二：「骨人即令枯骨圖，假彼色相，以助禪法。」

禪杖 以竹葦爲之，用物包一頭，令下座執行，坐禪昏睡，以軟頭點之〔一〕。

【校注】

〔一〕摩訶僧祇律卷三五：「應如是行禪杖，作禪杖法，應用竹若葦，長八肘，物裹兩頭，下坐應行。」四分律行事鈔資持記下二：「禪杖竹葦爲之，長八肘，下座手執巡行。有睡者，點起付之。復有睡者，轉付亦爾。」

禪毱 毛毬也。有睡者，擲之令覺〔一〕。

【校注】

〔一〕四分律行事鈔資持記下二：「禪鞠如毛鞠，遥擲以警睡者。」

宴坐 又作燕坐，燕，去聲。安也，安息貌也〔一〕。○月燈三昧經云：住於宴坐，有十利益：一、其心不濁，二、住不放逸，三、諸佛愛念，四、信正覺行，五、於佛智不疑，六、知恩，七、不謗，八、善防禁，九、到調伏地，十、證無礙智〔二〕。

【校注】

〔一〕一切經音義卷四五慧琳撰文殊悔過經音義：「宴坐，煙見反，桂苑珠叢云：宴，安也。毛詩傳云：宴，居息也。説文從宀晏聲，經從草作燕，恐非經義也。」

〔二〕出高齊那連提耶舍譯月燈三昧經卷六。按：大智度論卷一七：「不依身、不依心、不依三界，於三界中不得身心，是爲宴坐。」

佛法二柱 毗婆沙論云：佛法有二柱，能持佛法：一者學問，二者坐禪〔一〕。

【校注】

〔一〕出薩婆多毗尼毗婆沙卷九：「佛法有二柱，能持佛法：謂坐禪、學問。」

諍　忍〔一〕

諍有四種　十誦律云：一、鬬諍，二、助諍，三、犯罪諍，四、常所行事諍〔二〕。○毗尼母云：二人共競名鬬，徒黨相助名諍，往徹僧者名言，僧，衆也。各説其理名訟〔三〕。

【校注】

〔一〕明刻本作「忍諍」。

〔二〕十誦律卷四：「諍有四種：鬬訟諍、相助諍、犯罪諍、常所行事諍。」

〔三〕毗尼母經卷五：「二人共競名之爲鬬，徒黨相助是名爲諍，往徹僧者名之爲言，各説其理是名爲訟。」

諍根本有六　毗尼母云：一、瞋恚，謂面色變異，令人可怖。二、惱害，謂害他生惱故。三、幻僞，謂詐作事。四、慳嫉，謂貪己物不與人曰慳，見他有得生惱曰嫉。五、見取，謂己所見、所作皆是，他所見、所作不是。今人呼争爲人我者，非也。言見取者，取諸見解爲最勝故。六、邊邪二見，謂見續爲常，見滅爲斷，是邊見也。謗無因果，是邪見〔一〕。

【校注】

〔一〕毗尼母經卷八：「此諍緣根本有六，分别十八。何者爲六？一者瞋恚，二者惱害，三者幻僞，四者慳嫉，五者見取，六者邊邪二見。瞋者，面色變異，令人可怖。惱害者，能害他令惱。幻僞者，心不真實，詐作虛事，是名幻僞。慳嫉者，貪前物不欲與人，名之爲慳。嫉者，見他所得生惱，是名爲嫉。見取者，取己所見爲是，他見爲非，是名見取。邊見者，見續爲常，見滅爲斷。邪見者，謗無因果。是名六處所起。」

鄙喻　法句經云：佛言：爲沙門不念精進，攝身口意，三毒垢穢，充滿胸懷，如洗足水，不可復用。謂不可用饌食。又云：雖爲沙門，口無誠信，心性剛强，曾受惡名，亦如澡盤，不堪盛食〔一〕。澡盤，即洗足器。

【校注】

〔一〕晉法炬共法立譯法句譬喻經卷三象品：「佛語羅雲：汝見澡盤中洗足水不？羅雲白佛：唯然，見之。佛語羅雲：此水可用食飲盥漱以不？羅雲白言：不可復用。所以者何？此水本實清浄，今以洗足，受於塵垢，是以之故，不可復用。佛語羅雲：汝亦如是。雖爲吾子，國王之孫，捨世榮禄，得爲沙門，不念精進，攝身守口，三毒垢穢，充滿胸懷，亦如此水，不可復用。佛語羅雲：棄澡盤中水。羅雲即棄。佛語羅雲：澡盤雖空，可用盛飲食不耶？白佛言：不可用。所以然者，用有澡盤之名，曾受不浄故。佛語羅雲：汝亦如是。雖爲沙門，口無誠信，心性剛强，不念精進，曾受惡名，亦如澡盤，不中盛食。」

惡報

根本毗奈耶云：有苾芻二人，決擇義理。小者訶大者，大者退入房中，瞋火所燒，尋即命終，身變爲毒蛇，欲螫小者。時佛以大悲心，至其房，令小者懺悔：汝可作昔日苾芻想作禮。佛爲蛇説法云：賢首，汝於我所，已修浄行，合生天上。由瞋火所燒，今作毒蛇。汝應知諸行無常，諸法無我，涅槃寂静。蛇聞法已，即命終住天〔一〕。○瑞應經云：痛哉世間人，共争不急事。於此極惡中，勤身苦營務。雖求不能得，徒役身心勞。死墮苦海中，自當無代者〔二〕。○南山鈔云：凡欲責他，先自量己，内心喜怒，若有嫌恨，但自抑忍，火從内發，先自焚身〔三〕。

【校注】

〔一〕義浄譯根本説一切有部目得迦卷六：「時諸苾芻分作兩朋，決擇義理，便生鬭諍，其小苾芻訶責大者。時大苾芻退入房中，情生忿恨：如何卑小，凌突於我？既爲瞋火所燒惱故，因兹命斷，生毒蛇中。時小苾芻心生追悔：我爲不善，豈合瞋責上座苾芻？我今應往，從乞懺摩。作是念已，與諸苾芻俱往其處，見彼門閉，便以物開，到苾芻所。欲申頂禮白言：大德，願見容恕。遂見嚙毒大蛇，含瞋而住。是時世尊，以大悲力來至其所，告苾芻曰：汝今應可禮彼雙足，從乞懺摩。白言：世尊，云何令我禮此蛇足？世尊告曰：應作昔時苾芻身想而爲禮敬。時彼苾芻向蛇作禮。世尊告曰：賢首，汝應容恕。即爲毒蛇説三句法，報言：賢首，汝於我所已修浄行，應生天上。但由瞋火所燒害故，生毒蛇中。賢首應知，諸行皆無常，諸法悉無我，寂静涅槃樂。汝宜於我起浄信心，由此功德，捨傍生趣，生善道中。時彼毒蛇便作是念：我今不應親於世尊聞三句法，而更噉食，養無益身。諸傍生類，飢火最强，以不食故，便即命終。由於世尊心生浄信，於此命過，得生天上。」

〔二〕瑞應經：即太子瑞應本起經，二卷，吴支謙譯。這裏引文，未見此經，亦不見它經，俟考。

〔三〕出四分律删繁補闕行事鈔卷上之三師資相攝篇第九。

諍有五過　五分律云：一、兇惡，二、後悔恨，三、多人不愛，四、惡聲流布，五、死墮惡道〔一〕。

【校注】

〔一〕按：言「五分律」者，誤。出四分律卷五九：「不忍辱人，有五過失：一、凶惡不忍，二、後生悔恨，三、多人不愛，四、惡聲流布，五、死墮惡道。」

忍 瑜珈論：云何名忍？自無憤勃，不報他怨，故名忍。由二因緣，諸出家者，力勵受行，速能證沙門義利。何等爲二因緣？一、忍辱，二、柔和。言忍辱者，謂於他怨，終無返報。柔和者，謂心無憤，性不惱他〔一〕。○攝論云：忍能生自他平和事，謂自身不爲瞋恚過失所染，即是自平和。既不憤恨，不生他苦，即是他平和〔二〕。○六度集經云：夫忍者，萬福之源也〔三〕。○正法念處經云：忍者，第一善法，第一清淨，佛所讚嘆。忍有二種：一、法忍。緣法道行，思惟白法，善道勝故能忍。二、生忍。謂欲起瞋恚，忍令不起，知瞋過故〔四〕。

【校注】

〔一〕玄奘譯瑜伽師地論卷四二：「云何名忍？自無憤勃，不報他怨，故名爲忍。」又卷九二：「由二因緣，諸出家者力勵受行，速疾能證沙門義利，諸未信者令生淨信，其已信者倍令增長。何等爲二？一者忍辱，二者柔和。言忍辱者，謂於他怨，終無返報。言柔和者，謂心無憤，性不惱他。」

〔二〕真諦譯攝大乘論釋卷九：「論曰：復能生自他平和事，故稱提。釋曰：此事通達因果，此忍能令自身不爲瞋恚過失所染，即是於自平和。既不忿恨，不生他苦，即是於他平和。」

〔三〕吳康僧會譯六度集經卷五：「夫忍不可忍者，萬福之源矣。」

〔四〕元魏般若流支譯正法念處經卷六〇：「如是忍者，第一善法，第一清淨，佛所讚歎。忍有二種：一者法忍，一者生忍。云何法忍？緣法道行，思惟白法，忍堅固法，思惟善道勝故能忍，故名爲忍。譬如大地，忍諸世間山河、園林，無量種類，忍之不疲。一切法忍，亦復如是，能到涅槃。一切法忍，堅固最勝。白淨善法，涅槃道攝，故名法忍。如是之人，堅固世間忍故，能至涅槃。復次第二忍，所謂若沙門婆羅門，若復餘人，欲起瞋恚，忍令不起，知瞋過故。」

以忍止諍　中阿含經云：佛告比丘：若以諍止諍，至竟不見止。唯忍能止諍，是法真尊貴〔一〕。○長阿含經云：天帝釋偈云：我常言智者，不應與愚諍，愚罵而智默，則爲勝彼愚〔二〕。

【校注】

〔一〕出中阿含經卷一七。

〔二〕出佛說長阿含經卷二一。

滅瞋五觀　攝論云：由觀五義，以滅瞋恚：一、觀一切衆生，無始以來，於我有恩；

二、觀一切衆生，常念念滅；三、觀唯法，無有衆生，何者能損所損？四、觀一切衆生，皆自受苦，云何復加之以苦？五、觀一切衆生，皆是我子，云何欲生損害〔一〕？

【校注】

〔一〕攝大乘論釋卷九：「由觀五義故，滅除瞋恚及瞋恚所生忿恨心。五義者：一、觀一切衆生無始以來於我有恩。二、觀一切衆生恒念念滅，何人能損何人被損。三、觀唯法無衆生，有何能損及所損。四、觀一切衆生皆自受苦，云何復欲加之以苦？五、觀一切衆生皆是我子，云何於中欲生損害？由此五觀故，能滅瞋恚。瞋恚既滅故，能除忿恨。」

行忍五德　雜寶藏經云：若人行忍，則有五德：一、無恨，二、無訶，三、衆人愛，四、有好名，五、生善道〔一〕。

【校注】

〔一〕按：雜寶藏經未見此説。攝大乘論釋卷九：「若行忍者，則有五德：一、無恨，二、無訶，三、衆人所愛，四、有好名聞，五、生善道。即此五德，名平和事。」

治一切煩惱法　賢愚經云：比丘於十二入，思惟無量，生死無常。又思惟地獄之苦，及諸畜生更相殘害，餓鬼飢渴，衆苦所逼；思惟人中四方馳求，天上敗壞。如是五道身心之苦，無有樂處。觀此五陰，無常、苦、空、無我不實。譬如空村無有居民。如是五陰，皆空無我，以無常火，燒諸世間。諸佛弟子常作此觀，云何得起一切煩惱〔一〕？

【校注】

〔一〕按：「賢愚經云」者，不確。出梁僧伽婆羅譯阿育王經卷三：「出家比丘於十二入，思惟無量，生死無常，云何而得起煩惱耶？又復思惟地獄之苦，及諸畜生更相殘害，餓鬼飢渴衆苦所逼；思惟人中四方馳走，初無安樂；思惟天上壞敗之苦。如是五道身心之苦，無有樂處。觀此五陰，無常、苦、空、無我不實。譬如空村，無有居民。如是五陰，皆空無我，以無常火，燒諸世間。佛諸弟子常作此觀，云何而得起煩惱耶？」

禍從口生　報恩經云：人生世間，禍從口生。當護於口〔一〕，甚於猛火。猛火能燒一世，惡口燒無數世。猛火燒世間財，惡口燒七聖財。是故一切衆生，禍從口生，口舌者，鑿身之斧也〔二〕。七聖財者，一、信，二、精進，三、戒，四、慚愧，五、聞，六、思〔三〕，七、定慧。瓔珞經云：資用成佛故名財〔四〕。

【校注】

〔一〕口：底本及餘三卷本皆誤爲「子」，據明刻本改。

〔二〕大方便佛報恩經卷三：「人生世間，禍從口生。當護於口，甚於猛火。猛火熾然，能燒一世。惡口熾然，燒無數世。猛火熾然，燒世間財。惡口熾然，燒七聖財。是故阿難，一切衆生，禍從口出，口舌者，鑿身之斧，滅身之禍。」

〔三〕思：明刻本作「捨」。

〔四〕後秦竺佛念譯菩薩瓔珞本業經卷下：「七財，信、施、戒、聞、慧、慚愧，資用成佛故説財。」

緘口慎心　法苑云：恨他起謗，自加塗炭，且唇爲弓，心慮爲弦，音聲是箭，長夜空發，徒染身口，特須自省，緘口慎心也〔一〕。

【校注】

〔一〕法苑珠林卷五八謀謗篇第六七述意部第一：「然虚謗之罪，自加塗炭，如脣口是弓，心慮如弦，音聲如箭，長夜空發，徒染身口，特須自省，緘口慎心也。」

入衆

遊行人間 今稱行脚，未見其典。毗奈耶律云：如世尊言，五法成就，五夏已滿，得離依止，遊行人間。五法者：一、識犯，二、識非犯，三、識輕，四、識重，五、於别解脱經，善知通塞，能持能誦。別解脱經，即戒本也。優波離問佛：有滿四夏，善五法，得遊行否？佛言：不得，以五夏爲定量。又問：有滿五夏，未閑五法，得否？佛言：不得，以五法成就爲定量故〔一〕。

【校注】

〔一〕義浄譯根本説一切有部百一羯磨卷七：「如世尊説，五法成就，五夏已滿，得離依止，遊歷人間。云何爲五？一、識犯，二、識非犯，三、識輕，四、識重，五、於别解脱經，善知通塞，及能誦持。大德，若五法成就，五夏已滿，得離依止，遊歷人間者。大德，有滿四夏，善閑五法，此人亦得離依止不？佛言：不得，以五歲爲定量故。大德，有滿五夏，未閑五法，此人得離依止不？佛言：不得，以五法成就爲定量故。」

飛錫　今僧遊行，嘉稱飛錫。此因高僧隱峰遊五臺、出淮西，擲錫飛空而往也。若西天得道僧，往來多是飛錫〔一〕。

【校注】

〔一〕贊寧撰宋高僧傳卷二一唐代州北臺山隱峰傳：「釋隱峰，俗姓鄧氏，建州邵武人也。……峰元和中，言遊五臺山，路出淮西，屬吴元濟阻兵，違拒王命，官軍與賊遇，交鋒未決勝負。峰曰：我去解其殺戮。乃擲錫空中，飛身冉冉隨去，介兩軍陣過。戰士各觀僧飛騰，不覺抽戈匣刃焉。」

海衆　增一經云：衆僧如彼大海，流河決水，以入乎海，便滅本名，但有大海之名〔一〕。

【校注】

〔一〕出增壹阿含經卷四五。

入衆五法　五分律云：佛言：入衆應以五法：一、下意，二、慈心，三、恭敬，四、知次第，五、不説餘事〔一〕。

【校注】

〔一〕見五分律卷一九。

入寺問制 制者，即今叢林規繩也。毗奈耶云：凡客比丘入寺，應問舊住：此中僧伽有何制令？若不問者，得突吉羅罪。舊住不告者，罪同〔一〕。

【校注】

〔一〕義浄譯根本説一切有部毗奈耶卷一八：「凡客苾芻入寺之時，即應先問舊住苾芻曰：具壽，今此寺中僧伽有何制令？若問者善，若不問者，得惡作罪。若主人報者善，若不報者，亦惡作罪。」

接新到衣鉢 十誦律云：有客比丘來，應問訊，與擔衣鉢入寺〔一〕。

【校注】

〔一〕十誦律卷二一：「有客比丘來，當共往迎，一心問訊，與擔衣鉢，開房舍示卧具處。」

入堂五法　南山鈔〔一〕云：先於户外，預安静心。律云：以五法：一、慈心，由僧通凡聖，行涉麤細，須慈心敬名，重法尊人。二、應自卑下，如拭塵巾，推直於他，引曲向己。常省己過，不説彼短。記云：巾能攬穢歸己，令物潔浄故〔二〕。三、應知起坐。若見上座，不應安坐；若見下座，不應起立。人應於衆俯仰得時。四、在僧中，不爲雜語談世俗事。若自説法，若請他説。衆依於法，動必有方。五、見僧中有不可事，心不安忍，應作默然。由無善伴，舉必有時，故應忍默，權同僧事。

【校注】

〔一〕按：本條引文及小字注，除「記云」者外，均出四分律删繁補闕行事鈔卷下之四。

〔二〕出四分律鈔簡正記卷一六。

掛錫　今僧止所住處，名掛錫者，凡西天比丘，行必持錫杖，持錫有二十五威儀〔一〕，凡至室中，不得著地，必掛於壁牙上，故云掛錫。

【校注】

〔一〕按：「持錫有二十五威儀」者，大比丘三千威儀卷下：「持錫杖有二十五事：一者，爲地虫故；二者，爲年老故；三者，爲分衛故；四者，出入見佛像，不得使頭有聲；五者，不得持杖入衆；六者，日中後不得復持杖出；七者，不得擔著肩上；八者，不得横著肩上，以手懸兩頭；九者，不得手掉前卻；十者，不得持杖至舍後；十一者，三師已持杖出，不得復持杖隨出；十二者，若四人共行，一人以持杖出，不得復持杖隨後；十三者，至檀越家，應杖不得離身；十四者，至人門時，當三欬嗽，不出，應當便去至餘處；十五者，設人出，應當杖著左肘挾之；十六者，杖在室中，不得使著地；十七者，當持自近卧牀；十八者，當取拭之；十九者，不得使頭有生；二十者，欲持杖出，當從沙彌受，若白衣受；二十一者，至病瘦家宿，應得暮杖；二十二者，遠送過去，當得暮杖；二十三者，遠請行宿，應得暮杖；二十四者，行阿其云，應得暮杖；二十五者，常當以自近，不得指人，若畫地作字。」

威儀　經、律中皆以行、住、坐、卧名四威儀〔一〕，其它動止，皆四所攝。

【校注】

〔一〕按：住，站也。四威儀指行住坐卧等舉止符合戒規。佛説長阿含經卷八：「復有四法，謂四威儀，可行知行，可住知住，可坐知坐，可卧知卧。」雜阿含經卷八：「作四威儀，行、住、坐、卧。」五分律卷二一：「行立坐卧，行四威儀。」

安居　南山鈔云：形心静攝曰安，要期此住曰居。律制三時，偏約夏月者，一、無事遊行，妨修出世業。二、損物命，違慈實深。三、所爲既非，故招世謗。宣律師四分羯磨云：三安居，謂前、中、後也。律有比丘四月十六日欲安居，不至所在，十七日方到。佛言：聽後安居。即五月十六日也〔一〕。◯明了論云：無五過處得安居：一、太遠聚落，求須難得，二、太近城市，妨修出世道，三、多蟲蟻，自他兩損，四、無可依人，可依人者，具五用〔二〕：一、求聞令聞，二、聞已令清浄，三、能決斷是非，四、通達無滯，五、正見無曲。五、無施主供給衣藥。並不可安居〔三〕。

【校注】

〔一〕四分律删繁補闕行事鈔卷上四：「夫静處思微，道之正軌。埋須假日追功，策進心行。隨緣託處，志唯尚益。不許駝（校注者按：駝，當爲「馳」之誤）散，亂道妨業。故律通制三時，意存據道，文偏約夏月，情在三過：一、無事遊行，妨修出業。二、損傷物命，違慈寔深。三、所爲既非，故招世謗。……今但就夏，亦有三時：初四月十六日是前安居，十七日已去至五月十五日名中安居，五月十六日名後安居。故律中有三種安居，謂前、中、後也。前安居者，住前三月。後安居者，住後三月。雖不云中三月，然文中具明前後日數，中間不辨，於理自明。」又，四分律鈔簡正記卷八：「羯磨疏云：形心静攝曰安，要期此住曰居。」四分律卷三七：「爾時舍利弗、目連欲共世尊安居，十五日從所住處往，十七日乃至，不知當云何，即白諸比丘。諸比丘以此事白佛，佛言：聽後安居。有二種安居，有前安居，有後安居。若在前安居，應住前三月。若後安居，應住後三月。」

〔二〕用：明刻本作「德」。

〔三〕道宣集曇無德部四分律刪補隨機羯磨卷下引明了論。

夏臘 即釋氏法歲也。凡序長幼，必問夏臘，多者爲長。故云天竺以臘人爲驗焉。經音疏、增輝記皆云：臘，接也〔一〕。蔡邕獨斷云：臘者，歲之終也。晉博士張亮議云：臘，接也，新故交接，俗謂臘之〔二〕明日爲初歲也〔三〕。今釋氏自四月十六日〔四〕前安居入制，至七月十五日爲受臘之日，若俗歲除日也。至十六日，是五分法身生養之日，名新歲也。自夏九旬，統名法歲矣。

【校注】

〔一〕一切經音義卷五九慧琳撰四分律音義卷一一：「案風俗通曰：漢曰臘，獵也。……或曰獵者，接也，新故交接也。諸經律中，亦名歲，如新歲經等也。爾雅注云：一終名歲，又取歲星行一次也。夏曰歲，商曰祀，周曰年，唐虞曰載，皆據一終爲名。今比丘或言臘，或云夏，言兩同其事也，一終之義。案天竺多雨，雨安居從五月十六日至八月十六日也。土火羅諸國以十二月安居，此方言夏安居，從四月十六日至七月十五日。各就其事制名也。」

〔二〕之：明刻本無，世界書局本作「云」。

〔三〕世説新語德行篇劉孝標注引晉博士張亮議曰：「蠟者，合聚百物索饗之，歲終休老息民也。臘者，祭宗廟五祀。傳曰：臘，接也。祭則新故交接也。秦、漢以來，臘之明日爲祝歲，古之遺語也。」按：「蔡邕獨斷云」至此，備要本爲大字正文。

〔四〕按：「今釋氏自四月十六日」底本爲小字，據文意及備要本改。

自恣 十誦云：好惡相教，以三語自恣〔一〕。三語者，謂見、聞、疑。○鈔云：九旬之内，人多迷己，不自見過。理宜仰憑清衆，垂慈示誨，縱宣己罪，恣僧舉過，内彰無私隱，外顯有瑕疵，身口託於他人，故曰自恣〔二〕。

【校注】

〔一〕十誦律卷五六：「自恣法者，安居比丘應一處和合，衆僧應三種自恣：若見、若聞、若疑問。何以故，佛聽自恣？答：以攝衆僧故，好惡相教化故。」

〔二〕出四分律删繁補闕行事鈔卷上四自恣宗要篇第一二。

迦提　梵語具云迦栗提迦，即九月望宿名也〔一〕。謂西國三月安居，至九月十六日解後，安居比丘行化故，取望宿爲名也。

【校注】

〔一〕按：一切經音義卷一一慧琳撰大寶積經音義卷七：「迦利邸迦月，薑伽反，梵說也，唐言昴星。每年九月十五日，月臨昴宿，故取此星爲九月名。古名迦提，訛略不正也。」

經行　慈恩解云：西域地濕，疊塼爲道，於中往來，如布之經，故曰經行〔一〕。〇十誦律云：經行有五利：一、勦健，勦，音巢，輕捷也。二、有力，三、不病，四、消食，五、意堅固〔二〕。〇三千威儀經：有五處可經行：一、閑處，二、户前，自房户前。三、講堂前，四、塔下，五、閣下〔三〕。

【校注】

〔一〕窺基撰妙法蓮華經玄贊卷二之末：「西域地濕，疊塼爲道，於中往來消食、誦經，如經布絹之來去，故言經行。」

〔二〕見十誦律卷五一。

〔三〕見安世高譯大比丘三千威儀卷上。

在衆安樂行法

瑜伽論云：終不嗤笑、輕弄於他，令他赧愧，不安穩住。終不現前，毁他所愛，讚他非愛。非情交者，不吐實誠，不屢希望，知量而受。若先許應他飲食等，終無假托，不赴先期〔一〕。○龍王經云：有三事常在安隱：謂不剛硬、不諛、不諂，除貪嫉，見人得供養，代其歡喜〔二〕。

【校注】

〔一〕玄奘譯瑜伽師地論卷四〇：「終不嗤誚、輕弄於他，令其赧愧，不安隱住。亦不令其心生憂悔。雖能摧伏得勝於彼，而不彰其墮在負處。彼雖浄信，生於謙下，終不現相而起自高。又隨他心而轉菩薩，於諸有情，非不親近，不極親近，亦不非時而相親近。又隨他心而轉菩薩，終不現前毁他所愛，亦不現前讚他非愛。非情交者，不吐實誠。不屢希望，知量而受。若先許應他飲食等，終無假託，不赴先祈。」

〔二〕竺法護譯佛説海龍王經卷一行品：「三事常在隱處。何等三？不剛不鞕而不諛諂，除諸貪嫉，見人得供代其歡喜。」

掃地

佛在逝多林，見地不浄，欲令樂福衆生，於勝福田植浄業故，佛即自執箒欲掃。時大聲聞見，皆執箒共掃。佛言：凡掃地，有五勝利：一、自心清浄，二、令他心清浄，三、諸天歡喜，四、植端正業，五、命終當生天上〔一〕。○阿含經云：佛教朱利槃特誦掃箒字，復教執掃箒。佛言：汝誦此字，爲目何等？然此掃箒，復名除垢。槃特作是思惟：垢者，灰土瓦石也。除者，清净也。佛以此教誨我，令思惟結縛是垢，智慧是除。今可以智慧之箒，除結縛垢，因此便成阿羅漢〔二〕。○增一經云：夫掃地有五事不得福：謂不知逆風，不知順風，不作聚，不除糞，不净潔〔三〕。○四分云：逆風掃，不滅迹，不除糞，不復箒本處〔四〕。○正法念經云：若掃如來塔，命終生意躁天身，香氣熏百由旬〔五〕。

【校注】

〔一〕見義净譯根本説一切有部毗奈耶雜事卷一四。

〔二〕見東晉僧伽提婆譯增壹阿含經卷一一：「世尊手執朱利槃特，詣静室，教使就坐。世尊復教使執掃篲：汝誦此字，爲字何等？是時，朱利槃特誦得掃，復忘篲；若誦得篲，復忘掃。爾時，尊者朱利槃特誦此掃篲乃經數日，然此掃篲復名除垢。朱利槃特復作是念：何者是除？何者是垢？垢者，灰土瓦石。除者，清净也。復作是念：世尊何故以此教悔我？我今當思惟此義。以思惟此義，復作是念：今我身上亦有塵垢，我自作喻，何者是除？何者是垢？彼復作是念：縛結是垢，智慧是除，我今可以智慧之篲掃此結縛。爾時，尊者朱利槃特思惟五盛陰成者、敗者：所謂此色、色習、色滅，是謂痛、想、行、識，成者、敗者。爾時，思惟此五盛陰已，欲漏心得解脱，有漏心、無明漏心得解脱。已得解脱，便得解脱智：生死已盡，梵行已立，所作已辦，更不復受胎有，如實知之。尊者朱利槃特便成阿羅漢。」

〔三〕增壹阿含經卷二五：「夫掃地之人，有五事不得功德。云何爲五？於是掃地之人不知逆風，不知順風，復不作聚，復不除糞，然掃地之處復非浄潔。」

〔四〕四分律卷四九：「有五種掃地，不得大福德：不知逆風順風，掃地不滅跡、不除糞、不復掃帚本處。」

〔五〕元魏般若流支譯正法念處經卷二二：「以浄信心供養衆僧，掃如來塔，清浄信心，知上福田。是人命終，生於善道意躁動天。生彼天者，身無骨肉，亦無污垢，香氣能熏一百由旬。」

同力收拾

僧祇云：若大會多出幢蓋，若卒風雨至，一切同力收拾，不得云我是行去聲。人大德等，應隨近房安置，不得護房，應爲抖擻疊舉〔一〕。

【校注】

〔一〕摩訶僧祇律卷三三：「若佛生日、得道日、轉法輪日、五年大會日，名出幡蓋，供養枝提，若卒風雨，一切衆僧應共收，不得言我是上座、我是阿練若、我是乞食、我是糞掃衣、我是大德，汝等依是活者自應收，若風雨卒來應共收。隨近房應安，不得護房，言著先處。若濕者應曬，塵土坌者，應抖擻疊舉。若言我是上座、我是阿練若、我是乞食、我是糞掃衣、我是大德者，得越比尼罪，是名收供養具法。」

燃燈　僧祇云：燃燈不得卒入房，應先在外唱言：諸大德，燈入。記云：此約衆，若今禪居及講院寮舍也。若卒將入，恐暗中比丘威儀不整。至滅燈時，亦不得卒滅，先以手遮燈，告曰：滅燈。衆若默，方可滅。此慮衆僧收拾不辨〔一〕。不得用口吹，當將筯〔二〕敧燼折去之〔三〕。敧音羈，言取物也。記作輢，非也。

【校注】

〔一〕辨：明刻本、世界書局本作「辦」。

〔二〕筯：備要本誤作「筋」。

〔三〕摩訶僧祇律卷三五：「滅禪坊中燈時，不得卒滅，當言：諸大德敷褥，欲滅燈。便以手遮，唱言：燈欲滅，燈欲滅。不聽用口吹滅、手扇滅、及衣扇滅，當敧折頭燋去。」

禮拜忌　僧祇云：若他禮佛、誦經、寫經、授經時，並不得禮。又云：禮人不得對佛。

又，夜闇僻處，不得禮人。恐涉嫌疑〔一〕。○五分律云：相瞋人，不得於屏處禮拜〔二〕。○四分律云：飲食、噉果、說法、漱口、嚼楊枝、剃髮、裸身、大小行時，並不得禮〔三〕。

【校注】

〔一〕摩訶僧祇律卷三五：「前人共諍共語時，不得禮。當低頭小敬前人，若止，應作禮。若屋作、泥作時，不應禮。如是一切作，熏鉢、浣衣、煮染、染衣、縫衣、澡浴、油塗身、洗足、洗手面、洗鉢、禮塔、食時、含咽、著眼藥、讀經、誦經、寫經、經行、下閣、上閣時，上厠時，不著衣時，著一泥洹僧時，盡不應禮。闇中不應禮，授經時不應禮，著泥洹僧時、著衣時、若疾行時，不應禮。」

〔二〕五分律卷二六：「諸比丘食時相禮，僧食時、歠粥時、噉果時、經行時、不著三衣時、闇時、不共語時禮，相瞋於屏處禮。諸比丘以是白佛。佛言：此時皆不應禮，犯者突吉羅。」

〔三〕四分律卷六〇：「比丘有十種威儀，不應禮：大行時、小行時、若裸身、若剃髮、若說法、若嚼楊枝、若洗口、若飲、若食、若噉果。」

向火七過　僧祇云：一、損眼，二、壞色，三、身羸，四、衣垢，五、壞卧具，六、生犯戒緣，七、增俗話〔一〕。

【校注】

〔一〕摩訶僧祇律卷一七：「火有七事無利益。何與七？一者壞眼，二者壞色，三者身羸，四者衣垢壞，五者壞牀褥，六者生犯戒因緣，七者增世俗言論。有此七過故，從今日後，不聽然火。」

噎

僧祇云：若在僧中噎者，不得放聲，應以手遮口，勿令涕唾污比座〔一〕。

【校注】

〔一〕摩訶僧祇律卷三五：「禪坊中嚏者，不得放恣大嚏。若嚏來時，當忍以手掩鼻。若不可忍者，應手遮鼻而嚏，勿使涕唾污濺比坐。若有嚏者，不得言語。若上座嚏者，應言和南。下坐者，默然。」

剪爪

涅槃經云：爪長，破戒之相〔一〕。○文殊問經云：爪許長一穬〔二〕麥，爲搔癢故〔三〕。

【校注】

〔一〕北涼曇無讖譯大般涅槃經卷四：「於像法中，當有比丘，似像持律，少讀誦經。貪嗜飲食，長養其身。身所被服，麤陋醜惡，形容憔悴，無有威德。放畜牛羊，擔負薪草。頭鬚髮爪，悉皆長利。雖服袈裟，猶如獵師。……如是等人破壞如來所制戒律正行威儀。」

〔二〕穬：諸本作「横」，據文意及文殊師利問經改。穬，説文曰：「芒粟也。」賈思勰齊民要術醴酪：「煮杏酪粥法：用宿穬麥，其春種者，則不中。」宋應星天工開物麥：「穬麥獨産陝西，一名青稞，即大麥，隨土而變。」

〔三〕梁僧伽婆羅譯文殊師利問經卷上：「爪不得長，得如一穬麥。何以故？爲搔癢故。」

剃髮

涅槃經云：髮長，破戒之相〔一〕。○文殊問經云：髮長二指當剃〔二〕。○剃髮次第有四：第一、上座，二、髮長人，三、若偕長，聽先洗人，四、有緣人。有勾當〔三〕僧緣務人。已上四人，應相度尊卑急緩，推讓先之。

【校注】

〔一〕參「剪爪」條注一。

〔二〕梁僧伽婆羅譯文殊師利問經卷上：「髮長二指當剃，或二月日若短而剃，是無學菩薩。若過二指，亦是無學菩薩。」

〔三〕勾當：辦理。

卧法 寶雲經云：欲卧，身向右邊，累足，以法衣覆身，正念正知，起明了想，但爲長養諸根大種故〔一〕。○瑜伽論：問曰：何緣右脇而卧？答：與師子王法相似，一切獸中，勇捍堅猛，最爲第一。苾芻亦爾，發勤精進，勇捍堅猛，最第一。由是因緣，與師子卧法相似。如是卧時，身無掉亂，念無忘失，睡不極重，不見惡夢故〔二〕。

【校注】

〔一〕唐達摩流支譯佛説寶雨經卷八：「菩薩欲卧，身向右邊，累足而卧，以法衣覆身，正念正知，起明了想。……右脇而卧，不著睡眠。……但爲長養諸大種故，乃至爲活命故。」

〔二〕玄奘譯瑜伽師地論卷二四：「問：以何因緣，右脇而卧？答：與師子王法相似故。問：何法相似？答：如師子王，一切獸中，勇悍堅猛，最爲第一。比丘亦爾，於常修習，覺寤瑜伽，發勤精進，勇悍堅猛，最爲第一。由是因緣，與師子王卧法相似，非如其餘鬼卧、天卧、受欲者卧，由彼一切嬾墮懈怠下劣，精進勢力薄弱，又法應爾，如師子王右脇卧者，如是卧時，身無掉亂，念無忘失，睡不極重，不見惡夢。」

睡眠 卧之垂熟也。此是心所法中，四不定〔一〕一也。令人不自在，昧略爲性，障染爲業〔二〕。○發覺浄心經：有二十種睡眠過患：一、懶墮，二、身體沉重，三、皮膚不浄，

四、皮内麤澀，五、諸大穢濁，威德薄少，六、飲食不消，七、體生瘡疱，八、多懈怠，九、增癡，十、智慧弱，十一、善欲疲倦，十二、常趣黑暗，十三、人不恭敬，十四、禀質愚癡，十五、多煩惱，十六、於善不樂，十七、白法減，十八、多驚怖，十九、見精進者毁辱之，二十、於衆被輕賤〔三〕。○十誦云：若鼾睡鼾，音汗。者，應起經行。不能者，屏處睡，不得惱衆〔四〕。○僧祇云：若比丘夜鼾睡，振動寱語，不作擾亂意，無罪〔五〕。

【校注】

〔一〕不定：即不定心所法，意謂於識、界、性都不肯定。包括悔、眠、尋、伺四種，故稱四不定。

〔二〕玄奘譯成唯識論卷七：「悔、眠、尋、伺於善、染等皆不定故，非如觸等定遍心故，非如欲等定遍地故，立不定名。……眠謂睡眠，令身不自在，昧略爲性，障觀爲業，謂睡眠位身不自在，心極闇劣，一門轉故。」

〔三〕見隋闍那崛多譯發覺淨心經卷下。

〔四〕十誦律卷五六：「若喜鼾眠，應起經行。若不能起，應屏處去，莫以是因緣惱亂餘人，是名卧法。」

〔五〕摩訶僧祇律卷一五：「若比丘夜眠時，雖振動寱語，不作擾亂意，無罪。」

發睡緣　雜集論云：謂羸瘦疲倦，身心沉重，思惟闇相，捨諸作務。或曾此時慣習，或他咒術所引，或動扇涼風吹等〔一〕。

【校注】

〔一〕玄奘譯大乘阿毗達磨雜集論卷一：「睡因緣者，謂羸瘦疲倦，身分沈重，思惟闇相，捨諸所作，曾數此時串習睡眠，或他咒術神力所引，或因動扇涼風吹等。」

晝小眠　智度論云：春末夏初，以時熱故，小眠息，除食患故〔一〕。

【校注】

〔一〕出大智度論卷九〇。

在牀忌七事　三千威儀經云：不得大欬、謦欬。咤、咤字去聲，嘆也。噴、噴嚏。喊、喊，許介切，喝也。歎息、思念世事，不得倚壁，欲起以時，若意走不定，當自責，即起經行〔一〕。

【校注】

〔一〕按：「經行」兩字疑爲衍文。大比丘三千威儀卷上：「在牀上有五事：一者不得大欬，二者不得咤噴普寸。喊，三者不得歎息思念世間事，四者不得倚壁臥，五者欲起坐當以時，若意走不定，當自責本即起。」後接「經行有五事」。這裏疑即因此而致誤。

小行 往小便，文言可云私。左傳：師惠過宋朝，將私焉〔一〕。注云：小便也。律云小行。毗尼母云：不聽於伽藍内處處小便，當聚一屏猥處，若瓦瓶、木桶埋地中，以物蓋覆，勿令有臭氣〔二〕。五分云：許將小便器入房中，密塞口。房外，應滿盛水〔三〕。〇優鉢祇王經云：伽藍法界内地，漫去聲，亂也。大小便，五百生墮拔波地獄。後二十劫，常遺肘手，把此穢地〔四〕。

【校注】

〔一〕見左傳襄公十五年。

〔二〕毗尼母經卷六：「諸比丘住處、房前、巷間，處處小便，污地臭氣，皆不可行。佛聞之，告諸比丘：從今已去，不聽諸比丘僧伽藍中處處小行，當聚一屏猥處。若瓦瓶、若木筩，埋地中就中小行。小行已，以物蓋頭，莫令有臭。」

〔三〕五分律卷二六：「諸比丘便内小便器，著房中臭處。佛言：不應著房中。諸比丘既著房外，惡虫入中。佛言：若須内房中，應密塞口。若著房外，與水滿中。」

〔四〕按：開元釋教録卷一八著録優鉢祇王經一卷，指爲僞經，並云：「義理乖背，僞妄昭然。章疏共引，靡知虚僞。故載斯録，傳示後賢，儻悟非真，希同革弊。」後佚。法苑珠林卷九四穢濁篇第九四便利部：「如優鉢祇王經云：伽藍法界地漫大小行者，五百身墮拔波地獄。後經二十小劫，常遺肘手，抱此大小便處臭穢之地，乃至黄泉。」

屏厠

説文云：屏，蔽也。釋名曰：厠，雜也，雜厠其上也。或曰溷，溷濁也。或曰圊，圊清也。至穢之處，宜潔清故〔一〕。今南方釋氏呼東司，未見其典。登厠，文言可云如。左傳：晉侯食麥，脹，如厠，陷中〔二〕。○三千威儀經云：上厠有二十五法：一、欲登厠，當行，不得於道上禮人；二、不得受人禮；三、直視地；四、到門外三彈指；恐有人在内。五、已有人，不得逼；六、已登正彈指；此警噉糞諸鬼。乃至十七、不得將草劃地；草即籌子，浙人呼厠草。十八、不得持草劃壁作字。十九已下，洗净法。又云：設見草土盡，當語主者，若自手取添爲善〔三〕。○虚空藏經云：若懺罪人，治厠八百日，能滅罪咎〔四〕。

【校注】

〔一〕釋名卷六釋宫室：「厠，雜也（校注者按：「雜也」，據釋名疏證等補），言人雜厠在上，非一也。或曰溷，言溷濁也；或曰圊，至穢之處，宜常修治，使潔清也；或曰軒，前有伏，似殿軒也。」

〔二〕陷中：底本、大正藏本作「隱」，備要本無「中」字，據明刻本改。又，「登厠，文言可云如」至「如厠，陷中」，世界書局本無。按：左傳成公十年：晉侯「將食，張，如厠，陷而卒。」

〔三〕安世高譯大比丘三千威儀卷下：「有二十五事：一者，欲大小便，當行時，不得道上爲上座作禮；二者，亦莫受人禮；三者，往時當直低頭視地；四者，往當三彈指；五者，已有人彈指，不得逼；六者，已止住，三彈指乃踞；七者，正踞中；八者，不得一足前一足卻；九者，不得令身倚；十者，斂衣不得使垂圊中；十一者，不得大咽使面赤；十二者，當直視前，不得顧聽；十三者，不得唾污四壁；十四者，不得低頭視圊中；十五者，不得視陰；十六者，不得以手持陰；十七者，不得持草畫地作字；十八者，不得持草畫壁作字；十九者，用水不得大費；二十者，不得污濺；二十一者，用水不得使前手著後手；二十二者，用土當三過；二十三者，當澡豆；二十四者，三過水；二十五者，設見水草土盡，當語直日主者，若自手取爲善。」

〔四〕曇摩蜜多譯觀虛空藏菩薩經：「某甲比丘，某甲優婆塞，更令懺悔，一日乃至七七日，禮三十五佛，虛空藏菩薩力故，汝罪輕微。知法者，復教令塗治圊厠，經八百日，日日告言：汝作不淨事，汝今一心塗一切厠，莫令人知。塗已，澡浴禮三十五佛，稱虛空藏。向十二部經，五體投地，說汝過惡。如是懺悔，復經三七日。爾時智者應集親厚於佛像前，稱三十五佛名，稱文殊師利，稱賢劫菩薩，爲其作證，更白羯磨，如前受戒法。此人因苦行力故，罪業永除。」

洗浄　四分云洗穢，百一羯磨本云：如世尊説，勝義洗浄有三種：一、洗身，二、洗語，三、洗心。云何此中，但説不浄染污，教令洗耶？佛言：欲令除去臭氣，安樂住故。又，佛言：有染比丘，不得禮人，不得受人禮，違者得越法罪。染有二種：一、飲食染，二、不浄染。不浄染者，但是糞土、涎唾、污穢，及大小行來未洗者。佛言：汝等比丘，應可洗浄〔一〕。○三千威儀經云：比丘若不洗大小便，得突吉羅罪，亦不得坐僧牀座及禮三寶，亦不得受人禮拜〔二〕。○律云：凡洗浄用水，以右手執瓶，左手洗之。出外，先以灰滓摩手水洗，又用黄土三度摩擦水洗，又用皂角澡豆，皆〔三〕洗至肘前〔四〕。○毗奈耶云：佛告苾芻，汝等當知，此是常行法，常須存意，如是洗浄，有大利益，令身潔浄，諸天敬奉。是故汝等若依我爲師者，咸應洗浄。若不洗者，不應遶塔、禮佛、讀經，不禮他，不受他禮，不應噉食、坐僧牀，不得入衆，由身不浄故，能令諸天見不生喜。所持咒法，皆無靈驗。若違者，得惡作罪〔五〕。

【校注】

〔一〕見義浄譯根本説一切有部百一羯磨卷八。

〔二〕大比丘三千威儀卷上：「若不洗大小便，得突吉羅罪，亦不得僧浄坐具上坐，及禮三寶。」

〔三〕皆：明刻本作「揩」。

〔四〕參見十誦律卷五七。

〔五〕見義浄譯根本説一切有部毗奈耶雜事卷一六。

善品軌則 顯揚聖教論云：讀誦經典，和敬師長，修承事業，瞻侍病患，互起慈心，請問聽法，精勤無墮。於諸聰慧同梵行者，躬自供事，獎勸他人，修行善品。及爲宣説深妙之法，入静密處，結加趺坐〔一〕。○大般涅槃經云：常修七事：一、歡悦和諧，猶如水乳。二、常共集會，講論經法。三、護持禁戒，不生犯想。四、恭敬於師及上座。五、料理愛敬阿練比丘。六、勸化檀越，修營三寶住處。七、勤加精進，守護佛法。若比丘行此七法，功德智慧，日就增進〔二〕。

【校注】

〔一〕玄奘譯顯揚聖教論卷七：「云何於方便修善品中，軌則具足，隨順不違世間及毗奈耶？

謂讀誦經典，和敬師長，修承事業，瞻侍疾患，互起慈心，與欲宣説，方便修習，請問聽法，精勤無墮。於諸聰慧同梵行者，躬自供事，獎勸他人，修行善品。及爲宣説深妙之法，入静密處，結加趺坐。」

〔二〕出東晉釋法顯譯大般涅槃經卷上。

六和敬　肇云：以慈心起身業；以慈心起口業；以慈心起意業；若得重養，與人共之；持戒清浄；修漏盡慧。若行此六法，則衆和順，無有乖諍〔一〕。

【校注】

〔一〕按：後秦釋僧肇選注維摩詰經卷四：「什曰：欲令衆和，要由六法：一、以慈心起身業；二、以慈心起口業；三、以慈心起意業；四、若得食時，減鉢中飯，供養上座一人，下座二人；五、持戒清浄；六、漏盡智慧。若行此六法，則衆常和順，無有乖諍。」非「肇云」也，道誠誤。

善言　法句經云：惡言罵詈，憍凌篾人。興起是行，嫉怨兹生。遜言順辭，尊敬於人。棄結忍惡，嫉怨自滅。是以言語者，必使己無患，亦不剋衆人，是爲能善言也〔一〕。

【校注】

〔一〕見法救撰、吴維祇難等譯法句經卷上。

在衆惡報

雜阿含經云：佛在舍衛國，目連見一大身衆生，比丘之象，鐵葉爲衣，舉身火燃，以鐵鉢盛熱鐵丸食，乃問佛，佛言：此衆生迦葉佛時作比丘，好起諍訟，鬬亂衆僧，作諸口舌，令不和合，先住者厭惡捨去，未來者不來，緣斯罪故，已入地獄中，受無量苦。餘罪今受此身〔一〕。凡入衆高識，可以此箴。

【校注】

〔一〕雜阿含經卷一九：「佛住舍衛國，乃至尊者大目犍連言：我於路中，見一大身衆生，比丘之像，皆著鐵葉，以爲衣服，舉體火然，亦以鐵鉢盛熱鐵丸而食之。乃至佛告諸比丘：此衆生者，過去世時，於此舍衛國迦葉佛法中出家作比丘，作摩摩帝，惡口形名諸比丘，或言此是惡秃，此惡風法，此惡衣服。以彼惡口故，先住者去，未來不來。緣斯罪故，已地獄中受無量苦。地獄餘罪，今得此身，續受斯苦。」

擇友

擇友 順正論云：善友者，能爲衆行本故〔一〕。歡豫經云：賢友者，乃萬福之基也。現世免王者之牢獄，死則杜三塗之門户，升天得道，皆賢友之助矣〔二〕。○大莊嚴論云：若人親近有智善友，能令身心内外俱浄，斯則名爲真善丈夫〔三〕。○毗奈耶云：阿難白佛：善知識者，是半梵行。諸修行者，由善友力，方能成辦。佛言：是全梵行。若得善伴與其同住，乃至涅槃，無事不辦，故名全梵行〔四〕。

【校注】

〔一〕出阿毗達磨順正理論卷五九。

〔二〕梁僧旻、寶唱等集經律異相卷一五阿難與佛先世爲善友篇，云出歡豫經。按：智昇撰開元釋教録卷一五：「歡豫經一卷，法經録云勸豫，云出中含第十二。祐録云安公失譯經(附西晉録)。」

〔三〕鳩摩羅什譯大莊嚴論經卷五：「若人親近有智善友，能令身心内外俱浄，斯則名爲真善丈夫。」

〔四〕義浄譯根本説一切有部毗奈耶雜事卷三八：「時阿難陀白佛言：世尊，我於静處作如是念：善知識者是半梵行，諸修行者，由善友力方能成辦，得善友故，遠離惡友，以是義故，方知善友是半梵行。佛言：阿難陀，勿作是語，善知識者是半梵行。何以故？善知識者是全梵行。由此便能離惡知識，不造諸惡，常修衆善，純一清白，具足圓滿梵行之相。由是因緣，若得善伴與其同住，乃至涅槃，事無不辦，故名全梵行。」

四品友　孛經云：孛者，即佛因中爲藍達國王師時名也。孛謂王曰：友有四品：一、如華友，謂好時插頭，萎時捐棄於地，見富貴則附，貧困則捨是也。二、如秤友，謂物重頭低，物輕則仰，有與則敬，無與則慢是也。三、如山友，譬如金山，鳥獸集之，毛羽蒙光，貴能榮人，富樂同歡是也。四、如地友，百穀財物，一切仰之，施給養護，恩厚不德〔一〕是也〔二〕。前二友，不可親厚。

【校注】

〔一〕不德：明刻本作「衆德」。據佛説孛經抄，疑爲「不薄」之誤，參下注。

〔二〕吴支謙譯佛説孛經抄：「孛曰：友有四品，不可不知：有友如花，有友如秤，有友如山，有友如地。何謂如花？好時插頭，萎時捐之，見富貴附，貧賤則棄，是花友也。何謂如秤？物重頭低，物輕則仰，有與則敬，無與則慢，是秤友也。何謂如山？譬如金山，鳥獸集之，毛羽蒙光，貴能榮人，富樂同歡，是山友也。何謂如地？百穀財寶，一切仰之，施給養護，恩厚不薄，是地友也。」

朋友三要　因果經云：婆羅門優陀夷聰明多智，浄飯王敕爲太子友，白太子言：朋友有三要法：一者，見有失，輒相曉諫；二，見有好事，深生隨喜；三，在苦厄，不相棄捨〔一〕。

【校注】

〔一〕見求那跋陀羅譯過去現在因果經卷二。

得善友常行四法　龍王經云：一、不慢不諂，常加恭敬；二、柔和慎言；三、不自大；四、常受言教〔一〕。

【校注】

〔一〕按：西晉竺法護譯佛説海龍王經卷一：「有四事得值善友。何謂四？不慢無諂，常加恭敬，柔和順言而不自大，常受言教。」道誠所説四法，和此經具體所指有異。

親友七法

四分律云：具七法，方成親友：一、難作能作，二、難與能與，三、難忍能忍，四、密事相告，五、互相覆藏，六、遭苦不捨，七、貧窮不輕〔一〕。

【校注】

〔一〕四分律卷四一：「有七法，是親友利益慈愍故。何等七？難與能與，難作能作，難忍能忍，密事相語，不相發露，遭苦不捨，貧賤不輕。如是阿難，有此七法，名爲親友。」

視朋友五事

尸迦越經云：一、見作惡，往屏處曉諫呵止；二、所有急事，當奔赴救護；三、所有私語，不得說向他人；四、常相敬難；五、所有好事，當多少分與之〔一〕。

【校注】

〔一〕安世高譯佛說尸迦羅越六方禮經：「人視親屬朋友，當有五事：一者，見之作罪惡，私往於屏處，諫曉呵止之；二者，小有急，當奔趣救護之；三者，有私語，不得爲他人說；四者，當相敬難；五者，所有好物，當多少分與之。」

庸人

音義云：謂常愚短，心不節慎，口無法言，惡人爲友，此名庸人〔一〕。

【校注】

〔一〕一切經音義卷四八玄應撰瑜伽師地論音義卷一八：「庸人，與恭反，謂常愚短者也。心不節慎，口無法言，惡人爲友也。」

染習 佛本行經云：世尊與難陀比丘至魚肆，佛令難陀取少籍魚草，握少時棄之，令臭手，問之，難陀曰：唯有腥臭之氣。又至香店，令取裹香紙，搦少時棄之，復問難陀，答：唯聞香氣。佛語難陀：善友惡友相染習，亦復如是。若親善友，必定當得廣大名聞〔一〕。

【校注】

〔一〕見隋闍那崛多譯佛本行集經卷五六、五七，文繁不録。

察間諜 間字去聲。謂被中間言語鬬亂。根本毗奈耶云：朋友不得因他語，便相棄捨。若聞他語，當善觀察〔一〕。謂徵其辭，察有罪也。

【校注】

〔一〕義浄譯根本説一切有部毗奈耶卷二六：「不得因他語，棄捨於親友。若聞他語時，當須善觀察。」

住持

禪住持 伏覩聖朝頒賜大宋傳燈録云：禪門住持規式，自洪州百丈山大智禪師懷海〔一〕創置也。略云：以禪宗自少室至曹溪已來，多居律寺。雖〔二〕住別院，然於説法住持，未有規度，常爾介懷。博約折中，設於制範，務其儀也，遂創意別立禪居。凡具道眼，有可尊之德者，命爲長老。既爲化主，即處于方丈，同淨名之室，非私寢也。院不立佛殿，惟樹法堂，表佛祖所囑受，當代爲尊也。所裒學衆無多少、無高下，盡入僧中，依夏臘安排。設長連牀，施椸架，掛搭道具。卧必斜枕牀脣，右脇吉祥睡。以其坐禪既久，略偃息而已，具四威儀也。其入室請益之者，任其勤怠。闔院大衆，朝參夕聚。長老升堂，主事徒衆，雁立側聆。賓主問酬，激揚宗要，表依法而住也。齋粥二時均遍，務於節儉，表法食雙運也。行普請法，上下均力也。置十務，謂之寮舍。每一寮〔三〕用首領一人，令各司其局也。或有假號竊服，混乎清衆，并別致喧撓之事，即堂維那，檢舉抽下本位掛搭單，擯出院者，貴安清衆也。或彼有重犯，即以拄杖杖之。對衆燒衣鉢道具，遣從偏門而出，示恥辱也。詳此一條，制有四益：一、不污清衆，生恭信故。二、不毀僧形，循佛制故。三、不擾公門，省獄訟故。四、不洩于外，護宗綱故〔四〕。

【校注】

〔一〕宋高僧傳卷一〇釋懷海傳：「釋懷海，閩人也。……後檀信請居新吴界，有山峻極，可千尺許，號百丈歟？」

〔二〕雖：永田文昌堂本、備要本誤爲「能」。

〔三〕明刻本「寮」下有「舍」字。

〔四〕見景德傳燈録卷六洪州百丈山懷海禪師附禪門規式。

主事四員　一、監寺。會要云：監者，總領之稱〔一〕，所以不稱寺院主者，蓋推尊長老。〇二、維那。此云悦衆，毗奈耶云授事人〔二〕。〇三、典座。僧祇律云：典次付牀座。此掌僧九事之一也〔三〕。〇四、直歲。三千威儀經：具十德，堪充直歲〔四〕。文多不録。今但掌園民，直歲調也。上之四人，皆不用本處徒弟，並於十方海衆内，僉選道心身〔五〕幹，知因果者。打鍵椎，白衆請之，用無常人，其或心力勞倦，告衆歸堂，則別請能者也。

【校注】

〔一〕唐會要卷六四史館雜録下：「監者，蓋總領之義耳。」

〔二〕義浄撰南海寄歸内法傳卷四灌沐尊儀：「授事者，梵云羯磨陀那。陀那是授，羯磨是事，意道以衆雜事指授於人，舊云維那者非也。維是唐語，意道綱維。那是梵音，略去羯磨陀字。」

〔三〕摩訶僧祇律卷六：「九事者，典次付牀座，典次差請會，典次分房舍，典次分衣物，典次分花香，典次分果蓏，典次知暖水人，典次分雜餅食，典次知隨意舉堪事人。」

〔四〕安世高譯大比丘三千威儀卷下：「直歲有十德：一者，爲三法盡力；二者，若有比丘從遠方來，當逆安隱；三者，當給與牀席，若燈火三日至七日；四者，設房皆滿，當自避持處與之；五者，當數往問訊占視；六者，當爲説國土習俗；七者，當憂所不具足；八者，若中有共諍者，不得有所助，常當和解令安隱；九者，若宿與不相便安，不得於衆中呵罵，亦不得呼人使共作某令主不可；十者，不得與摩波利共諍求長短，數於衆中若行説之，亦不得取三法中所有物持行作恩惠。如法行者，可作直歲。」按：人宋僧史略卷中：「典座者，謂典主牀座。凡事舉座，一色以攝之，乃通典雜事也。或立直歲，則直一年，或直月、直半月、直日，皆悦衆也。」

〔五〕身：明刻本作「才」。

禪

智度論云：秦言思惟修〔一〕。○阿毗曇論云：斷結故名禪〔二〕。○禪要序云：無禪不智，無智不禪。然則禪非智不照，照非禪不成。大哉禪智之業，可不務乎〔三〕！○鞞婆沙論云：禪者，此云普智，謂可得道，亦能棄結〔四〕。此是禪用。若有禪名無禪用，號之泥。梁慧遠大師禪修行方便經序云：夫三業之興，以禪智爲宗。雖精麤異分，而階藉有方。是故發軫分逵，途無亂轍，革俗成務，功不待積。静復所由，則幽緒告微，淵博難究。然理不云昧，庶旨統可知，試略而言：禪非智無以窮其寂，智非禪無以深其照。則禪智之要，照寂之謂。其相濟也，照不離寂，寂不離照，感則俱遊，應必同趣，功玄於在〔五〕用，交養於萬法。其妙總〔六〕也，運群動以至一而不有，廓大象於未形而不無，無思無爲而無不爲。是故洗心静亂者，以之研慮。悟徹入微者，以之窮神也〔七〕。○僧史略云：禪者，即是定慧之通稱，明心達理之趣也。昔者菩提達磨觀此土機緣，一期繫紊，乃曰不立文字者，遣其執文滯相也。直指人心，見性成佛者，明其頓了無生也，其機峻而理深，故漸修者，篤加訕謗焉〔八〕。

【校注】

〔一〕出大智度論卷一七。

〔二〕出阿毗曇毗婆沙論卷四一。

〔三〕出釋僧祐撰本出三藏記集卷九僧叡關中出禪經序。按：法句經卷下：「無禪不智，無智不禪。道從禪智，得至泥洹。」

〔四〕尸陀槃尼撰、僧伽跋澄譯鞞婆沙論卷一〇：「禪者普智，可得道，亦能棄結。」

〔五〕於在：諸本作「在於」，據中華書局點校本出三藏記集校改。參蘇晉仁、蕭鍊子點校出三藏記集卷九校勘記。

〔六〕總：釋慧遠廬山出修行方便禪經統序作「物」。

〔七〕見出三藏記集卷九釋慧遠廬山出修行方便禪經統序。東晉佛陀跋陀羅譯達摩多羅禪經卷首亦載此序。

〔八〕大宋僧史略卷上傳禪觀法：「菩提達磨祖師觀此土之根緣，對一期之繁紊，而宣言曰：不立文字，遣其執文滯逐也。」

禪僧行解　宗鑑録云：禪僧行解有十：一、了了見性，如晝觀色；二、逢緣對境，見色聞聲，舉足下足，開眼合眼，悉得明宗，與道相應；三、覽一代時教，及從上祖師言句，聞深不怖，皆得諦了無疑；四、因差別問難，種種詰責，能斷他疑；五、於一切時，一切處，智照無滯，不見一法，能爲障礙；六、於逆順境，盡識得破；七、心境起時，了知起處，不爲生死根塵所惑；八、行住坐卧四威儀中，欽承祇對，著衣喫飲，與道相應；九、聞説有佛、無佛，有無衆生，或讚或毀，一心不動；十、於差別智，皆能明達，性相俱通，理事無滯，無有一法，不鑒其原〔一〕。

【校注】

〔一〕按：宗鑑録，又稱宗鏡録等。引文見宗鏡録卷一：「今有十問，以定紀綱：還得了了見性，如晝觀色，似文殊等不？還逢緣對境，見色聞聲，舉足下足，開眼合眼，悉得明宗，與道相應不？還覽一代時教，及從上祖師言句，聞深不怖，皆得諦了無疑不？還因差别問難，種種徵詰，能具四辯，盡決他疑不？還於一切時一切處，智照無滯，念念圓通，不見一法能爲障礙，未曾一刹那中暫令間斷不？還於一切逆順好惡境界現前之時，不爲間隔，盡識得破不？還於百法明門心境之内，一一得見微細體性根原起處，不爲生死根塵之所惑亂不？還向四威儀中行住坐卧，欽承祇對，著衣喫飯，執作施爲之時，一一辯得真實不？還聞説有佛無佛，有衆生無衆生，或讚或毁，或是或非，得一心不動不？還聞差别之智，皆能明達，性相俱通，理事無滯，無有一法不鑒其原，乃至千聖出世，得不疑不？」

禪門别號

叢林大莊嚴論云：如是衆僧者，乃是勝智之叢林，一切諸善行，運集在其中〔一〕。○又梵云貧陀婆那，此云叢林，因祖師舍那婆斯居住，故名之〔二〕。○曹溪韶州雙峰山下，昔晉武侯孫曹叔良宅，建寶林寺，六祖能大師居之〔三〕。○禪肆高僧傳云：齊天保二年，敕諸州别立禪肆〔四〕。○青林西天祖師商那和修説法之處〔五〕。○禪窟湖南東寺如會禪師徒衆多，堂中牀〔六〕榻爲之陷折，時重〔七〕號禪窟〔八〕。○少林、少室達磨大師〔九〕面壁九年之處。○柰園内典録云：罽賓禪師法秀初至燉煌，即立〔一〇〕禪閣，開園百畝，植柰千株，禪衆濟濟，趣者如雲〔一一〕。

【校注】

〔一〕鳩摩羅什譯大莊嚴論經卷一：「如是衆僧者，勝智之叢林。一切諸善行，運集在其中。」

〔二〕按：僧伽婆羅譯阿育王經卷七：「時舍那婆私往摩偷羅國，於中路有寺名貧陀婆那，翻叢林。舍那婆私住寺一宿。」

〔三〕宗寶編六祖大師法寶壇經機緣第七：「有魏魏一作晉。武侯玄孫曹叔良及居民，競來瞻禮。時寶林古寺自隋末兵火已廢，遂於故基重建梵宇，延師居之，俄成寶坊。」

〔四〕續高僧傳卷一六釋僧稠傳：「（齊）天保三年，下敕於鄴城西南八十里龍山之陽，爲構精舍，名雲門寺，請以居之，兼爲石窟大寺主。兩任綱位，練衆將千，供事繁委，充諸山谷，并敕國内諸州，別置禪肆。」按：「天保二年」，明刻本作「天保一年」，均誤。續高僧傳作「天保三年」，是。

〔五〕景德傳燈録卷一：「昔如來行化至摩突羅國，見一青林枝葉茂盛，語阿難曰：此林地名優留茶，吾滅度後一百年，有比丘商那和脩，於此地轉妙法輪。後百歲果誕和脩，出家證道，受慶喜尊者法眼，化導有情及止此林。降二火龍歸順佛教，龍因施其地以建梵宮。」

〔六〕中牀：底本作「⿰木中」，備要本無「牀」字，據明刻本、世界書局本校改。

〔七〕重：明刻本無。

〔八〕宋高僧傳卷一一釋如會傳：「釋如會，韶州始興人也。大曆八年，止國一禪師門下，後歸大寂法集。時禪客仰慕，決求心要，僧堂之内，牀榻爲之陷折，時號折牀會，猶言鑿佛牀也。後徇請居長沙東寺焉。自大寂去世，其法門鼎盛，時無可敵，諺謂東寺爲禪窟。」

〔九〕達磨大師：即菩提達摩，爲中國禪宗的初祖，續高僧傳卷一六有傳。景德傳燈録卷三：「（菩提達摩）寓止於嵩山少林寺，面壁而坐，終日默然，人莫之測，謂之壁觀婆羅門。」

〔一〇〕立：底本及餘三卷本皆誤爲「亡」，據明刻本改。

〔一一〕大唐内典録卷四：「文帝世，罽賓三藏禪師曇摩蜜多，宋言法秀。……初到燉煌，即立禪閣於閑曠地，植柰千株，開園百畝。禪衆濟濟，趨者如雲。」按：高僧傳卷三曇摩密多傳：「曇摩密多，此云法秀，罽賓人也。……博貫群經，特深禪法。……遂度流沙，進到燉煌，於閑曠之地，建立精舍。植㮈千株，開園百畝。房閣池沼，極爲嚴淨。頃之復適涼州，仍於公府舊事，更葺堂宇。學徒濟濟，禪業甚盛。」

十方住持　律有四方僧物，鈔言十方常住〔一〕。有師釋云：四則攝彼方隅，十則該乎凡聖。謂此一住處所有之物，雖局一界，而體屬十方一切僧伽。其至止之者，無凡聖、無親疏，來者不拒，去者無礙。長老知事人，並不用本處弟子，惟於十方海衆，擇有道眼德行之者，請爲長老，居正寢，朝晡説法誨人。或有才幹，懼因果道心之者，堪任知事，皆鳴犍椎集衆請之。洎居其位，或道德不實，才力無取，行止弊惡，亦白衆揖退，别請能者。凡度弟子，惟長老一人，諸僧無各度别者之事。或有僧務，一切同作，謂之各出一手。或有利養，一切均行，故云十方住持也。

【校注】

〔一〕四分律删繁補闕行事鈔卷中：「二者十方常住。如僧家供僧常食，體通十方，唯局本處。」

長老巡寮

今禪居常式也。僧祇律云：世尊以五事故，五日一按行僧房：一、恐弟子著有爲事，二、恐著俗論，三、恐著睡眠，四、爲看病僧，五、令少年比丘見佛威儀，亦生歡喜故〔一〕。言寮者，唐韻云：同官曰寮〔二〕。今禪居，意取多人同居，共司一務，故稱寮也。又欲别律住房名故。

【校注】

〔一〕摩訶僧祇律卷五：「世尊以五事利益故，五日一案行僧坊。何等爲五？一者，我聲聞弟子不著有爲事不？二者，不著世俗言論不？三者，不著睡眠，妨行道不？四者，看病比丘不？五者，爲年少新出家比丘見如來威儀庠序，起歡喜心。」

〔二〕唐韻：唐李愐著，已佚。按：左傳文公七年：「同官爲寮。」

侍者　即長老左右也。肇云：恭己順命，給侍之者〔一〕。菩薩從兜率下生經云：侍者具八法：一、信根堅固，二、其心覔進，三、身無病，四、精進，五、具念心，六、心不憍慢，七、能成定意，八、具足聞智〔二〕。

【校注】

〔一〕後秦釋僧肇選注維摩詰經卷五：「肇曰：世之侍者，唯恭己順命，給侍所須，謂之侍者。」

〔二〕侍者具八法，指擔任侍者之職應當具足之八種德行。按：北涼曇無讖譯大般涅槃經卷四〇：「阿難比丘具足八法，能具足持十二部經。何等爲八？一者信根堅固，二者其心質直，三者身無病苦，四者常勤精進，五者具足念心，六者心無憍慢，七者成就定慧，八者具足從聞生智。」經律異相卷一五阿難奉佛敕受持經典供給左右引，云出菩薩從兜率天下經，或爲道誠所本。

普請　律云：因佛説掃地勝利，時諸老宿比丘，皆棄禪誦掃地。佛止曰：我爲知事人説。其知事又不偏掃，佛令鳴犍椎，總集共爲之。此普請之始也〔一〕。

【校注】

〔一〕普請：謂集衆共作。義浄譯根本説一切有部毗奈耶雜事卷一四：「世尊説若掃地，時有五勝利。時有老宿苾芻棄禪誦業，入逝多林，皆親掃地。佛言：我於知事人作如是説，非諸耆宿苾芻修行業者。然於我所依善法律而出家者，有二種業：一者習定，二者讀誦。苾芻聞佛爲知事人密作是説，其知事人不能遍掃逝多林地。佛言：隨要當掃。若月八日或十五日，應鳴揵稚，總集衆僧，共爲灑掃。」

僧次 鈔云：寺中差僧訃請而簡客者，翻名越次，此住處，不得名僧，以簡客主，非和同義故〔一〕。

【校注】

〔一〕四分律删繁補闕行事鈔卷上之二：「今僧寺中有差僧次請而簡客者，此僧次翻名越次也。即令客僧應得不得，主人犯重，隨同情者多少，通是一盜。又此住處，不名僧所，以簡絶客主，非同和僧義。」

律住持 或有同法同食，或同法别食。主事三員，謂之三綱。若罟綱之巨繩，提之則正也[一]。一、上座，梵云悉替摩。二、寺主，梵云毗呵囉莎弭。三、綱維。梵云羯磨陀那，此云知事。

【校注】

[一] 大宋僧史略卷中雜任職員：「寺之設也，三綱立焉。若網罟之巨綱，提之則正，故云也。梵語摩摩帝、悉替那、羯磨那陀，華言言寺主、上座、悦衆也。」

布薩 此律居常式也。此云共住，又云浄住。○毗奈耶云裒洒陀，唐言長養浄，謂除破戒垢，長養清浄故，意令半月半月，憶所犯事，對無犯人説露，冀改前愆，一則遮現在之更爲，二則懲未來之慢法故[一]。○毗尼母論云：何名布薩？答：斷名布薩，謂能斷所作，能斷煩惱，斷一切不善法故。又云：清浄名布薩[二]。

【校注】

[一] 根本説一切有部百一羯磨卷三義浄注曰：「梵云褒灑陀者，褒灑是長養義，陀是清浄洗濯義。意欲令其半月半月憶所作罪，對無犯者説露其罪，冀改前愆。一則遮現在之更爲，二則懲未來之慢法。爲此咸須並集聽别解脱經，令善法而增茂。住持之本，斯其上歟？豈同堂頭禮懺而已哉？此乃但是汎兼俗侶，斂麤相而標心。若據法徒，未足蠲其罪責。舊云布薩者，訛。」

〔二〕毗尼母經卷三：「何故名布薩？斷名布薩，能斷所犯，能斷煩惱，斷一切不善法，名布薩義。清淨名布薩。」

行籌 梵音舍羅，此云籌。律因有婆羅門問比丘：逝多林現住幾人？比丘不知，佛言：應可行籌〔一〕。

【校注】

〔一〕義淨譯根本説一切有部毗奈耶雜事卷一九：「時此城中有婆羅門，因事出外，入逝多林，生希有心，我今試問：寺中現住可有幾人。既見苾芻，問其人數，苾芻報曰：我不能知。婆羅門曰：勝光大王憍薩羅國所有兵衆，尚可數知，寺内僧徒，何因不測？彼默無對。苾芻白佛，佛言：應知人數。苾芻即便一一別數，或時屈指，忘不能憶，苾芻白佛，佛言：應可行籌。」

營事比丘 寶積經云：佛言：我許二種比丘營事：一、能持戒，二、思於後世。又，二人：一、知識業報，二、有諸慚愧及悔心。如是人等，營衆事自無瘡疣，護他意，此事難故〔一〕。

【校注】

〔一〕北涼釋道龔譯大寶積經卷一一三營事比丘品：「佛告迦葉：我聽二種比丘得營衆事。何等二？一者，能淨持戒；二者，畏於後世，喻如金剛。復有二種。何等二？一者，識知業報；二者，有諸慚愧及以悔心。復有二種。何等二？一者阿羅漢，二者能修八背捨者。迦葉，如是二種比丘，我聽營事，自無瘡疣。何以故？迦葉，護他人意，此事難故。」

出力比丘 十誦云：出力者，若白衣於寺，欲作惡事侵擾，比丘應苦切折伏。或直向王臣言，令其止惡〔一〕。

【校注】

〔一〕十誦律卷五七：「出力法者，若白衣於寺中，欲作惡事侵惱諸比丘，諸比丘爾時應苦切語，令其折伏。若不折伏，不應直向王言，先語是惡人知識，次語王夫人及王子大臣等，若是人捨惡事便止，莫令得事。」

守寺比丘 善見律云：佛使一比丘食時守寺〔一〕。即今二寺有直日看堂者是。

【校注】

〔一〕按：善見律毗婆沙未見此説。四分律删繁補闕行事鈔卷下之四：「善見：佛常使一比丘食時守寺。」或爲道誠所本。

僧使 凡二寺差行法事，司賓侍者，馳書先置，皆是僧使也。四分律云：具足八法應差：一、能聽，二、能説，三、自解，四、令他解，五、能受，六、能憶持，七、無謬失，八、別好惡言議。頌曰：若在大衆中，心無有怯弱。所説亦不增，受教無損減。言語無錯亂，問時不移動。有如是比丘，堪爲僧使者〔一〕。

【校注】

〔一〕四分律卷五三：「有八法者，應差使往：能聽、能説、自解、能令他解、能受、能憶持、無謬失、别好惡義。有如是八法者，應差爲僧使。而説偈言：若在大衆中，心無有怯弱，所説亦不增，受教無損減。言無有錯亂，問時不移動。有如是比丘，堪任爲僧使。」

常住 鈔云：僧物有四種：一者常住常住。謂衆僧舍宇、什物、樹木、田園、僕畜、米麥等物，以體局當處，不通餘界，但得受用，不通分賣，故重言常住也。二者十方常住。謂如一寺中，供僧成熟飲食等，以體通十方，唯局本處。善見律云：不打鐘食，犯盜罪。今諸寺同食，食既成熟，乃打鐘鼓者，此蓋召十方僧故，以此物十方有分故。三者現前常住。此有二種：一、物現前，二、人現前。但此物唯施此處現前僧故。四者十方現前常住。謂亡僧輕物施，體通十方，唯局本處現前僧得分故〔一〕。大毗婆沙論問云：盜亡僧物，於誰處得根本業道？答：若已作羯磨者，於羯磨衆處得。若未作羯磨者，普於一切善説法衆得〔二〕。今詳：分亡僧物，十方來僧在羯磨數，即得羯磨，後來不得。

【校注】

〔一〕四分律删繁補闕行事鈔卷中：「然僧有四種：一者常住常住，謂衆僧厨庫、寺舍、衆具、華果、樹林、田園、僕畜等，以體通十方，不可分用，總望衆僧，如論斷重。僧祇云：僧物者，縱一切比丘集，亦不得分。此一向準入重攝。二者十方常住，如僧家供僧常食，體通十方，唯局本處。若有守護，望主結重。同共盜損，應得輕罪。僧祇云：若將僧家長食還房，得偷蘭。善見云：若取僧物如己物，行用與人，得偷蘭。準共盜僧食。若盜心取，隨直多少結，是名第五大賊。準似有主。毗尼母亦爾。薩婆多善見：不打鐘食僧食者，犯盜。又空寺中，客僧見食盜啖者，隨直多少結罪。準此如上偷蘭。三者現前。現前必盜此物，望本主結重。若多人共物，一人守護，亦望護主結重。四者十方現前，如亡五衆輕物也。善生經云：盜亡比丘物，若未羯磨，從十方僧得罪輕。謂計人不滿五，但犯偷蘭。若已羯磨，望現前僧，得罪重。謂人數有限，則可滿五夷。若臨終時，隨亡人屬授物，盜者隨約所與人邊結罪。四分云：四方僧物，若僧，若衆多人，若一人，不應分，不應賣，不應入己，皆犯偷蘭。因即有人言：若盜僧物，云不成盜，便即奪取，此未見諸部明文。若奪成重。」

〔三〕阿毗達磨大毗婆沙論卷一一三：「問：若盜命過苾芻財物，於誰處得根本業道耶？答：若已作羯磨者，於羯磨衆處得。若未作羯磨者，普於一切善説法衆處得。」

祇待俗士

僧祇律云：國王、大臣到寺，聽將僧物祇待，次及工匠、惡賊，於僧有損益者，佛聽將僧物看待無罪。非俗人合消，但爲知事人不祇待，恐於佛法有損故〔一〕。○五分律云：俗人入寺，值僧食次，不供乃起謗，佛許與食，仍須用好器物供之〔二〕。

【校注】

〔一〕按：僧祇律未見此説。法苑珠林卷六二祭祠篇第六九獻佛部：「如僧祇、十誦律等，國王、大臣、工匠、惡賊，於僧有損益者，佛開知事出僧物看待，並得無犯。此非俗人合消，但開知事。不看待者，交於佛僧有損，所以開看無犯。」

〔二〕按：五分律未見此説。法苑珠林卷六二祭祠篇第六九獻佛部：「雖用僧物，不能救别人存亡眷屬，且免被俗譏謗之罪。如五分律云：俗人入寺，值僧食，僧不供給，被俗譏謗。佛開聽與。既許開與，惡器盛與，亦被俗瞋。佛言：開與好器。此並由知事摩摩帝等臨時斟酌，進止合宜，即稱聖意。不得雷同，一向固執。」

慳惜僧物惡報 付法藏傳云：僧伽耶舍因遊大海邊，至一住處，堂閣嚴麗，滿中比丘。時至，鳴鐘集食，食訖，爾時餚膳變成膿血，便以鉢器互相打擲，頭身血污，各作是言：何惜衆物，今受此苦？時耶舍乃問，有一答曰：我等迦葉佛時，同止一寺，有客比丘來，共生嗔恚，藏惜飲食不與，以此因緣，今受此苦〔一〕。

【校注】

〔一〕見元魏吉迦夜共曇曜譯付法藏因緣傳卷六，文繁不録。

擯治 五分律云：梵壇治之〔一〕。○彌沙塞云梵罰，此有二法：一、默擯，謂一切人不與來往、言話等。二、滅擯。滅即滅名也。爾雅云：點，滅〔二〕。如今勾點，糊滅名字也。律謂犯重罪，心無慚愧，衆所不容，不可共住，舉來僧中，示罪驅出。○多論云：但實犯罪，大衆有知，不須自言，直爾滅擯驅出，所謂貴安善人也〔三〕。○瑜伽論云：驅擯由三因緣：一、爲護他故，二、彼不堪爲上法器故，三、彼能令僧無威德故〔四〕。○問：今僧中有先驅出人，後卻容入，未知可耶？答：亦有此理。何者？瑜伽論云：犯下中品過，爲教誡餘者，權時驅擯，後還攝受。若犯上品過罪，應可驅擯，盡壽不與共住〔五〕。

【校注】

〔一〕五分律卷三〇：「爾時拘舍彌闡陀比丘觸惱衆僧，不共和合。有一比丘安居竟，往迦葉所，具以事白，迦葉語阿難言：汝往拘舍彌，以佛語、僧語作梵壇法罰之。」又：「梵壇法者，一切比丘、比丘尼、優婆塞、優婆夷不得共汝來往交言。」

〔二〕爾雅釋器：「滅謂之點。」郭璞注：「以筆滅字也。」

〔三〕薩婆多毗尼毗婆沙卷三：「若比丘犯戒内爛，舉衆共知，不須自言，直爾遣出。」

〔四〕瑜伽師地論卷七〇：「由三因緣同梵行者，應當和合驅擯犯戒：一爲護他故，二彼不堪爲上法器故，三彼能令僧無威德故。」

〔五〕瑜伽師地論卷四〇：「若諸有情，有下中品應可驅擯過失違犯，菩薩爾時，爲教誡彼及餘有情，以憐愍心及利益心，權時驅擯，後還攝受。若諸有情，有其上品應可驅擯過失違犯，菩薩爾時，盡壽驅擯，不與共住，不同受用。憐愍彼故，不還攝受。」

結界

僧祇律：不羯磨地，不得作僧事，作者得越法罪〔一〕。○四分删補羯磨云：界有三：謂攝僧界，攝人以同處，令無别衆罪故；二、攝衣界，攝衣屬人，令無離衣罪；三、攝食界〔二〕，攝食以障僧，令無宿煮罪，宗意如此。又云：大界有三種：一、人法二同，二、法食二同，三、法同食別。初唯本制，後隨緣別開〔三〕。界者，分段義，分齊義，住持義。

【校注】

〔一〕摩訶僧祇律卷八：「不羯磨地者，不得作僧事。若作者，得越比尼罪。」

〔二〕攝食界：據明刻本補。

〔三〕四分律删補隨機羯磨卷上諸界結解篇第二：「界别有三攝：僧界，攝人以同處，令無别衆罪；攝衣界，攝衣以屬人，令無離宿罪；攝食界，攝食以障僧，令無宿煮罪，宗意如此。」又：「有三種僧界：一者大界，二者戒場，三者小界。今就大界内，又有三種：謂人法二同，法食二同，法同食别。初唯本制，後隨緣别開。」

伽藍立廟

四分云：伽藍中立神屋〔一〕。○傳云：中國僧寺立鬼廟，增輝記云：即鬼子母廟也。次立伽藍神廟，護伽藍神有十八，或是今土地廟也。次立賓頭盧廟〔二〕。即今堂中聖僧也。始因道安法師夢一胡僧，頭白眉長，語〔三〕安云：可時設食。後十誦律至，惠遠方知和尚所夢，即賓頭盧也。於是立座飯之，寺寺成則〔四〕。法苑云：聖僧元無形像，至宋泰初末，正勝寺僧法願、正喜寺僧法鏡等，始圖形像矣〔五〕。今堂中聖僧，多云是憍陳如，非也，緣經律不令爲立廟故，不赴〔六〕四天供故，又安法師夢是賓頭盧故。

【校注】

〔一〕四分律卷四三：「若鬼神廟屋，亦如是得作淨地。」

〔二〕四分律删繁補闕行事鈔卷下之三：「四分：僧伽藍中立鬼神廟屋。傳云：中國僧寺設鬼廟、伽藍神廟、賓頭盧廟。」

〔三〕語：底本、大正藏本、世界書局本作「悟」，據備要本、明刻本及高僧傳改，參下注。

〔四〕高僧傳卷五釋道安傳：「釋道安，姓衛氏，常山扶柳人也。……安常注諸經，恐不合理，乃誓曰：若所説不堪遠理，願見瑞相。乃夢見胡道人，頭白眉毛長，語安云：君所注經，殊合道理。我不得入泥洹，住在西域，當相助弘通，可時時設食。後十誦律至，遠公乃知和上所夢，賓頭盧也。於是立座飯之，處處成則。」

〔五〕法苑珠林卷四二受請篇第三九之二聖僧部第三：「自大覺泥洹，法歸衆聖。開士應真，導揚末教。並飛化衆刹，隨緣攝誘。感殊則同室天隔，應合則異境對顔。宋泰始之末，正勝寺釋法願、正喜寺釋法鏡等，始圖畫聖僧，列坐標擬。」

〔六〕赴：原作「走」，據明刻本、江户刊本改。又，明刻本「四天」後有「王」字。

浄人

毗奈耶云：由作浄業故，名浄人。若防護住處，名守園民〔一〕。或云使人。今京寺呼家人。緣起者，十誦律云：瓶沙王見大迦葉自蹋泥修屋，王於後捕得五百賊人。王問：汝能供給比丘，當赦汝命。皆願。王遂遣往祇園充浄人。謂爲僧作浄，免僧有過，故名浄人〔二〕。又梵云吃栗多，唐言賤人。今見童行自稱浄人，蓋不知端也。

【校注】

〔一〕義浄譯根本説一切有部毗奈耶卷五：「清浄之業應可作之，不清浄事皆不應作。由作浄業故，曰浄人。若防護住處，名守僧園人。」按：守園民，明刻本作「守園，或名園民」。

〔二〕見十誦律卷三四，文繁不録。

雜　紀

寺院畫壁　毗奈耶云：給孤長者造寺後作念：若不彩畫，便不端嚴。即白佛，佛言：隨意。未知畫何物。佛言：於門兩頰應畫執杖藥叉，次傍一面畫大神變〔一〕，次一面畫五趣生死輪，簷下畫本生事，佛殿兩頰畫持鬘藥叉，講堂畫耆宿講〔二〕説，食堂畫持餅藥叉，庫門畫持寶藥叉，水堂畫龍王持瓶，浴室火堂畫天使者，經法堂畫菩薩并地獄相，瞻病堂畫佛躬看病比丘相，大小行處畫死屍相，僧堂畫白骨相〔三〕。天使者，或云五天使〔四〕，或云五官，即是生老病死及現世牢獄。

【校注】

〔一〕明刻本「變」下有「相」字。

〔二〕耆宿講：底本及餘三卷本「耆」誤爲「者」，闕「宿講」，據明刻本校補。

〔三〕義浄譯根本説一切有部毗奈耶雜事卷一七：「給孤長者施園之後，作如是念：若不彩畫，便不端嚴。佛若許者，我欲莊飾。即往白佛，佛言：隨意當畫。聞佛聽已，集諸彩色，并唤畫工，報言：此是彩色，可畫寺中。答曰：從何處作？欲畫何物？報言：我亦未知，當往問佛。佛言：長者，於門兩頰應作執杖藥叉，次傍一面作大神通變，又於一面畫作五趣生死之輪，簷下畫作本生事，佛殿門傍畫持鬘藥叉，於講堂處畫老宿苾芻宣揚法要，於食堂處畫持餅藥叉，於庫門傍畫執寶藥叉，安水堂處畫龍持水瓶，著妙瓔珞。浴室、火堂，依天使經法式畫之，并畫少多地獄變。於瞻病堂，畫如來像，躬自看病。大小行處，畫作死屍，形容可畏。若於房内，應畫白骨髑髏。」

〔四〕明刻本「使」下有「者」字。

五趣生死輪

根本毗奈耶律第三十四卷云：佛在王舍城羯蘭鐸迦池竹園中。時大目乾連於時中往五道，慈愍觀察，至捺洛迦〔一〕，地獄也，此云無喜樂。見諸有情受種種苦，於四衆中，普皆宣告。佛告〔二〕阿難陀言：非一切時處，當有目連，今敕諸苾芻於寺門壁，畫生死輪，應隨大小，圓作輪形，中安轂，次安五輻，表五趣，當轂下畫地獄，二邊畫傍生餓鬼，次上畫人天。於人趣中，唯畫四洲。於其轂上，塗白色。中畫佛，佛前畫三類物：初畫鴿，表多貪。次畫蛇，表多嗔。後畫猪，表愚癡。於網處應作溉灌像，多安水罐，中畫有情生死之像。生者於罐出頭，死者出足。於其五趣，各像其形，應畫十二支生滅之相：無明支作羅刹像，行支作陶家輪像，識支作獼猴像，名色支作人乘船像，六處〔三〕支作六根像，觸支作男女相〔四〕撫像，受支作男女受苦樂像，愛支作女人抱男女像，取支作丈夫汲井像，有支作大梵王像，生支作女人誕孕像，老作男女衰老像，病支〔五〕作病像，死支作死像，憂作男女憂慼像，悲作啼哭像，苦作男女受苦像，惱作丈夫挽難調駱駝像。其輪頂應畫無常大鬼，鬔髮〔六〕張口，長舒兩手，挽其網於鬼頭。兩畔書二伽他，一曰：汝當求出離，於佛教勤修，降伏生死軍，如象摧草舍。二曰：於此法律中，常爲不放逸，能竭煩惱海，當盡苦邊際。次於鬼頭上，畫一白圓壇相，表涅槃圓淨之像，號爲五趣生死輪〔七〕。

【校注】

〔一〕希麟集續一切經音義卷九：「捺洛迦，下姜佉反，或云那落迦，梵語異也。此云苦器，或云苦具，謂受苦之器具，即八寒、八熱、無間等大地獄總名也。」

〔二〕佛告：據明刻本補。

〔三〕處：明刻本作「入」。

〔四〕相：據明刻本補。

〔五〕文：據明刻本補。
〔六〕髮：底本及餘三卷本皆作「髼」，據明刻本改。
〔七〕見義浄譯根本説一切有部毗奈耶雜事卷三四，文繁不録。

修飾畫像　根本目得伽論云：佛言：若佛形像泥塑虧損，苾芻生疑，不敢修飾。佛言：或增大，或可相似，隨意而作。諸彩畫壁不分明者，應可拂除，更爲新畫〔一〕。

【校注】

〔一〕義浄譯根本説一切有部目得迦卷八：「若佛形像泥素虧壞，苾芻生疑，不敢營飾。佛言：或增令大，或可相似，隨意而作。諸彩畫壁不分明者，苾芻生疑，不敢重畫。佛言：應可拂除，更爲新畫。」

迦毗羅神像　法秀禪師元嘉年中，初至建業，憩祇桓寺，畫此神像，于今效之〔一〕。

【校注】

〔一〕高僧傳卷三曇摩密多傳：「曇摩密多，此云法秀，罽賓人也。……初密多之發罽賓也，有迦毗羅神王衛送，遂至龜茲，於中路欲反，乃現形告辭密多曰：汝神力通變，自在遊處，將不相隨共往南方。語畢，即收影不現。遂遠從至都，即於上寺圖像著壁。迄至于今，猶有聲影之驗。潔誠祈福，莫不享願。」

犍稚〔一〕　犍，巨寒切；稚，地音。出要律儀〔二〕云：此譯爲鐘磬。○五分律云：隨有瓦木銅鐵，鳴者皆名犍稚。○經音疏云：犍，虔音；稚，直利切，此云擊木聲〔三〕。○五分比丘問：以何木作犍稚？佛言：除漆樹，餘木鳴者聽作〔四〕。智論云：迦葉於須彌山頂，撾銅犍稚〔五〕。○增一經云：阿難升講堂，擊犍稚者，此名如來信鼓也〔六〕。今詳律，但是鐘磬、石板、木板、木魚、砧搥，有聲能集衆者，皆名犍稚也。今寺院木魚者，蓋古人不可以木朴擊之，故創魚象也。又必取張華桐〔七〕魚之名，或取鯨魚一擊，蒲勞爲之大鳴也〔八〕。

【校注】

〔一〕四分律行事鈔資持記上一下：「犍槌，此云所打之木，或用檀桐木等。彼無鐘磬，故多打木集人。此則與今全乖，不可和會，且依鈔疏，鐘磬翻之，謂金石二物也。應法師經音義大同尼鈔，然祇桓圖中多明鐘磬，而云彼無者，或恐少耳。音義又云：舊經云揵遲，亦梵言訛轉，宜作稚，直致反。明知稚字不呼爲地，此迷久矣，故爲辨之。」按：犍稚，諸經論或作「犍椎」、「揵稚」、「犍槌」、「揵搥」等。翻譯名義集卷七犍椎道具篇曰：「犍巨寒椎音地，聲論翻爲磬，亦翻鐘。資持云：若諸律論，並作犍槌，或作犍椎，今須音槌爲地。又羯磨疏中，直云犍地，未見椎字呼爲地也。後世無知，因玆一誤，至於鈔文，一宗祖教，凡犍槌字並改爲稚，直呼爲地。請尋古本及大藏經律考之，方知其謬。今須依律論，并作犍槌。」

〔二〕出要律儀：大唐内典録卷四梁朝傳譯佛經録著録「出要律儀二十卷」，並曰：「天監中，頻年降敕，令莊嚴寺沙門釋寶唱等總撰集録，以備要須。」法苑珠林卷一〇〇傳記篇雜集部亦著録「出要律儀二十卷」，「梁帝敕莊嚴寺沙門釋寶唱等撰集」。然續高僧傳卷二一釋法超傳云：「釋法超，姓孟氏，晉陵無錫人也。……武帝又以律部繁廣，臨事難究，聽覽餘隙，遍尋戒檢，附世結文，撰爲一十四卷，號曰出要律儀。以少許之詞，網羅衆部，通下梁境，並依詳用。」此法超襄助梁武帝編撰之十四卷本出要律儀，和大唐内典録著録寶唱奉敕編撰之二十卷本，皆佚。兩者究何關係，不能確考。

〔三〕一切經音義卷一七玄應撰大方等大集經音義卷一二：「揵椎，直追反。經中或作揵遲。案，梵本臂吒揵稚。臂吒，此云打。揵稚，所打之木，或檀或桐，此無正翻，以彼無鐘磬故也。但『椎』、『稚』相濫，所以爲誤已久也。」卷五一入大乘論音義卷下：「揵搥，上音乾，下直追反，梵語也，即僧堂中打静砧槌也。以木打木，集衆議事，或科罰有過，或和合舉事，以白衆僧。亦如此打鐘、擊磬、吹螺等類是也。古譯或云擿揵稚記，訛也。」

〔四〕五分律卷一八：「諸比丘不知以何木作揵椎，以是白佛，佛言：除漆樹毒樹，餘木鳴者聽作。」

〔五〕大智度論卷二：「(大迦葉)住須彌山頂，撾銅揵稚。」

〔六〕增壹阿含經卷二四：「(阿難)歡喜踊躍，不能自勝，即昇講堂，手執揵椎，並作是説：我今擊此如來信鼓，諸有如來弟子衆者，盡當普集。」

〔七〕桐：底本及餘三卷本皆作「相」，據明刻本改。「張華桐魚」者，出晉書卷三六張華傳：「吳郡臨平岸崩出一石鼓，槌之無聲，帝以問華，華曰：可取蜀中桐材，刻爲魚形，扣之則鳴矣。於是如其言，果聲聞數里。」

〔八〕文選卷一班固東都賦：「於是發鯨魚，鏗華鐘。」李善注引薛綜曰：「海中有大魚曰鯨，海邊又有獸名蒲牢。蒲牢素畏鯨，鯨魚擊蒲牢，輒大鳴。凡鐘欲令聲大者，故作蒲牢於上。所以撞之者，爲鯨魚。」

寺院擊鼓　五分云：諸比丘布薩，衆不時集。佛言：若打揵稚，若打鼓吹貝，若食時擊者〔一〕。楞嚴經云：食辦擊鼓，衆集撞鐘，若説法時擊者〔二〕。僧祇云：帝釋有三鼓，若善法堂説法，打第三鼓〔三〕。

【校注】

〔一〕五分律卷一八：「諸比丘布薩時，不肯時集，廢坐禪行道。以是白佛，佛言：應唱時至。

若打揵椎，若打鼓，若吹蠡。」

〔二〕大佛頂萬行首楞嚴經卷三：「食辦擊鼓，衆集撞鐘。鐘鼓音聲，前後相續。」

〔三〕摩訶僧祇律卷一：「諸天有三時鼓。諸天阿修羅共戰時，打第一鼓。俱毗羅園衆花開敷時，打第二鼓。集善法講堂聽善法時，打第三鼓。」

寺院長生錢　律云無盡財，蓋子母展轉無盡故。○兩京記云：寺中有無盡藏〔一〕。又則天經序云：將二親之所蓄用，兩京之舊邸，莫不總結招提之宇，咸充無盡之藏〔二〕。○十誦律云：以佛塔物出息，佛聽之〔三〕。○僧祇云：供養佛華多，聽賣，買香油，猶多者，賣入佛無盡財中〔四〕。詳諸律，三寶皆有無盡財。

【校注】

〔一〕唐韋述兩京新記：（化度寺）「寺內有無盡藏院，即信行所立。京城施捨，後漸崇盛。貞觀之後，錢、帛、金、綉，積聚不可勝數。」

〔二〕武則天登契大乘經序：「凡是二親之所蓄用，兩京之所舊居，莫不總結招提之宇，咸充無盡之藏。」

〔三〕十誦律卷五六：「塔物無盡者，毗耶離諸估客，用塔物翻轉得利供養塔，是人求利故，欲到遠處，持此物與比丘言：長老，是塔物，汝當出息，令得利供養塔。比丘言：佛未聽我等出塔物得利供養塔。以是事白佛，佛言：聽僧坊浄人若優婆塞出息塔物，得供養塔。」

〔四〕摩訶僧祇律卷三三：「若佛花者，應上佛。若僧花者，隨意供養，若轉易，若花多者，可與華鬘家。語言：汝日日與我爾許鬘，餘者與我爾許直。得直已，得用作別房衣。若前食後食，若猶多者，當著無盡財中，是名花法。」

盂蘭盆　此釋子申孝、報恩、救苦之要，以目連救母爲始也。梵語盂蘭，此云救倒懸也。盆則此方器也。此經目，華梵雙舉也。若梵語從聲，其盂字不須從皿，必執筆者誤爾。若于闐等可知也。○義浄云：盂蘭者，西域之語，此云救倒懸，即飢虛危苦，謂之倒懸也。盆乃東夏之音。此則救苦之器，所以仰大衆之恩光，救倒懸之窘急。此從義以制名也〔一〕。○古師云：盆或是鉢，但譯時隨俗稱盆。盆之與鉢，皆器故也。經云：是佛弟子修孝順者，應念念中常憶父母，乃至七世父母，年年七月十五日，爲作盂蘭盆，施佛及僧，以報父母長育慈愛之恩〔二〕。○晉沙門惠達，姓劉，名薩何，年二十一，忽暴死，以心熱故，家人未即葬之。經七日乃蘇，説冥間見一人，長二丈許，相好嚴麗，身黄金色。使者報之，此觀世音大士也。達禮畢，菩薩爲説法。又云：凡爲亡人設福，或在寺，或家中，於七月十五日，沙門受臘之日，此時彌勝也。若割器以供養，標題云：某甲爲亡人某甲〔三〕。○經又云：七月十五日，僧自恣日，當爲七世父母及現在父母厄難中者，此文又通。保安現在父母。具飲百味五果，汲灌盆器，香油挺燭，牀敷卧具，盡世甘美，以著盆中，盆會之中。供養十方大德衆僧。又云初受食時，先安洒佛塔中，衆僧咒願竟，便自受食〔四〕。若供養佛食，迴供僧者，即此日得，他日不通。今卻於寺中，設供亡人，蓋誤之也。

【校注】

〔一〕宗密述佛説盂蘭盆經疏下：「義浄三藏云：……盂蘭是西域之語，此云倒懸。盆乃東夏之音，仍爲救器。若隨方俗，應曰救倒懸盆。斯谿尊者之親魂沈闇道，載飢且渴，命似倒懸，縱聖子之威靈，無以拯其塗炭。佛令盆羅百味，式貢三尊，仰大衆之恩光，救倒懸之窘急。即從此義，以立經名。」

〔二〕竺法護譯佛説盂蘭盆經：「佛告諸善男子善女人：是佛弟子修孝順者，應念念中常憶父母供養，乃至七世父母。年年七月十五日，常以孝順慈憶所生父母，乃至七世父母，爲作盂蘭盆，施佛及僧，以報父母長養慈愛之恩。」

〔三〕惠達：高僧傳卷一三：「釋慧達，姓劉，本名薩河，并州西河離石人。」這裏所引惠達事，出冥祥記，見法苑珠林卷八六懺悔篇引。

〔四〕竺法護譯佛説盂蘭盆經：「十方衆僧於七月十五日僧自恣時，當爲七世父母及現在父母厄難中者，具飯百味五果汲灌盆器，香油錠燭牀敷卧具，盡世甘美以著盆中，供養十方大德衆僧。」又：「初受盆時，先安在佛塔前，衆僧咒願竟，便自受食。」

解夏草　今浙右僧解夏日，以綵束茆，以遺檀越，謂之解夏草。今詳此草，已爲五分法身座故，名爲吉祥草也〔一〕。○根本百一羯磨云：受隨意苾芻，應行生茆，與僧伽爲座，諸苾芻並於草上坐〔二〕。言隨意，即自恣也。言僧伽，即衆也。以草藉地坐也。

【校注】

〔一〕五分法身：謂以五種功德法成就之佛身。佛説衆許摩訶帝經卷六：「菩薩思念：以吉祥草鋪金剛座。天主帝釋即時化身，往香醉山取吉祥草，其草柔軟，如兜羅綿。」

〔二〕義浄譯根本説一切有部百一羯磨卷四：「受隨意苾芻，應行生茅與僧伽爲座。若一人爲受隨意者，應從上座爲隨意，乃至下座。」

三長月　不空罥〔一〕索經云：諸佛神通之月〔二〕。○智論云：天帝釋以大寶鏡，從正月照南剡部洲，二月照西洲，至五、九月，皆照南洲，察人善惡故，南洲人多於此月素食修善。故經云年三長齋也〔三〕。又一説：北方毗沙門天王，巡察四洲善惡，正月至南洲，亦如鏡照，至五、九月，皆察南洲故〔四〕。

【校注】

〔一〕罥：原誤作「骨」，據明刻本、世界書局本及經題改。

〔二〕唐菩提流支譯不空罥索神變真言經卷二：「修此法者，當於十方一切諸佛神通月修，所謂正月、五月、九月。」

〔三〕按：大智度論未見有天帝釋照鏡之説。

〔四〕按：四分律行事鈔資持記下三：「年三者，正、五、九月，冥界業鏡，輪照南洲，若有善惡，鏡中悉現。或云天王巡狩四天下，此三月對南洲。又云此三月惡鬼得勢之時，故令修善。」

寄褐 今世人護惜兒孩，遂服以僧衣，謂之寄褐。大唐開元釋教録云：始因中宗孝和皇帝初生奇特，神光滿院，自庭燭天，因號佛光王，即受三歸，被袈裟服。至十二月五日滿月，敕爲佛光王度七僧，仍請奘法師爲王剃髮〔一〕。

【校注】

〔一〕智昇撰開元釋教録卷八：「冬十一月，中宫在難，歸依三寶，請垂加祐。法師啓曰：聖體必安和無苦，然所懷者是男，平安之後，願聽出家，當蒙敕許。其月一日，皇后施納袈裟一領，妙勝前者，并時服玩百有餘件。五日有敕，令報法師：皇后分難已訖，端正奇特，神光滿院，自庭燭天。朕歡喜無已，内外舞躍，必不違所許，願法師護念。遂號爲佛光王，當即受三歸，被袈裟服。十二月五日滿月，敕爲佛光王度七人，仍請法師爲王剃髮。其佛光王，即中宗孝和皇帝初生之瑞號也。」

清齋　今有民俗，以辰飲一盃水，終日不食，謂之清齋。智度論云：劫初，有聖人教人持齋，修善避凶，直以一日不食爲齋。後佛出世，教人過中不食爲齋。此爲正法〔一〕。言中者，日午也。過午不得食。

【校注】

〔一〕大智度論卷一三：「劫初聖人，教人持齋，修善作福，以避凶衰。是時齋法，不受八戒，直以一日不食爲齋。後佛出世，教語之言：汝當一日一夜如諸佛持八戒，過中不食，是功德將人至涅槃。」

法曲子　毗奈耶云：王舍城南方，有樂人名臘婆，取菩薩八相〔一〕緝爲歌曲，令敬信者聞，生歡喜心〔二〕。今京師僧念〔三〕梁州八相、太常引、三皈依、柳含煙等，號「唐讚」。又南方禪人作漁父、撥棹子唱道〔四〕之詞，皆此遺風也。

【校注】

〔一〕八相：謂如來爲度化衆生而示現的由生至滅的八個階段。各經論所言，略有不同，大要有二：真諦譯大乘起信論曰：「以見法身故，隨其願力，能現八種利益衆生：所謂從兜率天退、入胎、住胎、出胎、出家、成道、轉法輪、入於涅槃。」智顗撰維摩經玄疏卷三曰：「所言八相成道者，一、從兜率陀天下，二、託胎，三、出生，四、出家，五、降魔，六、成道，七、轉法輪，八、入涅槃也。」

〔二〕見根本説一切有部毗奈耶卷三九，文繁不録。

〔三〕念：即念曲。夢溪筆談卷五樂律一：「善歌者謂之内裏聲。不善歌者，聲無抑揚，謂之念曲。聲無含韞，謂之叫曲。」

〔四〕唱道：謂講經説法，宣唱開導。

柳枝浄水　北〔一〕人風俗，每至重午等毒節日，皆以盆盛水，内插柳枝，置之門前辟惡。按灌頂經云：昔維耶黎城人〔二〕民遭疫，有一年少比丘名禪提，奉佛教，持摩訶神咒，往爲辟之，疫人皆愈。其禪提住彼國二十九年，民安。至其遷化，民復遭疫。民思禪偍，遂往其住處，但見所嚼齒木，擲地成林，林下有泉。民酌其水，折楊枝歸，拂洒病者，皆愈，毒氣消亡，辟除衆惡，萬事吉祥故〔三〕。

【校注】

〔一〕北：原誤爲「比」，據明刻本、江户刊本、世界書局本改。

〔二〕人：據明刻本補。

〔三〕見灌頂經卷九，文繁不録。

唾空 世人凡冥夜行，忽毛寒心悸，疑有鬼物，故四散唾之。法苑云：列異傳：南陽宋定伯少時，夜獨行，逢一鬼，鬼問定伯，誑云：我是鬼。又問何往？曰：往苑市。鬼言：可遞負行。定伯曰：大善。鬼先負定伯，怪重，伯誑曰：我新死，故重。次定伯負鬼，果輕。伯問鬼曰：我新死，不知畏何物？鬼曰：唯畏人唾。將近市，伯乃緊持，急唾之，鬼遂化爲羊。入市，賣得壹貫五百文。于時石崇聞，諺之曰：定伯賣鬼，得錢千五〔一〕。

【校注】

〔一〕法苑珠林卷六六道篇第四之二鬼神部引，云出列異傳。文繁不録。

紙錢綵絹　唐吏部尚書唐臨撰冥報記云：唐眭仁蒨者，趙人。少事經學，不信鬼神。於一日，路次見一人，衣冠乘馬，從者五十餘人，眄視眭。如此十年，頻見。忽一日又相逢，乃駐馬召眭，謂曰：比頻見君，情相眷戀，欲與君游。眭問：君何人？答：吾鬼也，姓成名景本，弘農人，仕西晉别駕，今爲胡國長史。眭問：胡國何在？曰：自黄河北俱攝，正都樓煩西北沙磧中，王即昔趙靈王也。每月遣我朝泰山，故由此路。眭許之，乃設酒食，復以錢綵爲好。辭曰：鬼所用錢，即紙錢也。若綵絹，亦紙爲之。銀即錫紙，金即以〔一〕黄塗之也〔二〕。今市中賣〔三〕，呼爲贈作。

【校注】

〔一〕以：據明刻本補。

〔二〕按：冥報記原書散佚，楊守敬、汪紹楹、方詩銘等分别有輯校本。此條出法苑珠林卷六六道篇第四之二鬼神部，文繁不録。唐臨，字本德，京兆長安人，兩唐書有傳。舊唐書本傳云：「所撰冥報記二卷，大行於世。」

〔三〕今市中賣：據明刻本補。

三日齋　北人亡，至三日，必齋僧，謂之見王齋。法苑云：唐中山郎元休撰冥報拾遺記云：北齊仕人姓梁，將死，告其妻曰：吾生所愛奴并馬，皆爲殉。既死，家以土囊壓奴死。至第四日，奴還魂，言地府見郎主，被鎖械人衛，謂某曰：我謂同死，得你使喚，故囑你來。今各自受，必告放你迴。言訖，驅入府。奴於屏外窺，聞官問衛者曰：昨日壓得多少脂？對曰：八斗。官曰：今日壓石六。尋便牽出。至明旦，見有喜色，謂奴曰：今日必告放你。既入府，奴復窺聽，官問壓脂，衛人對曰：以此人死經三日，妻子設齋，衆僧作唄轉經，鐵梁輒折，故壓脂不得。官稱善，尋告放還。乃囑曰：傳語妻子，賴汝營齋追薦，獲免大苦，猶未全脱，更告營齋福相救，慎勿殺生祭奠。又不得食，但益吾罪〔一〕。

【校注】

〔一〕法苑珠林卷三六唄讚篇引，云出冥報拾遺記。按：郎餘令，字元休，兩唐書有傳。

累七齋　人亡，每至七日，必營齋追薦，謂之累七，又云齋七。瑜伽論云：人死中有身，冥間化起一相，似身傳識，謂之中有。若未得生緣，極七日住。中陰經云：中有極壽七日〔一〕。若有生緣，即不定。若極七日，必死而復生。如是展轉生死，乃至七七日住。自此已後，决定得生。又此中有七日死已，或於此類，由餘業可轉，中有種子，便於餘類中有生〔二〕。今尋經旨，極善惡，無中有。既受中有身，即中下品善惡業也。故論云：餘業可轉也。如世七日七日齋福，是中有身，死生之際，以善追助，令中有種子，不轉生惡趣故。由是此日之福，不可闕怠也。

【校注】

〔一〕後秦竺佛念譯中陰經卷上：「中陰衆生，壽命七日。」

〔二〕玄奘譯瑜伽師地論卷一：「又此中有，若未得生緣，極七日住。有得生緣，即不決定。若極七日未得生緣，死而復生，極七日住。如是展轉，未得生緣，乃至七七日住。自此已後，決得生緣。又此中有，七日死已，或即於此類生。若由餘業可轉，中有種子轉者，便於餘類中生。又此中有，有種種名。或名中有，在死生二有中間生故。」

齋七幡子　北俗亡，累七齋日，皆令主齋僧剪紙幡子一首，隨紙化之。按正法念處經：有一十七種中有。謂死時若生天者，即見中有，如白㲲垂下。其人識神見已，舉手攬之，便受天人中有身〔一〕。故今七七日，是中有死生之日，以白紙幡子勝幢之相示之。故此人招魂帛，皆用白練，甚合經旨也。

【校注】

〔一〕元魏般若流支譯正法念處經卷三四：「有十七種中陰有法，汝當繫念行寂滅道。若天若人念此道者，終不畏於閻羅使者之所加害。何等十七中陰有耶？所謂死時，見於色相。若人中死，生於天上，則見樂相。見中陰有，猶如白氎，垂垂欲墮，細軟白淨。見已歡喜，顔色怡悦。臨命終時，復見園林，甚可愛樂。蓮花池水，亦皆可愛，河亦可愛，林亦可愛。次第聞諸歌舞戲笑，次聞諸香，一切愛樂，無量種物，和合細觸。如是次第，即生天上。以善業故，現得天樂。得此樂已，含笑怡悦，顔色清淨。親族兄弟，悲啼號泣。以善相故，不聞不見，心亦不念。以善業故，臨命終時，於中陰有，大樂成就。初生樂處，天身相似，天衆相似。如是之相，生處相似，如印所印，亦如一切天衆色相，亦如欲界六天受樂，亦如遊行境界相似。觸亦相似，天色相似。又住中陰，見諸天中生處勝故，即生心取。愛境界故，即受天身，是則名曰初中陰有。」尚有十六種中有法，文繁不録。

無常鐘驗

唐高僧傳云：京大莊嚴寺釋智興次當打鐘，寺僧有兄，隨煬帝駕幸揚州，在道死。一夕託夢與妻子曰：吾達彭城病亡，以今月初，蒙禪定寺僧智興打鐘，聲振地府，受苦者皆解脱，吾亦預此，汝可將絹十疋奉興，陳吾意也。其妻依言送之，興不受，乃均施寺衆〔一〕。寺主恭禪師問：其何法而有此驗？興答：吾見付法傳，罽賓吒王受苦，聞鐘〔二〕業輪息，乃依增一阿含鳴鐘法故〔三〕。今詳此文，凡爲人聲鐘，此爲拔苦，必須依法處心扣之。

【校注】

〔一〕寺衆：據明刻本補。

〔二〕明刻本「鐘」下有「聲」字。

〔三〕續高僧傳卷二九釋智興傳：「釋智興，俗緣宋氏，洛州人也。……大業五年仲冬，次掌維那，時鐘所役，奉佩勤至，僧徒無擾。寺僧三果者，有兄從帝南幸江都，中路亡没，初無凶告，忽通夢其妻曰：吾行從達於彭城，不幸病死，生於地獄，備經五苦，辛酸叵言，誰知吾者？賴以今月初日蒙禪定寺僧智興鳴鐘發聲，響振地獄，同受苦者，一時解脱。今生樂處，思報其恩。可具絹十匹奉之，并陳吾意。從睡驚覺，怪夢所由，與人共説，初無信者，尋又重夢。及諸巫覡，咸陳前説。經十餘日，凶問奄至，恰與夢同，果乃奉絹與之。而興自陳無德，並施大衆。有問興曰：何緣鳴鐘乃感斯應？興曰：余無他術，見付法藏傳闕膩吒王劍輪停事，及增一阿含鐘聲功德，敬遵此轍，苦力行之。」

預修齋七

灌頂經普廣菩薩白佛言：若善男女，善解法戒，知身如幻，未終之時，逆修三〔一〕七。然燈懸幡蓋，請僧轉念尊經，得福多否？佛言：其福無量〔二〕。

【校注】

〔一〕三：底本及餘三卷本皆作「生」，據明刻本改。

〔二〕東晉帛尸梨蜜多羅譯灌頂經卷一一：「普廣菩薩復白佛言：若四輩男女，善解法戒，知身如幻，精勤修習，行菩提道，未終之時，逆修三七，然燈續明，懸繒旛蓋，請召衆僧轉讀尊經，修諸福業，得福多不？佛言：普廣，其福無量，不可度量。隨心所願，獲其果實。」

城門上天王

僧史略云：唐天寶元年壬子，西蕃五國來寇安西，二月十一日，奏請兵解援。發師萬里，累月方到。近臣奏：且詔不空三藏入内持念。玄宗秉香爐，不空誦仁王護國陀羅尼。方二七徧，帝忽見神人，可五百員，帶甲荷戈在殿前。帝問，不空對曰：此毗沙門天王第二子獨健副陛下心，往救安西也。其年四月，安西奏：二月十一日巳時後，城東北三十里雲霧冥晦，中有神，可長丈餘，皆被金甲，至酉時，鼓角大鳴，地動山搖。經二日，蕃寇奔潰，斯須，城樓上有光明天王現形，謹圖樣，隨表進呈。因敕諸道節鎮所在州府，於城西北隅，各置天王形像。至於佛寺，亦敕别院安置〔一〕。

【校注】

〔一〕大宋僧史略卷下：「凡城門置天王者，爲護世也。唐天寶元年壬子歲，西蕃大石、康居五國來寇安西。其年二月十一日，奏請兵解援。玄宗詔發師，計一萬餘里，累月方到，時近臣言：且可詔問不空三藏。帝依奏詔入内，持念請天王爲救。帝秉香鑪，不空誦仁王護國經陀羅尼二七遍。帝忽見神人，可五百員，帶甲荷戈在殿前。帝驚疑，問不空，對曰：此毗沙門第二子獨健領兵，是必副陛下意，往救安西，故來辭耳，請設食發遣。其年四月，安西奏云：去二月十一日巳後，城東北三十里，雲霧晦冥，中有人衆，可長丈餘，皆被金甲。至酉時，鼓角大鳴，聲振三百里，地動山傾。經二日，大石、康居等五國，當時奔潰。諸帳幕間有金毛鼠，齧斷弓弩、弦及器仗，悉不堪用。斯須城樓上有光明，天王現形，無不見者。謹圖天王樣，隨表進呈。帝因敕諸道節度，所在州府於城西北隅，各置天王形像，部從供養。至於佛寺，亦敕别院安置。迄今朔日，州府上香華食饌動歌舞，謂之樂天王也。」

娑婆世界　正云索訶，又自誓三昧經云沙訶，漢言忍，或云堪忍，謂此土剛强難忍故，即事立名也〔一〕。

【校注】

〔一〕後漢安世高譯佛説自誓三昧經：「有佛土名曰娑呵，漢言忍界。」又法苑珠林卷二三界篇第二會名部：「成則同成，壞則同壞，皆是一化佛所統之處，名爲三千大千世界，號爲娑婆世界。梵本正音，名爲索訶世界，依自誓三昧經，云娑訶世界者。漢言忍界，謂此土人物剛强難忍，故立名號爲忍。」

閻浮提　又云剡部，即此洲名。在彌盧山南，故稱南閻浮提。長阿含經云：由閻浮提樹得名也〔一〕。

【校注】

〔一〕佛説長阿含經卷一八：「須彌山南有天下，名閻浮提，其土南狹北廣，縱廣七千由旬。……閻浮提有大樹王，名曰閻浮提，圍七由旬，高百由旬，枝葉四布五十由旬。」

瞻〔一〕病

瞻病制　僧祇律云：有比丘久病，佛因按行見，躬與阿難爲洗身及衣，曬卧具訖，又爲説法。佛問：汝曾看病否？答：不曾。佛言：汝既不看，誰當看汝？乃制戒：自今後應看病。比丘若欲供養我，應供養病人〔二〕。西國傳云：唐三藏親至王舍城東北，禮佛洗病僧塔〔三〕。

【校注】

〔一〕瞻：底本作「贍」，據備要本、明刻本改。本篇内諸「瞻病」之「瞻」字同。

〔二〕按：出四分律卷四一：「（世尊）按行諸房時，見有異處有比丘病，無有瞻視供養人，卧大小便中，見已，詣比丘所，知而故問比丘：汝何故卧大小便中，有瞻視供養人不？答言：無。世尊復問：何故無？答言：我無病時，不看他病。是故今病，無人瞻視供養者。佛言：汝不瞻視，不供養病人，無利無所得。汝曹比丘不相看視，誰當應看病者？時世尊即扶病比丘起，拭身不浄，拭已洗之，洗已，復爲浣衣曬乾。有故壞卧草棄之，掃除住處，以泥漿塗灑，極令清浄，更敷新草并敷一衣，還安卧病比丘已，復以一衣覆上捨去。爾時世尊食已，以此因緣集比丘僧，以向者不就請，在後行房所見病比丘自料理事，具告諸比丘已：汝曹比丘自今已去，應看病比丘，不應不看。應作瞻病人，不應不作瞻病人。若有欲供養我者，當供養病人。」

〔三〕大唐西域記卷六室羅伐悉底國：「給孤獨園東北有窣堵波，是如來洗病苾芻處。」

瞻病人五德

四分律云：一、知病人可食、不可食；二、不惡病人便利、唾吐；三、有慈愍心，不爲衣食；四、能經理湯藥；五、能爲病人説法，令歡喜已，增長善法〔一〕。

【校注】

〔一〕四分律卷四一：「有五法應與看病人衣物。何等五？一、知病人可食不可食，可食能與；二者，不惡賤病人大小便唾吐；三者，有慈愍心，不爲衣食；四者，能經理湯藥乃至差若死；五者，能爲病人説法，令病者歡喜，己身於善法增益。」

瞻病人六失　增一經云：一、不辨良藥，二、懈怠，三、喜嗔好睡，四、但貪衣食，五、不以法供養，六、不共病人言語談笑〔一〕。

【校注】

〔一〕增壹阿含經卷二四：「若瞻病人，成就五法，不得時差，恒在牀褥。云何爲五？於是瞻病之人，不別良藥；懈怠，無勇猛心；常喜瞋恚，亦好睡眠；但貪食故，瞻視病人；不以法供養故；亦不與病人語談往返。」

得病十緣　佛説醫經云：一、久坐，二、食不節，三、多憂愁，四、疲極，五、婬欲，六、瞋恚，七、忍大便，八、忍小便，九、制上風，上風謂呵欠、嚏、嗽等。十、制下風〔一〕。

【校注】

〔一〕出吴竺律炎共支越譯佛説佛醫經。按：上風、下風者，毗尼母經卷六曰：「氣有二種：一者上氣，二者下氣。出時莫當人張口令出，要迴面向無人處張口令出。若下氣欲出時，不聽衆中出，要作方便出外，至無人處令出，然後迴來入衆，莫使衆譏嫌污賤。」

横死九法　僧祇律云：一、知非饒益食而貪食，二、不籌量食，三、内未消更食，四、强擿吐，五、已消欲出而强制，六、食不隨病，七、隨病不籌量，八、懶服藥，九、無智慧，不能調心〔一〕。

【校注】

〔一〕摩訶僧祇律卷二八：「病人九法成就，命雖未盡而必横死。何等九？一、知非饒益食貪食，二、不知籌量，三、内食未消而食，四、食未消而擿吐，五、已消應出而强持，六、食不隨病食，七、隨病食而不籌量，八、懈怠，九、無慧。」

病僧得數數食　僧祇云：佛問病比丘，比丘答：我病不損。先得數數食時，身得安樂。世尊制戒故，我病不損。佛言：聽病比丘數數食〔一〕。

【校注】

〔一〕摩訶僧祇律卷一六：「世尊五事利益故，五日一行諸比丘房。見有病比丘，佛知而故問：比丘，汝所患何等，今爲增損？答言：我患苦無損。我先得數數食時，身得安樂。世尊制戒不得數數食故，我病不損。佛言：從今日聽病時數數食。」

得以酒爲藥　分别功德論云：祇園有比丘病，經六年，優波梨往問所須。答：唯思酒。優波梨曰：待我問佛。遂至園問佛：有比丘病，思酒爲藥，不審可否？佛言：我所制法，除病苦者。優波梨復往，索酒令飲，病尋平復。重爲説法，得羅漢果。佛讚優波梨：汝問此事，使比丘病瘥，又使得道〔一〕。

【校注】

〔一〕優波梨：又作「優婆利」、「鄔波離」、「優婆離」等，意譯「近取」、「近執」，佛陀爲太子時的執事之人，後隨佛陀出家，精於戒律，修持嚴謹，「持律第一」之比丘。分别功德論卷四：「祇園精舍北有一比丘，得病經六年不差。時優波離往問比丘：何所患苦？若所須者便道。曰：我所須者不可説。又問曰：汝欲須何物？若此無者，當從四方求之。若世間無者，上天求之。曰：我所須者，舍衛城中有。以違佛教故，不可説耳。曰：但説無苦。曰：我唯思酒耳，得五升酒者，病便愈。優波離曰：且住，我爲汝問佛。還即問佛：比丘病須酒爲藥，不審可得飲不？世尊曰：我所制法，除病者。優波離即還，索酒與，病即愈。重與説法，得羅漢道。佛讚優波離：汝乃問如來此事，使病比丘得蒙除差，又使得道。」

無常院　西域傳云：祇桓西北角日光没處，爲無常院。若有病者，當安其中。意爲凡人内心，貪著房舍、衣鉢、道具，生戀著心，無厭背故，制此堂，令聞名見題，悟一切法，無有〔一〕常故〔二〕。今稱延壽堂、涅槃堂者，皆後人隨情愛名之也。

【校注】

〔一〕有：底本及餘三卷本皆作「彼」，據明刻本改。

〔二〕按：法苑珠林卷九五病苦篇第九五安置部：「依西域祇桓寺圖云：寺西北角日光没處爲無常院，若有病者，安置在中。堂號無常，多生厭背。去者極衆，還唯一二。其堂内安一立像，金色塗香，面向東方。當置病人，在像前坐。若無力者，令病人卧，面向西方，觀佛相好。其像手中繫一五色綵幡，令病人手執幡脚，作往生淨土之意。」祇洹寺圖經卷下：「大院西巷門西，自分六院，南第一院，開於三門，西塞名無常院。中有一堂，但以白銀，四面白廊，白華充滿。畫白骨狀，無處不有。諸欲無常，皆舉至此，令見白骨諸非常相。既命終已，從南門出西大牆之西門，一切無常，皆由此路。」

堂内置佛 南山鈔云：無常堂内，置一立像，金薄〔一〕塗之，面向西方，左手中指繫一五綵幡，幡脚曳地，有比丘病甚者，當洗拭易衣，安置像後，左手執幡脚，作隨佛往生之意也。瞻病者當爲燒香散華，命僧念誦，乃至隨機説法。鈔有廣文。若至甚者，不更移動，只於像後，以俟命終。或有吐唾便利，瞻病人隨時除去，無有罪也〔二〕。鈔有問答。

【校注】

〔一〕薄：明刻本作「箔」。

〔二〕四分律删繁補闕行事鈔卷下之四瞻病送終篇：「若依中國本傳云：祇桓西北角日光没處，爲無常院。若有病者，安置在中。以凡生貪染，見本房内衣鉢、衆具，多生戀著，無心厭背故，制令至别處堂，號無常，來者極多，還反一二，即事而求，專心念法。其堂中置一立像，金薄塗之，面向西方。其像右手舉，左手中繫一五綵幡，脚垂曳地。當安病者，在像之後，左手執幡脚，作從佛往浄刹之意。瞻病者燒香、散華莊嚴，病者乃至若有屎尿吐唾，隨有除之，亦無有罪。」

爲病人念誦　華嚴經第十五賢首菩薩品偈云：又放光明名見佛，此光覺悟將没者，令隨憶念見如來，命終得生其浄國。見有臨終勸念佛，又示尊像令瞻敬，俾於佛所深歸仰，是故得成此光明〔一〕。稱十念者，即是念十聲阿彌陀佛。觀經云：臨終遇知識，教稱十聲阿彌陀佛，得生第九品〔二〕。十疑論問〔三〕云：衆生造惡無量，云何臨終十念成就，即得往生，出過三界結業？答：衆生造惡，是有間心。臨終念佛，是無間心，善心猛利故，承佛願力故〔四〕。

【校注】

〔一〕出實叉難陀譯大方廣佛華嚴經卷一五賢首品。

〔二〕第九品：謂下品下生。佛教謂凡生西方，有九品人。根據衆生功德，分别爲上品上生、上品中生、上品下生、中品上生乃至下品下生。畺良耶舍譯佛説觀無量壽佛經：「如此愚人臨命終時，遇善知識，種種安慰，爲説妙法，教令念佛。彼人苦逼，不遑念佛。善友告言：汝若不能念彼佛者，應稱歸命無量壽佛。如是至心，令聲不絶，具足十念，稱南無阿彌陀佛。稱佛名故，於念念中，除八十億劫生死之罪，命終之時，見金蓮花猶如日輪，住其人前。如一念頃，即得往生極樂世界。」

〔三〕問：底本作「同」，據諸本改。

〔四〕見隋智顗净土十疑論之第八疑。文繁不録。

説法示導 十誦律云：應隨時到病者所〔一〕，爲説深〔二〕法，是道非道，發其智慧，或隨他先習而讚嘆之，令生歡喜〔三〕。南山鈔有文。以臨終時，妄業競集，多無立志，此是一期善惡，升沉天隔，應以經卷，手示題目，又將佛像，對面觀矚，常説法語、念佛，慎勿傳於世事〔四〕。

【校注】

〔一〕所：據明刻本補。

〔二〕深：據明刻本補。

〔三〕十誦律卷二八：「看病比丘，應隨時到病人邊，爲説深法，是道非道，發其智慧。是病比丘如是隨意説法：若是阿練若病，應現前讚阿練若法；若學修妒路經，現前讚學修妒路；若學毗尼，現前讚毗尼；若作法師，現前讚阿毗曇。若佐助衆事，應讚佐助衆事。」

〔四〕四分律删繁補闕行事鈔卷下之四瞻病送終篇：「以臨終妄業競集，多無立志，此是一期大要，善惡升沈天隔，應以經卷手執，示其名號。又將佛像對眼觀矚，恒與善語，勿傳世事。」

捨墮　今有比丘病，出衣鉢唱賣施僧，謂之捨墮。此但用名，而不得其實也。出要儀云：梵語尼薩耆，舊翻爲捨墮，即是六聚罪名一也，謂因財事生犯貪慢心，强制捨入僧故。如聲論翻爲盡捨，謂捨財、捨心、捨罪，若不盡捨，還成相染〔一〕。

【校注】

〔一〕四分律删繁補闕行事鈔卷中篇聚名報篇：「出要律儀云：尼薩耆，舊翻捨墮。聲論云：尼翻爲盡，薩耆爲捨。」又：「四分：僧有百二十種分取三十。因財事生犯貪慢心，彊制捨入僧，故名尼薩耆也。」尼薩耆：即尼薩耆波逸提，意譯「盡捨墮」、「捨墮」。尼薩耆，意爲「盡捨」；波逸提，意爲「墮」，即波逸提之一種，謂應捨棄集貯的無用長物、貪心、罪業，共有三十條戒，稱爲三十捨墮。四分比丘戒本疏卷下：「尼薩耆者，此翻爲盡捨。波逸提者，此翻爲墮。謂犯此罪，牽墮三惡。此就總名，故稱爲墮。若犯此墮，要先捨財，後懺墮罪，故云捨墮。」

打無常磬　增輝記云：未終時，長打磬，令其聞聲，發其善思，得生善處。智者大師臨終時，語維那曰：人命終時，得聞磬聲，增其正念。惟長惟久，勿令聲絶，以氣盡爲期〔一〕。

【校注】

〔一〕灌頂撰隋天台智者大師别傳：「（智顗）誡維那曰：人命將終，聞鐘磬聲，增其正念，唯長唯久，氣盡爲期。」又見續高僧傳卷一七釋智顗傳。

風刀　正法念經云：命終時，刀風皆動，如千尖刀刺其身上，十六分中，猶不及一。若有善業，則不多苦惱〔一〕。○顯宗論云：爲人好發言，譏刺他人，隨實不實，傷切人心，由此當招風刀之苦〔二〕。

【校注】

〔一〕元魏般若流支譯正法念處經卷六六：「或以天眼見命終時，刀風皆動，皮肉筋骨，脂髓精血，一切解截，令其乾燥，氣閉不流。身既乾燥，苦惱而死，如千炎刀而刺其身，十六分中猶不及一。若有善業，垂死之時，刀風微動，不多苦惱。」

〔二〕阿毗達磨藏顯宗論卷一五：「好發語言，譏刺於彼，隨實不實，傷切人心，由此當招斷末摩苦。」

命終心　唯識鈔云：命終心起四種愛，即一切有情善惡受身之根本也：一者，於其自身，起現有愛；二者，於現眷屬，起貪喜俱行愛；三者，於現田宅資生業，起彼彼喜樂愛；四者，於當來生，起後有愛。且四愛中，前三是助潤生，後一是正潤生〔一〕，謂於當來生地起故。亦名受生心。此心位，若得人善巧策發，聞佛名磬聲，令專繫聖境，以不顛倒故，必隨願往生善趣〔二〕。

【校注】

〔一〕潤生：指衆生於命終之際，因對自體、境界及往生之處起貪愛之心而招引次生果報之惑業。此惑相當於十二因緣中的愛、取二支，能滋潤五果之種子，令生現行，故稱潤生。其中又有正潤和助潤之別：「正潤生」爲俱生起之惑，於修道時斷除之；「助潤生」通於分别起之惑，於見道時斷除之。大乘義章卷四：「潤生無明，亦名受生，謂受生時諸煩惱等。

若依毗曇，九十八使一切煩惱，皆能潤生。斯則潤生、受生無別。若依成實，唯愛能潤，餘但遠助。若據斯義，潤生則狹，局唯在愛；受生則寬，通於餘結。地經亦然。故經言：愛水爲潤，無明覆弊，我心溉灌，如是等也。」成唯識論卷八：「愛、取二支唯修所斷，貪求當有而潤生故，九種命終心俱生愛俱故。餘九皆通見、修所斷。有義一切皆通二斷，論説『預流果已斷一切一分有支，無全斷者』故。若無明支唯見所斷，寧説預流無全斷者？若愛、取支唯修所斷，寧説彼已斷一切支一分？又説『全界一切煩惱皆能結生，往惡趣行唯分別起煩惱能發』，不言潤生唯修所斷，諸感後有行皆見所斷發，由此故知無明、愛、取三支亦通見修所斷。然無明支正發行者，唯見所斷，助者不定，愛、取二支正潤生者唯修所斷，助者不定。」

（二）參成唯識論疏抄卷一四等，此爲概述，非原文。按：窺基撰妙法蓮華經玄贊卷六之本：「貪愛有四：一、現有愛，二、後有愛，三、貪喜俱行愛，四、彼彼喜樂愛。皆據別行相，以現可見故。」又瑜伽師地論卷五五：「問：何故於集諦爲四行觀？答：由有四種愛故。此四種愛當知由常、樂、淨、我愛差別故，建立差別。初愛爲緣建立後有愛，第二第三愛爲緣建立喜貪俱行愛及彼彼希樂愛，最後愛爲緣建立獨愛，當知此愛隨逐自體。又愛云何？謂於自體親昵藏護。後有愛云何？謂求當來自體差別。喜貪俱行愛云何？謂於現前或於已得可愛色、聲、香、味、觸、法起貪著愛。彼彼希望愛云何？謂於所餘可愛色等起希求愛。」

悶絕位　梵語末摩，此云死穴，或云死節，以病觸此處，有悶絕生故〔一〕。雖死而心頭熱也，緣第八識未捨故〔二〕。

【校注】

〔一〕慧琳撰一切經音義卷一二大寶積經音義之二：「末摩，上莫鉢反，梵語也，此云死節，言人支節之中，若被打、被損，身則死夭，故云死節。」

〔二〕第八識：即阿賴耶，又作阿黎耶等。法門名義集：「阿黎耶識者，亦西域音也，以義言之，其能有二：一、持有色諸根，令其不壞；二、持清淨種子，使之不亡。」

死位　瑜伽論云：謂壽量極故〔一〕。○雜阿含經云：壽、煖、識三法捨離名死〔二〕。○唯識疏云：身壞命終，將入滅相，方名死緣，大乘宗滅相，屬過去故〔三〕。○正法念處經偈云：不擇於貧富，少壯及老年，若在家出家，無不爲死壞〔四〕。

【校注】

〔一〕瑜伽師地論卷一：「云何死？謂由壽量極故而便致死。」

〔二〕雜阿含經卷二一：「（佛）答言：長者，壽暖及與識，捨身時俱捨。彼身棄塚間，無心如木石。復問：尊者，若死、若入滅盡正受，有差別不？答：捨於壽暖，諸根悉壞，身命分離，是名爲死。滅盡定者，身、口、意行滅，不捨壽命，不離於暖，諸根不壞，身命相屬。此則命終、入滅正受差別之相。」

〔三〕窺基撰成唯識論述記卷八之末：「身壞命終，入滅相位，方名爲死，大乘滅相，在過去故。」

〔四〕出元魏般若流支譯正法念處經卷六二。

問捨戒　問：三位之中，戒於何捨？答：大毗婆沙論云：將死時，身力羸劣，或斷末摩，苦惱觸故，便失所受身語律儀，本所要期，至最後命終刹那，心與律儀一時俱失，緣由心引起，從心發生，心捨故，戒隨捨也〔一〕。

【校注】

〔一〕阿毗達磨大毗婆沙論卷一九五：「彼將死時身力羸劣，或斷末摩，苦所觸故，便失所受身語律儀。後命終時，其心方捨。……苦觸非是捨戒緣故，本所要期，乃至命終，非命未終，離斷善等而令戒捨，是最後命終刹那，心與律儀一時俱失。……心先起，後彼法，謂先起如是心，我當受作如是事業，後便正起不律儀表業。」

無常　攝大乘論云：有三種：一、念念壞滅無常，二、和合離散無常，三、畢竟如是無常〔一〕。○唯識疏釋無常有二義：一、有生滅，體是無常；二、無他常，故名無常〔二〕。

【校注】

〔一〕按：出元魏般若流支譯順中論卷下：「無常三種：一者念念壞滅無常，二者和合離散無常，三者竟畢如是無常。」

〔二〕成唯識論述記卷九之本：「無常有二義：一、有生滅，體之無常；二、無他常，故名無常。」

沙門不應畏死　婆沙論云：待死如寄客，去如至大會。多集福德故，捨命時無畏。復作是念：隨所受身，末後心滅爲死。若爾心念念滅，皆應有畏，非但末後心滅可畏也〔一〕。

【校注】

〔一〕十住毗婆沙論卷二地相品：「待死如愛客，去如至大會。多集福德故，捨命時無畏。復作是念：死名隨所受身，末後心滅爲死。若心滅爲死者，心念念滅故，皆應是死。若畏死者，心念念滅皆應有畏，非但畏末後心滅，亦應當畏前心盡滅。」

沙門以寂滅爲樂 僧祇律云：欲求寂滅樂，當學沙門法〔一〕。○涅槃經云：諸行無常，是生滅法。生滅滅已，寂滅爲樂〔二〕。論云：寂滅爲樂者，若言滅法爲樂者，此義不然。何以故？爲有現在滅，是過去已滅法殘故。以有殘故，非樂也。若滅現在生爲樂者，此義不然。何以故？有未來生，是現在生殘故。以有殘故，非樂也。若言未來生是常者，此義不然。生必有滅，故非樂也。若能令未來應生滅法，而不得生，乃可爲樂耳，此爲正義〔三〕。

【校注】

〔一〕摩訶僧祇律卷二：「欲得寂滅樂，當習沙門法。」

〔二〕出北涼曇無讖譯大般涅槃經卷一四。

〔三〕真諦譯涅槃經本有今無偈論：「言寂滅爲樂者，若言滅法爲樂，此義不然。何以故？爲有現在滅，是過去已滅法爲殘，以有殘故，非樂也。若滅現在生滅爲樂者，此事不然。何以故？爲有未來生，是現在世殘故，有殘故，非樂也。若言未來生是常者，此義不然。生必有滅，故非常也。若能令未來應生法而不得生，乃可爲樂耳。寂滅爲樂，即其義也。」

驗來果 瑜伽論云：此有情者，非色非心，假名爲命。諸師相傳，造善之人，先從下冷，觸至臍已上煖者，然後氣盡，即生人中。若至頭面後頂煖，乃氣盡，即生天上。若造惡者，從上冷至腰，熱後氣盡，生餓鬼中。從腰膝已上，熱氣盡，生傍生中。若從膝已下至足熱氣盡者，生地獄中。若無學聖人入涅槃，或心及頂皆煖也〔一〕。

【校注】

〔一〕按：真諦譯決定藏論卷上：「如善、惡二人，臨命終時，善人足冷，煖上至頂，頂若冷時，人命即滅。惡人死時，從頂冷至足，煖氣滅時，此人命終。意識常在身，阿羅耶識持身故，阿羅耶識滅而身即冷，便不覺觸。此冷煖二事，不由意識故，知有阿羅耶識。」瑜伽師地論卷一曰：「又將終時，作惡業者，識於所依從上分捨，即從上分冷觸隨起，如此漸捨乃至心處。造善業者，識於所依從下分捨，即從下分冷觸隨起，如此漸捨乃至心處。當知後識唯心處捨，從此冷觸遍滿所依。」然與此處引文差異較大。法苑珠林卷九七送終篇第九七受生部：「臨命終時，檢身冷熱，驗其善惡，具知來報。故瑜伽論云：此有情者，非色非心，假爲命者，大小皆同，死通漸頓。諸師相傳，造善之人，從下冷觸至臍已上，煖氣後盡，即生人中。若至頭面熱氣後盡，即生天道。若造惡者與此相違。從上至腰熱後盡者，生於鬼趣。從腰至膝熱氣盡者，生於畜生。從膝已下乃至脚盡，生地獄中。無學之人入涅槃者，或在心煖，或在頂也。」要覽引瑜伽論文，當據此。

送終

初亡 釋氏死謂涅槃、圓寂、歸真、歸寂、滅度、遷化、順世，皆一義也。隨便稱之，蓋異俗也。

龕子 音堪。唐韻〔一〕云：龕，塔也。今釋氏之周身，其形如塔，故名龕。方言〔二〕云：受也。廣雅云：盛也〔三〕。此名蓋異俗也。南山鈔云：作絹棺覆尸〔四〕。此爲無龕子故，制若船篙子，以竹爲骨，白絹輓之。○周禮曰：周尸曰棺〔五〕。棺，寬也。釋名曰：棺，關也〔六〕。白虎通曰：所以有棺者，以掩藏形惡也〔七〕。

【校注】

〔一〕唐韻：唐李恤著，已佚。

〔二〕言：諸本誤爲「志」。揚雄方言卷六：「鈐、龕，受也。齊、楚曰鈐，揚、越曰龕，受，盛也，猶秦、晉言容盛也。」

〔三〕廣雅疏證卷三上：「鈐、堪、龕、受，盛也。」

〔四〕四分律删繁補闕行事鈔卷下之四瞻病送終篇：「外安障幔圍之，内作絹棺覆尸，當以竹木爲骨，仍以麤衣覆尸上。」

〔五〕按：出孝經鄭注。孝經喪親章：「爲之棺、椁、衣、衾以舉之。」鄭注曰：「周尸爲棺。」

〔六〕釋名卷八釋喪制：「棺，關也，言關閉也。」

〔七〕白虎通卷一一崩薨：「所以有棺椁何？所以掩藏形惡也，不欲令孝子見其毁壞也。」

安龕柩　音舊。白虎通云：在棺曰柩。柩，究也，久也，不復彰也〔一〕。釋名曰：柩，究也。送終隨身之制，皆究備也〔二〕。釋氏則云設利羅，此云骨身，即全身舍利也。夫釋氏安龕柩，不可習俗法，務生善也。若應之大師五杉集〔三〕，頗合禮式。或堂有三間，即置龕於西間，面向南，前設一燈一香而已。中一間用白幕，自南達北，金城柱而東洎南，三面幃之，於中設繩牀，掛真影，香華供養，以時設食，用白紙作娑羅華八樹，以簇繩牀，表雙林〔四〕之相。牀西别設一儀牀，置平生道具之屬。繩牀後，正北幕内，名子位，即是弟子受吊之位也。請以普通子、遠大師喪儀〔五〕、應之五杉集參詳用之，一則免知禮者嗤，二則生世人之善心矣。

【校注】

〔一〕白虎通卷一一崩薨：「柩之爲言究也，久也，不復變也。曲禮曰：在牀曰尸，在棺曰柩。」

〔二〕釋名卷八釋喪制：「尸已在棺曰柩。柩，究也。送終隨身之制，皆究備也。」

〔三〕按：陳舜俞廬山記卷一：「五杉喬茂合抱，瞰以危閣，南唐西山僧應之嘗結庵于五杉之間。保大中，爲元宗所遇，作五杉集行於世，桑門備用之書也。」五杉集，三卷，又稱五杉練若新學備用。日本駒澤大學圖書館藏有朝鮮重刊本，詳參山本孝子應之五杉練若新學備用卷中所收書儀文獻初探——以其與敦煌寫本書儀比較爲中心，見敦煌學輯刊，二〇一二年第四期。

〔四〕雙林：指娑羅雙樹。釋迦牟尼於娑羅雙樹間涅槃。

〔五〕遠大師喪儀：據高僧傳卷六釋慧遠傳：「時遠講喪服經，雷次宗、宗炳等並執卷承旨，次宗後別著義疏，首稱雷氏，宗炳因寄書嘲之曰：昔與足下共於釋和上間面受此義，今便題卷首稱雷氏乎？」然未見有言慧遠制定喪儀者。又同傳曰：「遠以凡夫之情難割，乃制七日展哀。」

服制

釋氏之喪服，讀涅槃經并諸律，並無其制。今準增輝記引禮云：服有三：一、正服，二、義服，三、降服。白虎通曰：弟子於師，有君臣、父子、朋友之道故，生則尊敬而親之，死則哀痛之，恩深義重，故爲降服〔一〕。○釋氏喪儀云：若受業和尚，同於父母，訓育恩深，例皆三年服。若依止師，資飡法訓，次於和尚，隨喪服〔二〕。五杉云：師服者，皆同法服，但用布稍麤，純染黃褐。增輝云：但染蒼皴之色，稍異於常爾。有人呼墨黲衣爲衰服，蓋昧之也。言衰者，衰，音崔，或作縗。俗禮喪服傳云：衣上之物，則有袪、袂、衰、燕尾、衣帶下尺、負版等，同名衰服者，其衰之制，用布長六寸，象六腑，薄四寸，象四時，綴於衣左襟，廣袤當心。言衰者，摧也，象孝子心，思親摧傷也，故稱斬衰、齊衰齊，音咨。焉。衣本不名衰，蓋從此布以名也。此衰布，至小祥先除之。墨黲，前法衣中有釋。

【校注】

〔一〕白虎通卷一一喪服：「弟子爲師服者，弟子有臣君父子朋友之道也。故生則尊敬而親之，死則哀痛之。恩深義重，故爲之隆服，入則絰，出則否也。」

〔二〕按：佛祖統紀卷三三引曰：「今案遠師喪儀云：受業和上同於父母，皆三年服。若依止師，隨師喪暫爲服。」則釋氏喪儀，即「安龕柩」條所説之「遠大師喪儀」也。

杖　有二種：一、喪父曰斬衰。言斬者，喪君父，夫心如斬截也。苴杖，苴，惡也，用竹，陽也，大如腰絰，圍七寸二分。絰，音迭，言實也，傷摧〔一〕之實也。精義云：苴杖用竹。蓋以體圓性正，欲明孝子心哀痛，自然圓足，有終身之憂，斷而用之，無所厭殺也。長齊孝子心，自成服日〔二〕止大祥除之。二、齊衰。齊，音咨也。齊者刺也，緶也，緝也，言喪母痛苦而刲刺，言輕於斬也。削杖，削即殺也，言母於父，有降殺也，用桐，陰也。精義云：削杖用桐。蓋削奪其貌，使不苴也。外雖削，内則同也〔三〕。禮曰：削使方，爲母象也。長齊心，本在下〔四〕。本，根也。言痛在心，自成服至十三月小祥日除之。此非釋氏所要，因言其杖，故委曲注之。白虎通云：所以必杖者，孝子失親，悲哀哭泣，三日不食，身體羸病，故以扶身，明不以死傷生也。禮曰：童子、婦人不杖，以其不能病也〔五〕。今釋子心形出俗，達了無常，雖喪親以師，豈有絶漿而成病也？何必杖乎？非是不孝。及婦人、童子等，蓋律禮宗致不同故。其杖不用，無過失矣。

【校注】

〔一〕摧：底本、永田文昌堂本、擁萬閣本、出雲寺本、江户刊本、大正藏本作「椎」，備要本作「稚」，據明刻本、世界書局本改。

〔二〕日：世界書局本誤爲「曰」。

〔三〕禮記喪服小記：「苴杖，竹也。削杖，桐也。」正義曰：「必用竹者，以其體圓性貞，履四時不改，明子爲父禮中痛極，自然圓足，有終身之痛故也。故斷而用之，無所厭殺也。」又：「必用桐者，明其外雖被削，而心本同也，且桐隨時凋落。」

〔四〕通典卷八七喪制之五：「長齊心，本在下。」

〔五〕白虎通卷一一喪服：「所以必杖者，孝子失親，悲哀哭泣，三日不食，身體羸病，故杖以扶身，明不以死傷生也。禮，童子、婦人不杖者，以其不能病也。」

頭巾 增輝記云：僧無冠絰〔一〕，或用頭巾，當以全幅褐布。杜氏呼布帽，用布五尺三寸，背後長二尺五寸，面前長二尺八寸，摺定後，兩幅邊縫其半，微刓兩角以圓上，面前酌量從額際直破下，開出眼鼻口，不得絶開，又不得絶小，皆正縫緶之〔二〕。

【校注】

〔一〕絰：底本、永田文昌堂本、擁萬閣本、出雲寺本、江户刊本、大正藏本、備要本作「經」，據明刻本、世界書局本改。

〔二〕按：杜氏，俟考，參「誌石」條注。

哭 涅槃經：佛滅度，諸聲聞弟子皆哭。未離欲者，皆宛轉于地，椎胸大叫〔一〕。此並悲切痛極，不省自身故。○四分律云：尼椎胸啼哭，一一犯尼薩耆，比丘犯突吉羅〔二〕。○五百問云：比丘師亡，不得舉聲大哭，應小小泣淚〔三〕。○凡釋子師亡，二親或喪，痛自心起，何有不哭？但不得縱聲委曲，并致詞稱蒼天罪逆之語，唯一往其聲，哀哀而已。

【校注】

〔一〕北涼曇無讖譯大般涅槃經卷一壽命品：「是諸衆生見聞是已，心大憂愁，同時舉聲悲啼號哭：嗚呼慈父，痛哉苦哉！舉手拍頭，搥胸叫喚，其中或有身體戰慄，涕泣哽咽。」

〔二〕四分律卷二六：「若比丘尼共鬭諍，不善憶持諍事，椎胸啼哭，一椎胸一波逸提，一滴淚墮一波逸提，比丘突吉羅。」

〔三〕佛説目連問戒律中五百輕重事：「問：師徒父母兄弟死，得哭不？答：不得，一舉聲犯墮，正可小小泣淚而已。」按：四分律删繁補闕行事鈔卷下之四：「五百問云：師亡不得舉聲大啼，應小小泣淚耳。四分：尼椎胸啼哭泣淚，一一墮，比丘吉羅。若準雙林之終，未離欲者，宛轉在地，椎胸大叫。此並悲切深重，不省自身故耳。」

祭奠

尚書大傳云：祭者，察也。察，至也，言人事至於神也〔一〕。釋名云：奠，停也，言停久也〔二〕。凡釋氏之喪，不宜效俗，可稱時藥、香華供養。時藥即食也。

【校注】

〔一〕藝文類聚卷三八禮部上祭祀：「尚書大傳曰：祭之爲言察也。薦，至也，言人事至於神也。」又，初學記卷一三引，「薦」作「察」。

〔二〕釋名卷八釋喪制：「喪祭曰奠。奠，停也，言停久也。」

行弔　弔者，至也。詩云：神之弔矣〔一〕。五杉集中，弔儀甚備，可檢行用。○南山鈔云：行弔人小於亡者，至尸所設禮，多云僧亡戒捨，不得禮拜。若爾，南山大師卻云：小於亡者，至尸設禮。又經中，比丘化爲蛇。佛令有此〔二〕比丘禮拜。今詳，必是長於亡者不禮爾。後執弟子手而慰問，然後至其師所，依法弔之〔三〕。記云：弟子，即亡僧弟子也。以其荒迷，故執其手。其師即亡僧二師也。曲禮云：知生者弔，知死者傷。涅槃經：佛滅度，人天大衆咸曰：何期苦哉！何期苦哉〔四〕！此似傷辭也。若俗舍婦人、處女、寡女，非是宗親，不可傷之，禮所以別嫌疑也。

【校注】

〔一〕詩經小雅天保：「神之弔矣，詒爾多福。」按：之，底本、備要本、大正藏本無，據明刻本、世界書局本補。

〔二〕此：世界書局本作「如」。

〔三〕四分律删繁補闕行事鈔卷下之四瞻病送終篇：「彼外來弔人小於亡者，至尸所設禮，執弟子手慰問已，然後至師所，依法弔慰。」

〔四〕北涼曇無讖譯大般涅槃經卷一：「時諸天人及諸會衆阿修羅等，見佛光明還從口入，皆大恐怖，身毛爲豎，復作是言：如來光明出已還入，非無因緣，必於十方所作已辦，將是最後涅槃之相，何期苦哉！何期苦哉！如何世尊，一旦捨離四無量心，不受人天所奉供養。聖慧日光，從今永滅。無上法船，於斯沈没。嗚呼痛哉，世間大苦！舉手搥胸，悲號啼哭。支節戰動，不能自持。身諸毛孔，流血灑地。」

受弔　南山鈔云：和尚闍梨，鋪牀在幔外坐，擬人客來弔。同學小者布草立，大者坐於草上〔一〕。和尚闍梨，即亡者二師也。同學小者、大者，即亡者弟子也。喪儀〔二〕云：親度小師，哭於幕內，受學弟子，哭於幕外。凡僧來弔，則哭而伏。俗來弔，但哭不伏。若比丘喪父母，往俗舍受弔，其儀即不可雜於男女之中，須於幕外堂前，布草或薦，面東而坐。有人弔，則拱手低頭，哀哀而哭，不用稱罪逆等言。無人弔，則誦經念佛。

【校注】

〔一〕四分律删繁補闕行事鈔卷下之四瞻病送終篇：「和尚闍梨鋪牀在慢外坐，擬人客來弔慰。同學弟子等小者布草立，大者坐草上近尸邊。」

〔二〕喪儀：疑即「服制」條所言釋氏喪儀，也即「安龕柩」條所説之「遠大師喪儀」也。

奔喪　釋氏奔喪，即大迦葉爲始也。佛入涅槃已七日，迦葉領徒，方至雙林。佛於金棺，出雙足示之〔一〕。○鈔云：若奔喪者，直至尸所禮拜，展哀已後，從次第位坐〔二〕。○增輝記云：奔喪者，謂在外處，師亡，凶信至，朋友間先爲排比，處設靈位。此舉哀儀也。然後引至其處，舉盡哀後，疾疾而歸。見星而行，見星而舍。既至本院，若龕柩已歸塔，即先往塔所，禮拜盡哀，右遶數匝，然後歸院，與法眷行弔。鈔云：若高節拔群，由來清卓者，故不局世情，必若任情喜怒。隨俗浮沉者，或父母二師亡而護夏不來；雖來，又不展哀者，亦道俗同耻〔三〕。

【校注】

〔一〕東晉法顯譯大般涅槃經卷下：「爾時摩訶迦葉在鞞叉那耆利國，遥聞如來在鳩尸那城欲般涅槃，心大悲戀，與五百比丘緣路而來。去城不遠，身患疲極，在於路邊，與諸比丘坐於樹下。見一外道，手執曼陀羅華。迦葉問言：汝從何來？答言：我從鳩尸那城來。迦葉又問：汝知我師應正遍知不？其即答言：識，汝大師在鳩尸那城娑羅林中雙樹之間，已般涅槃，得今七日，即時正在寶冠支提，將欲闍維。天人充滿，互競供養故，我於彼得此天華。爾時迦葉聞此言已，悲號哽咽。……是時迦葉與諸比丘進鳩尸那城，到於寶冠支提之所，見如來棺，在香積上，悲泣流淚，圍繞七匝，而登香積，至寶棺所，在於足處，號咷嗚咽，頭面作禮。爾時如來於寶棺内而出雙足。迦葉見此，倍增悲驚。時諸天人既睹奇特希有之事，莫不嗟歎，深生苦戀。」

〔二〕四分律删繁補闕行事鈔卷下之四瞻病送終篇：「若奔喪來者，直來尸所禮拜，展哀情已，次第依位。」

〔三〕四分律删繁補闕行事鈔卷下之四瞻病送終篇：「若高節拔群，由來清卓者，故不局世情，必任情喜怒。隨俗浮沈者，至父母二師終亡而護夏不來，雖來不展哀苦者，亦道俗同耻。」

葬法

天竺有四焉：一、水葬，謂投之江河，以飼魚鱉。二、火葬，謂積薪焚之。三、土葬，謂埋岸傍，取速朽也。四、林葬，謂露置寒林，飼諸禽獸。寒林，即西域棄尸處。僧祇律云：謂多死尸，凡入者可畏毛寒，故名寒林。今云尸陀林，訛也〔一〕。

【校注】

〔一〕一切經音義卷三一玄應撰入楞伽經音義卷八：「尸陀林，正言尸多婆那，此名寒林，其林幽邃而寒，因以名也，在王舍城側。陀者多也，死人多送其中，今總指棄尸之處，名尸陀林者，取彼名。」按：翻譯名義集卷三：「尸陀，正云尸多婆那，此翻寒林，其林幽邃而寒也。僧祇云：此林多死尸，人入寒畏也。法顯傳名尸摩賒那，漢言棄死人墓田。四分名恐畏林。多論名安陀林，亦名晝暗林。」

闍維　或云茶毗，或耶維、闍毗，正梵云闍鼻多，此云焚燒〔一〕。○十誦律云：比丘疑火葬殺身中八萬户蟲。佛言：人死蟲亦死〔二〕。

【校注】

〔一〕一切經音義卷四三玄應大方便報恩經音義卷三：「耶維，或言闍毗，或言闍維，皆訛也。正言闍鼻多，義是焚燒也。」

〔二〕十誦律卷三九：「有阿羅漢般涅槃，諸比丘心念：如佛所説，身中有八萬户蟲。若燒身者，當殺是蟲。諸比丘不知云何，是事白佛，佛言：人死時諸蟲亦死。諸比丘心念：佛聽我燒阿羅漢身者善。是事白佛，佛言：聽燒阿羅漢身。」

指果　月上女問舍利弗言：佛弟子當住何處？答曰：當住涅槃〔一〕。夫比丘既落髮披衣，梵云室羅末尼，唐言求寂滅〔二〕。洎受戒已，名鄔波三鉢那，唐言近圓、圓寂，皆涅槃故，釋子死之所歸，即涅槃爲果〔三〕。

【校注】

〔一〕隋闍那崛多譯佛説月上女經卷上：「今舍利弗行何行也？舍利弗言：我向涅槃，如是行也。」

〔二〕義浄撰南海寄歸内法傳卷三受戒軌則：「既受戒已，名室羅末尼羅。」義浄自注曰：「譯爲求寂，言欲求趣涅槃圓寂之處。舊云沙彌者，言略而音訛。翻作息慈，意准而無據也。」

〔三〕義浄撰南海寄歸内法傳卷三受戒軌則：「既受戒已，名鄔波三鉢那。」「鄔波是近，三鉢那是圓，謂涅槃也。今受大戒，即是親近涅槃。舊云具足者，言其汎意。」

送葬　毗尼母云：闔寺並送葬〔一〕。記云：令觀無常生厭故。今禪居僧亡者，不以尊少主客〔二〕，並打鼓普請送葬，蓋准此律。◯毗奈耶云：送葬苾芻，可令能者誦無常經并伽他〔三〕，爲其咒願〔四〕。此文似中〔五〕所十念也。◯浄飯王涅槃經云：浄飯王命終，殮以七寶棺。佛與難陀在前，恭肅而立，阿難與羅睺羅在後，佛念當來兇暴，不報父母深恩。躬自擎棺。爾時大千世界，六種振動。時四天王乃代佛擎棺，佛乃執香爐，在棺前導引而行〔六〕。今釋子送父母葬，可准此經，依佛前導生人善心。

【校注】

〔一〕四分律刪繁補闕行事鈔卷下之四瞻病送終篇：「毗尼母云：闔寺衆僧並送葬所。」

〔二〕客：明刻本作「各」。

〔三〕伽他：又作「偈」、「伽陀」等（備要本、明刻本「他」即作「陀」），佛經中的讚頌之詞。

〔四〕義浄譯根本説一切有部毗奈耶雜事卷一八：「送喪苾芻可令能者誦三啓無常經，並説伽他，爲其咒願。」

〔五〕中：永田文昌堂本、擁萬閣本、江户刊本、備要本、大正藏本作「山」，明刻本作「由」。又，出雲寺本「文」作「又」、「似」作「以」。此句語意不明，疑還有脱訛。

〔六〕參見沮渠京聲譯佛説浄飯王般涅槃經，文繁不録。

舍利 此物乃是戒定慧忍行功德熏成也。梵語設利羅〔一〕，今訛略稱舍利，華言骨身。所以不譯者，恐濫凡夫骨身故也。又云馱都〔二〕，此目不壞義。有二種舍利：一、全身，二、碎身。碎身有三：一、骨舍利，白色；二、肉舍利，紅色；三、髮舍利，黑色。惟佛舍利五色，有神變，一切物不能壞焉。

【校注】

〔一〕按：慧琳撰一切經音義卷二音大般若經卷一〇三：「設利羅，梵語也，古譯訛略，或云舍利，即是如來碎身靈骨也。」

〔二〕按：慧琳撰一切經音義卷一三大寶積經音義卷五四：「馱都，梵語也，唐言法界生，如來碎身靈骨舍利，從法界體性生也。」

立塔

梵語塔婆，此云高顯，今略稱塔也。又梵云蘇偷婆，此云寶塔。又梵云窣堵波，此云墳。又云抖擻婆，此云讚護。或云浮圖，此云聚相。○西域記云立表〔一〕，寄歸傳云作俱攞〔二〕，皆壘磚石爲之，形如小塔，上無輪蓋。且立塔有三意：一、表人勝，二、令他生信，三、爲報恩〔三〕。而有等級，若初果，一級。二果，二級。三果，三級。四果，四級，表超三界也。辟支佛十一級，表未超無明一支故。佛塔十三級，表超十二因緣故。若凡夫比丘有德行者，亦得立塔，即無級。僧祇云：持律比丘、法師、營事比丘有德望者，皆應立塔〔四〕。○五百問云：得爲亡師立塔，用自物得，不得用師物〔五〕。○塔有銘記，非起今世。按佛本行集經云：迦葉佛滅度後，波羅奈國王名吉利尸，收舍利，用七寶造塔，爲作銘記，名達舍婆陵迦，隋言十相〔六〕。

【校注】

〔一〕西域記未見云「立表」者。按：玄應一切經音義卷六妙法蓮華經音義卷二：「長表，梵言舍磨奢那，此云冢也。案：西域僧徒死者，或遺諸禽獸，收骨燒之，埋於地下，於上立表，累甎石等，頗似窣覩波，但形而卑小也。」

〔二〕南海寄歸内法傳卷二尼衣喪制：「苾芻亡者，……或有收其設利羅，爲亡人作塔，名爲俱攞，形如小塔，上無輪蓋。」

〔三〕按：法苑珠林卷三七敬塔篇第三五興造部：「所云塔者，或云塔婆，此云方墳。或云支提，翻爲滅惡生善處。或云斗藪波，此云護讚，若人讚歎擁護歎者。西梵正音，名爲窣堵波，此云廟，廟者貌也，即是靈廟也。安塔有其三意：一、表人勝，二、令他信，三、爲報恩。若是凡夫比丘有德望者，亦得起塔，餘者不合。」

〔四〕摩訶僧祇律卷二七：「若言持律，若言法師，若言營事德望比丘，應語長老，是人持戒賢善，多供養僧，執事有勞，應與起塔。」

〔五〕佛説目連問戒律中五百輕重事：「問：比丘得爲亡師起塔不？答：自物得用，師物作不得。」

〔六〕佛本行集經卷五七難陀因緣品下：「於爾之時，乃有一佛出現於世，名曰迦葉多他伽多阿羅訶三藐三佛陀。然彼世尊，隨其住世，滅度已後，吉利尸王純以七寶爲造塔廟，所謂金、銀、頗梨、琉璃，及赤真珠、珊瑚、馬瑙。其寶塔外更以龘塼，重覆其上。其塔高峻至一由旬，東西縱廣，各半由旬，爲作銘記，名曰達舍婆陵迦。隋云十相。」

誌石　杜氏云：精義曰：准禮無文，自魏司徒繆襲改葬父母，遂刻石以誌〔一〕。又宋元嘉十一年〔二〕，王球死，立石誌，顔延之爲文，因此士族祖習焉〔三〕。又馮鑑續事始云：按西京雜記，前漢杜子夏〔四〕臨終作文，命刻石埋於墓前，厥後恐因此矣〔五〕。○白氏六帖云：孔子之喪，公西赤爲識。識，銘誌也。子張之喪，公明儀爲識。此又非起於漢魏也。又云：銘者，論譔先祖之有德，君子觀於銘，既美其所稱，又美其所爲，故銘之義，稱美不稱惡。先祖無美而稱之，是誣也；有美而不明也；知而不傳，不仁也。三者君子所耻也〔六〕。取要言之，故略而不次。今釋子二師，實有德行名業，亦宜識之，爲僧傳之張本也。

【校注】

〔一〕宋董逌著廣川書跋卷六盧陵王銘：「嘗考吴均齊春秋，王儉謂石碑不出禮典，起宋元嘉顔延之爲王琳（校注者按：琳，當爲「球」之誤）碑石。又考杜叔廉書儀，則謂碑石自魏司徒繆襲改墓，刻石以識，因以述其德行。」要覽引「杜氏」，疑即杜叔廉，宋初人。按：清徐松宋會要輯稿蕃夷七：「（太平興國三年三月）二十五日，俶來朝，對於乾德殿，賜襲衣、玉帶、金銀器、玉鞍、名馬、錦綵萬疋、錢千貫。是日，宴俶於長春殿，宰臣、諸王節度使、劉鋹、李煜咸與，賜兩浙從事催仁冀、杜叔廉、黄夷簡、裴祚襲衣、金銀帶、器幣、鞍馬有差。」

〔二〕按：據宋書卷五八，王球「（元嘉）十八年卒，時年四十九」。

〔三〕按：南齊書卷一〇：「有司奏：大明故事，太子妃玄宮中有石誌。參議墓銘，不出禮典。

近宋元嘉中，顔延作王球石誌。素族無碑策，故以紀德。自爾以來，王公以下，咸共遵用。儲妃之重，禮殊恒列。既有哀策，謂不須石誌。從之。」

〔四〕夏：諸本無，據西京雜記補。杜鄴，字子夏。參下注。

〔五〕西京雜記卷三：「杜子夏葬長安北四里，臨終作文曰：魏郡杜鄴，立志忠款，犬馬未陳，奄先草露。骨肉歸於后土，氣魂無所不之。何必故丘，然後即化。封於長安北郭，此焉宴息。及死，命刊石，埋於墓側。墓前種松柏樹五株，至今茂盛。」按：宋晁公武撰郡齋讀書志卷一二：「續事始五卷，右僞蜀馮鑑廣孝孫所著。」張宗祥校定百卷本説郛，存續事始三六二條。

〔六〕白氏六帖事類集卷一九：「銘者，論譔其先祖之有德善、功烈、勳勞、慶賞、聲名列於天下，而酌之祭器，自成其名焉。顯揚先祖，所以崇孝也。君子觀於銘，既美其所稱，又美其所爲。故衛孔悝之鼎銘曰：爲先祖者有美焉，有恶焉。銘之義，稱美不稱恶。先祖無美而稱之，是誣也；有美而不知，不明也；知而不傳，不仁也。三者君子所耻也。……孔子之喪，公西赤爲識焉。子張之喪，公明儀爲識焉。」按：禮記檀弓上：「孔子之喪，公西赤爲志焉。」又：「子張之喪，公明儀爲志焉。」

稱孤　曲禮云：孤子當室，謂年未三十也。壯有室，有代親之端，不爲孤也〔一〕。今見釋子稱〔二〕孤弟子，不然也。五杉云孝院小師者，宜也。孝謂喪孝之院，若俗云孝堂，非自伐〔三〕語也。若居大寺院房者，亦可稱之。

【校注】

〔一〕禮記曲禮上：「孤子當室，冠衣不純采。」鄭注曰：「早喪親，雖除喪，不忘哀也，謂年未三十者。三十壯有室，有代親之端，不爲孤也。」

〔二〕稱：世界書局本誤作「恐」。

〔三〕伐：底本及餘三卷本皆作「代」，據明刻本改。自伐，自夸。

唱衣

律云：亡〔一〕僧輕物〔二〕，差一五法比丘，分與現前僧。爲分不均故，佛聽集衆，先以言白衆：和許可賣共分〔三〕。言五法者，不隨愛、不隨嗔、不隨癡、不隨怖、知得不得，亦名五德〔四〕。十誦律云：賣衣未三唱，比丘益價，後心悔，疑奪彼衣。疑是奪前酬價者。佛言：未三唱竟，益價不犯〔五〕。○目得迦云：佛言：初准衣時，可處中。勿令太貴太賤，不應待其價極方與之。若不買者，故增價，犯惡作罪〔六〕。○大毗婆沙論：問：命過比丘衣鉢等，云何得分？答：彼於昔時，亦曾分他如是財物，今時命過，他還分之〔七〕。○增輝記云：佛制分衣，本意爲令在者見其亡物，分與衆僧，作是思念：彼既如斯，我還若此。因其對治，令息貪求故。今不能省察此事，翻於唱賣之時，争價上下，喧呼取笑，以爲快樂，誤之甚也！仁者宜忌之〔八〕。

【校注】

〔一〕按：底本及餘三卷本闕「亡」，明刻本闕「云」，據文意補、改。

〔二〕輕物：指僧徒隨身的生活必需品。量處輕重儀末：「然五衆亡物，大要有三：一、制令畜物。謂不得不有，即衣鉢坐具等，此並入輕。謂輕可隨身，資道要務故。二、不制令畜物。謂畜便妨道，故制止之，即人畜寶物等，此斷在重。謂事資任重，附俗心强，雖有疏緣，始益終損也。三、聽開畜物。謂畜不畜俱得，即供身衆具等，此通輕重。謂待緣及益，本懷據道，道在清虚，隨機開制故也。」

〔三〕按：十誦律卷二八曰：「是比丘有爾許資生輕物，若衣若非衣，現前僧應分物。」又義浄譯根本説一切有部尼陀那卷二：「時諸苾芻白佛：所餘衣鉢，如何處分？佛言：有貧苾芻，應可與之。時六衆類，常多貧乏。佛言：勿與六衆，應從上座次第行與。少年苾芻，竟不曾得。佛言：衆應同集，先以言白，衆既和許，可賣共分。」

〔四〕摩訶僧祇律卷一一：「比丘者，有五法成就，僧應拜作勸化分衣人。何等五？不隨愛、不隨瞋、不隨怖、不隨癡、得不得知。」

〔五〕十誦律卷七：「佛言：從今日，聽衆僧中賣衣。未三唱應益價，益價時比丘心悔：我將無奪彼衣耶？ 佛言：三唱未竟，益價不犯。」

〔六〕義浄譯根本説一切有部目得迦卷八：「佛言：初准衣時，應可處中，勿令太貴太賤，初准即與。佛言：不應待其價極，方可與之。時六衆苾芻，見他准價，故增衣價。及至與時，便作是言：我不須衣，欲爲大衆，多增衣價。佛言：若衆賣衣，其不買者，不應故增其價。若故增者，得惡作罪。」

〔七〕阿毗達磨大毗婆沙論卷一九五：「問：彼衣鉢等，諸出家者云何得分？ 答：彼於昔時，亦曾分他如是財物。今時命過，他還分之。」

〔八〕按：四分律删繁補闕行事鈔卷下一：「律無賣物分法，今時分賣，非法非律。至時喧笑，一何顔厚！ 佛令分付，爲息貪情，令各自省。今反樂笑，不惟終始，此習俗生常，乃無悛革，望諸有識，深察斯過。」

覆墓

殯後三日，再往墓所，謂之覆墓〔一〕。杜氏云〔二〕：不載禮經，但以孝子自還奉後，追慕所親，又慮墳墓未完，復往省之。今釋子往亦無咎，蓋檢校之至也。

【校注】

〔一〕按：白居易答騎馬入空臺：「寂寞咸陽道，家人覆墓迴。」太平廣記卷一〇六報應五「王氏」條（出酉陽雜俎）：「公安潺陵村百姓王從貴妹，未嫁，常持金剛經。唐貞元中，忽暴病卒，埋已三日，其家覆墓，聞塚中呻吟，遂發視之，果有氣，舁歸。數日能言，云：初至冥間，冥吏以持經功德放還。王從貴能治木，嘗於公安靈化寺起造，其寺僧曙中嘗見從貴說云。」

〔三〕按：「杜氏云」者，出處俟考。

禮師塚　五百問云：得禮師塚，報恩德故〔一〕。

【校注】

〔一〕佛說目連問戒律中五百輕重事經卷上：「問：比丘得向師塚禮不？答：得。難曰：生是我師，已死，尚非比丘，唯枯骨而已，何由向禮？答：若佛在世，應供養恭敬。泥洹後，亦是枯骨，何以供養耶？師生以法益人，後亦應恭敬禮拜，有何過也？」

忌日　二月十五日，佛涅槃日，天下僧俗，有營會供養，即忌日之事也。俗禮，君子有〔一〕終身之孝，忌日之謂也〔二〕。又謂不樂之日，不飲樂故。或云諱日，或云遠日。遠日，猶〔三〕濫〔四〕曲禮葬事先遠日〔五〕。釋子師亡，可稱歸寂之日，蓋釋氏無忌諱故。

【校注】

〔一〕有：底本、大正藏本作「育」，據備要本、世界書局本、明刻本及禮記校改，參下注。

〔二〕按：禮記祭義曰：「君子有終身之喪，忌日之謂也。」

〔三〕猶：明刻本作「由」。

〔四〕濫：世界書局本作「温」。

〔五〕禮記曲禮上：「喪事先遠日」。

疏子 白佛辭也，蓋疏通齋意爾。亡師雖尊，對佛，必須名呼。禮云：君前不諱，父前子名。明不敢諱於尊前也〔一〕。如律中舍利弗滅度，有弟子沙彌均提來白佛言：我和尚舍利弗命過〔二〕。五杉云：小師某甲，奉爲親教和尚某甲，某日設現前僧齋一中，用嚴報地，或覺路等，即不可虚詞莊飾，自掇妄罪焉。

【校注】

〔一〕按：禮記曲禮上：「君所無私諱，大夫之所有公諱。詩書不諱，臨文不諱，廟中不諱。夫人之諱，雖質君之前，臣不諱也。」又，白虎通卷九姓名：「君前不諱，詩書不諱，臨文不諱，郊廟中不諱。又曰：君前臣名，父前子名。謂大夫名卿，弟名兄也。明不諱於尊者之前也。」

〔二〕參見梁僧旻、寶唱等集經律異相卷一四舍利弗先佛涅槃，文繁不録。

寒食上墓　杜氏云：唐開元二十年，敕仕庶家，許寒食上墓，同拜掃禮〔一〕。今釋子不可習俗，貴免葷酒，男女參雜，貽於譏嫌也。或二親墓須去者，必焚香，或咒土咒食，撒於墓所。或高聲念尊勝等，俾幽魂蒙益。即不可與骨肉同座，飲食歡笑。禮云：哭則不歌也〔二〕。

【校注】

〔一〕杜佑通典卷五二上陵：「開元二十年四月制曰：寒食上墓，禮經無文。近代相傳，浸以成俗。士庶有不合廟享，何以用展孝思？宜許上墓，同拜掃禮。」

〔二〕論語述而：「子食於有喪者之側，未嘗飽也。子於是日哭，則不歌。」

問墳冢間精神有無　灌頂經云：阿難白佛言：若人命終，造立墳冢，是人精魄在中否？佛言：亦在亦不在。何以故？若人生時不造善根，不識三寶，無善受福，無惡受殃，無善知識爲其修福，是其精魄在墳中，未有生處故。或生前大修福善，精勤行道，或生天上人間，故言不在。或生前不信正真，謟誑欺人，造作惡業，合墮畜生、惡鬼、地獄，備〔一〕受苦惱，故言不在〔二〕。

【校注】

〔一〕備：底本、大正藏本作「倭」，據備要本、世界書局本、明刻本等校改。

〔二〕東晉帛尸梨蜜多羅譯佛説灌頂塚墓因緣四方神咒經卷六：「阿難又問佛言：若人命終，送著山野，造立墳塔，是人精魂在中與不？佛言阿難：是人精魂，亦在亦不在。阿難又問：云何亦在亦不在？佛言阿難：其魂在者，若人生時不種善根，不識三寶而不爲惡，無善受福，無惡受殃，無善知識爲其修福，是以精魂在塚塔中，未有去處，是故言在。阿難又言：不在云何？佛言阿難：魂不在者，或其前生在世之時，大修福德，精勤行道，或生天上三十三天，在中受福。或生人間豪姓之家，封受自然，隨意所生。又言不在，或其前生在世之時，殺生禱祀，不信真正，邪命自活，諂僞欺人。墮在餓鬼、畜生之中，備受衆苦，經歷地獄，故言不在塚塔中也。」

或問之：子今集此要覽，雖欲利他，安能利己！何則？其如抄略真教，增減聖言，得無咎耶？答：有聖言爲證。何者？佛本行經云：有諸比丘，取經中要義味，爲他説法，不依次第，懼以白佛，佛言：我許隨便於諸經中，擇取要義，安比文句，爲人説法。但取中義，莫壞本經〔一〕。○雜譬喻經云：若有凡〔二〕人，解深經一句，口誦心念，身中三毒、四魔、八萬垢門，皆不能自安，何況博採衆法，爲世橋梁耶〔三〕？

【校注】

〔一〕佛本行集經卷五〇說法儀式品下：「於時比丘，取諸經中要略義味，而爲他說，不依次第。於時比丘，慚愧恐怖，慮違經律，具以白佛，於時佛告諸比丘言：我許隨便於諸經中擇取要義，安比文句，爲人說法。但取中義，莫壞經本。」

〔二〕有凡：明刻本作「凡有」。

〔三〕鳩摩羅什譯衆經撰雜譬喻卷上：「若有凡人解深經一句，口誦心念，身中三毒、四魔、八萬垢門，皆不能自安，何況博採衆法，爲世橋梁者也？」　三毒：指貪、嗔、癡。　四魔：指惱害衆生而奪其慧命的四種魔類，即煩惱魔、蘊魔、死魔、天子魔。　八萬垢門：指所有的業障。　按，底本、擁萬閣本、出雲寺本、江户刊本、大正藏本此後有「習法堂同比丘行妙謹書」題記。江户刊本「同」作「司」。

後序〔一〕

起復中散大夫守光禄卿知江寧府護軍紫金魚王〔二〕隨　撰

錢塘月輪山釋賜紫誠公，峻修潔之行，明内外之學，靡嬰拂於塵務，常宴息於雲寺，以聖朝隆浮圖之教，盛田衣之衆，且謂契經至廣，博習難周，虞來〔三〕學之童蒙，昧出俗之本末，乃閲寶華之藏，徧窮貝葉之文，采義類以貫穿，撮樞要而精簡，門目具舉，事迹該詳，披其言則曄若春融，質其理則焕然冰釋，猶儒宫之學記，實佛門之會要也。

毗陵郡牧職方外郎崔公，智識淵博，才雅清粹，乃作序〔四〕引，辭旨妙絶，幸獲捧覽，讚歎無斁，宜其鏤板，傳諸不朽，聊筆編末，冀翼而行之云爾。

天聖甲子歲季春月辛亥叙〔五〕。

【校注】

〔一〕按：此序備要本置於書前崔育林序後，曰「原序」。

〔二〕王：底本及餘三卷本無，據明刻本補。王隨，宋史卷三一一有傳。

〔三〕來：世界書局本作「求」。

〔四〕序：永田文昌堂本、大正藏本、備要本、世界書局本作「字」。

〔五〕按：底本卷後有「寛永癸酉三月吉旦　豐雪齋中野道伴刊」兩行題記。

附録一　歷代主要著録

宋晁公武郡齋讀書志卷一六著録之釋氏要覽

釋氏要覽三（校注者按：袁本前志卷三下釋書類第二九，「三」作「十」）卷

右皇朝僧道誠集。雜録釋典，旁求書傳，分門編次，成二十類。天禧三年書成。

（據郡齋讀書志校證，上海古籍出版社，一九九〇年）

宋志磐撰佛祖統紀著録之釋氏要覽

（天禧）三年八月，恭謁聖祖大赦天下。節文云：虚皇妙道，西竺真乘。咸昉化源，敢忘崇奉。應天下僧尼道士女冠係帳童行，並與普度。尚書右丞林特提舉祠部文牒。是歲度僧二十三萬百二十七人，尼萬五千六百四十三人，道士七千八十一人，女冠八十九人。○詔於天安殿建道場，答謝天地。大會沙門、道士萬三千八十六人。上親以藥銀大錢面賜之。○錢唐月輪山沙門道誠，以朝廷覃恩普度，撰釋氏要覽三卷，爲出家者衆法之須

知，行於世。（據大正藏本，卷四四法運通塞志一七之一一）

又：

沙門道誠著釋氏要覽三卷。（據大正藏本，卷五一歷代會要志一九之一）

元馬端臨文獻通考卷二二七經籍考五四著録之釋氏要覽

釋氏要覽三卷

鼂氏曰：皇朝僧道成集。雜録釋典，旁求書傳，分門編次，成二十類。天禧三年書成。（據中華書局本，二〇一一年）

清楊守敬日本訪書志卷一六著録之釋氏要覽

釋氏要覽三卷，日本刊本

宋釋道誠撰。首崔育林序，次自序，即爲卷上之首，猶是古式。末有□隨後序。凡分二十七門，皆解釋經論名義，誠讀内典之寶筏也。較之翻譯名義，尤爲揭要。顧彼教中，亦罕著録。此本爲日本翻雕，末有「前川茂右衛門尉開板」字樣，相其字體，當是三百年前之物。

（據遼寧教育出版社新世紀萬有文庫本）

沈津美國哈佛大學哈佛燕京圖書館中文善本書志之釋氏要覽提要

○明嘉靖刻本釋氏要覽

釋氏要覽二卷，宋釋道誠撰。教誡新學比丘行護律儀一卷，明道宣撰。明嘉靖八年（一五二九）刻本。四册。半頁十二行二十三字，四周單邊，黑口，雙魚尾。框高20.5厘米，寬13.2厘米。題「錢唐月輪寺講經論賜紫沙門釋道誠編集」。前有嘉靖八年宗林序、天禧四年（一一八一）（校注者按：當爲一〇二〇）崔育林（校注者按：林，原誤作「材」。後同）序、天禧四年道誠自序。

道誠，號慧悟大師，居月輪山，丞相王隨與爲友，（康熙）錢塘縣誌卷三十有傳。

是書以釋贊寧之大宋僧史略爲基礎而加以補充，爲一般僧尼了悉佛教知識而編。上卷爲姓氏、三寶、稱謂、住處、出家、師資、剃髮、法衣、戒法、禮數、道具、制聽。下卷爲恩孝、界趣、中食、志學、聽説、擇友、畏懼、勤懈、躁静、忍諍、入衆、住持、雜記、瞻病、送終。

道誠序云：「道誠自委講京寺，東歸維桑，始寓龍華禪府，後住月輪蘭若，中間十年，寂絶外事，唯讀藏經，日爲常課，酬昔志也。然則臨文味義，猶渴夫飲河，但能滿腹，不知其深廣焉。或見出家人須知之事，隨便抄録之。洎天禧三年秋，皇上覃昭曠之恩，普度我天下童行，因是讎文，以類相從，兼益諸家傳記書疏節文。分爲二十七篇，析爲三卷，題曰釋氏要覽焉。且恤創入法門者，皆所未知，苟或玩此典言，藏諸靈府，則終身免竊服之誚矣。或通才碩學，豈以誠之微，而廢聖人之言也。」

宗林序云：「我錢唐紫衣誠禪師者，實宋之有學高僧也。隱居月輪山房，恒以法輪不轉爲慮，乃取藏典，再三翻閲，凡遇要旨，即删繁而録之，題曰釋氏要覽。蓋欲使夫後之學者，不終日而得徧遊諸佛之法界矣。故當時屯田大夫崔公育林序其首，必有同志之士刊而行之，以廣禪師之惠也。惜乎刷印年深，舊板消廢，我朝宣德間，有大報恩寺堅室比丘，復刊於梓，迄今既久，又豈不殘缺耶？嘉靖八年春，予在都城朝陽門東明月堂上，演説世尊要旨，忽有門西敕賜慧照寺住山沙門周榮，與其座元洪音，手執要覽殘本，來告予曰：兹乃法師慧肇所愛之佛書也。肇嘗歎曰，欲求新本，則聞舊板亡矣，唯兹一本，焉能與學者共耶？榮等閔其志，願罄衣資唱之，幹緣助之，重刊梓以流布也。」是書最早有宋刻十卷本，見於郡齋讀書志，今不傳。明宣德八年，有釋寶成刻本，據寶成序云，要覽舊板湮没，其自幼得此集，隨身四十年，後率同志顧道珍繕寫並捐資，洎信官姜普成等命工刊板，印造流通，以傳列祖心燈不絶。

此嘉靖八年刻本乃據宣德殘本重刻，今此本也罕見流傳，中國古籍善本書目未著録。查諸各家書目，臺灣「中央圖書館」僅有日本寛永十年（一六三三）豐雪齋刻本，爲三卷。日本内閣文庫有明萬曆十一年刻本，爲二卷。繆荃孫藝風藏書續記卷二著録之本，爲日本刻本，三卷。又楊守敬日本訪書記卷十六、留真譜初編第十一册著録者亦爲日本刻本，三卷，云「此本爲日本翻雕，末有前川茂右衛門尉開板字樣，相其字體，當是三百年前之物」。至於日人森立之經籍訪古志卷五則著録爲日本活字印本。又此書曾收入日本大正藏第五十四册，均作三卷。

此本後附之教誡新學比丘行護律儀一卷，凡二十三章，出入動用，皆有法則，爲初出家者之指南，也可視作律儀之規範。故寶成刊要覽時，以此律儀「板行世久而湮没，既學者無所聞見，則於百凡動用之際，罔知行護之法，率皆墮於庸鄙，良可嘆也。今既幸獲此本，輒自欣慶，遂捐長資，命工繡梓，以壽其傳」。

鈐印有「心寶羽翰」、「黄氏再同收藏鑒定書畫印記」、「鄂爾坤素佳氏寶翰之印」。

（據沈津美國哈佛大學哈佛燕京圖書館中文善本書志，上海辭書出版社，一九九九年）

附録二　各版本序跋

明刻本重刊釋氏要覽前序

於戲，教海文繁，望洋懷怯。欲截其源而得其要脉者，難矣哉！唯我錢唐紫衣誠禪師者，寔宋之有學高僧也。隱居月輪山房，恒以法輪不轉爲慮，乃取藏典，再三翻閱，凡遇要旨，即删繁而録之，題曰釋氏要覽，蓋欲使夫後之學者，不終日而得徧遊諸佛之法界矣。故當時屯田大夫崔公育林序其首，必有同志之士刊而行之，以廣禪師之惠也。惜乎刷印年深，舊板消廢，我朝宣德間，有大報恩寺堅室比丘復刊於梓，迄今既久，又豈不殘缺耶？嘉靖八年春，予在都城朝陽門東明月堂上，演説世尊要旨，忽有門鹵勑賜慧照寺住山沙門周榮與其座元洪音，手執要覽殘本，來告予曰：兹乃法師慧肇所愛之佛書也。肇嘗歎曰：欲求新本，則聞舊板亡矣。唯兹一本，焉能與學者共耶？榮等閔其志，願罄衣資唱之，幹緣助之，重刊梓以流布也。乞師言以序之。予曰：嗚呼，白牛行處，轉無礙之法輪。白馬來時，傳無窮之法寶。微白牛則法輪不轉，微白馬則法寶難傳。昔蒙翻譯廣布之恩，今繼凋零將泯之績，俾吾佛世尊，無上甚深微妙圓融之道，與月輪常轉，無垢無障，清淨普照之光，一時同明於天下也。榮等功德，則與月輪密室無異矣。但予之序，不及崔屯田也。雖然，吾佛大道，不在文字之好也。蓋文字者，譬如敲門之甎，渡河之筏，既入門而登岸者，甎筏則無用矣。故文之好與不好，予不辭而爲之序。

是歲三月十有八日，賜紫宗師沙門虎林逸史香山野人朽菴宗林大章書于東郊喜雨堂。

明刻本釋寶成跋

錢塘道誠大師要覽集，乃出家學道之軌範也。行世久矣，舊板湮没。釋寶成自幼得此集，嘗隨身四十年矣。洎宣德元年以來，皇上覃昭曠之恩，普度天下行童。率同志顧道珍繕寫，謹捐衣資，洎信官姜普成等命工刊板，印造流通。俾若見若聞，於法於義，了然無惑。開示後來，如説而行，令法久住，傳列祖心燈不絶，續如來慧命無窮者。

大明宣德八年龍集癸丑孟夏四月如來結制日，大報恩寺堅密室沙門釋寶成謹誌。

明刻本宗林跋

金臺朝陽闕裏勑賜慧照住山比丘周榮與其座元洪音重刊釋氏要覽，蓋因法師慧肇之勸請也。前既爲序，後復説偈一首，以頌能新之德云：

佛日湮微鏡掩塵，一朝開朗有賢人。金臺慧照光明夜，重顯錢塘浄月輪。

嘉靖己丑季春十有九日朽菴宗林志。

虞山興福禪寺華嚴大學刊行佛學備要贅言

此書原名釋氏要覽，世久失傳，學者罕覯。今虞山應慈法師覓得舊本，將重付梓，以佛學普被含識，非釋氏所得而私，因更今名，以廣流通，囑爲道其緣起。伏以道本無言，而言以載道，故聲明之學，五印所崇。此册分類録述，皆有關日用，抉擇精審，詁訓詳明。初心誦習，可免望洋之憂。宿學披尋，足爲守約之助。果能熟覽强記，則進讀群經，自不爲名相所縛，而聽講參學，亦不至如聾如啞矣。應師心遊藏海，以文字般若，利導時機，宏法深心，甚爲希有。爰綴數語，以誌欽幸。

民國己未孟冬幻嚴居士吴有章和南謹記。

世界書局佛學叢刊弘一法師序

甲丙之際，自榑桑國請奉古刻佛典萬餘卷，多明季清初刊本，求諸彼邦，見亦罕矣。爾者世界書局主纂輯佛學叢刊，乃檢三本，付以寫鈔鋟版。一曰釋門自鏡録，唐懷信述，彼邦沙門圓仁入唐求法請來録亦載是書，謂爲唐惠詳集，未審何是。安永元歲壬辰八月，維清乾隆三十七年，榑桑平安慶證寺玄智校刊，併續補十七則附於卷末。一曰釋氏要覽，宋道誠集，寬永十歲癸酉三月，維明崇禎六年雕版。一曰釋氏蒙求，宋靈操撰。元本有蠹滅者，榑桑義空校補，寬保元歲辛酉三月，維清乾隆六年，模刻自鏡録及蒙求。續藏經中雖亦輯存，而校讎頗疏。今依古刻，倘差勝耶。局主纂輯叢刊，其意至善。以末世學者恒厭煩廣，而樂簡文，又復艱於資財，悕求廉直，故輯叢刊。惟選經律論譯本，及此土撰述卷帙少而易領解者，復精密校刊，廉其直價，廣以流布，闡傳佛法，利益衆生。局主弘願，蓋如是也。余以夙幸，值斯勝緣，豈無忭躍？故述所懷，爰題序云。後二十五年歲集玄枵木槿榮月沙門髻嚴，時掩室鼓浪日光别院。

世界書局本釋氏要覽跋

釋氏要覽三卷，於僧俗名相，分類條舉，約而能盡，賅而不繁，凡在緇素，並宜嫻習。

此與釋門自鏡録、釋氏蒙求，並日本刊本，由弘一法師寄示，字多漫漶，亦有譌奪。鈔寫既竟，復加校定，惟紕繆之處，仍恐不免耳。世有智者，幸賜審正。

二十五年七月十九日校訖記，可園蔡冠洛。

附録三　釋道誠相關資料

宋潛説友咸淳臨安志卷七〇人物一一有關道誠資料

道誠

慧悟大師，錢塘人，居月輪山。天禧中，撰釋氏要覽三卷。又注王勃所撰釋迦成道記。丞相王隨知杭州日，有贈慧悟詩。予（校注者按：當作「余」）弼題慧悟禪師上方詩云：孤峰牢落幾何年，臺殿于今插半天。已是精藍誇絶徼，更將寶塔在危巔。烟霞色任陰晴變，鐘磬聲隨上下傳。珍重老僧無別境，一生幽趣只山川。

（據清文淵閣四庫全書本）

宋吴自牧夢粱録卷一七有關道誠資料

道誠慧悟大師，余弼題上方寺詩曰：孤峰牢落幾何年，臺殿于今插半天。已是精藍誇絶徼，更將寶塔在危巔。烟霞色任陰晴變，鐘磬聲隨上下傳。珍重老僧無幻境，一生幽趣只山川。

（據清學津討原本）

明田汝成西湖遊覽志餘卷一四方外玄蹤有關道誠資料

道誠者，錢唐人，居月輪山，號慧悟大師。天禧中，撰釋氏要覽三卷。又注王勃所撰釋迦成道記。丞相王隨知杭州日，亦友之。余弼題慧悟禪師上方詩云：孤峰牢落幾何年，臺殿於今插半天。已是精藍誇絕徼，更將寶塔在危巔。烟霞色任陰晴變，鐘磬聲隨上下傳。珍重老僧無別境，一生幽趣只山川。

（據上海古籍出版社本，一九八〇年）

條目索引

説　明

一、本索引收録全書各條目名稱，正文中出現相同詞語概不編列。

二、條目後標注所在頁碼。

三、爲便於查找，略去部分條目前序號或用於引起下文的“問”字，如“一瞿曇氏”收作“瞿曇氏”，“問出家苦樂”收作“出家苦樂”。

四、文字相同而内容不同的詞條，在其後以括號標明所屬篇章，如“疏子（中食）”、“疏子（送終）”。

五、索引按條目首字音序排列。

A

B

C